BAUME EST TON NOM

Prier pour guérir

DU MÊME AUTEUR

DANIEL-ANGE

LE CHANT ROYAL

II

BAUME EST TON NOM

Prier pour guérir

2e édition

Vers un ministère de guérison
au Nom de Jésus

ÉDITIONS SAINT-PAUL • PARIS-FRIBOURG

Nihil obstat :   Fr. Juan Miguel GARRIGUES, cens. dep.
              Aix-en-Provence, le 3 juillet 1979

Imprimi potest :   Fr. ROGER-NICOLAS
              La Demeure Notre Père, le 22 juillet 1979

Imprimatur :   Jean HERMIL
              Évêque de Viviers
              21 novembre 1979

© 1980 Éditions Saint-Paul, 6 rue Cassette, 75006 Paris.
ISBN 2-85049-193-4

A toi, Mère du Dieu des pauvres
qui viens rejoindre
l'attente de toutes les solitudes
pour les éclairer d'une Présence,
celle de l'Agneau.

A toi, mon frère paumé
quel que soit ton nom,
qui penses n'avoir jamais été aimé,
pour qu'en ta blessure s'ouvre
une source,
un Visage.

PRÉFACE

Vendredi, 13 juin 1980
Fête du Cœur de Jésus

Mon cher Daniel-Ange,

Tu me demandes une préface pour ton *Chant Royal II.*
Comment oserais-je, moi qui lis si rarement et si distraite-
ment les préfaces ? Et puis j'ai un peu l'impression de
m'entendre dire : «S'il te plaît, dessine-moi un mouton !» et
tu risques fort de te retrouver avec une caisse ! Pourtant tel
que je te connais, tu me répondras que c'est tout à fait comme
ça que tu le voulais et tu pourrais même y voir non seulement
ton mouton mais un Agneau.

Cependant, j'aurais d'autres raisons à ne pas écrire.
D'abord un lecteur, c'est toujours quelqu'un de bien, d'intel-
ligent, de sérieux, qui sait déjà. Or, pour se plonger dans ce
livre il faut être un peu déraisonnable et beaucoup enfant. Il
faut être «un peu gai» d'un certain vin doux pour oser écouter puis balbutier puis murmurer puis épeler puis chanter et
danser et acclamer et proclamer le Nom au-delà de tout nom.
Comment engager quelqu'un qu'on ne connaît pas, – je n'ai
pas tes audaces – et qui pourrait devenir un frère, comment
l'engager à changer de nom, à devenir autre en recevant le
Nom de Celui qui porte tout par sa Parole puissante et qui lui
donnera un nom nouveau, éternel. Car on ne prononce pas
impunément ce Nom-là, tu le sais fort bien et tout ton livre
en témoigne assez. Et on ne saurait te lire sans être transformé, agacé ou conquis. C'est le risque de toute confronta-

tion trop directe avec Jésus. D'autant que tu nous mets dans le dilemme des amoureux de toutes écorces qui voudraient à la fois cacher leur amour et le savourer en secret tout en le proclamant à la face du monde et ce, d'âge en âge !

De plus, te lire c'est accepter aussi de voir étaler les secrets de son propre cœur, ce n'est jamais très agréable. Surtout, c'est finir par les recevoir tous, sans qu'il en manque aucun, de Celui qui nous a aimés le premier et s'est livré pour moi. Pour le spectateur indifférent, une déclaration d'amour est souvent exaspérante et frise toujours le ridicule.

Pourtant, comme si cela ne suffisait pas, j'ai une autre raison plus grave qui me fait hésiter à engager des inconnus à méditer ton *Chant Royal.* En effet, professer cette confession ecclésiale, c'est entrer dans toutes les souffrances des pauvres, car il devient difficile de prononcer le Nom de Jésus sans les faire siennes. C'est accepter aussi de devenir le frère d'une multitude de frères, d'entrer dans cette nuée de témoins qui, à la face du monde, ont rendu, rendent et rendront témoignage à Jésus, l'Unique et Doux Seigneur. On ne peut tout de même pas envoyer les gens au martyre.

Sais-tu comment Rashi († 1105), le grand commentateur juif de l'Écriture, interprète le passage du Buisson où Dieu révèle son Nom, « Je Suis », à Moïse ? Rashi reçoit de la tradition que le buisson est le symbole de la souffrance, la souffrance du Peuple aimé, et Dieu, comme un feu, est au milieu de cette souffrance. Il est cette souffrance qui brûle sans consumer. Et Rashi s'explique en citant le psaume 91 (que nous chantons le soir) : « Dans la détresse, je suis avec lui. » Car c'est bien de cela dont il s'agit. Le cri de détresse des fils d'Israël est monté vers Dieu. Dieu a entendu les pleurs de ses enfants accablés par la servitude, Dieu s'est souvenu de son Alliance, Dieu a vu, Dieu a connu, de l'intérieur, la souffrance de son peuple. Et Il vient le sauver en Se donnant à lui. Et, du milieu de la flamme, Dieu révèle son Nom, tel qu'Il

Est, se donne tel qu'Il Est. Or, notre commentateur, à des nuances très fines du texte, discerne comme une hésitation chez Moïse puis chez Dieu devant cette Révélation, car recevoir le Nom éternel de Dieu c'est recevoir comme une promesse des souffrances à venir. Dieu est et sera dans la détresse.

A la différence de Rashi et de bien d'autres qui ont reconnu quels abîmes dévoilait cette Révélation du Nom le plus propre et le plus secret de Dieu, certains savants et habiles n'ont pas su déchiffrer cette folle sagesse et cet amour livré de Dieu. Son langage sur lui-même est trop fort, qui peut le saisir? Aussi, dit-on, Dieu ne se révèle pas vraiment à Moïse, ne se livre pas tel qu'Il Est mais trouve une échappatoire pour dire qu'Il est inaccessible, incompréhensible; cela est vrai bien sûr, mais n'est-ce pas son amour, son désir de se donner tel qu'Il Est qui est incompréhensible? On dit encore : comment Dieu, en livrant son Nom, pourrait-Il se rendre prisonnier, se lier dans une alliance de servitude, avec un peuple qui n'aurait qu'à invoquer ce Nom pour se rendre maître de Celui qui le porte, pour devenir Dieu? Aveuglement terrible et significatif de l'incapacité où nous sommes de croire que Dieu veuille vraiment se donner tel qu'Il Est, qu'Il accepte pour nous libérer de la servitude et du mal de se faire notre esclave, prisonnier de notre souffrance.

Et pourtant, du milieu de la flamme, Dieu livre son Nom. Nom de Gloire et de Sainteté, Nom de Grâce et de Miséricorde, Nom caché et éternel, le même hier, aujourd'hui et pour les siècles. Nom imprononçable sinon par le grand-prêtre une fois par an, le jour du pardon des péchés, sinon par des lèvres d'enfants, de tout-petits. Nom dont le souvenir s'élève, de génération en génération, comme un parfum de paix. Nom qui est un pain très pur, une manne qui rassasie toute faim. Nom de braise sur les lèvres, et Nom de feu aux entrailles. Nom, source jaillissante au désert, ombre de fraîcheur. Nom qui guérit toute blessure, apaise toute inquiétude comme un baume d'allégresse. C'est ce Nom que Jésus, notre Grand Prêtre, revendique pour lui-même. Dans le jardin de la détresse, au moment d'être livré, Jésus se présente à ceux qui en veulent à sa Vie et leur dit : «Je Suis» (Jn 18,4-8).

Puisque tu aimes, à juste titre, citer les poèmes de notre sœur Marie-Pascale [1], je te redis ce vers où elle rejoint la foule innombrable de ceux qui ont pressenti ce que je viens d'évoquer : «La miséricorde ôte ses sandales pour s'approcher de moi.» Oui, Dieu ôte ses sandales, avec une sorte de respect et de tendresse extrêmes, pour nous révéler son Nom qui est Miséricorde. En cette fête du Cœur de Dieu, je ne peux pas ne pas penser à cet autre Buisson devant lequel les disciples font un détour avant de s'en approcher. J'ai fait tout à l'heure allusion à un texte de l'Exode (2,23-25) où, tournure inhabituelle à l'Écriture, la mention de Dieu revient cinq fois de suite comme pour marquer toutes les façons dont Dieu se rend attentif à la souffrance de ses enfants. Or ce texte, qui précède immédiatement le passage du Buisson, s'achève en hébreu comme un coup de lance : «Et Dieu connut.» La connaissance du cœur transpercé, le Sang et l'Eau, Feu et Esprit, Révélation plénière et inépuisable du mystère de notre Dieu.

Tout cela nos frères et sœurs de l'Eglise primitive le savaient, le pressentaient. Dans leur grec ils traduisaient le Nom Saint et imprononçable de Dieu par *Kurios,* Seigneur ; *Kyrie eleison,* Seigneur aie pitié de moi pécheur. Le Nom par lequel on est sauvé, ce Nom-là, c'était pour eux le Nom de Jésus, la personne de Jésus. Ce Nom livré en libération de toutes les servitudes, répandu en guérison de toutes blessures,

---

1. Les poèmes sont tirés des différents recueils : *Le Blé en feu* (Communauté, 22570 Gouarec). Composés indépendamment du *Chant Royal,* il serait bon d'en connaître le texte intégral.

donné en nourriture à toutes les faims, c'est Jésus, c'est le Seigneur. C'est Lui le Nom de Dieu en personne, qui Est, qui Était et qui Sera, au milieu de son peuple, tout en tous. *Marana tha.*

> Grâce et Paix en Jésus,
> ton frère,
> Albert-Marie DE MONLÉON.

LIMINAIRE

Prier pour guérir

Ce livre est né de l'expérience spirituelle appelée, dans le Renouveau Charismatique, la *guérison intérieure.* Elle ouvre à la prière de Jésus une dimension insoupçonnée. Ces pages en recevront leur éclairage original qui s'avère être le terrain originel de la prière du cœur. En effet, ce que l'Esprit est en train de réactualiser dans l'Église d'aujourd'hui est une des données les plus constantes de la grande Tradition, spéciale- ment patristique et orientale. On y retrouve aussi bien des éléments de la paternité spirituelle – si chère à la tradition monastique – que de la cure d'âme telle que pratiquée dans les Églises issues de la Réforme.

Ni traité analytique, ni exposé d'ensemble sur la question, ce livre voudrait simplement éveiller de *l'intérieur* à ce qui demeure un mystère de grâce et de tendresse, devant lequel tremble la parole. D'où son caractère davantage évocateur que didactique. Pour ceux qui ne seraient guère au courant, les quelques précisions suivantes sont nécessaires à la bonne intelligence du livre.

Nous redécouvrons cette réalité évangélique fondamen- tale : Dieu est venu guérir l'homme et tout en l'homme : son esprit, son âme et parfois – en signe des précédents – son corps [1]. La guérison est un élément central de la vie chré-

---

1. Cette trilogie inspirée par l'anthropologie grecque ne vient qu'une fois dans le Nouveau Testament (1 Th 5,23). En fait, dans ce livre, je me servirai surtout de la notion du cœur, moins au sens courant du mot (vie émotionnelle et affective) qu'au sens biblique et patristique : lieu le plus profond où se cons- truit la personne en tant qu'image de Dieu, où l'homme devient lui-même en

tienne, parce qu'elle est essentielle au ministère de Jésus (un bon cinquième des Évangiles y est consacré). Elle est l'éclat même de sa mission. «Ses actes de guérison étaient eux-mêmes le message qu'il était venu libérer les hommes...»[2] Il est typique que les évangélistes emploient si facilement – dans le sens précis de guérir – le verbe *sôzô* : sauver (littéralement : maintenir en bonne santé)[3]. La guérison est le retentissement physique et psychique d'un salut qui atteint toute la personne.

Ce ministère – son «œuvre» – il ne cesse de le continuer, en réponse à une prière de foi où des chrétiens, réunis en son Nom, manifestent le mystère de la communion qu'est l'Église, en priant ensemble sur un des leurs.

Une prière de guérison intérieure proprement dite se célèbre habituellement avec quelques frères en qui la communauté a reconnu des charismes d'intercession, de discernement et de foi[4]. Ils sont alors les témoins privilégiés de la puissance de l'Esprit.

Prier pour la guérison les uns des autres devrait être chose courante dans une vie de communauté, comme en toute famille. Les frères devraient s'habituer à prier sur l'un des leurs en difficulté, comme les parents pour les blessures inté-

---

son intelligence, sa conscience et sa liberté. Lieu des choix décisifs comme de la rencontre intime avec Dieu (recouvrant ainsi et l'esprit *(pneuma)* et l'âme *(psychè)*). Lieu par excellence où se vit une guérison intérieure, ce cœur de l'homme que guérit le Cœur de Dieu.

2. F. MAC NUTT, *Healing,* p. 53.

3. La tendance actuelle à prendre le mot santé dans une acception plus globale qu'autrefois – (cf. la récente définition de l'O.M.S. : «l'état de complet bien-être physique, psychique et social») – aide à renouer avec l'interprétation patristique, et déjà apostolique, du salut comme *santé* et de la santé comme *sainteté.*

4. Ces charismes se signalent au simple fait d'une efficacité reconnue, comme le signalait déjà prosaïquement la Tradition Apostolique au IIIe siècle : «Si quelqu'un dit : j'ai reçu le don de guérison dans une révélation, on ne lui imposera pas la main. Les faits eux-mêmes montreront s'il dit la vérité» (voir ch. VIII).

rieures de leurs enfants. C'est moins un test de foi qu'une manière très simple de prendre au sérieux la Tendresse de Dieu et de s'y ouvrir. Mon rêve : que ces pages y aident.

Un ensemble

On peut distinguer *guérison intérieure* et *guérison spirituelle* : la première se rapportant plutôt aux blessures d'ordre affectif et psychologique (ch. I), la seconde à celles du péché (ch. II). Enfin, retentissement fréquent de celles-ci : la *guérison physique* (ch. VIII).

L'Évangile nous le rappelle : un élément de ces différents niveaux de guérison est la *libération des forces du mal,* aspect trop méconnu – pourtant combien traditionnel – du combat spirituel (ch. VII).

Comme par facettes successives, ce livre en abordera différents aspects qui tous se tiennent. L'ensemble se noue autour du *Cœur de Dieu* (ch. IV) qui en forme la clef de voûte. Les premiers chapitres y tendent. Les suivants en découlent. Le tout s'achève avec cette *louange* que chante la compassion.

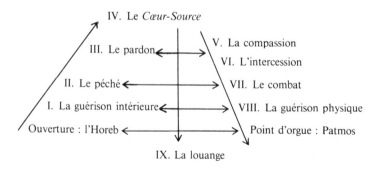

IV. Le *Cœur-Source*

III. Le pardon   V. La compassion

         VI. L'intercession

II. Le péché   VII. Le combat

I. La guérison intérieure   VIII. La guérison physique

Ouverture : l'Horeb   Point d'orgue : Patmos

IX. La louange

Il aborde la guérison *sous l'angle de la prière du cœur.* Toute guérison donnée par le Seigneur relève de la prière. Le ministère de guérison implique essentiellement un charisme

15

d'intercession et de foi. Celui qui le reçoit n'a donc rien d'un thaumaturge, il est simplement un orant, saisi dans la supplication filiale de Jésus (ch. IV) comme dans son combat spirituel (ch. VII). La tradition orientale est unanime à témoigner de l'étroite connexion entre prière continuelle et guérison intérieure.

D'un côté, le *Nom de Jésus* a toujours tenu une place importante dans les prières de guérison, qu'elles soient physiques ou spirituelles. Dans l'Évangile, le *« Jésus prends pitié de nous »,* est appel à la guérison. Pouvoir librement faire du Nom une célébration est symptôme d'une guérison reçue. Combien de fois au cours d'une prière sur un frère, le Nom de *Jésus* ne se met-il pas à jaillir sur ses lèvres, parfois pour la première fois de sa vie, comme si, quelque part, avait sauté un blocage.

D'un autre côté, une guérison intérieure est rarement immédiate. Elle se prolonge durant de longues convalescences où l'accompagnement spirituel – à défaut de la direction d'un père spirituel – s'avère nécessaire. L'enracinement dans la prière maintient en contact constant avec Celui-là même que nous découvrons médecin de nos âmes et de nos corps. Ce qui est vécu d'une manière intense et condensée au cours d'une prière de guérison peut ainsi se réfracter, se diffuser dans une vie de prière qui nous maintient en état permanent de guérison. En nous faisant descendre dans notre cœur profond, elle nous révèle nos blessures et, par là, nous achemine vers une guérison de nos profondeurs.

Par ailleurs, seul un intense climat de prière peut éveiller ce respect de la liberté et cette extrême discrétion qui ont caractérisé la grande tradition en ce domaine et qui doivent ici jouer comme nulle part, si l'on veut éviter tout abus d'autorité spirituelle.

Ces pages voudraient donc moins sensibiliser aux horizons neufs ainsi ouverts ceux qui aiment déjà la *prière de Jésus,* que permettre un approfondissement à ceux qui ont la grâce de vivre ou de servir une *guérison intérieure* proprement dite [5]. Faut-il préciser qu'une prière de guérison ne comporte absolument aucun aspect magique ou automatique ? Elle suppose la collaboration étroite de la personne sur qui l'on prie, son désir réel de guérir ; sa décision de faire courageusement la volonté du Seigneur sur elle, sa participation effective à la prière, faisant appel elle-même à la miséricorde de *Jésus.*

Prière de guérison et vie sacramentelle

Ministère charismatique et ministère sacramentel, loin de s'opposer, ne cessent d'interférer. Le premier insufflant son dynamisme au second, le second donnant au premier sa dimension ecclésiale. L'interaction est constante.

Mise en œuvre du sacerdoce baptismal, la prière de guérison renvoie toujours à l'Eucharistie [6], à la réconciliation (ch. III) et à l'onction des malades (ch. VIII). Et pour porter leur fruit de guérison, ces sacrements doivent se prolonger dans une intense vie de prière.

Alors que la tradition latine avait tendance à réduire les sacrements à leur « pointe » de validité (le minimum requis), l'Orient préfère accentuer l'ensemble liturgique, spirituel et charismatique d'où ils émergent. En revalorisant certains ministères et charismes dans leur articulation profonde avec les sacrements, le Renouveau retrouve cet enracinement. Dans une telle perspective, la prière de guérison apparaît dans « l'aura » de l'onction des malades, comme sa réfraction

---

5. Il reste que ces deux domaines – aussi imbriqués soient-ils – ne se confondent pas. Chacun déborde l'autre.

Pour ce qui en est de ce livre, il est préférable de ne pas lire deux chapitres d'affilée, mais de laisser d'abord le premier descendre aux profondeurs, avant d'aborder le suivant. Bien que l'ordre suivi forme un itinéraire, ceux qui seraient déroutés par un style trop lyrique ou trop dense, pourraient aborder ce livre avec les chapitres III et VIII.

6. Ce livre fera peu d'allusions à l'Eucharistie, car j'espère développer pour elle-même cette dimension si importante dans : *Le Corps de Dieu. Baume est ton Nom* en est comme la préparation.

pénétrant le tissu de la vie. De même l'accompagnement spirituel se réfère à la réconciliation, et la construction communautaire à l'Eucharistie. La grâce sacramentelle proprement dite s'y prépare, s'y poursuit, s'y diffuse.

Il est remarquable que, plus les différents charismes de guérison sont accueillis, plus devient intense la vie sacramentelle. Aussi bien est-ce la prière de guérison, intégrée dans la vie du peuple chrétien, qui fera retrouver leur vraie place à ces sacrements trop dépréciés que sont la réconciliation et l'onction des malades.

Si les chrétiens ont massivement déserté le sacrement de réconciliation, c'est peut-être qu'ils se rendent compte que la seule absolution ne suffit pas à régler leurs problèmes intérieurs et à changer leur vie. La plupart des péchés s'enracinant dans une situation spirituellement maladive, ce sacrement ne retrouvera son rayonnement qu'en devenant un lieu de guérison intérieure, permettant au Pardon de descendre aux racines, comme à l'aveu de prendre la forme d'une transparence du cœur dans la lumière de l'Esprit. Et les prêtres devraient être les premiers à s'ouvrir à cette dimension. «Le premier degré de guérison de l'homme malade est d'éloigner la cause de la maladie, ce qui se fait par la rémission de tous ses péchés [7].»

«Ceux qui ont reçu le pouvoir de Dieu de lier ou de délier se comporteront en médecins attentifs à trouver le remède que réclament chaque pénitent et sa faute, car... le péché est la maladie de l'esprit [8].» Et seul l'Esprit peut guérir l'esprit.

---

7. AUGUSTIN D'HIPPONE, *Sent.* 50,14.
8. Concile in|Trullo, 692. En *Orient,* la confession – «clinique médicale» – est avant tout interprétée comme une forme de guérison spirituelle. Se confondant avec l'exercice de la paternité spirituelle, jusqu'à nos jours des moines non ordonnés donnent l'absolution. Déjà Origène parle de ceux qui, en prison, se confessent aux confesseurs même laïques. Pour Syméon le Nouveau Théologien, le pouvoir de remettre les péchés est passé aux simples fidèles lorsque évêques et prêtres étaient devenus mondains. L'important pour lui

Prière de guérison et médecine

Non seulement un grand nombre de perturbations psychologiques relèvent, exclusivement ou en partie, d'une guérison intérieure, mais bien des troubles organiques ne sont pas autre chose que des « clignotants » avertisseurs de maladies spécifiquement spirituelles. Aucune guérison physique ou psychique n'est durable tant que ne sont pas décelées et soignées les *racines du mal*, et ceci relève d'une thérapie proprement spirituelle : donnée par l'Esprit de Jésus.

C'est dire que, loin de s'opposer, les deux domaines – spirituel et médical – sont corrélatifs. Ceux qui exercent un ministère de guérison savent combien le Seigneur est à l'œuvre dans la médecine. Ils respectent les traitements en cours, renvoient au constat médical, « ils pensent que l'avenir est à une coopération habituelle et organique [9] »; car il s'agit de guérir tout l'homme, et s'intéresser à une partie de lui-même en négligeant l'autre, c'est le mutiler. Médecins et priants ne devraient donc jamais travailler en concurrence. Ministres de part et d'autre, étroite devrait être leur collabo-

---

est de s'adresser à un médecin expérimenté, un homme saint qui peut offrir propitiation de la part du pécheur (MEYENDORFF, *Initiation à la théologie byzantine*, p. 261).

« La désaffection et l'abandon par l'Église de sa fonction thérapeutique propre ont profité surtout à la médecine parallèle qui prolifère sous toutes sortes de formes. Le même problème est posé par la désertion du conseil spirituel et du confessionnal, qui a drainé unilatéralement les hommes vers la psychanalyse ou la psychothérapie. Ce qui est regrettable, c'est qu'en ce reclassement, les hommes d'Église aient trop souvent abandonné purement et simplement, par manque de foi ou d'imagination, la fonction qui leur était propre » (R. LAURENTIN, *Pentecôtisme chez les catholiques*, ch. V : « La guérison », p. 148).

9. LAURENTIN, *op. cit.* Attitude radicalement contraire à celle des sectes : celles-ci se retrouveraient assez bien dans ce mot de TATIEN (IIᵉ siècle : † 180) : « La guérison par les remèdes provient dans tous les cas d'une tromperie, car si quelqu'un est guéri par sa confiance dans les propriétés de la matière, il le sera d'autant plus en s'abandonnant à la puissance de Dieu. Celui qui se confie aux propriétés de la matière, pourquoi ne se confierait-il pas en Dieu ? » (*Discours aux Grecs*, 20).

ration. Qui dira combien de guérisons apparemment médicales sont dues en grande partie à l'action conjuguée, quoique invisible, de la prière ? Une guérison donnée se manifeste souvent par l'accélération d'un processus médical.

Les cliniques des grandes communautés charismatiques des U.S.A. font rêver. Le corps médical y soigne autant médicalement que spirituellement. On soigne moins qu'on ne prie. Des salles entières, le soir tombé, y deviennent assemblée de louange. Les témoins sont unanimes à constater la joie qui y règne, les statistiques à enregistrer les pourcentages maxima de guérison. « La puissance thérapeutique de l'Agapè s'y articule harmonieusement avec la technique médicale. » Pourquoi s'en étonner ? C'est l'amour qui guérit, dès lors que la santé de l'homme consiste à être capable d'aimer et de se laisser aimer [10].

Guérison intérieure et psychothérapie

Cette question soulève celle, plus précise, des relations entre guérison intérieure et psychothérapie. Finalités et méthodes étant différentes, les domaines ne se confondent pas, mais interfèrent étroitement. Que dans bien des cas une psychothérapie s'avère nécessaire et bénéfique, que le Seigneur puisse s'en servir pour restructurer un psychisme délabré, c'est indéniable. Mais à condition d'affirmer ceci avec force : il est un seuil au-delà duquel la psychothérapie ne peut remonter, un domaine auquel elle n'aura jamais accès et qui lui-même est blessé. Elle soignera mes névroses, mais elle n'atteindra jamais l'être en sa totalité, elle ne touchera qu'une partie de ce que la guérison intérieure peut atteindre.

---

10. Le centre médical de Castres en offre un bel exemple. Une douzaine de médecins et d'infirmières, vivant en communauté, y soignent dans un climat d'adoration eucharistique.

En effet, si tant de psychismes sont désaxés, c'est que l'axe fondamental est quelque part fêlé. Si nos relations avec nous-mêmes comme avec les autres sont faussées, c'est qu'elles le sont à l'origine avec Dieu. La relation avec Lui guérie, les autres le seront. Lorsqu'une psychothérapie implique et véhicule une conception de l'homme exclusivement axée sur le psychologique et refoulant ce que l'homme porte en lui de plus inaliénable : son âme, alors elle risque de désintégrer davantage une personne. Loin de résoudre un conflit, elle en créera un nouveau. Comment être libéré de toute angoisse en refoulant ce Dieu qui est à la source de notre liberté, en ignorant ce Christ dont tout homme porte, indélébile, et l'image et la blessure ? Comment affranchir de soi en ramenant sur soi un regard qui sera stérile, tant qu'il ne se tourne pas vers Celui dont le regard nous sauve ?

Stress et complexes, déviances et angoisses demeureront latents tant qu'un équilibre spirituel n'aura pas été retrouvé. Et cela n'est pas possible sans une ouverture au Pardon créateur, et donc sans la reconnaissance de son péché[11]. La psychanalyse se fourvoie dans une impasse si, confondant culpabilité et repentance, elle évacue la notion même de péché. En le réduisant à des mécanismes psychologiques, elle barre du même coup l'accès à un pardon qui seul peut libérer en profondeur. En niant la part fondamentale de liberté en l'homme, en le frustrant de sa responsabilité face au bien et

---

11. « Plus profondément que l'inconscient, il y a ce domaine mystérieux (l'inconscient n'est pas mystérieux, simplement obscur) qui est à la source de notre être : ce Dieu qui nous habite. Or c'est là que commencent les premiers drames. Je ne dirai pas qu'il y a toujours, à l'origine des difficultés psychiques, un conflit avec Dieu ; toujours, non. Souvent, oui. Il y a un indice : certains souffrent de difficultés psychiques mais avec une telle qualité de paix, d'abandon et de louange, que nous pouvons présumer qu'il n'y a vraiment eu là aucun conflit avec le Seigneur. Quand, au contraire, des difficultés psychiques sont accompagnées de difficultés dans la foi, la confiance et l'abandon, nous pouvons nous demander si à l'origine il n'y a pas des conflits avec Dieu : des peurs que nous avons laissé s'installer, des manques d'abandon, des désirs de nous sauver un peu par nous-mêmes » (J.-Cl. SAGNE o.p.).

au mal, elle contribue à l'aliéner. C'est le cas lorsqu'elle s'avère incapable de saisir que toute une vie peut être bloquée par le refus d'un pardon, qui ne peut être donné que s'il est d'abord reçu de Dieu [12].

Peur et solitude qui nous angoissent s'enracinent finalement dans une frustration d'amour s'exprimant en complexe de rejet : blessure telle que seule la rencontre avec l'Amour tout court peut la guérir. Cet Amour qui ne serait pas sauveur s'il n'était capable de rendre à l'homme son équilibre originel, redonnant aux éléments disloqués de notre être et leur cohésion et leur harmonie.

On peut encore ajouter que, dans une prière de guérison intérieure où se vit une remontée de tous les moments décisifs de la vie dans la seule lumière donnée par l'Esprit, le « champ de conscience » est souvent élargi dans une mesure qu'aucun traitement analytique n'est capable d'atteindre.

L'analyse fait remonter à la conscience claire les points de blocages refoulés pour permettre de les dénouer, pour peu qu'on soit capable de les assumer (ce qui n'est pas toujours le cas, d'où la fréquence de nouveaux traumatismes). La *guérison intérieure,* dans la lucidité d'un regard spirituel (donné par l'Esprit Saint) donne de voir les blessures du passé, avec leurs répercussions au niveau de l'affectivité, du psychisme comme de l'organisme, pour y consentir dans un amour qui pardonne, offre, et dès lors les transfigure.

C'est dire que dans bien des cas (pas tous, bien sûr) la prière personnelle et celle des frères, une intense vie sacra-

---

12. Le « phénomène de censure » par exemple est moins levé par la soi-disant déculpabilisation par rapport au péché que par la franche reconnaissance de celui-ci, à condition que ce soit face à la Tendresse d'un Dieu plus grand que notre péché et qui seul peut nous en décharger, nous rendre une confiance perdue ou jamais connue. C'est la révélation centrale d'une guérison intérieure qu'une psychothérapie, aussi chrétienne soit-elle, ne pourra jamais donner d'elle-même et dans son ordre propre.

mentelle, une solide direction spirituelle, le secours d'une communauté où règne un climat d'amour, auraient suffi là où ont été investies, en psychanalyses, d'incalculables sommes d'argent, de temps et d'énergies, avec tous les risques ici signalés. Il ne s'agit pas d'une évasion dans le spirituel, mais d'un retour à la Réalité la plus fondamentale, la seule qui nous donne d'échapper aux autres formes d'évasion et d'aliénation.

On demande des serviteurs de l'Amour

Dans cet Occident névrosé – d'une névrose spirituelle – où nous vivons, accueillir ce ministère de guérison divine est devenu une priorité, une urgence. On a souligné l'importance de havres de prière et de silence dans notre monde survolté. Non moins vitale – de l'ordre de la survie – la nécessité «d'hôpitaux spirituels [13]», de véritables «hôtels-Dieu» où les paumés, que tous nous sommes, pourraient se refaire une santé spirituelle – divine! – auprès de frères ayant reçu ce charisme de compassion, confirmé en ministère d'Église. Cela dans un climat intense d'amour se sourçant dans une adoration eucharistique permanente. Les communautés chrétiennes neuves, où les Béatitudes sont vécues jusqu'au rayonnement, ne sont-elles pas déjà des lieux particulièrement bénis où le Seigneur est heureux de rendre la «santé de l'amour» suivant le mot de Jean de la Croix?

Des centres de psychothérapie, des hôpitaux psychiatriques, des établissements de rééducation, groupements d'épanouissement personnel, centres de formation aux sciences humaines, aux techniques de relaxation, etc., nous en avons tant et plus! Ils sont sans doute nécessaires. Mais ces lieux où l'Amour refait l'homme en sa vérité première, nous n'en

---

13. Pour reprendre une expression traditionnellement appliquée aux monastères.

avons pas, ou si peu encore [14]. Nous pouvons les demander, les mériter, les amorcer, et déjà les accueillir.

Guérison du cœur et harmonie sociale

Les relations de la personne étant entraînées dans ce processus de guérison de son esprit et de son âme, ses retentissements sont incalculables au niveau du couple, de la relation parents-enfants, de la vie familiale, comme de toute vie communautaire. Une guérison spirituelle ne peut manquer d'avoir également des retombées dans tous ces domaines imbriqués les uns dans les autres : le social, le politique, l'économique [15]... Comment une société aussi déséquilibrée et traumatisante que la nôtre pourrait-elle être assainie si n'est d'abord guéri le cœur profond de l'homme ? N'est-ce pas la plus urgente des révolutions, en même temps que la plus efficace des libérations ? La seule, en vérité, que puissent offrir à l'homme les disciples d'un Seigneur aux mains crucifiées, aux mains qui pansent toute blessure.

Notre merveilleux Jean-Paul II l'a dit en quelques mots : «La mission de Jésus consiste en un salut intégral par un amour qui transforme, pacifie, un amour de pardon et de réconciliation... L'Église a le devoir d'annoncer la libération de millions d'êtres humains... libération dans sa signification intégrale profonde, libération de tout ce qui opprime l'homme mais *surtout du péché et du malin,* dans la joie de connaître Dieu et d'être connu de lui. *Libération faite de réconciliation et de pardon,* libération qui découle de cette

---

14. On peut se demander si certaines communautés consacrées aux «œuvres de miséricorde» ne seraient pas appelées à reconvertir une part de leurs activités dans ce sens. Ce qui impliquerait effectivement une conversion : un retournement vers un Seigneur dont on ose tout attendre. Mais cela même est de l'ordre du donné... Grâce à laquelle il est permis d'espérer et d'humblement se préparer.

15. Les fruits du Renouveau charismatique dans les pays du Tiers-Monde en sont d'éclatants témoignages. (Voir les *Cahiers du Renouveau.*)

réalité que nous sommes fils de Dieu, que nous pouvons appeler Dieu *Abba,* et en vertu de laquelle nous reconnaissons en tout homme quelqu'un qui est notre frère, *dont le cœur peut être transformé par la miséricorde de Dieu* [16].»

Paray-le-Monial,
le 22 juillet 1976
«Parce qu'elle a beaucoup aimé.»

et

le 3 juillet 1979
«Dans mon Côté, avance ta main.»

---

16. Aux évêques d'Amérique latine (Puebla, février 1979). Et déjà Paul VI : «Il est venu comme *le spécialiste des maladies humaines les plus profondes,* il fixe son regard sur les plus criantes des déficiences humaines, il révèle la sympathie immense qu'éprouve son cœur immense pour les souffrances, les tristesses et les supplications de la terre... Il fait couler l'allégresse et l'espérance, la poésie, la vie, le renouveau et l'amour dans les veines infectées de notre humanité épuisée» (Noël 1960).

N.B. Les lecteurs de *Ton Nom de braise* semblent avoir unanimement apprécié les citations patristiques rassemblées en fin de chaque chapitre sous le titre : *Pour toi, j'ai glané.* Pour *Baume est ton Nom,* ce second tome du *Chant Royal,* l'abondance des textes nous a mis devant le dilemme suivant : fallait-il les intégrer à l'ouvrage, mais au risque de réduire considérablement la sélection, pour ne pas alourdir un volume déjà important ; ou bien était-il préférable de garder l'ensemble des textes et de les regrouper dans un fascicule séparé ? C'est finalement la seconde solution qui fut adoptée, d'où la naissance des petits volumes à paraître sous le titre : *Écoute les témoins.* En effet, l'ensemble de ces textes sur les différents aspects de la guérison intérieure forme un petit florilège sur un thème rarement repéré chez les Pères. Il eût été regrettable de trop le réduire, alors qu'il s'agit de textes auxquels n'a pas facilement accès le grand public. Bien des personnes désireuses de se ressourcer auprès des Pères, pourront ainsi directement s'y reporter. Et ces petits volumes pourront aussi être d'un intérêt particulier pour les frères chargés d'un ministère d'enseignement dans le cadre du Renouveau.
   Le fait que, dans leur grande majorité, ces textes ont été trouvés une fois achevée la rédaction de *Baume est ton Nom,* vient confirmer l'enracinement dans la grande Tradition des thèmes développés dans ce volume. Il sera donc important de s'y référer. A chaque lecteur qui aura pu goûter ces pages, je voudrais dire : «Aux sources vives, va maintenant te désaltérer!»

OUVERTURE

L'éclat de l'Horeb

S'ils me demandent :
quel est ton Nom?
que leur répondre?
Devant toi je crierai mon Nom,
le Nom du Seigneur.

Ex 3,13 ; 33,19

Un océan qu'étoile le soleil *

Les dernières étoiles s'éteignent. Les rochers lentement retrouvent leurs teintes sombres : rouge, noir, violet. Ils écoutent les pas d'un homme qui monte. Il est seul. Au détour du sentier, il a laissé ses proches, et dans la plaine son peuple. Bien avant le jour, il est là-haut. Il ne dit rien, sinon : je suis prêt à tout. Fais de moi ce qu'il te plaira. Il se demande : pourquoi ce rendez-vous, ici et à cette heure ? Et voici, comme un raz-de-marée dans son cœur, un immense désir : voir *Je suis !* Rien de moins. Il avait déjà demandé : *Montre-moi tes chemins, que je te comprenne.* Ce matin, il se risque plus loin : *Ta Gloire, fais que je la voie !* Mais comme saisi par sa propre audace, il y glisse : *de grâce !* Il n'y a aucun droit !

Enfin ! Depuis si longtemps Dieu attendait ce mot ! Il cherchait à le provoquer, guettant cet instant où, dans la vie d'un homme, enfin il surgirait. Il faut parfois toute une vie pour qu'il vienne au monde !

Et voilà Adonaï Sabaoth très ennuyé ! Terrible dilemme : comment refuser, alors que les yeux de Moïse, il ne les a faits pour rien d'autre. Alors que ce cri n'est que l'écho de son propre désir : montrer sa Gloire ! Mais comment céder, du moment que le voir c'est en mourir et qu'il a encore besoin de ce serviteur si disponible ? Comment faire pour que le soleil ne calcine pas ces yeux fragiles ? Il faut inventer un stratagème, se dit Dieu, pour ne pas décevoir Moïse : qu'il puisse voir sans voir tout à fait.

« Tu veux voir ma Gloire ? C'est très bien ! Ce désir, c'est moi qui te l'ai donné, mais c'est trop lourd à porter et tes épaules sont trop frêles. Ce sera pour plus tard. Au lieu de te montrer ma Gloire, je vais te la faire entendre, veux-tu ? Tu

---

* Pour suivre ces pages, voir : Ex 34,1-5 ; 33,18-23. Tous les thèmes qui seront développés dans ce livre sont ici condensés.

ne la verras pas, tu l'écouteras. C'est moins risqué. Faisons donc comme ceci : tu te cacheras dans la fente de ce roc, et moi je cacherai ma Gloire dans la fente d'un mot. De ma main, je voilerai ton visage, et le soleil de mon visage, je l'envelopperai de mon Nom. C'est ainsi que je ferai passer sur ton visage toute ma bonté.» Et je vois Moïse, la tête blottie dans les paumes chaudes de Dieu. Il tend l'oreille. Qu'est-ce que *Je suis* va bien pouvoir dire? Il entend un grand cri. *Adonaï! Adonaï!* Et Moïse le reprend pour le renvoyer à Dieu : *Seigneur! Seigneur!*

Bonheur pour Dieu d'entendre ce cri qui invoque et évoque à la fois son Nom! A lui maintenant d'en faire éclater la lumière, d'en envelopper le sens. Non comme un philologue l'interpréterait, non comme un linguiste le traduirait ou un exégète l'expliquerait. Mais comme un Amant livre un secret. Au-delà du littéral, mener à l'Esprit. Au-delà du littoral, au grand large : ce Nom va se révéler Océan. Comme lorsque le soleil levant constelle d'étoiles les rides de la mer. Et voici *comme une mer de saphir, semblable, par sa transparence, au ciel lui-même.*

Il ne dit pas : *Je suis celui qui suis.* C'est déjà fait. Il ne dit pas : *Je suis Père.* C'est trop tôt. Il lâche un mot extraordinaire :

MISÉRICORDE!

Tellement extraordinaire qu'il se réfracte en une constellation d'autres mots [1] pour en faire briller tous ses feux : Tendresse! Compassion! Grâce! Fidélité! Vérité! O lampes de feu! [2]

---

1. Voir Annexe 1 : Des mots pour l'inexprimable. Il serait très profitable de lire dès le début cette importante note.

2. «Toutes ces lampes ne sont qu'une lampe qui, selon ses vertus et attributs brille et brûle comme si elle était une foule de lampes. Ces lampes, Moïse les a vues sur le mont Sinaï lorsque Dieu passa rapidement devant lui. Il se prosterna la face contre terre pour en énumérer quelques-unes... Il reçut alors une connaissance de Dieu très profonde, et comme l'amour qui lui fut communiqué correspondait à cette connaissance, il goûta au plus haut degré les joies de l'amour» (JEAN DE LA CROIX, *Vive Flamme* III, 1).

Ouverture

Sur la montagne, une Pentecôte !

Ces lampes, un jour elles seront allumées dans une certaine chambre haute, jusque-là obscure. De leur unique lumière, l'univers sera irradié.

Moïse n'avait-il pas été prévenu ? *J'aurai compassion de qui j'aurai compassion !* Et encore : *Je ferai passer toute ma bonté sur ton visage.* Cette bonté sur un visage, cette Gloire sur un autre, cette nuée de feu sur la montagne, elle porte un nom. Certains pêcheurs le sauront lorsqu'à la troisième heure, on les prendra pour ivres. En toute chair l'Esprit sera allumé [3].

Cette fidélité, des milliers de générations passeront avant qu'elle ne s'épuise. Des milliers de soleils s'éteindront avant qu'elle ne s'use. Plus solide que le roc où se cache Moïse, quand bien même l'Horeb s'écroulerait, non elle ne faillira jamais. Faute, révolte, péché, ne pourront la fissurer : elle les portera.

Pour se dire, il n'a pas trouvé d'autre mot, le Seigneur. Il n'a pas d'autre richesse. Telle est sa Gloire. Tel est son Visage. Splendeur du Nom qu'on peut écouter sans mourir !

Au-dedans de ton Nom, un cœur s'est mis à palpiter : frémissement d'une vie. C'est ainsi qu'il est Seigneur. Ainsi qu'il aime. Ainsi qu'il EST. Seul Dieu pouvait oser pareille chose, jamais montée au cœur de l'homme.

Au cœur une fissure ?

Que fait aussitôt Moïse ? Que veux-tu qu'il fasse d'autre sinon tomber face contre terre, un seul mot aux lèvres :

PARDONNE !

---

3. La grande effusion de l'Esprit – épanchement sur le monde de la Bonté de Dieu – s'est faite précisément en cette fête de la Pentecôte où le peuple d'Israël, et donc l'Église en sa naissance même, célébrait la grande théophanie du Sinaï.

Il le crie après avoir dit : *Puisque j'ai trouvé grâce à tes yeux,* puisque ton regard m'a revêtu de grâce. Il le crie pour rendre à Dieu cette grâce reçue. La lui rendre en l'implorant pour tout son peuple. Faire grâce! Il devine que c'est la Joie de Dieu. Et aussi son métier de Dieu. Alors comment bénir la Miséricorde sinon en provoquant son effusion sur tous ses frères?

Il vient d'entendre *Miséricorde* parler de faute et de péché, comme si c'était pour cela qu'elle vivait, alors sa louange se fait supplication : *Nos fautes, nos péchés, pardonne-les!*

Désormais il atteindra Dieu par la faille même où Il s'est trahi. La faille qui mène droit au cœur. Il le prendra au mot. Il lui ressortira ses promesses : *Toi-même n'as-tu pas dit Dieu de Miséricorde?* Il fallait peut-être ne pas le dire. Mais tu l'as fait. C'est trop tard. Tant pis pour toi. Tu ne peux plus te dédire. Alors, selon ta tendresse immense comme l'océan, pardonne la faute de ce peuple. Dieu ne s'est-il pas engagé? Il ne peut que céder : *Je lui pardonne* (Nb 14,14-20). Je lui pardonne, parce que tu me ressembles...

«Compassion», ce mot étrange qui résonne dans la Nuée, Moïse l'a déjà entendu : ça lui rappelle quelque chose! Oui, ce soir où il rentrait le troupeau du beau-père... tout à coup cet épineux, si souvent longé en marchant vers la haute paroi dont l'ombre est douce aux heures de midi, le voilà tout en feu. Un touriste imprudent aurait-il pique-niqué par ici? Mais inutile d'alerter la brigade : le sable ne s'offre pas au feu. Et le feu parle. Il appelle. Il se dit : *J'ai vu, j'ai vu... j'ai entendu... je connais... je suis venu...*

Si Adonaï sur la montagne peut se dire *Miséricorde,* c'est que ses yeux et ses oreilles en sont pleins, de la misère et des clameurs des siens, comme s'il ne voyait et n'entendait plus rien d'autre. Comme si la splendeur des Flamboyants et des Vigilants [4] devant sa Face s'en voilait...

---

4. Les Seraphim et les Keroubim.

31

Dans la nuit, des facettes de lumière

Avant cette épiphanie, il criait : Pardonne *leur* péché, et maintenant : Pardonne *nos* péchés. Dans l'éclat de la sainteté de Dieu il voit le péché de son peuple comme le sien propre. Il en est traversé. Sa misère, il la regarde avec les yeux mêmes de la Miséricorde. Solitaire sur la montagne, le voilà solidaire du peuple dans la plaine, parce que solidaire d'un Dieu dont la tendresse ne lui permettra plus jamais d'être solitaire. C'est *son* peuple, parce qu'un tel Dieu est devenu *son* Dieu. Et vers ce peuple le voici reconduit par la main de Dieu, emporté sur la pente de son Cœur. Cette main, il ne la lâchera plus, ni celle d'aucun de ses frères. A l'une comme à l'autre, rien ne pourra l'arracher. Ni le « chantage » affectif de Dieu, ni la révolte du peuple. Comment ne prierait-il pas les bras en extension (Ex 17,11) ?

Et ce peuple, il n'est pas loin là-bas. Désormais il le porte au-dedans parce qu'au-dedans du Cœur de Dieu. Auparavant il murmurait : *Est-ce moi qui ai conçu tout ce peuple, moi qui l'ai enfanté ?* (Nb 11,12) et c'est une manière de dire : C'est Toi, n'est-ce pas, qui l'as conçu et enfanté, c'est Toi qui en es le responsable et peut-être le coupable... ? Et Dieu l'a pris au mot. Pour dire qu'il est Miséricorde, il lui répond : J'ai des entrailles de mère. Alors maintenant, Moïse portera son peuple sur son sein, comme la nourrice porte l'enfant à la mamelle. Comme Dieu le porte. Durant ces heures à l'ombre de la Tente où Dieu vient s'asseoir à ses côtés – comme l'on fait le soir avec un ami de toujours et de tous les jours – Dieu lui aurait-il murmuré : *Comme un fils que sa mère console, ainsi moi je vous prendrai sur mes genoux et vous serez consolés ?* (Is 66,13).

Telle est l'évidence de la Miséricorde, où se dissipe toute énigme : Dieu l'a fait entrer dans la maison de son Cœur pour y être à demeure, pour y bâtir sa demeure (Nb 12,7). Entendre le Nom du Seigneur, ce Nom-là, n'est-ce pas déjà le voir face à face, même si c'est de nuit ?

Pourquoi t'étonner si, en redescendant de la montagne, le visage du serviteur resplendit de la Gloire contemplée là-haut : celle de la Compassion ? Il n'en sait rien, mais ses frères en sont éblouis.

Pourquoi t'étonner si cette Compassion en a fait l'homme le plus humble que la terre ait porté ? Jeune prince d'Égypte passionné de justice, mais dans la violence, le voici dévoré d'une faim de paix que seul Dieu peut rassasier. Pour venger son frère, il avait assassiné. Maintenant, pour venger Dieu il préfère être tué. A une condition : obtenir pour ses frères le pardon.

Pourquoi t'étonner s'il se met à prier sur les malades : *Je t'en supplie, daigne la guérir !* (Nb 12,13). Et si, aux blessés, il offre le serpent qui guérit toute morsure, aussi mortelle soit-elle (Nb 21,7) ? Et Dieu oserait résister ?

Le Nom où sourit un regard

J'ai vu... j'ai entendu... Voir, entendre : c'est déjà beaucoup. C'est inespéré. Mais quand le cœur est un Océan, cela ne suffit pas. Cette souffrance de son peuple, il lui faut descendre dedans. Il lui faut la connaître, naître-avec elle : *Je serai avec toi.*

Être-avec, partager, communier, c'est déjà beaucoup, c'est inespéré. Mais quand le cœur est grand comme un Océan, cela ne suffit pas encore. Pourquoi être-avec si ce n'est pour délivrer, guérir... ? Me voici pour sauver...

Emmanuel, ce merveilleux nom ne lui suffit donc pas ? Qu'il se prépare ainsi un autre Nom, un Nom qui descende plus bas encore, engage plus loin encore, un Nom qui sera bien plus qu'un Nom.

La Miséricorde, la Compassion va prendre un Nom qui lui appartienne en propre, un Nom d'homme qui dira d'un coup tout ce que Dieu ne peut aujourd'hui que balbutier sur la montagne. Un Nom qui, un jour, se mettra à fleurir en visage, un Nom qui sera Visage. Visage qu'on pourra voir, face à face, sans en mourir. Visage dont le feu sera tamisé par un voile de chair.

Ouverture

Ce *j'ai vu, j'ai entendu, je suis descendu, je serai avec toi,* c'est un langage signé : l'Évangile déjà y résonne, le Visage déjà y transparaît.

Oui, Moïse un jour verra le Visage : la Miséricorde vêtue de chair. Il entendra le Nom où éclate la Compassion. Mais d'abord, il lui faut passer devant, sur le gué de la mort, et comme y précéder son Dieu. Moïse, vois-tu là-bas les douces collines dont tes yeux ont rêvé ? La terre bénie où ruissellent lait et miel, vers laquelle tu n'as cessé de marcher ? Regarde-la longuement, au loin. Elle te demeure promise. Tes enfants y passeront. Sur la berge, tu resteras l'exilé que tu as toujours été, le nomade qui n'a nulle pierre où reposer la tête, sinon un instant le creux du rocher. Ta Terre, c'est ton Dieu, une fois qu'il sera devenu fils de ta race. La terre des vivants : pour toi, pas d'autre héritage.

Le regard où se lit une passion

Sur l'Horeb, Dieu se montre étant déjà *passé* devant lui, étant déjà parti précéder l'homme sur tous les chemins et de la vie et de la mort. Parti devancer Moïse sur une autre montagne. L'y attendre.

Dieu et Moïse se retrouveront : au rendez-vous du Thabor [5]. Mais encore en *passant :* Dieu en train de passer vers la terre de son Royaume, en traversant notre monde.

Sur l'Horeb, le berger ne distinguait que les épaules de Dieu. Au Thabor, il verra et ses mains et ses pieds – des mains calleuses, des pieds chargés de poussière rouge. Et ses bras et ses jambes – des bras musclés par le labeur, des jambes fatiguées par la route. Mais surtout son Visage. Un Visage aux traits de feu, mais pour avoir été marqué par la vie de chez nous. Il le verra, oui, non plus de biais, mais les yeux dans les yeux.

---

5. Cette évocation du Thabor sera reprise en Ouverture du *Chant Royal* III : *O Gloire filiale !*

Étonnement sans nom! Moïse regarde ce regard. Ces yeux, toutes les larmes du monde y montent : la vie un instant s'y éteindra pour avoir brûlé le péché du monde. Ces yeux, tant de détresses s'y lisent, qui n'en estompent pas la lumière : ils sont levés vers le Père. Tant de misères s'y reflètent, qui n'en altèrent pas la douceur : ils sont tournés vers Jérusalem! Tant de souffrances s'y devinent, qui n'en voilent pas la grande paix : une passion s'y dessine!

Et Moïse regarde encore. Et voici : dans ces yeux de soleil, c'est un Agneau. Et le berger de se souvenir : un soir n'avait-il pas fallu égorger des agneaux avant la hâtive traversée et pour qu'elle s'accomplisse? Et voici : les bras de Jésus sont étendus sur une colline... Et de se souvenir : cette nuit où il avait fallu qu'on soutienne les siens pour que le peuple ne périsse pas (cf. Nb 11,2).

Et voici : il entend crier là-bas sur la colline *Pourquoi? Pardonne!* Et de se souvenir : tous ses cris à lui sur la montagne... Enfin, il comprend : Dieu ne pouvait s'empêcher de l'exaucer parce qu'un jour il entendrait les mêmes cris des lèvres de son Fils...

Et voici : la Main de Dieu est blessée... Et de se souvenir : cette Main posée sur ses yeux pour empêcher un aveuglement... Enfin, il comprend : elle devait être blessée, cette Main, pour que tout homme voie le Visage de la Compassion... à travers une passion!

Et Moïse de tomber face à terre et de joindre sa voix à celle des trois hommes qui sont là, Pierre, Jacques et Jean. Ne l'entends-tu pas? *Seigneur Jésus-Christ, Fils du Dieu Vivant, sur nous pécheurs, ta compassion!* Et de se souvenir : oui, c'est bien cela qu'il a entendu là-haut sur les hauteurs de l'Horeb : *Je suis.* Je suis Sauveur. Je suis Compassion. Je suis passionné. *Je suis Jésus* [6].

*

6. Dans les grandes théophanies de la première Alliance, les Pères et les liturgies anciennes ont toujours vu Jésus se révélant à Moïse, et non le Père. Organe-témoin de cette tradition, l'antienne 0 du 18 décembre : «O Seigneur,

Longue digression ? Étrange *midrash ?* [7] Nous sommes simplement remontés à la source. Ce *Seigneur* suivi de : *Pardonne !* avec entre les deux : *Compassion ;* ces trois mots furtivement échangés au sommet d'une montagne entre Dieu et l'homme, ces trois mots en triangle : tel est le berceau de la *Prière à Jésus.*

Hasard si précisément dans ce massif rocailleux du Sinaï cette prière a connu sa première grande floraison ? [8] Il y a une grâce des lieux. Le Sinaï : là où pour la première fois la Gloire s'est tamisée en Compassion, pour brûler au cœur de l'homme sans aveugler sa faible vue.

Il fallait que ce soit là que les *Seigneur Jésus,* et les *Pitié pour nous, pardonne !* balbutiés par les Pères du désert, s'accrochent ensemble pour former la brève prière qui se répandra comme une traînée de poudre à travers l'Orient, pour aujourd'hui atteindre notre Occident.

---

toi qui apparus à Moïse dans le feu du buisson ardent et lui donnas la loi sur le Sinaï, viens pour nous racheter à bras étendus.» Antienne adressée explicitement à Jésus comme toutes les autres : *Sagesse, Rameau de Jessé, Clef de David, Étoile du matin, Roi des nations,* et enfin, le 23, en toute clarté : *O Emmanuel !* Et chacune se termine invariablement par : «Viens nous sauver, nous racheter, nous délivrer, nous illuminer !»

C'est ainsi que les Pères verront Jésus dans la vision d'Isaïe 6, et que le Trisaghion était primitivement adressé au Christ, non à la Trinité.

7. Procédé d'exégèse employé dans les synagogues pour expliquer un texte d'Écriture en fonction du temps présent, et en vue d'une exhortation. Les *midrashim,* regroupés dans des recueils, forment une étonnante approche de l'Écriture, aussi savoureuse que pénétrante, parce que vraiment spirituelle : donnée par l'Esprit.

8. En parlant ici du Sinaï, j'englobe toute l'aire monastique, qui a été sous l'influence spirituelle du monachisme Sinaïte, depuis Gaza jusqu'au Mont-Athos. (Barsanuphe et Jean, Dorothée, Diadoque s'y rattachent, pour ne pas parler de Jean Climaque et d'Hésychius de Bathos, eux moines de la Sainte Montagne).

PREMIÈRE PARTIE

Tu rencontres Jésus...
tu te trouves pécheur

La blessure qui s'ouvre en pardon

Toutes tes offenses, Il les pardonne
De toute maladie, Il te guérit
De la fosse, Il arrache ta vie
De grâce et de tendresse, Il te couronne
Tes années, Il les comble de dons
Comme l'aigle se renouvelle ta jeunesse.

Ps 102

Il rassemble les déportés d'Israël
Il guérit les cœurs brisés
Il panse leurs blessures.

Ps 146

BALISES SUR LA PISTE

I. La main où tout guérit : la guérison intérieure

Mes blessures me dévoilent son Visage tel que penché vers moi : *Sauveur.*

Il descend alors vers le lieu de notre être profond, pour en soigner chacune : celles d'hier et celles d'aujourd'hui. Au long d'une vie, Il refait cette intégrité perdue, dont la nostalgie nous habite.

La prière du cœur, oui, rencontre de notre cœur dans le sien, du nôtre guéri par le sien.

Prends pitié en vient à dire : *Guéris-moi, malade que je suis !*
Jésus s'y découvre *médecin.* Son Nom, baume qui guérit.

II. Son visage altéré, ton cœur désaltéré : le péché

Son regard décèle la plus grave des maladies, celle qui ne se perçoit qu'à une certaine lumière. Ses blessures nous dévoilent notre visage, tel que tourné vers Lui : *pécheurs.*

Entre son Nom et le mien, un infaillible rendez-vous : la Compassion. Mes blessures y deviennent brisures d'où coulent les larmes qui prient.

La prière du cœur, oui, rencontre de notre cœur dans le sien, du sien blessé par le nôtre.

Prends pitié en vient à dire : *Sauve-moi, pécheur que je suis !*
Jésus s'y offre *Agneau.* Son Nom, révélation de la Miséricorde.

III. Ouvertes les sources en qui pardonne : le pardon

La réponse de l'Agneau à la blessure que je lui fais : le Pardon du Père. De sa main percée une compassion ne cesse de couler. Rien n'en arrêtera l'épanchement. Qui s'y ouvre peut prier. Mais aussi, qui prie peut s'y ouvrir, et peut, à son tour, accorder le pardon reçu.

La prière du cœur, oui, espace où se vit la béatitude d'être aimé jusque-là. La Vérité y rend libre notre cœur, libre de tout ce qui n'est pas l'amour.

Prends pitié en vient à dire : *Pardonne-moi, pauvre que je suis !*
Jésus s'y donne *Dieu.* Son Nom, signe qu'il l'est.

Chapitre I

LA MAIN OÙ TOUT GUÉRIT

Un chemin que reprend l'amour

*Lui qui blesse
 puis panse la plaie
Lui dont la main
 en brisant
 vient guérir.*

Jb 5,18

1. **Quand l'homme pleure jusqu'aux racines**
2. **Le voyageur à la fiole d'huile**
3. **Un passé qui s'éclaire, une histoire qui guérit**

1. Quand l'homme pleure jusqu'aux racines

Pourquoi crier à cause de ta blessure ?
Incurable est ton mal !
Mais je vais te porter remède,
*   je vais guérir tes plaies,*
*   oui je vais les guérir.*

Jr 30,17

A ta naissance, au jour où tu vins au monde, on ne t'a pas coupé le cordon, tu n'as pas été lavée dans l'eau qui purifie, tu n'as pas été fortifiée avec du sel ni enveloppée de langes. Nul n'a tourné vers toi un regard de compassion. Nul, par miséricorde, ne t'a rendu un seul de ces devoirs. Rejetée en plein champ, par dégoût de toi, tu l'as été au jour où tu vins au monde (Éz 16,4-5).

Et tu le demeures, au long des jours, dans l'attente de quelqu'un qui ne prenne pas l'autre côté du chemin, qui ne détourne pas pudiquement les yeux, qui ne fasse pas mine de ne pas t'avoir vu. Quelqu'un qui te reconnaisse, te rejoigne, te recueille, t'aime. Quelqu'un au regard assez lavé pour comprendre ce qu'est un besoin d'amour ; au corps assez meurtri pour savoir ce qu'est être blessé. Des gens, tu en vois passer un grand nombre ; aux uns comme aux autres, tu tends la main... Après des années, désabusé, un seul mot te revient : *Je n'ai personne !* (Jn 5,7). Personne pour me porter vers ces eaux qui, dit-on, peuvent guérir, et guérir de toute maladie lorsqu'un certain feu se met à les faire bouillonner. *Je regarde : personne pour m'aider. Je montre mon angoisse : personne pour me soutenir* (Is 63,5). *Plus personne pour remonter ma tente* (Jr 10,20). Personne à qui me fier. Personne à qui donner le meilleur de moi-même. Personne pour qui vivre. Personne par qui être. Personne !

Quelle vie, à un moment ou l'autre, n'est traversée par semblable déréliction? Rares, de plus en plus rares celles qui y échappent. Orphelins, nous le sommes tous en une zone insoupçonnée de notre cœur. Une faille y demeure, que nous ne voulons pas savoir, que nous ne pouvons pas savoir. S'ouvrira-t-elle un jour en appel? Chez une multitude, des portes d'acier en barrent l'accès!

La solitude! Celle dont on ne voudrait pas et que rien ne vient briser. Celle qui mutile et que nul regard ne vient éclairer. Trop écrasante, on la peuple de présences qui n'en sont pas. Avec les années, elle s'étend. Inexorablement. Seul au-dedans : perdues les traces de son cœur. Seul au-dehors : tout alentour un fossé s'est creusé...

Quel homme n'est porteur de son propre désert, aussi unique que son visage? Moins un désert qu'un désarroi, une solitude qu'un isolement! *Comme le hibou des ruines, comme le passereau seul sur le toit* (Ps 101,7). Personne!

> *Toi que je n'aurai plus jamais*
> *pour traverser l'ombre étalée*
> *en forme de peur dans le pré*
> *Toi que jamais je n'aurai plus*
> *qu'en solitude!*
>
> *Ne me demandez pas pourquoi*
> *les jours sont gris dans mon pays*
> *la source enclose dans le noir*
> *et la musique au bord du puits*
> *en solitude!*
>
> *Ne me demandez pas pourquoi*
> *le jour où fleurit l'osier rouge*
> *l'eau jaillira jusqu'au soleil*
> *à l'heure pourpre du retour*
> *pour avoir si longtemps crié*
> *en solitude!*

La blessure qui s'ouvre en pardon

Une maison toujours hantée?

La peur! Les hommes y naissent, y vivent, y meurent et souvent en meurent. Oui, la peur fait mourir. De peur, des cœurs cessent de battre : ils ne veulent, ne peuvent plus aimer... De peur, des yeux s'éteignent : ils ne veulent, ne peuvent plus voir... De peur, des lèvres se serrent : elles ne veulent, ne peuvent plus bénir...

Trop glaciale notre terre, trop sombre notre existence. On n'a personne. Ces regards qui voudraient bien rassurer et qu'une inquiétude – née on ne sait où – vient traverser, ces lèvres dont le sourire avorte en rictus, ces masques dont la dureté dénonce une prison intérieure... qui de nous n'en a connus? Une confiance n'y a jamais été, ni reçue ni donnée. La méfiance en est née, qui déclenche la peur. On a peur de sa vie, peur de sa mort. Au point d'en être fasciné. On a peur de son frère et, plus encore, de soi-même. On a peur de l'automne qui approche. Peur pour cet été déjà fané. On a peur de demain, parce que hier on a eu peur – une peur toujours vivace aujourd'hui : peur du *qu'en dira-t-on,* peur surtout du *qu'arriverait-il.* Peurs rétrospectives et peurs anticipatrices, notre présent en est empoisonné.

Collée à notre peau la peur, telle une pieuvre qui finit par étrangler! Plaie mortelle plus destructrice que la haine; la haine est l'envers d'un amour, la peur son absence. La haine peut se retourner en amour, la peur le paralyse. Elle ronge les jours, altère la lumière. Ce démon de l'angoisse qui rôde autour de notre maison, qui donc l'exorcisera?

Une tendresse toujours sabotée?

En amont de toute solitude, de toute peur, une carence terrible : on n'a pas eu tout son compte d'amour, son compte de vie [1]. Quelque part en nous l'amour a été déçu, trahi ou renié.

---

1. «Tous ont souffert d'une lésinerie d'amour, chacun ayant droit à un

Non désiré pour ce que je suis, non accueilli tel que je suis, de qui ai-je fait battre le cœur? Comment, maintenant, veux-tu que j'aime? Alors qu'en moi tout crie que je ne suis pas fait pour autre chose, de cet amour on m'en a frustré! On l'a galvaudé. Toujours rejeté : comment veux-tu que je croie à la vie?

Avec ceux que je voudrais aimer, me voilà incapable de partager le meilleur de ce que je suis, ni d'atteindre la profondeur de ce qu'ils sont, incapable de tendre la main à l'appel d'une détresse, comme de répondre moi-même à une main tendue. Sur de telles parois, que d'élans viennent se briser!

La vie? elle fait de nous des écorchés vifs. Si rares les douleurs que le temps parvient à cicatriser! Blessés nous le sommes, et dès avant notre naissance. Nous venons au monde déjà marqués par les maladies de ceux que nous n'avons peut-être même pas connus – étranges séquelles! L'hérédité? La pire des contraintes, à moins qu'un consentement ne vienne, un jour, en faire une belle matière à travailler, à offrir : consentement où se brisera toute fatalité.

La vie? sera-t-elle jamais ce que j'en attends? Notre vie, nous y comprenons si peu de chose! Et comme elle nous échappe! Des êtres qui se délabrent avec les années, ne serions-nous rien d'autre? *Mes jours passent, plus rapides qu'un coureur ils s'enfuient sans voir le bonheur. Ils glissent comme des nacelles de jonc, comme un aigle fond sur sa proie. Mes frères? décevants comme un torrent, comme le cours des torrents passagers* (Jb 8,25).

Des êtres avides d'aimer, parce qu'en vide d'amour et quelque part fêlés, tous nous le sommes. Ici il ne sert à rien de fanfaronner. Et cette béance-là, seul un amour fou pourra y répondre : l'Amour devenu fou pour s'y répandre. On aura

---

morceau de vie et de cœur de l'autre, et que cet autre lui a refusé. Chacun avait besoin de vivre ce qu'un autre a réservé pour soi, qui lui était inutile et qui s'est gâté faute d'emploi» (A.M. BESNARD, dans *La Vie spirituelle*, octobre 1978).

beau mendier à tous les ruisseaux, quelques gouttes remplaceront-elles jamais la source?

> *Quand l'homme pleure jusqu'aux racines*
> *Quand tu lui refuses le bleuet qu'il voulait*
> *Quand l'étoile au ciel ne rit plus*
> *Quand se taisent les oiseaux*
> *et que seul monte, profond,*
> *l'oratorio que tu sais, ô Dieu!*
> *Demeure auprès du hêtre*
> *enlace le tronc gris*
> *parle-lui jusqu'à l'aubier meurtri*
> *que s'y pose ta Bouche.*
> *Dis-lui seulement :*
> *« Je t'aime. »*

L'intenable humidité des tranchées

Mais tout cela, c'est lourd, trop lourd à porter. Il faut le refouler et le réprimer. Oublier et fuir le plus loin possible. Se fuir. A tout prix. On jouera à cache-cache avec soi-même. On se fardera : que le visage ne trahisse pas trop le cœur. On se blindera. On maniera l'ironie, cinglante s'il le faut. Plus on se sentira vulnérable, plus on jouera au plus fort. Miradors, blockhaus, barbelés, tout un système d'autodéfense se met en place. On s'y retranche, imprenable. Qui je suis? Personne pour le deviner. Pas une faille où m'atteindre. Mais au fond même des tranchées ainsi creusées voici que suintent – humidité pénétrant les os – et la solitude et la peur et l'angoisse. Alors il faut se faire une personnalité, même au prix d'un personnage. Se tailler un idéal sur mesure, une perfection bien programmée! A la force du poignet on finira bien par y arriver! Prendre résolution sur résolution! Les faiblesses camouflées, les blessures cicatrisées, s'admirer, être estimé!

Et vient l'heure où, trop tendu, l'arc se brise. Les projets s'écroulent, les lassitudes s'infiltrent. Cette « sainteté » rêvée, elle est décidément hors de portée. Pourquoi viser si haut? Dieu n'en demande pas tant! Restent les compensations faciles, les mille dérivatifs où s'effiloche la vie, une petite vie sans histoire. A la périphérie de son cœur on vagabonde.

Et vient l'heure où l'insipidité des choses faciles engendre le dégoût. *Je ne sais plus si les jours vont ou viennent. Le temps est mort. Je ne sais plus si les jours viennent ou vont. Peut-être que c'était hier ma joie? demain ma douleur?* En mal d'oxygène, quelque chose s'éteint. Mon cœur serait-il plus grand que ces bagatelles?

Et puis, un beau jour, la voilà perturbée, on ne sait comment, cette vie que l'on pensait bien rangée, réglée une fois pour toutes. Des choses jamais tirées au clair se mettent à tout voiler d'ombres. Je me surprends dans des comportements qui m'étonnent : est-ce encore moi? Je me croyais en bonne santé, et voilà que je pressens une espèce de cancer. Autour de moi on chuchote. On n'ose pas me le dire, je n'ose pas me l'avouer. Serais-je complice d'un immense mensonge qui, tel un filet, peu à peu m'enlace? Qui donc me répondra? Qui se risquerait dans cette forêt vierge où je n'ose moi-même m'aventurer? C'est que d'étranges secousses ébranlent mon propre pays : serait-ce un volcan – longtemps éteint – qui se réveille? Qui suis-je donc? Qui donc me le dira?

Cent traverses pour quêter l'amour

Mon nom? Irai-je le demander aux sciences psychologiques? J'y verrai clair. Les motivations secrètes seront dépistées, les pulsions calibrées, les alibis dénoncés, les agressivités désamorcées, l'enfance décryptée.

Et vient le seuil où elles calent, au-delà duquel elles ne peuvent plus m'accompagner. Elles auront conscientisé mon passé, elles n'auront pu faire qu'il ne soit ce qu'il a été. Elles auront rouvert d'anciennes blessures, elles n'auront pu les désinfecter. Et si mon mal s'originait au-delà, bien au-delà?

Pour atteindre le dedans, ne faudrait-il pas une guérison qui vienne du dedans? Qui vienne de quelqu'un qui me soit plus intime que moi-même? Mais où le trouver, comment le trouver? Par quel nom l'appeler?

Et se creuse la solitude : je n'ai personne. Et s'étale la peur : qui suis-je donc? Qui donc me le dira?

Mon nom? Irai-je le demander aux prestigieuses techniques où se transmet la sagesse séculaire de l'Extrême-Orient? Les unes après les autres, on s'en laissera séduire. Le bonheur n'y est-il pas garanti? Ne sont-elles pas révélation du vrai moi, fusion avec l'Être suprême? Détente, maîtrise de soi, langage du corps, énergies psychiques libérées, illusions dissipées, silence des sens et vide mental : tout cela ne prépare-t-il pas à la prière?

Et vient l'heure des effondrements. Entre les doigts crispés, les calmes certitudes s'effritent. Ce pays fascinant où je suis entraîné, mais est-ce bien le pays de mon cœur? Ne suis-je pas sur une piste d'exil, parti me dissoudre dans l'anonymat de je ne sais quelle «Divinité» qui, loin de m'unifier, me dédouble et me disloque?[2] Ce masque impassible, cette sérénité longuement acquise, ne camouflent-ils pas bien plus que mon visage? un cœur fait précisément pour demeurer vulnérable? Cette sortie du temps n'est-elle pas négation de ma propre histoire, rejet d'un passé sans lequel je ne serais pas un être d'attente et de désir? Ces abîmes frôlés : la tête en tourne, mais non d'émerveillement, le cœur s'y déboussole, mais non d'amour.

Et se creuse la solitude : je n'ai personne. Et s'étale la peur : qui suis-je donc? Qui donc me le dira?

Où fuir encore ce cœur qui, s'asphyxiant, cogne si fort aux parois de mon être? Toutes les drogues seront bonnes pour s'évader des réalités qui font du monde une geôle, pour m'égarer loin de là où je suis attendu. Il y aura les voyages dans les au-delà dont on ne revient pas, dernières barrières défoncées. Mais il y aura aussi toutes ces choses aux apparen-

---

2. Voir Annexe II.

ces innocentes et d'autant plus captivantes, mais que mes frustrations rendent toxiques. On s'oublie, on s'anesthésie, on se saoule, on s'arrache à l'insipide ou à l'intolérable, l'espace de quelques heures.

Et vient l'heure des cruelles redescentes. De ces déceptions-là, qui dira l'amertume? On se retrouve gisant dans un fossé, plus esclave que jamais de ces choses mêmes dont on rêvait de fuir l'asservissement, plus loin que jamais de son propre pays. Le chemin en est maintenant barré, obstrué d'épines. Depuis le temps que j'erre aux frontières, comme elles ont grandi les ronces! (cf. Os 2,8).

Et se creuse la solitude : je n'ai personne. Et s'étale la peur : qui suis-je donc? Qui donc me le dira?

L'érotisme finira-t-il par m'ensorceler à mon tour? Piégé, je le serai par les caricatures d'un amour dont la quête se fait désespérée, désespérante déjà? Et, par la porte entrebâillée, s'insinue un esprit de mort. A petit feu, il finira par tout ravager. Dans la débauche individuelle ou collective, on se retrouvera seul, comme jamais. Comme jamais on aura peur.

Mon nom? Irai-je le demander aux sciences occultes, cette hydre aux cent têtes? Savoir son avenir, contacter les esprits, détecter ses pouvoirs de domination, cultiver ses instincts de séduction, attendre une magique guérison : n'importe quel pouvoir, à n'importe quel prix, plutôt que d'être laissé à sa faiblesse!

Et vient l'heure d'un éclair de lucidité : on n'est plus maître chez soi. Les mailles d'acier d'un implacable déterminisme vous enferrent : son propre enfer.

> *J'ai touché la porte du désespoir*
> *Derrière le judas me regardait le diable.*
> *Oui, je sais les pendus, les abandonnés,*
>   *les routes qui n'ont plus de sens*
>   *et ce que veut dire : durer dans la nuit!*

La blessure qui s'ouvre en pardon

Un S.O.S. déchirant [3]

Tu te mets à paniquer, tel le marin de quart dont le cha-
lutier vient, en pleine nuit, de heurter un iceberg. Alors seulement – ou peut-être bien avant d'en arriver là – un cri aura
traversé de part en part et ta solitude et ta peur :

JÉSUS !

Un *Jésus* qui dit qui tu peux devenir encore, qui tu es toujours pour un Autre, à l'instant où tu te croyais pour toujours
aliéné. Un *Jésus* qui veut dire : *Au secours ! Sauve-moi !* et
encore : *Sans toi, je suis perdu !* [4] Cri surprenant qui fait de
cet homme l'inespérée bouée de sauvetage, à l'instant où une
lame t'entraînait à cent mètres de fond. Ce cri ne te vient pas
parce que quelques hommes l'ont lancé une nuit vers celui
qui, à la poupe, reposait sur le coussin. Ta propre barque
prend l'eau, de tous bords s'infiltre l'angoisse. Plus une
minute à perdre. Le voudrais-tu, tu es incapable de rien dire
d'autre. *Tous les brisants et les flots déferlent sur moi. Qu'ils
ne me noient pas ! Que ne m'engloutisse pas l'abîme !* (cf.
Ps 41 et 68).

Jésus ! Ce mot serait-il passé et repassé des milliers de fois
sur tes lèvres, aujourd'hui – telle une décharge de courant qui
fait vibrer tout le corps – une violence le traverse. Bien sûr,
ce frémissement peut aussi venir comme à la dérobée un beau
matin où – plafonnant depuis des années – tu réalises soudain
en quelle médiocrité tu patauges, et combien sont dérisoires
tes plus beaux efforts. Décidément, non, par toi-même jamais
tu n'en sortiras ! Quel qu'ait été le sentier suivi, vient un

---

3. S.O.S. = *Save Our Souls* (Sauve nos âmes). Voir S.O.S., beau service
chrétien d'aide spirituelle par téléphone : 273.11.70 (jour et nuit).
4. «S'il y a beaucoup de vagues sur la mer, n'y a-t-il pas quelqu'un pour
réveiller Jésus, afin qu'il réprimande les vents et la mer et que le calme se fasse
pour pouvoir comprendre et adorer Jésus ?... Crie à Jésus au point d'en avoir
la gorge rauque : «Maître, sauve-nous ! Nous périssons !» (JEAN DE GAZA,
Lettre 16).

virage où les issues sont perçues comme impasses, les signalisations illusoires, aléatoires les bornes de sécurité.

Mais que je chute dans une crevasse ou m'enlise dans un marécage, que je sois brutalement fauché ou lentement rongé, la mort aux portes n'est pas différente, et pas différent ce cri qui devient celui et de ma chair et de mon sang : *Jésus!*

> *Si Toi! Toi, brusquement*
>   *tu renversais nos vies à flanc contre le sable*
>   *– vieux vaisseaux carénés –*
>   *pour en guérir les failles!*
> *Après tant de traverses, riraient nos espérances!*

Le visage qu'un cri dévoile

Un homme en train de se noyer crierait-il *sauve-moi!* à un paralysé incapable de se jeter à l'eau? Pour la première fois de ma vie, je saisis qui Il est pour moi :

MON SAUVEUR, C'EST TOI! [5]

D'un coup, ce cri m'a immergé au-dedans de ce Nom – pourtant si connu – et de son sens et de sa tendresse. Plus jamais je ne le dirai comme avant. Et d'un coup aussi, ce cri m'a immergé au-dedans de mon cœur – pourtant si familier

---

5. Ces rares instants de la vie où le Christ est intensément perçu comme *Sauveur personnel* sont toujours décisifs. Les Églises dites évangéliques y accordent, à juste titre, une grande importance. Cet événement se vit de multiples manières, allant des circonstances les plus anodines et les plus inattendues, non sans humour parfois, aux plus tragiques. Un florilège en serait savoureux. Je pense, entre tant d'autres, à cette jeune fille se disant incroyante et qui, agressée par un chauffeur routier, s'est mise à crier pour la première fois de sa vie : *Jésus, toi, sauve-moi!* – «A cet instant, m'écrivait-elle, j'ai compris que ce *Jésus* dont tu m'avais parlé, ce n'était pas de la blague. Il était vivant, là avec moi dans la cabine.» Mais quelles que soient les modalités, il s'agit chaque fois de véritables effusions de l'Esprit, dès lors qu'une vie en est bouleversée. La chair et le sang peuvent-ils révéler ainsi l'identité du Christ, en retourner une existence?

– et de son vide et de sa détresse. Plus jamais je ne respirerai comme avant.

> «Comme celle qui dans sa peur trouva cœur et guérison,
>   d'une fuite apeurée guéris-moi,
>   qu'en toi je retrouve mon cœur!»[6]

A quoi la Parole répond : *L'homme cherche le chemin de son cœur : le Seigneur y conduit ses pas* (Pr 16,9).

Pour ces bourrasques, où la peur m'accule à secouer cet homme qui dort au tréfonds de mon cœur, ne le bénirai-je pas? Je le verrai alors, dressé dans le noir que strient encore quelques éclairs. Son regard fait la traversée de ma nuit : *Pourquoi, mais pourquoi avoir si peur?*

> *Tu as permis que mon être fût comme une écorce vide*
>   *sans nulle sève qui l'habite*
>   *avec seulement une espérance*
>   *un tressaillement d'oiseau prisonnier*
>   *vers la lumière.*

> *Tu as permis que mon être demeurât*
>   *cette chose inconsistante qui m'humilie*
>   *pour que j'apprenne à crier.*

> *Dans cet appel de ma pauvreté*
>   *mon être tout entier s'est jeté*
>   *et Toi tu as tendu ta Main*
>   *pour me remettre debout.*

---

6. Ephrem de Nisibe, *De Fide* 10,6.

2. Le voyageur à la fiole d'huile

Je suis celui qui te guérit.

Ex 15,26

Là où est la douleur
là accourt le médecin. [7]

Le seul bouillonnement de sang qui afflue aux lèvres du phtisique n'est-il pas appel au médecin ? [8]

Oui, à un tel appel quelqu'un est incapable de résister. Un seul. Il passe près de toi. Il te voit te débattant dans ton sang. Il ne prend pas l'autre côté de la route. Il ne prétexte pas un rendez-vous urgent. Il n'en a qu'un seul : ta détresse. Il ne fait pas une visite de politesse. Il ne fait pas semblant de s'intéresser à ton cas. Il n'est pas gêné. Il ne regarde pas de haut. Il descend dans le fossé. Dans la boue s'agenouille. Penche son visage contre le tien. Tout en lui est bouleversé [9]. Tristement il te regarde [10].

Toute la tête est mal-en-point, le cœur exténué, épuisé. De la plante des pieds à la tête : plus rien de sain. Ce n'est que blessures, contusions, plaies ouvertes, ni nettoyées ni pansées ni adoucies à l'huile.

---

7. Admirable *agraphon* (parole du Seigneur non consignée dans les Évangiles) rapportée par SAINT EPHREM, *In Diat.* 17,1.

8. Pour suivre cette page, voir Éz 16 ; Is 1,5 ; Lc 10,29 ; Mt 8,3 ; Mc 9,23.

9. Les évangélistes appliqueront exclusivement au Seigneur l'expression : *Il est saisi aux entrailles,* que Jésus emploie ici à propos du bon Samaritain. Voir Annexe I.

10. «Cette tristesse chez le Christ, la tristesse du médecin...» (SAINT AUGUSTIN, *In Ps* 68,5).

La blessure qui s'ouvre en pardon

Un seul mot brille dans ses yeux : *Vis !* C'est *son temps,* le *temps de son amour.* Il ne le laissera pas passer. Comme tu l'as attendu, Celui-là ! Toutes ces expériences pour te fuir : autant d'appels vers Lui. Tu ne le savais pas. Lui le savait.

– *Veux-tu vraiment guérir ? – Je n'ai personne ! – Eh bien ! Moi je le veux, sois guéri !* (Jn 5,6-8) N'es-tu pas de ma chair et de mes os ? (2 S 19,13).

Le toucher royal où flambe notre misère

Le Seigneur veut guérir. Pas toujours, ni systématiquement, des maladies physiques, mais toujours des maladies spirituelles. Des premières il s'en sert pour guérir les secondes. Celles-ci lui sont insupportables, bien plus qu'à nous qui n'en soupçonnons pas les ravages. Les premières peuvent s'insérer dans son chemin de Sauveur, les secondes rarement : elles risquent de trahir son dessein, de court-circuiter l'amour [11].

Il veut toujours guérir, mais son problème : il ne le peut, ne le veut pas sans toi. Il n'est pas magicien. Il veut être aidé, par le blessé lui-même. Mais tant de secrètes connivences nous rivent à nos maladies spirituelles ! On s'y complaît, on s'y recherche, on s'y habitue. Vouloir guérir, c'est lâcher prise sur un avenir que nous tenons à forger nous-même, sur un passé auquel nous nous cramponnons. C'est accepter de *se recevoir de Dieu,* différent de l'image de marque cultivée jusqu'ici. Vouloir guérir, c'est *faire confiance* [12].

Or on a peur d'une guérison qui, on le pressent, entraînera de l'imprévu, exigera une conversion. Comment se laisser

---

11. Dès lors qu'elles atteignent la capacité même de les assumer et de les offrir dans l'amour, les maladies psychologiques sont plus destructrices que rédemptrices. Elles entravent alors notre liberté d'enfants de Dieu. Et comme telles, Dieu ne peut les vouloir.

12. « Si donc notre grand et céleste médecin nous a donné remèdes et cataplasmes, où trouver la cause de notre perte, sinon dans l'infirmité de notre volonté ? » (BARSANUPHE DE GAZA, *Lettre* 61).

guérir sans mettre nos pas dans les siens ? Comment dire sincèrement : *Jésus, guéris-moi !* sans être prêt à toutes ces démarches, souvent si coûteuses, que suppose travailler avec lui à nous restaurer ? [13] Des masques devront tomber... Elle fait mal la lumière, quand trop longtemps les volets sont restés clos !

Alors pour masquer ton attachement à tes maladies, un doute s'insinue : ce terrible « si », destructeur de toute prière : *Si tu le peux...* Et lui, de te renvoyer la balle : *Si tu le peux, toi. Tout est possible à qui croit !* C'est de toi que dépend ta guérison.

Cette santé dont il rêve pour toi, tu ne peux même pas la désirer : tu ne l'as jamais connue. Mais que tu te sentes malade, que tu l'appelles comme médecin, cela suffit. S'il veut te guérir, c'est qu'il le peut. Pas une infirmité qu'il traite d'incurable. Pas une lésion dont il se détourne. Rien n'est irréparable quand s'en mêle l'Amour.

Avec tes yeux mon Dieu tu regardes les hommes
sortis de ta royale bonté à ta ressemblance douce.
Tu vas partout où vont leurs pas,
où sont leurs douleurs tu demeures.

Ton Nom, une huile qui s'épanche

Si tu reconnais Celui-là comme ton médecin, si tu l'acceptes tel qu'il veut être pour toi, si ta prière se fait suppliante et déjà très confiante, alors il se met à l'œuvre.

De sa besace, voilà qu'il sort une gourde de vin. Chaque plaie, il se met à la désinfecter. Aucune ne le rebute. Ce vin :

---

13. Prendre sa vie en main implique des décisions d'ordre très concret : rejeter tout ce qui n'est pas harmonisé à l'amour du Seigneur et des frères. Lui confier chaque problème qui puisse faire barrage à l'irruption de sa vérité en une zone de nous-même. Et cela demande du courage.

celui qui remplissait récemment les jarres des ablutions, ou déjà... celui qui, dans une coupe, aura goût de sang ?

Mais le vin ne semble pas suffire. En main une fiole d'huile : sur chaque blessure, il en verse. Il en frictionne le corps tout entier. Une chaleur douce pénètre les membres transis. Les tissus déchirés se reconstituent. Quel fruit a donc été pressé pour qu'elle soit à ce point pure, onctueuse, veloutée, son huile ? [14]

Tant qu'un seul vase restera à remplir, une seule blessure à guérir, elle ne cessera de couler, la fiole toujours débordante. Et si, de sa main, de ses lèvres et de son corps tout entier, coule une huile si parfumée, n'est-ce pas qu'il en est lui-même entièrement pénétré ? Onction d'allégresse dont l'a consacré le Père lorsque, en ma chair, il a reconnu son Bien-Aimé. N'est-ce pas là le baume partout recherché ? Le seul qui puisse guérir le mal du peuple et panser les cœurs meurtris, et revêtir de joie les endeuillés ? N'est-ce pas pour cela qu'il en est consacré ?

Le Nom ne sera baume sur mes plaies que s'il respire l'Esprit, comme on dit de quelqu'un qu'il respire la santé. L'Esprit ne veut-il pas, en nous, être le rayonnement de la santé de Dieu ? [15]

Et c'est pourquoi, dès que l'Esprit insuffle à mes frères le Nom béni, il y joint presque inséparablement ce mot de *eleison :* que sur nous coule ta miséricorde ! Comme on verse l'huile dans une lampe, dont on attend la flamme vive et claire, sur une plaie à soulager, sur un vêtement à parfumer, sur une pierre pour l'imbiber, dans le bol de riz pour le rendre savoureux [16].

---

14. Pour suivre cette page voir : Éz 16,1-17 ; Lc 10,30 ; 1 R 17,16 ; 2 R 4,4 ; Ps 44,8 ; Is 61,1-7 ; 62,2-5 ; Jr 51,8 ; Mc 6,13 ; Jc 5,14.

15. Pour Origène, le parfum de l'Époux c'est l'Esprit Saint en personne. Nombreux sont les textes patristiques nous montrant l'Esprit comme médecin.

16. Voir Annexe I.

Aujourd'hui, chez toi je t'invite

Voyageur il l'est bel et bien, et son itinéraire ? Fléché par les routes de ta propre vie. Car il veut oindre tes plaies là même où tu as été blessé, et comme à l'instant même où tu es tombé. *Aujourd'hui il me faut descendre chez toi* (Lc 19,5). Y descendre – comme l'ange dans la piscine – pour assainir tes eaux par le bouillonnement de son sang. C'est ainsi qu'il t'invite à remonter les rivières de ton existence, pour en retrouver les sources.

Tu n'auras plus peur de sillonner cette terre où tu te sentais étranger : une main ne s'est-elle pas glissée dans la tienne ? Revoir seul ton passé aurait été intolérable mais c'est lui qui a pris l'initiative de cette aventure, et donc ses risques. C'est lui que tu accompagneras par ces mille sentiers, sur les pierres desquels ton sang a coulé. Il les connaît mieux que toi-même. Dans ta maison n'est-il pas plus chez lui que tu n'es chez toi ?

3. Un passé qui s'éclaire, une histoire qui guérit

Dans toutes leurs angoisses
c'est son visage qui les a sauvés
Dans son amour et sa compassion
c'est lui qui les a rachetés
Il s'est chargé d'eux et les a portés
tous les jours de leur passé.

Is 63,9

Remonter, comme à contre-courant, dans l'épaisseur de ton histoire, est-ce possible? Mais, au fond, est-il vraiment passé le passé?[17] Quand une parole, un événement minime nous choque disproportionnellement à la circonstance, au point que nous pouvons en être complètement chavirés, nous devinons alors ceci : quelque part une blessure ancienne se rouvre. Elle n'était cicatrisée qu'en surface. Il a suffi d'un rien pour en révéler et la profondeur et l'infection. Rien n'est vraiment effacé de ce qui semble relégué au pays de l'oubli. Toute expérience douloureuse laisse des stigmates indélébiles. Elle peut continuer de sécréter une amertume.

---

17. Les pages qui suivent font allusion à *l'anamnèse,* ce temps d'une prière de guérison intérieure où se vit une remontée de tous les moments décisifs de la vie. Dans la lumière de l'Esprit – précise et délicate – projetée sur notre passé, il arrive que des souvenirs-racines remontent en quelques instants à la conscience claire, là où il faut souvent des mois et des années à une analyse pour les atteindre. Celle-ci ne va guère en-deçà de l'âge de deux ans alors qu'il n'est pas rare, durant une prière, que des souvenirs, vérifiés exacts, remontent jusqu'aux premières semaines. La Parole de Dieu reçue avec foi comme «Lui qui me parle», ainsi que le *charisme de discernement* – s'il est donné à un frère – favorisent ce décèlement rapide et paisible du nœud d'un problème. «*La lampe du Seigneur, c'est l'Esprit... qui explore jusqu'au tréfonds de l'être*» (Pr 20,27).

Les endroits où tu as été traumatisé, tu y vis toujours. Tu ne les as pas encore *dépassés* : ils n'ont pas encore *passé* ailleurs. Un lien t'y accroche, peut-être de fonte. A chaque instant où l'on t'a fait mal, tu vas te découvrir toujours là, toujours en attente de quelqu'un...

Ces événements semblaient derrière toi, en réalité ils sont devant Lui. Il veut suivre les traces de tes pas partout où tu es passé, pour te faire du bien là où tu t'es fait mal (cf. Jr 32,40). Pour le sauver, s'en aller après ce qui te semble perdu (cf. Lc 15,32).

Le pays oublié de ton enfance, Il te l'ouvre

Alors, du baume de sa présence il vient toucher tous ces instants où tu n'as compté pour personne. Là où toutes les mains ont pu lâcher la tienne, il te prend dans ses bras ; là où une caresse t'a été refusée, il te serre sur sa poitrine [18]. Cette tendresse désespérément mendiée – au hasard de tant de rencontres fugitives, au creux de tant d'expériences décevantes – elle te sera donnée *maintenant* en réponse à ce mot d'enfant : «Jésus, de ce manque d'amour, tu peux me guérir!» L'épreuve la plus douloureuse s'apaisera dans la sienne : celle où il t'a aimé, comme personne ne t'a jamais aimé, comme personne ne pourra jamais t'aimer...

A chaque événement qui a pu peser sur ta vie, tu l'entends : Viens à moi, toi qui n'en peux plus et ploies sous le fardeau. – *Je me charge de toi, je te porte tous les jours de ton passé* (Is 63,9). Ce que depuis si longtemps il te fallait porter seul, tout seul – sans personne à qui le confier – tu peux *aujourd'hui* t'en décharger sur ses frêles épaules. Ne t'en fais pas pour lui, le plus lourd des faix lui semblera léger, telle-

---

18. Ce mot de CATHERINE DE SIENNE à l'un de ses amis : «Je veux que nous posions humblement le front sur les genoux du Christ du ciel, affectueusement et amoureusement» *(Lettre* 28).

ment l'entraîne le poids de l'amour. C'est ainsi qu'il t'en soulage, t'offrant l'humble douceur de celui que la vie n'a pas durci.

Serais-tu exilé jusqu'au bout du monde, là même le Seigneur ira te prendre (Dt 30,4). Pour lui rien ne sera trop loin : ta petite enfance, tes mois de gestation, l'instant même de ta conception, pour Dieu cela se passe en ce moment même. La vie de tes parents, de tes ancêtres, toute l'histoire du monde, depuis son jaillissement primordial, lui sont simultanés. En nous plongeant dans la prière du Fils, l'Esprit nous ouvre à sa gloire où toute notre vie nous devient actuelle : contemporaine de la sienne. Présente : offerte à sa Présence. Ces larmes que tu pensais oubliées, versées pour rien, au fond du cœur de Dieu tu les retrouves.

Toi que j'ai pris en charge depuis le sein maternel, que j'ai porté depuis les entrailles maternelles (Is 46,3). Il descendra donc jusqu'aux tout premiers instants de ta vie. Là où peut-être tu as senti un obscur : «tu es de trop», voici que sa parole vient tout renverser : *Avant même de te former au ventre maternel, je t'ai désiré. Par ton nom je t'ai appelé avant même que tu sois sorti du sein* (Jr 1,5) [19].

Pour qu'à la confiance je renaisse, à l'ombre de sa main il me blottit : *Ne guette pas anxieusement. Ne crains pas, chétif petit ver de terre, moi j'ai besoin de toi* (cf. Is 41,10-14 ; 43,1-5).

---

19. On sait à quel point l'enfant dès le sein de sa mère subit les influences du milieu ambiant tout autant que celles de sa mère. Non désiré, il le sent parfaitement non moins que l'angoisse, la révolte ou la honte avec lesquelles il pourrait être porté. On sait aussi combien les tout premiers instants de la naissance peuvent être décisifs pour une vie entière. Il faudrait des maternités où tout baigne dans un climat de calme, de joie paisible, d'amour surtout et pour cela – bien sûr – de prière. Déjà il en existe. Grâces à Dieu ! L'expérience de la guérison intérieure confirme ici largement ces données acquises par la psychologie des profondeurs, elle-même ne faisant que préciser ce qu'avait toujours pressenti la tradition de la direction spirituelle.

Où le passé fait peau neuve

Sur ces chemins fangeux, *Jésus* ne te conduit pas pour le plaisir cynique d'y réveiller une stérile culpabilité, ni pour te faire ressasser indéfiniment des choses sur lesquelles tu n'as plus prise. S'il t'y accompagne – pardon ! s'y fait accompagner par toi – c'est pour que ton histoire même soit assumée et non éludée, guérie et non niée : en devenant *maintenant* autre qu'elle n'a été. Une rencontre avec le Sauveur ne change pas seulement une vie dans le présent et pour l'avenir ; elle reprend notre histoire pour l'illuminer du dedans : elle donne un *passé nouveau*.

Ta vie passée est offerte à ta liberté, cette liberté qui te vient *aujourd'hui* d'un amour. D'un amour capable de recréer l'histoire de ta vie, *capable de rendre en joie les années où tu as connu le malheur* (Ps 89,15). Ton passé bascule devant toi, mais pour un choix neuf. Tu peux *maintenant* soit refuser ce qu'a été ta vie – en te fermant à la grâce d'une guérison – soit y consentir en y déchiffrant son rêve d'amour sur toi [20]. *Devant les hommes sont la vie et la mort. A leur gré l'une ou l'autre leur est donnée. Devant toi il a mis le feu et l'eau, selon ton désir étends la main* (Si 15,16). Les événements douloureux, tu peux les refouler une fois de plus, mais tu peux aussi dire ce que jamais tu n'avais pu dire à ces moments précis de ta vie : « De cette blessure-ci, Jésus, aujourd'hui guéris-moi ! » [21] Le Nom béni se met alors à refluer sur hier pour jaillir *aujourd'hui* du tréfonds de cette blessure d'autrefois [22].

---

20. « Toute vie qui approche de Jésus pour le repousser ou pour l'accepter voit du même coup son mystère se creuser » (Cardinal JOURNET, *Les sept paroles de Jésus en Croix,* p. 37).

21. En dehors de toute prière explicite de guérison, chaque fois qu'un souvenir pénible éveille une amertume, une rancune, un regret latent, on peut y appliquer le Nom de Jésus et ainsi l'ouvrir à sa Présence.

22. Il ne s'agit pas de détecter les motivations inconscientes de nos « actes manqués » mais de ne pas manquer cet *acte de recréation divine* qui, comblant nos manques, fait que plus rien ne sera manqué dans notre vie.

La blessure qui s'ouvre en pardon

Non, les ratés de ta vie ne sont pas irréparables, ni irréversibles les échecs. Ils ne sont plus meurtriers, les dérapages. De ton passé, le Seigneur de ta vie peut en faire quelque chose d'inédit. A condition d'y insérer un mot neuf, ce mot qui, s'il avait pu être dit alors, aurait empêché tel événement d'être traumatisant. Et ce mot, il te faut le recevoir là même où Jésus l'a dit pour toi : à l'endroit de sa vie où il t'a rejoint, à l'endroit de la tienne où il t'a précédé.

Là où je fuyais, il m'attendait

Car, oui, il t'a précédé! Ici sois attentif. Nos opacités rendent difficiles les choses simples, simples de la grande simplicité de Dieu.

Aussi loin que tu t'enfonces dans tes solitudes et tes peurs, il est là qui déjà t'y attend. A travers chacune, il est passé le premier. Pas une détresse, pas une angoisse, pas une situation difficile ou impossible dont je puisse encore dire : «Tu ne sais pas ce que c'est.» A n'importe qui je puis le dire, pas à lui. Tout ce qui me fait mal, lui a fait mal le premier. Infiniment : il ne vit qu'à l'infini.

Tu étais cet homme dont une lèpre secrète ravageait le visage du cœur, et voici que tu le rencontres, lépreux devant qui on se bouche le nez, on se voile les yeux (cf. Is 53). Comme le lépreux, tes failles ont pu te rejeter en marge d'un monde qui s'imagine équilibré. Et voici que tu le retrouves, lui, rejeté comme peut-être tu ne le seras jamais[23]. Du berceau à la tombe, de trop en son peuple. Exilé de chez lui, exclu parmi les morts. Si souvent tu t'es senti regardé de haut, et voici que tu entends sa propre famille : «Anormal, tête dérangée, bon pour l'hôpital psychiatrique!» (cf. Mc 3,21). Tu étais au bord de la route, dépouillé, roué de coups. Et un

---

23. Paul VI avait bien raison de dire aux Tziganes : «Comme Jésus vous ressemble!»

beau jour, c'est lui que tu rencontres, mis à nu, battu jusqu'au sang, gisant hors de sa ville [24]. « J'ai été blessé par des passions mortelles, frappé par elles, laissé à demi-mort. Mais toi, volontairement blessé dans la chair, guéris-moi et sauve-moi, Seigneur ! » [25]

Cueillir l'Amen au jardin où il fleurit

Volontairement blessé ! Il est un lieu entre tous où il l'a été. Un lieu où il avait le plus important rendez-vous de sa vie : avec tes dérélictions, tes nuits. Il les a toutes retrouvées au flanc de cette colline où les oliviers sont de lumière, au cœur de cette nuit où s'éteignent les étoiles : au Jardin du pressoir [26].

> *Un agneau me regarde*
> *prostré sur la colline*
> *mes yeux le voient sans ciller*
> *Il a mangé mon herbe*
> *ma peur entrée en lui*
> *dissoute dans son sang.*

Amen ! Ce mot a déchiré sa nuit, quand tout en lui se déchirait : désormais pas un déchirement qu'un consentement filial ne puisse transfigurer. Ce *oui* au goût de sang, ce

---

24. Le mot *dépouillé,* employé dans la parabole du Samaritain, ne se retrouve nulle part ailleurs dans le Nouveau Testament sinon à propos de Jésus *dépouillé* de ses vêtements (Mt 27,28). Le demi-mort sous l'effet des coups ne sera sauvé que par Celui qui fut traité de *Samaritain* (Jn 8,48) et qui prendra tellement sa place qu'il en *mourra* tout à fait, après avoir été, lui aussi, *roué de coups.* Pour souligner ce rapprochement, Luc insère la parabole (où l'homme blessé s'éloigne de Jérusalem) dans la grande montée où Jésus tourne résolument sa face vers cette Jérusalem où l'humanité blessée sera réintégrée dans l'Église jusqu'au Retour : la réalité passera la fiction.

25. Liturgie byzantine, *Triodion.*

26. Tout ceci sera mieux compris à l'évocation de Gethsémani dans : *O Gloire filiale,* ch. II : « L'ultime confiance ».

oui que tout voudrait lui arracher : c'est pour te l'offrir qu'il en a fait le cri et de sa chair et de son sang. Tout au fond de tes révoltes, il est venu le lancer vers son Père. Tout ce qui en moi avait mille fois crié : *non !* en lui avait déjà prié : *Amen !* [27]

Partout où un *non* a barré ta route vers lui, tu peux maintenant en ôter la pierre avec ce *oui*-là. Même si c'est un *oui* encore mêlé de larmes, un *oui* timide, faible, très pauvre, mais enfin un *oui* tout de même : le sien. Un *oui* qui ne comprend pas trop, qui ne demande pas *pourquoi,* qui n'ajoute pas : *« mais à condition que... »*

Aux heures où ton âme a été la plus troublée, au point qu'en y repensant encore tu ne sais plus quoi dire, que soit tienne maintenant la confiance de Jésus : « Père, comme tu as voulu toi, non comme j'aurais aimé. Entre tes mains voici ma vie, non comme je l'aurais rêvée, mais telle que tu l'as permise. C'est moi! Je m'offre!» A condition de cueillir son *Amen* là où il a récolté ta solitude : au pressoir qui fait de la colline un jardin. Un jardin où coule l'huile de la paix, qui est de sang.

Comprends-tu maintenant d'où vient que son Nom, sa Présence, soient baume sur nos racines écorchées? Il s'est fait notre guérison en ce jardin où les olives ne mûrissent que pour être écrasées en vue d'une huile, la plus pure qui soit. Grand olivier de la Miséricorde, c'est ici qu'il a offert son fruit, qu'il s'est tout entier livré en fruit. Au pressoir il s'est laissé fouler, seul, tout seul [28]. C'était son temps, le temps de l'Amour. *Kyrie eleison !*

---

27. « L'enfant acquiert une part au salut futur dès qu'il commence à dire : *Amen !* » (Talmud).

28. Gethsémani signifie pressoir à huile. « L'olivier représente bien le mystère du Christ, car il en sort du lait pour les enfants, de l'eau pour les jeunes gens et *de l'huile pour les malades.* De même le Christ, cet olivier, a donné par sa mort de l'eau, du sang et de l'huile» (Saint Ephrem, *In Diat.* 21,11).

De sa main recevoir ton passé

Mais revenons à ces mains qui versent sur mes plaies l'huile sainte, l'huile vierge. Ces mains qui replacent les membres disloqués, ressoudent les os brisés, retissent les tissus délabrés, recréent les cellules détruites : ceux de l'âme comme ceux du corps, ceux du corps à cause de ceux de l'âme. Il faut que l'homme démembré se redresse dans la belle unité de Dieu, n'est-ce pas ?

Ces mains qui viennent de remettre en place l'oreille droite de Malkus, qui se posent sur les épaules de Judas, dans l'espoir de guérir son cœur, pourraient-elles guérir si elles ne devaient être percées de part en part ? Pas une blessure qu'elles ne puissent soigner : pas une dont elles n'aient d'abord été elles-mêmes marquées. Tous les chocs dans ma vie, sur son corps se sont d'abord répercutés. Si lui ne s'était *interposé,* ils m'auraient fait tellement plus mal.

Et c'est ainsi qu'il les transfigure : assénés par la haine, il les reçoit dans la douceur des pauvres. Infligés par ses frères, il les accueille comme venant de son Père [29]. C'est moins la coupe qu'il regarde que les mains qui la présentent, ces mains qui en font un présent : celles de l'Amour. Des mains de son Père, il reçoit sa passion.

Au jardin où l'on crie : *Kyrie eleison !* il te propose ceci : consentir à tes blessures comme permises par lui. Une injustice jusque-là subie, un échec jusque-là refusé, le recevoir de ses mains à lui, l'offrir avec ses mains à lui, ses mains très douces parce que blessées. Car il ne s'agit pas seulement de *voir* ton passé dans le regard qu'y pose le Seigneur, mais de *le prendre en main :* de le prendre de la main même avec laquelle il te l'offre à nouveau.

---

29. « Cet amour du Christ fut plus puissant que la haine de ses ennemis. *La haine put seulement ce que lui permit l'amour* » (BAUDOIN DE FORD, *Le sacrement de l'autel,* 1,2).

La blessure qui s'ouvre en pardon

On l'a pris et fait mourir en le clouant à la croix par la main des impies, mais c'était selon le dessein bien arrêté de la prescience de Dieu... ils se sont ligués pour faire ce que sa main et son conseil avaient décidé d'avance (Ac 2,23–4,25). Tout ce qui m'est arrivé par *la main des impies,* y reconnaître la Main bénie qui a permis pareille épreuve, mais en s'en laissant elle-même toucher [30]. Lorsqu'il se montre à Thomas-le-faible, il lui dit : *Mes mains, regarde-les, de ta main touche-les...* (Jn 20,27) Et à Marguerite de Cortone : « Mets tes paumes sur les plaies de mes mains. »

Ce qui revient à dire : « Les blessures que j'ai prises de toi, voici que je te les rends, mais toutes renouvelées par l'amour avec lequel je les ai accueillies. » Alors, en vérité, *les blessures sanglantes deviennent un remède au mal, de même les coups pour le tréfonds de l'être* (Pr 20,30) [31].

Même à la grande absence, il a dit : Amen !

La plus grande détresse de ta vie aurait-elle été que le mot de *papa* soit toujours resté étouffé dans ta gorge ? Sache alors que le *oui* de Jésus a été précédé du seul mot qui lui donne une tendresse inconnue de la terre : *Abba !* C'est à Lui que s'adresse : *C'est moi !* Il n'a pu te donner son *oui* qu'en t'offrant son Père. L'offrant à ta confiance. Au cœur de *son* agonie pour guérir les agonies de *ton* cœur. Il te l'a offert quand il a été le plus enfant, le plus démuni, le plus délaissé,

---

30. Telle est la lecture que Joseph fait de l'événement le plus dramatique de sa vie. A ses frères qui l'ont vendu, après avoir voulu le tuer, et qu'il vient de reconnaître : « Ce n'est pas vous qui m'avez envoyé ici, c'est Dieu, afin de sauver vos vies pour une grande délivrance » (Gn 45,7) ; et lorsqu'ils ont peur qu'il ne se venge : « Le mal que vous aviez à dessein de me faire, le dessein de Dieu l'a tourné en bien, afin d'accomplir ce qui s'accomplit aujourd'hui : *sauver* la vie à un peuple nombreux » (Gn 50,20).

31. Voir *Écoute les témoins.*

le plus désemparé. Pour guérir ton enfance là même où elle a été la plus meurtrie [32].

Je sais maintenant ceci : quelle que soit la révolte d'une enfance subie, ce consentement pourra naître qui tourne enfin des yeux d'enfant vers un visage de père. Un consentement qui fera de ma vie un *Amen* pour la joie du Père.

Oui, c'est ainsi qu'il t'a précédé. Et maintenant, pause-prière. A l'école de nos pères, dialoguons avec le Seigneur :

— Sur mes pas, tu es descendu jusqu'à l'angoisse de la mort, afin que sur tes pas, je sois rappelé à la vie. Tu souffres, Seigneur, non de tes blessures, mais des miennes. Non de ta mort, mais de mes faiblesses. Car tu es devenu faible, mais à cause de mes péchés. Cette faiblesse, tu ne l'as pas reçue de ton Père, tu l'as prise pour moi... car il était bon que tes blessures guérissent nos plaies (Ambroise de Milan).

— Tu me suivras plus facilement parce que je m'interpose entre toi et la souffrance... Écoute en moi la voix de ta faiblesse : je transporte en moi toutes tes peurs et je m'étends, en quelque sorte, pour que tu passes (Augustin d'Hippone).

— Tu portes mes douleurs et tu souffres avec moi. Tu passes le premier par le chas étroit de la souffrance, afin d'élargir

---

32. L'agonie de Jésus fait éclater le mystère de son *obéissance* filiale. Il faudrait pouvoir développer combien, pour la tradition monastique, l'obéissance est le chemin de guérison. Notre volonté dévoyée y retrouve sa rectitude et donc sa liberté royale.

La prière du père spirituel possède déjà un pouvoir très spécial de guérison : «Je sais que si tu pries pour moi, je reçois la guérison» (voir I. HAUSHERR, *Direction spirituelle en Orient autrefois*, p. 70 ss. et 138), mais la seule soumission à un staretz est déjà guérison d'une blessure laissée par un père non connu, ou par qui on aurait été rejeté ou méprisé.

Nous touchons là le nœud du refus d'obéissance chez beaucoup, mais aussi la raison profonde du besoin qu'en ressent un nombre croissant de jeunes comme d'une nécessité spirituelle pour leur guérison. Une obéissance d'autant plus joyeuse que plus exigeante est une caractéristique des communautés qui naissent au sein du Renouveau. Ceci en une saison où bien des communautés traditionnelles en estompent les exigences.

La blessure qui s'ouvre en pardon

l'entrée aux membres qui te suivent. Mon bonheur? Te rester uni, ô chef glorieux et béni! (Bernard de Clairvaux).

– Non seulement *je te donne ma conception,* mais encore ma vie et les différents âges par lesquels j'ai passé... Ainsi tu connaîtras la voie par laquelle tu dois marcher... (Bernard de Clairvaux) [33].

Un cœur que la mémoire rend de pierre

S'il arrive que la vie entière d'un coup reflue à la mémoire, c'est qu'elle y est tout entière présente. Splendeur de la mémoire! Participe-t-elle au temps de Dieu? Présence de ma vie, grâce à elle je demeure ce que je suis à travers les mille méandres de mon histoire.

Misère de la mémoire! Rivée au passé, elle dégage l'odeur fétide des choses pourries. Perturbée par trop de traumatismes, elle parasite la voix de Dieu, en brouille l'écoute, ferme à l'avenir.

Laisse-t-on ouverte sa maison quand la tient verrouillée le souvenir d'un lointain cambriolage? Comment ouvrir sa porte aux surprises que Dieu rêve d'inventer aujourd'hui, si chaque matin notre hier vient nous vieillir de dix ans? Rien ne ride comme de se dire : demain ne sera pas différent, les mêmes ornières j'y tomberai. On en grisonne. Les obsessions douloureuses, autant d'épines au pied empêchant une allègre marche en avant, paralysant une danse au pas de Dieu. On en boite indéfiniment.

Comment espérer, quand les échecs passés – spectres hallucinants – hantent notre mémoire? *Nous espérions, nous...* (Lc 24,21) : l'espérance est passée au passé. Oui, la mémoire peut tuer l'espérance, pétrifier le cœur. Comme elle a besoin d'être guérie! [34]

---

33. On trouvera les références précises de ces textes dans *Écoute les témoins.*
34. Car la mémoire est malade. Elle nous dédouble ainsi en une sorte de

Une mémoire que la prière rend au cœur

Mais la prière vient la guérir. La prière du cœur vient faire de la mémoire un cœur. Un cœur palpitant au rythme imprévisible de l'espérance. Une mémoire qui aime : elle ne se souviendra plus que des passages de l'Amour.

Effleurant de sa main chaque souvenir, le Seigneur y fait fleurir comme une mémoire neuve : celle des merveilles de Dieu en notre vie. Une rancœur est-elle encore possible là où son Cœur est vu à l'œuvre ? *Jusqu'aux cheveux blancs je vous porterai et je vous sauverai* (Is 46,4).

Me « re-corder » [35], faire remonter au cœur, moins ma détresse que sa tendresse, celle qui me guettait là où je l'attendais le moins. Quelle grande douceur ! Dans ce regard où tout s'éclaire de ma vie, les *événements* les plus troublants deviennent des *paroles* de Dieu pour moi [36]. Celles qui peuvent être gardées et ruminées, désormais sans honte

---

schizophrénie de l'âme. « Depuis la désobéissance d'Adam, la mémoire humaine est scindée en une sorte de pensée double » (Diadoque). « Adam en goûtant au fruit de l'arbre désagrégea sa volonté » (saint Ephrem). « Toutes les plus grandes tromperies du diable entrent par les discours de la mémoire » (JEAN DE LA CROIX, *Montée du Carmel,* 3,4).

Si la guérison de la mémoire revêt une telle importance, c'est qu'elle est bien plus que la simple faculté du souvenir : ce point par lequel la source de la vie et de l'être affleure dans notre vie intime. Réceptacle de tout ce qui se vit dans l'intelligence et la volonté, tout ce qui sera ensuite connu et voulu en découle. Permanence de notre identité, elle nous donne d'être le même depuis la naissance jusqu'à la tombe, à travers toutes les mutations successives, psychologiques ou physiologiques (le renouvellement constant de nos cellules). Par rapport à la connaissance et au désir, son rôle est *fondateur. Saint Augustin* et *saint Thomas* voient la génération de l'intelligence et de la volonté à partir d'elle, comme le Fils et l'Esprit procèdent du Père. Présence du Père au fond de nous, trace de notre filiation, *saint Jean de la Croix* y voit le lieu de *l'espérance* qui vient la guérir, tout comme la foi purifie l'intelligence et la charité anime la volonté.

35. Se souvenir, en italien se dit : *ricordare.*

36. En Lc 2,19 et 51, l'hébreu *dabar* (en grec *rhêmata)* peut être traduit aussi bien par « événements » que « paroles ».

et sans culpabilité : déjà joyeuse célébration des irruptions de Dieu sur mes chemins [37].

S'oublier dans la souvenance de Dieu

Au fur et à mesure de sa lente invasion par la prière, la mémoire du cœur retrouve son intégrité originelle. Elle se plonge dans la simplicité de la mémoire de Dieu. «Elle se réjouit avec le Père.» [38] Les choses de sa vie, on ne s'en souvient qu'à la manière dont Dieu les vit. Tout s'unifie dans le seul souvenir de Dieu, large fleuve qui finit par drainer tous les détritus de ses rives [39]. Même le lourd capital des souvenirs de notre inconscient collectif y sera purifié.

Ce qui, alors, reflue au cœur spontanément, c'est moins ma vie que celle du Seigneur. J'en deviens et contemporain et témoin. Comme si c'était la mienne, comme si je l'avais vécue. Ou plutôt la vie de *Jésus* à travers la mienne. Peu à peu nos deux vies se mettent à coïncider, comme on ajuste les lentilles des jumelles jusqu'à ce que la double image, d'abord floue, s'intègre dans la netteté et le relief d'un unique point focal.

Les *souviens-toi* sans nombre qui ponctuent la Parole, comme ils deviennent parlants ! Non plus les miens suppliant

---

37. Ceci sera développé à la fin du livre. On pourra déjà s'y reporter : ch. IX, «Une mémoire que guérit la louange, une mémoire libre pour bénir».
38. CATHERINE DE SIENNE, *Lettre* 52.
39. Pour les Pères – surtout pour Basile, Grégoire de Nazianze et Diadoque – cette *Mnemé Theou* est un des premiers fruits de la Prière de Jésus. «Elle entraîne... la mémoire, le souvenir, la pensée habituelle de Dieu ou du Seigneur Jésus, qui deviennent en quelque sorte la mesure de notre perfection parce que *de leur assainissement dépend la santé de tout le reste.* Voilà où il faut chercher les racines de la Prière de Jésus : dans une anthropologie qui croit à la possibilité de réunifier le psychisme humain qu'un agent patholo-gique – le péché – a fait éclater en tronçons antagonistes» (I. HAUSHERR, *op. cit.,* p. 156, 207).
«Si nous gardons le souvenir des torts que nous ont causés les hommes, nous supprimons la force du souvenir de Dieu» (MACAIRE, *Alph.* 36). Le

Dieu de se souvenir de mes détresses, mais les siens m'exhortant à ne pas oublier ses hauts faits pour moi. Non seulement le passé est ainsi purifié, mais sans cesse la prière peut agir, à la manière d'un vaccin, contre l'infiltration permanente de ces microbes : les images qui anesthésient la mémoire du cœur. Au fur et à mesure que des choses malsaines risquent de s'y inscrire, comme un anticorps la prière les combat, y substituant le souvenir des gestes de Dieu. Le don de la mémoire de Dieu, fruit merveilleux de l'Esprit qui rafraîchit la Parole dès qu'elle risque de se faner ! Les souvenirs blessants étant guéris, le chemin devient libre vers ce lieu de la mémoire qu'habite Dieu. « Sanctuaire d'une ampleur infinie, qui donc en a touché le fond ?... C'est là que je me rencontre moi-même. » [40]

Rien n'est plus comme avant

La marée montante a beau tout ensevelir, lorsqu'elle reflue, les sédimentations sont mises à nu et le moindre récif s'imbibe de soleil. Au soleil de Dieu des plages entières de ma vie – qui semblaient à jamais englouties par le temps – ont refait surface : venues au grand jour pour être baignées de sa lumière [41].

---

démon se présente aux Pères du désert comme « celui qui réveille la mémoire » ancienne, endort celle de Dieu.

40. SAINT AUGUSTIN, *Confessions,* X,8.

41. « La mémoire peut asséner des images douloureuses à cadences répétées, engendrant en la personne atteinte un profond état d'angoisse... Le Mauvais peut éventuellement être à l'œuvre. La seule véritable thérapeutique est alors la prière avec, d'après notre expérience, 90 % de guérisons quasi immédiates... si le discernement confirme l'origine "maligne" de ces troubles. La guérison de la mémoire par l'Esprit Saint ne consiste pas, le plus souvent, en un simple effacement de souvenirs répétitifs et traumatisants. Il s'agit beaucoup plus d'une *accession à un autre vécu de ces mêmes souvenirs, vécu qui leur fait perdre tout caractère agressif.* Il se produit donc un désamorçage de leur action destructrice qui a pour conséquence une disparition progressive des "symptômes mnésiques". Ce qu'une volonté et une intelligence humaines ne pouvaient accomplir, rompre ce cercle vicieux et aliénant, l'Esprit Saint le réalise à travers la prière » (DR Ph. MADRE, *op. cit.,* p. 72).

La blessure qui s'ouvre en pardon

Là où je me fuyais, il est venu à ma rencontre. Mes déserts, il y a fait jaillir des sources. Mes dérélictions, les voilà bénies : habitées. Mes peurs, les voilà apaisées : y résonne une voix, douce entre toutes : *Des cœurs brisés le Seigneur est proche. Il sauve les esprits déprimés. De toutes leurs angoisses il les délivre* (Ps 33,19).

> *Un jour la rivière se remet à couler*
> *on ne sait pas comment*
> *Un arbre mort est recouvert de fleurs*
> *quelque part l'oiseau-lyre refait son nid*
> *et ce qu'il y a de plus malade dans le cœur*
> *entre en convalescence...*
>
> *Les plaies que l'on pensait éternelles*
> *ne font presque plus mal*
> *Un jour on les regarde sans trembler.*
>
> *La vie coule à nouveau*
> *avec un je ne sais quoi de grave et de serein*
> *Rien n'est plus comme avant*
> *le cœur a retrouvé le calme de l'enfance.*

Chapitre II

SON VISAGE ALTÉRÉ
TON CŒUR DÉSALTÉRÉ

Le péché que blanchit l'Agneau

> *Nous n'avons pas apaisé ton visage*
> *en étant attentifs à ta vérité*
> *Que ta Face illumine ton sanctuaire désolé*
> *Ouvre tes yeux et vois nos désolations.*
> *Écoute! Pardonne! Veille et agis!*
> *par toi-même, Seigneur.*
> *Ton Nom est invoqué sur ton peuple.*

Dn 9,17

1. **Le regard qui rend le cœur à son visage**

2. **Le Nom où je lis le mien**

3. **Nul n'est trop loin pour Dieu**

1. Le regard qui rend le cœur à son visage

> *Au secret de ta Face tu nous caches :*
> *Tous nos secrets sous l'éclat de ta Face*
> *Tous nos torts devant toi :*
> *Rassasie-nous de ton amour !*
>
> Ps 30,21–89,8 ; 14

La main qui soigne mes blessures m'en révèle l'ampleur. Pansements ôtés, croûtes arrachées, le pus se met à couler. Pourquoi les plaies ne peuvent-elles cicatriser ? Si le fiel de la rancune, l'aigreur de la révolte viennent si facilement envenimer la moindre égratignure, c'est que mon organisme est lui-même atteint. Virus terriblement contagieux : personne n'y échappe. Pour avoir coulé, des générations durant, à travers un corps – le grand corps de l'humanité –, mon sang serait-il infecté ? Guérir les blessures une à une, cela ne suffit plus. C'est à la racine qu'il faut s'attaquer. La racine serait-elle mon âme ?[1]

Revenons à ce jour – et c'est tous les jours – où le Médecin à ton appel est venu. Sur ta poitrine, étrange sourcier, il applique son oreille[2]. Il t'ausculte. Longuement il écoute : et la respiration et le rythme de ta source. Puis, pesant ses mots : « Tu es plus malade que tu ne le penses. Ton cœur est atteint... *Au-dedans c'est comme la mort* » (Lm 1,20).

---

1. D'une fillette russe de 3 ans, ce mot cité par Dimitri Doudko : « Maman est-ce vrai que tout a une racine, même l'homme, et que la racine soit son âme ? » *(L'Espérance qui est en nous,* 9e entretien).
2. Saint Augustin, parlant, au Seigneur, de sa mère : « Ton oreille était sur son cœur, ô bon, tout-puissant que tu es, qui nous soignes chacun comme si tu n'en avais qu'un seul à soigner, et tous comme un chacun » *(Confessions,* III). Et à propos du reniement de Pierre : « Lui, le médecin qui *examine la veine du cœur* » *(Epist.* 78,9).

Nommant ton mal, il le dénonce : le *péché !* Diagnostic précis, net, impitoyable. Terme technique de ta maladie, celle que personne n'osait, ne pouvait t'avouer. Qui, sans écraser, peut faire porter une telle vérité ?

Je l'attendrai, il m'atteindra

Le péché ! Mais qu'est-ce donc ? Je comprends et ne comprends pas ! Suis-je donc coupable, et de quoi ? A qui donc ai-je fait du mal ? Je me croyais *riche et ne manquant de rien,* et voilà qu'on me dit : *tu es malheureux, pitoyable, pauvre, aveugle et nu !* Me voir tel que je suis ! le monde tel qu'il est ! La vue c'est la vie : pour l'éclaircir, quel collyre ? (cf. Ap 3,17)

> *De ma miséricorde je ne vois plus les traits*
> *contre le mur elle n'est plus assise*
> *cependant je connais qu'elle n'a point émigré*
> *à cette plaie ouverte*
> *buisson flambant dans mon corps.*

Il m'avait rejoint, soigné mes plaies, dit mon mal, et le voilà reparti. Peur de s'imposer ? Oh ! courir après lui, si je n'étais aveugle ! Mais n'est-il pas Celui qui passe là-bas, en attente – qui sait ? – d'un nouvel appel ? Aux côtés de Bar-Timée, sur la piste poussiéreuse, je m'assoierai. Sur mes lèvres, son cri : *Jésus, ta merci sur moi !* [3]

« Laisse-le donc tranquille, t'as pas besoin de lui ! » On aura beau me rabrouer je crierai de plus belle. Je crierai à en avoir la voix éraillée, les lèvres desséchées, les poumons essoufflés. Qu'importe, puisqu'il passe ! Mes deux mains, je les tendrai vers Jérusalem : Il en vient.

Jésus ! Ce Nom me suffira, pourquoi en inventer d'autres ?

---

3. Mc 16,46-52. – Les Pères ont aimé faire remonter la prière de Jésus à ce mendiant : pour eux, comme pour lui, elle demande la guérison d'un aveuglement.

La blessure qui s'ouvre en pardon

Si j'ajoute : *Toi, Fils de David !*, il comprendra : *Ne méprise pas ta propre chair !* (Is 58,7). Au piège de son cœur je l'aurai pris. Comment y résisterait-il ? C'est mon cri qui flèche sa direction, quand bien même il ferait semblant de s'éloigner. Tous les détours seront bons pour que son chemin finisse par croiser le mien, quand bien même la foule ferait tout pour l'en dissuader. Un océan dût-il nous séparer, rien au monde ne l'empêchera de m'atteindre. L'aube devrait-elle indéfiniment s'attarder, rien au monde ne m'empêchera de l'attendre.

Lorsque sur mon front se poseront ses doigts, et sur ses lèvres mon nom, alors mes cris se tairont.

Courage ! Lève-toi ! Il t'appelle ! C'est moi qu'il appelle ? De moi aurait-il besoin ? Rejeter la cape rapée – toutes choses inutiles, miteuses ! – d'un bond être à ses pieds ! – « Qu'attends-tu de moi ? » Ne le sait-il donc pas ? Flèche acérée, ma réponse : *Illumine mes yeux, que dans la mort je ne m'endorme !* (Ps 12,4)

Humide sur mes paupières, la glaise. A travers les prunelles embrumées, voilà des arbres qui marchent. *Effeta, ouvre-toi, ouvre-toi !* Une lumière inconnue dissipe le brouillard. Les contours d'une tête se dessinent, de plus en plus nets. *Je ne te connaissais que par ouï-dire. Maintenant mes yeux Te voient ! O lumière de mes yeux ! Chair de ma chair ! Visage de mon visage !* (Tb 11,14). J'avais raison de crier : Fils de Marie ! Te voir, c'est vivre !

Visage de nuit ou rivage d'aurore ?

Face inquiétante et séduisante à la fois ! [4] Visage de mystère ! Venu d'ailleurs, en route vers quel ailleurs ? Impalpable

---

4. Paul VI s'était laissé séduire par la sainte Face du Suaire de Turin (voir ses très beaux textes dans : *Paul VI, Un regard prophétique,* vol. I : *Un amour qui se donne,* p. 40 ss.).
Depuis que la photographie nous l'a rendu « comme en une seconde résur-

frontière d'un monde autre! Rivé à la mort, ou défiant les siècles? Sans beauté ni éclat, ou d'une beauté qui éclate au-delà de toute lumière? Méconnaissable ou donnant une connaissance inconnue du monde? Comme celui devant qui on se voile la face, ou Face où se dévoile une splendeur qui n'est pas de chez nous? Tout pour susciter l'horreur, ou bonheur qui éveille à l'amour? Tuméfié ou glorifié? Surgeon ou bourgeon?

Ses yeux seraient-ils éblouissants, leur lumière insoutenable, pour qu'il les garde ainsi baissés? Peur de m'aveugler? Peur de m'effrayer? Cachent-ils une question trop lourde, une réponse trop douce, qui feraient mourir? Ah! ces yeux pour la première fois fermés à jamais sur notre terre «douloureuse, dramatique et magnifique» (Paul VI), tant aimée et tant servie! A jamais?

«Nous ne vivons que de visage en visage, et celui-ci nous a été donné pour les jours où tous les autres nous manquent. Dans quelques heures il ouvrira les paupières : le même regard, mais issu d'autres yeux, éternels. Dans quelques heures, ces bras sagement allongés, ces poignets troués, ces mains immobiles écarteront le drap qui déjà porte, invisible, leur effigie.

---

rection», disait CLAUDEL, sa contemplation a bouleversé tant de croyants. Et de poursuivre : «Plus qu'une image, c'est une présence... une évidence. C'est Lui! C'est son Visage! Ce Visage que tant de saints et de prophètes ont été consumés du désir de contempler, il est à nous! Dès cette vie, il nous est permis tant que nous voulons de considérer le Fils de Dieu face à face! Quel Visage! On comprend ces bourreaux qui ne pouvaient le supporter et qui, pour en venir à bout, essayent encore aujourd'hui, comme ils peuvent, de le cacher... Ce que nous apporte cette apparition formidable, c'est encore moins une vision de majesté écrasante que le sentiment en nous, par dessous le péché, de notre indignité complète et radicale, la conscience exterminatrice de notre néant. Il y a dans ces yeux fermés, dans cette figure définitive et comme empreinte d'éternité quelque chose de destructeur. Comme un coup d'épée en plein cœur, qui apporte la mort... Ce ne sont point des phrases que nous déchiffrons ligne à ligne : c'est toute la Passion d'un seul coup qu'on nous livre en pleine figure. Quelque chose de si horrible et de si beau qu'*il n'y a moyen de lui échapper que par l'adoration...*» (Lettre à M. Gérard Cordonnier, 16 août 1935.)

La blessure qui s'ouvre en pardon

D'un geste familier, celui d'un homme qui s'éveille, Dieu écartera la mort. Il prendra d'un coup son visage de Pâques, à jamais; à jamais aussi, il nous laissera celui du Vendredi saint, le nôtre [5]. »

Mon autre visage?

Ce visage serait-il *l'endroit* du mien : sa face cachée et son lieu d'origine?

Si c'était mon propre visage qui m'était renvoyé? Se serait-il offert aux outrages si la patine des siècles n'avait, en moi, noirci son icône très ressemblante? Mais nous aurait-il confié l'Icône des icônes si mes traits ne devaient pas y être restaurés, telle que sortie des mains de l'Iconographe? Si ce n'est plus belle encore?

Visage défait : la Face de Dieu en moi saccagée. Mais visage d'une infinie splendeur : une beauté infinie m'est offerte. On s'y reconnaît coupable pour tous : on y renaît capable de Dieu. On s'y sent défiguré : on s'y pressent transfiguré.

Mon visage : celui de l'homme. Il s'y retrouve piétiné par un monde qui, d'un visage, ne sait plus que la caricature [6]. Mais il s'y découvre façonné pour un monde que fascine le Visage de Dieu.

Ses blessures m'y disent ce que j'ai fait de sa vie. Son aura m'annonce ce qu'il fera de la mienne. Visage d'homme : celui

---

5. Gilbert CESBRON, *Mourir étonné.*

6. Pour saisir sur le vif la différence radicale entre la conception chrétienne de l'homme et celle des religions orientales, qu'il suffise de comparer le visage éthéré, neutralisé du *Buddha,* et celui – compromis jusqu'à la défiguration – du *Suaire de Turin.* D'un côté : *failles camouflées :* un *masque réussi.* De l'autre : *blessures consenties et offertes :* un *visage adorable.* Une impassibilité obtenue, une vulnérabilité accueillie. Une sérénité aseptisée, une beauté meurtrie. Un silence replié sur soi, un recueillement ouvert à l'autre. Un au-dedans hermétique, une intériorité accessible par ses blessures mêmes. Une absence, une Présence : deux mondes.

que je lui ai donné. Visage de Dieu : celui qu'il me prépare. *Voici l'homme :* tel que tu l'as vendu, tel qu'il te sera rendu. Voici l'homme ramené à son visage : celui d'aujourd'hui et déjà celui de demain.

O cette Face : *le salut de ma face!* (Ps 42) Visage où tout se tait, visage où tout s'écoute. Visage océan de silence, visage écho d'une parole : Je suis toi !

Et je regarde ce grand corps déchiqueté dont le visage est le secret :

> *Toute la tête est mal-en-point, le cœur exténué, épuisé.*
> *De la plante des pieds à la tête : plus rien de sain.*
> *Ce n'est que blessures, contusions, plaies ouvertes,*
> *ni nettoyées, ni pansées, ni adoucies à l'huile.*
>
> Is 1,5

Chaque blessure, chaque contusion, chaque plaie ouverte se met à m'interroger :

> *Tu ne vois donc pas ce qu'ils m'ont fait dans les rues de Jéru-salem pour me blesser? Mais est-ce bien moi qu'ils blessent? N'est-ce pas plutôt eux-mêmes qu'ils blessent, pour leur propre honte?*
>
> Jr 7,19

Ces grandes traces d'une passion, l'auraient-elles marqué pour dénoncer les blessures de mes passions? Dans l'espérance de m'en guérir, les aurait-il accueillies?

Mais qui donc a craché sur lui? Quelle main a enfoncé les épines, si profondément que des filets de sang en couronnent ce front royal? Qui donc l'aurait manipulé comme on triture une bête à la boucherie?

Des yeux dont on ne revient pas

Il ne dit rien, le Roi. Mais si! mes questions devinées, il répond : ne vois-tu pas ses yeux s'entrouvrir, comme les grilles d'un jardin abandonné, comme les portes d'une demeure

La blessure qui s'ouvre en pardon

oubliée? Lentement, pour apprivoiser mes yeux à leur musique[7].

Douce, très douce, la lumière de ces yeux qu'on dit *dix mille fois plus lumineux que le soleil* (Si 23,19). Des larmes en tamisent la fulgurance. Ses yeux en sont de source[8]. D'immenses horizons s'y déploient.

Ce regard! seules des mains liées pouvaient le rendre à ce point lumineux. Seules des larmes pouvaient y ouvrir une telle transparence. L'au-dedans du visage y apparaît. Et l'au-dedans, n'est-ce pas le cœur?

> *Maintenant que j'ai fait un pas*
> *par la seule grâce, dans ta douceur*
> *Conduis-moi douce lumière*
> *je viens à toi le visage ruisselant*
> *tu pleures tant au fond de moi*
> *Les pierres de toutes mes murailles se sont écroulées*
> *et chacune est source jaillie je sais d'où.*
>
> *Conduis-moi douce lumière*
> *je ne veux d'autre amant que toi*
> *car tu m'as attendu derrière la haie de mes péchés*
> *tu voilais ton visage sans me maudire*
> *et hier tu m'as saisie comme aux premiers jours*
> *quand je courais après toi dans mon âme neuve.*
>
> *Maintenant, conduis-moi car le temps est court*
> *maintenant la Beauté ouvre sa porte*
> *maintenant c'est l'avant-veille d'être enlevée.*

---

7. Thérèse de la Sainte-Face, avant d'être de l'Enfant-Jésus, s'est laissée fasciner par «cette clarté à demi-voilée que répandent autour d'eux les yeux baissés de la face de mon Fiancé.» Ce regard voilé de larmes : «Océan de souffrance, de grâce et d'amour». Elle ne vient au Carmel que pour y «cacher son visage», afin que le Bien-Aimé soit le seul à le voir, le seul à «compter ses larmes». Elle sait que bientôt son visage aujourd'hui voilé, demain resplendira comme le sien «d'un éclat incomparable». «Ta Face est ma seule Patrie : mon royaume d'amour».

8. En hébreu, la source se dit : «l'œil de l'eau». Et le *Yod* du mot *Yeshouah* est l'idéogramme de l'œil.

Un regard qui transperce pour clarifier

Ce regard! qui s'y ouvre en est sondé jusqu'au cœur. Mais par l'au-dedans. Il descend jusqu'aux replis les plus sombres. *Jusqu'au point de division de l'âme et de l'esprit, des articulations et des moelles. Il juge les sentiments et les pensées du cœur* (He 4,12). *Saint, unique, sans souillure, clair, irrésistible... il traverse et pénètre tout à cause de sa pureté* (Sg 7,22).

Pas une plaie qui n'y soit à nu, pas une faille à découvert. Rien qui ne demeure invisible. Toutes mes ambiguïtés, compromissions, doubles-jeux, louvoiements, atermoiements : sous le faisceau de ses yeux. Implacable radioscopie!

D'une telle rectitude, d'une telle droiture son regard, que je m'y vois tordu, cassé. Tel l'accidenté lorsque au miroir d'aujourd'hui il compare sa photo d'antan. N'est-ce pas *la vérité que ses yeux veulent voir* (Jn 3,20)? Ne la trouvant pas, il la fait. Qui est la Vérité fait la lumière. Qui est la Lumière fait la vérité. En qui consent à son propre visage.

> *Le Roi siégeant au tribunal*
> *dissipe tout mal par son regard.*
> Pr 20,8

> *Un regard de lumière*
> *donne au cœur la joie profonde*
> Pr 15,30

Étonnement : naguère crispé, me pressentant autre que je n'étais, maintenant dénudé, en me pressentant tel que je suis, je n'ai plus peur. Comment aurais-je honte? Il ne rougit pas de moi. Comment me renierais-je? Il ne me rejette pas.

Apaisante lumière filtrant en ma demeure : elle ne révèle les poussières qu'en les dissipant. Infiniment claire, elle coule de ses yeux, la lumière de l'Esprit. Violente parfois, mais d'une pureté qui jamais ne viole.

Son cœur y transparaît, pour rendre à mon cœur sa transparence. Pour rendre son visage à mon âme, son Visage y apparaît.

La blessure qui s'ouvre en pardon

Une aube où je sais ma nuit

Il ne dit rien. Il regarde. Il pleure. Il aime. Et c'est pour moi qu'il se tait, en moi qu'il regarde, sur moi qu'il pleure, moi qu'il aime.

Lorsque quelqu'un vous regarde, on sait bien le point exact que visent ses yeux. L'endroit précis de mon être que pointe le regard du Seigneur n'est pas celui auquel je pense. Non là où je l'ai aimé le plus, mais là où un amour non donné a laissé une béance : béance que ce regard vient combler. Non là où je l'ai confessé, mais là où je l'ai renié : trahison que son regard vient oublier.

Une aube s'y lève, et maintenant je sais à quelle nuit elle m'arrache. Du sang y coule, et maintenant je sais qu'au long de cette nuit, de lui j'ai rougi (cf. Lc 22,61). Sa chair une fois meurtrie, son sang une fois versé, j'ai nié le connaître, cet homme que ni la chair ni le sang ne m'avaient donné de reconnaître : Fils de Dieu. Mais cette chair brisée et ce sang répandu me révèlent ce qu'il ne pouvait me dire alors : « Tu es fils du Dieu vivant, toi, mon pauvre vieux Simon, pour qui je ne cesse de dire : Abba ! prends pitié de moi, pécheur ! »

Et de s'ouvrir en moi la source scellée : ces larmes trop longtemps refoulées, et qu'on voudrait garder là où personne ne pénètre [9].

« ...Il comptait les coups de la flagellation, me montrait à quelle place chacun d'eux avait porté, et me disait : "C'est pour toi, pour toi". Alors tous mes péchés m'étant présentés à la mémoire, je compris que l'auteur de la flagellation, c'était moi. Je compris quelle devait être ma douleur. Je sentis celle que je n'avais jamais sentie. Il continuait toujours, étalant sa

---

9. « Mon cœur se brisa de remords en songeant à mon ingratitude pour ces plaies. Je me jetai à genoux devant lui, en larmes... » C'est THÉRÈSE D'AVILA qui parle de cette pauvre statue d'un Christ aux outrages. C'était en 1553. Pour toujours sa vie en a été retournée. « Son Visage si beau montre tant d'amour, tant de tendresse et de douceur que l'âme qui ne l'a pas servi éprouve bien plus de douleur et d'affliction que de crainte devant la Majesté qu'elle voit » (Vie, ch. XXXVIII).

Passion devant moi, et disant : "Que peux-tu faire qui me récompense ?" Je pleurai, je pleurai, je pleurai, je sanglotais à ce point que je vis mes larmes brûler ma chair ; quand je vis que je brûlais, j'allai chercher de l'eau froide... La Passion n'est plus pour moi qu'une lumière qui me conduit [10]. »

C'est bien *Jésus* qui se retourne pour fixer un Pierre comme pétrifié par le froid, transi qu'il est d'avoir tourné le dos à un certain feu. Nier l'Amour, c'est geler : stagnation en nos veines froides d'une charité qui ne circule plus, tel un sang mort [11]. Mais le regard du Serviteur-Grand-Prêtre est plus brûlant que le brasero des serviteurs du grand prêtre. Pierre retourne à ce regard, dont va se détourner Judas, ce regard qui maintenant lui dit : *J'ai vu tes larmes, je vais te guérir* (1 R 20,5)[12]. Chaque fois que cela m'est donné, voilà une partie de mon cœur qui se met à exister ! [13]

Une espérance trop tôt gelée ?

Ce Visage ! Une chose terrible et douce m'y saisit : l'Amour est un enfant rejeté : qui donc lui ouvre ses bras ? L'Amour étouffe : qui se passionne pour ses jours ? L'Amour se sent très seul : sur ses épaules, qui vient reposer sa tête ?

Devant ce Visage, j'ose le dire : Dieu, oui, Dieu, est un enfant mal aimé, «qui se met à votre taille, et ne souffre qu'on tremble» [14].

---

10. Angèle de Foligno, *Révélations,* 25.
11. Matthieu, le seul à ne pas mentionner que Pierre se *chauffait,* est le seul à parler du *refroidissement* de l'amour (24,12).
12. «Le Miséricordieux est vaincu par les larmes de Pierre» (Romanos le Mélode, *Hymne* 24,19).
13. «L'homme a des endroits de son pauvre cœur qui n'existent pas encore et où la douleur entre afin qu'ils soient... Il y a dans tout chrétien un homme de douleurs, et c'est celui-là qui est Dieu» (Léon Bloy).
14. «Ton Bien-Aimé, c'est un Sauveur en mal d'amour. C'est une souffrance de bonheur, brûlante, anéantissante. Nous sommes tous malades, car nous sommes tous aimables par cet amour fou de Dieu Père, Fils et Esprit Saint» (Myriam, 15 ans).

La blessure qui s'ouvre en pardon

Si, pour lui, chacun compte comme s'il était seul au monde, au point de devenir le monde de son amour, alors... quand la réciproque n'est pas vraie, Dieu n'a pas eu tout son compte de tendresse. Des millions d'autres auraient beau l'aimer, si je ne lui rends son amour, Dieu est lésé d'une joie à laquelle il avait droit, frustré d'une réponse qu'il attendait, privé d'un amour sur lequel il comptait. Cette présence à lui que personne au monde ne pouvait remplacer, n'a pas été! Elle a manqué à Dieu. En lui, une espérance a été déçue. Cet amour que nul autre ne pouvait lui donner, je l'ai galvaudé. Un gigantesque détournement de fonds – les fonds de l'amour – tel m'apparaît ici le péché du monde. Le mien.

Chaque trait de cette Face m'insinue : *Je t'ai aimé plus que moi-même.* Mon cœur se met à crier : *J'ai tout aimé, sauf l'Amour.* Et si j'ose dire : *Dieu,* et pas seulement *Jésus,* c'est que ces lèvres que l'on croyait closes, nous murmurent encore : *Tu me vois, tu vois mon Père* (cf. Jn 14,9).

Mais j'ai beau scruter cet insondable Visage : pas l'ombre d'une amertume! A une telle frustration d'amour, il n'a pu que s'offrir [15]. S'offrir pour l'offrir, et à qui? sinon à moi qui me tiens devant lui ce soir : *Tu ne m'as pas versé d'eau sur les pieds, tu ne m'as pas donné de baiser, tu n'as pas répandu de parfum sur ma tête...* (Lc 7,44-46). *Tu ne m'as pas porté tes brebis, tu ne m'as pas acheté de l'encens à prix de sang* (Is 43,23). Tu ne m'as pas *préféré...* Et c'est pourquoi je ne me suis dérobé ni au baiser qui *trahit,* ni à l'insulte qui défigure.

Serait-ce un tel consentement qui lui donne son étrange

---

15. «Dans l'Ancien Testament, l'homme a peur de Dieu, mais dans le Nouveau, c'est Dieu qui a peur de l'homme; peur de moi, de vous, du mal que je puis encore lui faire par moi-même, par autrui. Oui, Dieu a peur du péché, *il a peur pour moi du mal que je peux lui faire*» (C. Journet, *Le Mal,* p. 199).

«Le péché blesse Dieu lui-même... Là où il est le plus vulnérable : dans l'amour par lequel il s'efforce de nous sauver... Si je pèche, quelque chose que Dieu a voulu et aimé ne sera éternellement pas. Le péché prive Dieu lui-même d'une chose qui était voulue réellement par lui... Là on peut dire que Dieu est le plus vulnérable des êtres» (J. Maritain, *Neuf leçons,* p. 175).

majesté : celle qui règne sur le visage d'un enfant lorsque, atterré par le mal, passe dans ses yeux une surprise : mais moi je t'aimais...!

Très doux
  ne regarde pas mon ingratitude
  les mots d'amour que j'ai tus
  sur mes lèvres serrées
  les paroles brûlantes que l'Esprit me donnait
    que j'ai laissé se refroidir en mon cœur.

Très doux
  ne regarde pas les déviances et les vides
  mais vois plutôt combien ta Miséricorde
  a besoin de venir
  car je n'ai pour toi aucun élan
  et je voudrais te fuir
  ne pas demeurer sous ton regard muet
  et m'éloigner de ton eucharistie trop silencieuse.
Fais attention à moi, ô Bonté,
  car je suis capable de te meurtrir
  et plus encore de t'oublier
  et de laisser ma maison devenir toute froide.

Très doux
  si tu m'aimes triomphe de moi.

Dans sa gloire, me voir!

Ce visage! Ni les épines, ni les crachats, ni les soufflets, ni les chutes, ni les sanglots, ni rien au monde, n'ont pu l'altérer. De tout cela il tire sa beauté, il tient sa gloire.

Mes yeux ont vu le Roi
Sa gloire emplit toute la terre!
Je vais certainement mourir!

Is 6.3 ; Jg 13,22

Non, non! La gloire a traversé la mort : celle dont il me sauve. La mort que je lui ai value : celle qui me vaut la vie.

Serais-je donc homicide involontaire ? Déicide involontaire ?

Je n'ose lever les yeux. Peur de rencontrer les siens, peur de m'y reconnaître. Je n'ose lever les yeux et je n'ose plus rien dire. Plus rien ? Une seule parole passe encore, mot de passe entre nous : *Éloigne-toi de moi ! je suis pécheur !* (Lc 5,8).

Que t'arrive-t-il, Simon-Pierre ? Tu n'éclatais pas encore en sanglots : tu n'étais pas descendu au fond de ton péché, ni la Gloire au fond de l'abjection. Mais déjà tu savais la puissance de ton invité, et pour rejoindre quelle faiblesse l'artisan de Nazareth était monté à bord de ta barque fragile.

> *Aurais-je dit : Éloigne-toi !*
> *Alors toi le ruisselant*
>   *lampe de braise et d'or*
>   *tu éteignais ta beauté.*
> *Je t'aurais vu comme un mendiant voûté*
>   *chassé à coups de pierres.*
>
> *J'ai su que par ma faute*
>   *mon Amant avait des blessures.*

« Ce n'est pas de loin que je t'ai touchée » [16]

Pécheur ! Dès que tu t'avoues complice des coups donnés, des pierres jetées, dès qu'à la question : qui t'a frappé ? tu réponds : c'est moi ! à l'instant même tu rentres au-dedans de son regard, tu en reçois la gloire [17].

Ce pauvre bougre suspendu à son côté, pourquoi d'un coup se met-il à tout avouer et publiquement, et comme fièrement : *Pour nous c'est justice, nous recevons ce que nos actes ont mérité* (Lc 23,41) ? Où donc l'a-t-il compris sinon dans les

---

16. Notre Seigneur à Angèle de Foligno.
17. « ...Je *Te blessais et T'affligeais* continuellement, mais Toi, Seigneur, dès que je T'ai appelé, Tu m'as donné de connaître ton immense tendresse » (SILOUANE).

yeux de cet homme, à la même peine condamné : *Lui, il n'a rien fait de mal !* Trop de lumière dans ses yeux pour cela. Et de s'entendre répondre : Pour toi, cette justice, la mienne : tu recevras le Paradis que mes actes t'ont mérité !

« O larron ! fleur précoce et premier fruit de l'arbre de la Croix ![18] » Ton visage lavé brille plus encore que celui de Moïse sur le Thabor ![19]

Tel est Celui que les Anges de la Face contemplent, bouleversés. Ces Anges que font pleurer mes péchés[20].

Le Trisaghion sous les grands hêtres, l'entends-tu ?

Avec frère Léon, faufile-toi entre les bois et les rochers de l'Alverne. Toute proche la fête de la Croix de septembre. Vois-tu là-bas, à genoux, une silhouette ? Visage et mains tendus vers le ciel ? Un cri ou une plainte ? « Qui es-tu, ô mon très doux Dieu ? et moi... que suis-je, ver très misérable, et ton inutile serviteur ? » Il ne dit rien d'autre, tandis qu'avance la nuit. Mais la lune a beau briller, elle s'éclipse devant une flamme qui n'incendie pas la forêt... O mon frère François, nous diras-tu ton secret ? – « Il était montré à mon âme deux lumières, celle de la révélation du Créateur, celle de la connaissance de moi-même. Quand je disais : Qui es-tu, ô mon très doux Dieu ?... en une lumière de contemplation je voyais l'abîme de l'infinie bonté, sagesse et puissance de Dieu, et quand je disais : Qui suis-je ?... je voyais en une lumière de contemplation, la profondeur lamentable de mon

---

18. Saint Ephrem.
19. « C'est de là-haut (la croix) qu'il a lavé le visage de notre âme, avec son sang précieux » (Catherine de Sienne, *Lettre* 35).
20. « On parle de tristesse dans les cieux, afin que nous souffrions. Que si nos péchés attristent les Anges, combien nous faut-il faire pénitence ? » (Saint Ephrem, *In Diat.* 14,19). « Si tous les Anges se mettent à danser quand je me confesse, il doit y avoir des problèmes chez eux, lorsque plusieurs en même temps reçoivent le pardon ! » (Alain, 12 ans).

abjection et de ma misère, et c'est pour cela que je disais : Qui es-tu, Seigneur d'infinie bonté, sagesse et puissance, qui daignes me visiter, moi qui ne suis qu'un méprisable et abominable ver ? Et dans cette flamme que tu as vue était Dieu [21]. »

C'est l'*Horeb* de *François d'Assise*. Et cette flamme où se sait la misère va le brûler. Devant le Visage aux ailes de feu il est « rempli d'allégresse et de douleur mêlée d'étonnement. Grande allégresse à cause de cet aspect si gracieux du Christ qui le regarde si gracieusement, mais douleur sans mesure de compassion en le voyant cloué sur la croix [22] ».

Ah ! François, c'est en voyant la même Gloire resplendir en ton humble charité qu'on se sent pécheur. Tu te souviens de ce lépreux si insupportable et arrogant, insultant et frappant les frères qui le servaient, blasphémant le Christ béni si ignominieusement que personne ne voulait le servir [23]. Tu fais chauffer une infusion de thym, de romarin et de lavande et tu l'en laves : là où tes mains – déjà blessées – se posent, la chair devient saine et l'âme se met à guérir, « aussi le lépreux commença à avoir grand repentir de ses péchés et à pleurer très amèrement ». François lave les plaies immondes et, d'une eau plus parfumée encore, Dieu guérit des plaies plus infectées encore : celles d'un être trop blessé pour aimer.

---

21. On pense à GUILLAUME DE SAINT-THIERRY : « Avant l'office de nuit, il s'installait devant Dieu comme face à face... et *scrutait du regard sa misère dans la propre lumière du Visage de Dieu* » (*Lettre aux frères du Mont-Dieu*).
22. 3ᵉ considération sur les stigmates.
23. *Fioretti*, ch. XXXV.

2. Le nom où je lis le mien

> *C'est une âme angoissée,*
> *un esprit ébranlé qui te crie :*
> *souviens-toi de ta Main et de ton Nom*
> *pour que nous invoquions ton Nom,*
> *Car nous voulons te louer en notre exil !*
>
> Ba 3,1 ss

Cela faisait des générations qu'on se demandait quel nom de chez nous le Messie pourrait bien prendre. Et voilà qu'un beau jour, pendant la grande détresse d'une Jérusalem assiégée, le secret a filtré. Dans la langue de son peuple, Dieu se découpait un nom tout neuf, taillé sur mesure : *'Immanouël* (Is 7,14).

Mais Gabriel se serait-il trompé quand, au jeune charpentier qui dort, il chuchote : Tu l'appelleras *Yeshouah !* Le nom prévu, Dieu l'aurait-il oublié ? Se serait-il ravisé ? Car il n'a pu tromper le vieil Isaïe, tout de même ! C'est tellement bizarre que Matthieu se croit obligé d'expliquer : son Nom est *Yeshouah*, justement parce qu'il écrit : *'Immanouël.* Curieuse logique ! Pas très cartésien notre évangéliste !

Et si, dans la pensée de la Sagesse, ces deux Noms n'étaient compréhensibles que l'un avec l'autre ? Un *Jésus* qui ne serait pas *Emmanuel* peut m'être bien sympathique, je ne serai pas divinisé pour autant. Un Dieu qui ne se nomme pas *Jésus* peut m'être très proche, je ne serai pas sauvé de mon mal. Mais si, vraiment, ce nourrisson c'est « Dieu-nous-sommes-ensemble » s'amusant à jouer avec les hommes, alors, sur les versants de nos collines, s'est déversée la grâce.

La blessure qui s'ouvre en pardon

Dieu, tellement plus large que ton cœur!

Pécheur! Ce mot insolite, le voici tout neuf, terriblement. Ce ne sont pas les moines de toujours qui me poussent à le répéter avec eux, inlassablement, c'est la douceur d'un certain nom qui, en moi, l'enfante : *Jésus!*

L'Esprit, tranquillement, m'apprend à dire : *pécheur,* mais en levant mes yeux vers *Jésus.* Comment dire *Jésus* en lui, sans recevoir de lui cette vérité tellement criée, tellement décriée : *pécheur* que je suis?

Jésus-pécheur : deux mots qui semblent s'exclure, s'opposer, et qui pourtant s'aimantent l'un l'autre, sont faits l'un pour l'autre, l'un éclairant l'autre, agissant sur l'autre.

Comment dire *Seigneur Jésus* sans ajouter ce qui donne sens à son Nom : *moi-pécheur?* Deux mots qui n'en font plus qu'un. Mais jamais *moi-pécheur* avant *Toi-Jésus.* On en mourrait. Savoir qui je suis sans voir qui Il est : intolérable lumière où se révoltent mes obscurités.

Ne va pas dénoncer le péché d'un homme, avant de lui annoncer le Sauveur de l'homme : ce serait l'induire en désespérance. Prépare-lui une rencontre avec Celui dont un seul regard suffit pour voir le monde dans sa vérité.

La prière à *Jésus* où l'on s'avoue *pécheur,* comment ne nous prendrait-elle pas par la main jusqu'au prêtre de *Jésus* où il s'avoue *Sauveur :* porte ouverte où s'engouffrent immédiatement «ces miséricordes attirées par le péché comme l'aigle par sa proie [24]».

Comment confesser notre foi en un Sauveur, sans ajouter : *Mon offense, oui, je la confesse!* (Ps 37) [25]. «Celui qui voit son

---

24. Cardinal JOURNET.
25. «La confession ne saurait se réduire à la seule accusation des péchés. Selon la tradition la plus ancienne de l'Église, cet acte intègre dans une même démarche *confession de foi, confession des péchés et action de grâces.* Pénitent et ministre confessent ensemble l'amour de Dieu à l'œuvre en ceux qui

péché est plus grand que celui qui ressuscite les morts [26]. » On peut ajouter : celui qui l'avoue en est déjà ressuscité. On en vient alors à savoir la vérité de ce mot qui ne passe pas : *Si nous confessons nos péchés, lui, fidèle et juste, pardonnera nos péchés et nous purifiera de toute iniquité* (1 Jn 1,19). A goûter la douceur de ces psaumes qu'on ne peut s'empêcher alors d'accompagner à la cithare :

Les réalités pécheresses sont trop lourdes pour moi, mais toi tu les effaces. Béatitude de celui que tu approches ! (Ps 64,2).
Oui, béatitude de qui est relevé de sa faute, lavé du péché. Je t'ai confessé mon péché et toi tu as pardonné ma faute (Ps 31) [27].

Un jour viendra où, de l'intérieur, nous comprendrons ce mot du petit Marc (11 ans) : « Jésus peut pardonner, lui, parce qu'il a souffert. Si le Père pardonne, c'est qu'il doit lui aussi être blessé. »

*Si tu n'étais venu avec un Nom de tous les jours
    que les enfants criaient à la marelle
    et que Marie posait sur ses lèvres de soie
    aurais-je su l'autre, qui luit dans la vermeille doublure ?*

*Si tu n'étais venu avec un Nom de tous les jours
    que les pécheurs osaient baiser dans la prière*

---

reviennent à lui. » *(Nouveau rituel de la Réconciliation,* Rome 1973.) Il est typique que la *Prière à Jésus* soit la première des invocations suggérées au pénitent, là où le rituel prévoit une prière soit déjà formulée soit spontanée.

26. ISAAC LE SYRIEN. « Nos plaies exposées en public ne s'aggravent pas, mais au contraire guériront » (JEAN CLIMAQUE, *L'Échelle,* 4,12).

27. Dans une prière de guérison ou de délivrance, tant qu'elle n'est ni discernée ni avouée, une faute demeure comme un abcès infecté. « Dans ce jeu de cache-cache avec nos personnages intérieurs nous en viendrions à confesser certaines fautes réelles pour éviter d'avoir à dire d'autres fautes, beaucoup moins graves d'apparence, mais qui seraient justement celles qui perturbent notre être véritable. Il n'en est aucune qui, confessée, ne reçoive aussitôt du Seigneur son plein pardon. Mais il y a des fautes que nous ne nous pardonnons pas à nous-mêmes. Inconsciemment bien sûr, mais pour notre malheur, nous usons de toutes les feintes, nous empruntons mille détours et autant d'impasses pour éviter l'aveu de cette faute-là » (Maurice RAY, *Échec à l'oppresseur,* p. 133).

La blessure qui s'ouvre en pardon

> *sur leurs lèvres impures*
> *aurais-je pu poser mon front lourd*
> *sur les mains de ton Père?*

> *Si tu n'étais venu avec un Nom de tous les jours*
> *comme un pain ordinaire*
> *je ne l'aurais mangé!*

> *Sans craindre la brûlure je l'ai pris*
> *et maintenant gémit vers ton Visage pur*
> *mon misérable cœur*
> *ciboire incandescent...*

O toi, qui passes à côté de Dieu

Le péché! qu'ai-je dit là! Un mot aussi ambigu, aussi gênant, il faut l'évacuer! Car de deux choses l'une : ou bien cette maladie existe réellement, mais alors elle «ne pardonne pas», et en ce cas il faut inventer n'importe quoi pour la camoufler. Anesthésier le malade, qu'il n'en sente rien. Le divertir, qu'il n'en sache rien! Ou bien – et c'est, semble-t-il, le dernier acquis scientifique – il s'agit d'un mythe depuis longtemps démasqué, et en ce cas, pourquoi grever une vie de complexes supplémentaires?

Si tu nies le péché, si tu n'y vois que des bavures sans conséquences, d'insignifiants accidents de parcours, d'intéressantes expériences, alors malheureux es-tu : tu fais du Père un menteur, du Christ un imposteur, de l'Esprit un faux témoin. Tu es pauvre, pauvre, pauvre : toujours culpabilisé, jamais apaisé.

Si tu te crois capable d'en sortir par toi-même, seul maître à bord, si tu vises un idéal à ta portée, une perfection en ton pouvoir, alors malheureux es-tu : tu n'as besoin de personne. Dieu n'a pas besoin de toi. Il n'est pas venu pour toi. Tu ne vis pas pour lui. Tu es seul, seul, seul : toujours indépendant, jamais confiant.

Si tu penses : tout est bon, tout est permis. Le péché?... projection d'un sur-moi culpabilisé, simple faille psychologique!... alors malheureux es-tu : jamais tu ne connaîtras la douceur d'avoir quelqu'un vers qui crier, ni l'humble certitude d'en être écouté, ni la sécurité d'en être accueilli, ni la paix douce d'en être pardonné, ni la folle joie d'en être aimé. Tu es triste, triste, triste : toujours agressif, jamais unifié. Toujours mal dans ta peau.

Te rejeter de ton unique chemin de bonheur : pas de pire pauvreté, de pire solitude, de pire tristesse. Ne pas savoir qui tu es : pas de pire déséquilibre.

Refuser ta condition : même Dieu n'y peut rien. Tu lui refuses la chance de donner son bonheur. Tu frustres ton cœur de ce pour quoi il bat. Et Dieu, tu l'auras fait plus petit que ton cerveau. Malheur à toi!

Tu l'appelles encore Christ, tu n'oses plus l'appeler de son Nom, *Yeshouah!*

Tu le reconnais expert en humanité, tu le rejettes expert en rédemption.

Tu l'admets homme-pour-les-autres, tu le refuses Autre-pour-l'homme.

Tu le tolères, Seigneur, tu le renies Dieu-avec-nous.

D'un super-guru tu veux bien, d'un serviteur humilié surtout pas.

Malheur à toi! Dans ta vie Dieu est passé, inaperçu.

Yohanni chez l'agent du fisc

C'était chez nous, au Rwanda. Un jeune séminariste ayant sans doute mal assimilé un cours, se mit à nous dire durant un de ces *inamas* (conseils) que nous aimons là-bas : «Oh! le péché, maintenant on sait que ça n'existe pas!» Yohanni réplique du tac-au-tac : «Eh bien, *si le péché n'existe pas, alors Jésus n'existe pas non plus*[28] !» La réaction de bon

---

28. «Voilà, un jour il y eut la chute. Si elle n'avait pas eu lieu, Jésus non plus ne serait pas venu, alors le regret meurt et dans le souffle de la Joie du Père nous louons et prions sans fin» (Marie, 15 ans).

sens – ou le cri du cœur – de ce catéchumène de 13 ans étaient-ils fruit de son bonheur hebdomadaire? Quand revenait le jeudi soir, il se cachait dans la pauvre église derrière un pilier de briques. Et toute la nuit il priait dans l'attente de cette messe matinale à laquelle il ne pouvait encore communier, mais dont le seul désir suffisait à le maintenir en éveil. Pour qu'on ne soupçonne rien, dès qu'on ouvrait les portes, il sortait et ne revenait que pour le chant d'entrée. Parfois le curé le grondait de ne pas arriver plus tôt.

Sa réponse si directe m'est souvent revenue. Il n'avait pas rencontré saint Athanase, mais il avait dû se glisser parmi les invités d'un certain collecteur d'impôts, pour y entendre sur les lèvres d'un Rabbi encore très jeune : *Je ne suis pas venu pour les gens en bonne santé, mais pour ceux qui ont mal* [29].

Le nom rwandais de Yohanni n'était-il pas *Hakizimmaana* : «C'est Dieu qui sauve»? [30].

Il faudrait que beaucoup de Yohanni viennent se glisser dans les séminaires et facultés de théologie d'Occident. Et qu'avec le sans-gêne des enfants, ils se lèvent, prennent la parole et la disent, la Parole. Si eux se taisent, les pierres crieront.

Même les pierres savent qu'un certain séisme a fissuré le cosmos tout entier, dont l'épicentre est le cœur de l'homme.

---

29. «Pourquoi Jésus est-il venu? – Parce que j'étais malade» (Nathalie, 5 ans).

30. Encore deux noms propres : *Itangikunda,* Dieu-donne-par-amour; *Nyamutezi,* Il-tend-la-main. Et le proverbe : «Celui qui désespère de tout et de tous peut encore tout espérer d'*Immana.*»
Au Rwanda il n'y a pas de nom de famille. Le nom est unique pour chacun. La plupart de ces noms sont *théophores,* chacun soulignant un aspect du visage de Dieu. Ces centaines de noms, certains admirables, insinuent toute une théologie. On en trouvera une sélection dans le très beau livre de Dominique Nothomb : *Un humanisme Africain. Valeurs et pierres d'attente* (Lumen Vitae, Bruxelles 1965). Il vient de m'écrire : «Maintenant, dans les assemblées de prière, là-bas, mille et mille fois revient ce chant : *Jésus est le Nom du Roi, digne de louange, digne de louange ce Nom.* C'est d'ailleurs toujours avec le Nom qu'on se dit bonjour : *Yez'akuzwe!* Gloire à Jésus! Sur toutes les collines à toutes les heures du jour, on l'entend retentir.»

Mon pays où saignent les collines

Serais-je traversé moi-même par cette immense faille qui parcourt le temps et l'espace, tel le grand Graben fendant dans toute sa longueur le continent africain et dont la fissure – imperceptiblement, inexorablement – se creuse d'année en année...?

Chacune des lésions de l'âme, des errances de l'esprit, des meurtrissures du cœur et même des déséquilibres du corps, viendraient-ils s'inscrire dans cette immense saignée qui déchire la chair de l'humanité?

Au Rwanda, il arrive aux collines de saigner : à la saison des pluies les glissements de terrain – entraînant cases et bananeraies dans les marais de la vallée – laissent de longues balafres de latérite (terre rouge), que la végétation mettra des années à cicatriser.

Notre pays intérieur : chaque péché y laisserait-il ainsi sa trace, si peu repérable qu'elle soit? Le cours de l'histoire, aussi loin que je le remonte : gigantesque fleuve de boue que rien n'arrive à endiguer. Comment n'en est-elle pas emportée, notre terre, si pauvre et si belle encore? Un filet d'eau claire doit s'infiltrer, quelque part...

Judas, mon frère, il n'est pas trop tard!

Peut-être n'es-tu pas de ceux qui se croient sans péché, mais de ceux qui en sont écrasés? Ils pensent : irrémédiable le mal commis. Trop lourde, trop grave, ma faute. Trop profond l'abîme pour m'en sortir. Dépassée la mesure, pour moi plus de pardon!

Une seule issue leur paraît fatale et désirable à la fois : j'ai le droit de me punir, de me donner la mort. Ils peuvent bien ressasser : *pécheur que je suis,* c'est un mot meurtrier – un mot orphelin – pour n'être précédé ni de *Jésus* ni de *miséricorde...*

La blessure qui s'ouvre en pardon

O toi qui te sens *Judas,* qui que tu sois, m'écouteras-tu un instant, ce soir? Aurais-tu vendu ton Seigneur : trahi un ami, torturé un innocent, tué ton frère – révolver au poing ou calomnies aux lèvres –, le sang du pauvre aurait-il giclé sur tes habits (cf. Jr 2,33), des millions de vies pèseraient-elles sur ta conscience, serais-tu coupable de tous les meurtres du monde – entends-tu ce que j'affirme? – sache que le Sang de *Jésus* est assez pur, assez abondant pour t'en laver. Aucun risque de pénurie.

Alors que tu penses au signe convenu pour tout à l'heure, le voilà à genoux te baisant les pieds. Alors que tu le livres, sa voix n'a rien perdu de sa douceur : *Toi que j'aime! Tu comptes beaucoup à mes yeux!* (Is 43,4) Pour lui tu es l'irremplaçable. A cette heure même.

Non, pas un péché qui ne soit pardonnable. Pas un? Si, celui qui refuse le pardon. Ce plus beau des dons qui ne peut s'imposer, pas plus que l'amour.

Pourquoi ce dégoût? Il t'invite à goûter le pain ce soir rompu [31]. Pourquoi te mettre la corde au cou? Il suffit de se jeter à son cou et de s'y arrimer à jamais. Pourquoi te pendre à un arbre? Sur l'arbre il n'est suspendu que pour te prendre en Paradis. Pourquoi compter tes deniers? Ce sang marchandé, il le donne sans compter au dernier des pécheurs.

La corde serait-elle déjà nouée, le tube déjà avalé, déjà ouvertes les veines, déjà franchi le parapet : il n'est pas trop tard! Non, non! Il n'est pas trop tard! La parole serait-elle déjà étranglée, te reste le regard qui demande : *est-ce moi, Seigneur, que tu aimes?* Tu le sauras et pour toujours : *tu l'as dit!*

Le péché de Judas? Non pas d'avoir posé sur la Face de *Jésus* un baiser pernicieux, mais de n'avoir pas laissé Ses

---

31. «Celui qui mange son pain avec moi : par ces paroles *il pleurait avec amour* sur ce démolisseur inique» (SAINT EPHREM, *In Diat.,* 19,1).

Catherine EMMERICH voit Jésus, au lavement des pieds, appuyant affectueusement sa tête sur les pieds du traître *(Visions* III,67).

yeux se poser dans les siens. Non pas d'avoir pensé : « Il ne vaut que trente deniers », mais : « Je ne vaux pas le prix de son sang ! » Et surtout de s'être dit : « Je suis allé trop loin. Il est trop tard... l'Amour a cessé d'attendre. » Il a dit : « J'ai péché. » Mais il n'a pas osé continuer : « mais je compte sur toi » [32].

Ciller des yeux, cela suffit !

D'amertume ou de repentance, de remords ou de tristesse, les larmes ne sont pas les mêmes. Les sanglots de Judas auraient-ils été ceux de Simon, chaque Vendredi saint se serait doublé d'une fête de saint-Judas-le-traître-pardonné. On aurait chanté ce tropaire : « Bonheur à cet homme pour qui le Fils de l'homme s'est livré » [33].

Mais le regard qui remercie et bénit le truand à sa droite, une douleur en traverse la bonté : Jésus regarde là-bas cette colline déjà appelée Champ du Potier. Il pense : « Judas, où es-tu ? Nous aurions pu boire ensemble le vin nouveau du Royaume. »

Tu as raison, petite Thérèse, d'avoir mis un post-scriptum à ton livre : le petit frère Jean s'assied à côté de la prostituée : « Que reproches-tu à Jésus ? » et il pleure, en silence. Paésia en est retournée. Le soir même, elle est au Paradis. Mais tu aurais pu préciser : même une heure de pénitence n'est pas nécessaire, un clin d'œil suffit : *Yeshouah...,* mais il est vrai qu'une vie le prépare, la sienne et la nôtre mêlées. La plus désespérée des prostituées peut devenir Thérèse de Lisieux. Qui sait s'il n'en est pas ainsi, chaque soir ?

---

32. Seul péché irrémédiable : celui du diable.

33. « Judas, le Maître ne te renierait pas, il te sauverait en scrutant ton cœur. Il ne pourrait pas ne pas manifester sa bonté. Mais il ne peut sauver personne contre son gré » (Saint Grégoire de Nazianze, *Tragédie de la Passion,* 245).

La blessure qui s'ouvre en pardon

«Fidèle, infidèle, nous l'avons été tant de fois!» (Paul VI). Renégat, traître, qui ne l'est, dans une zone de lui-même? S'infliger la mort, qui n'en est tenté, à un moment de sa vie? Douter d'un pardon possible, qui en est épargné, quand la chute fut trop brutale ou trop sanglante? [34]

Alors c'est à moi-même de me dire ce soir : Il n'est jamais trop tard pour crier «Seigneur Jésus, sur moi ta merci!» Que sa voix en écho me renverra : «A toi, merci!»

> Quand il viendra
> Il ne regardera pas la charge de mes péchés
>   les ingrates saisons sans fruits rouges sans eau
> Il ne verra rien de ce qui fut mal
>   mon bien-aimé sait que je suis une mendiante
> Il étendra sur moi le manteau royal de son Humanité
>   recouvrant ma détresse
> Mon bien-aimé se rappellera que je suis à lui.
> A lui!
> Son cœur frémira car je me livrerai
>   perdue dans ses plaies je n'expierai point.
> Dès ce soir je m'abrite avec confiance.

O Fille de la Joie de Dieu!

Jésus descend chez Simon. Il est chez lui : c'est la table des pécheurs. Il s'y sent étranger : ils ne se savent pas pécheurs. Ils l'ont invité : «ça fait bien» de recevoir la vedette du jour. Mais ce n'est qu'un Rabbi. Comment le devineraient-ils autre, eux qui sont sans péché? N'ont-ils pas accompli minutieusement, généreusement, tout ce que prescrit la loi? Dans leur monde, il se sent seul, inutile... Cette femme l'a-t-elle deviné? Pour qu'il ne soit pas venu pour rien, elle viendra. Ce

---

34. Lorsqu'un frère avait péché, les Pères du désert ne s'inquiétaient guère. Ils en pleuraient. Mais ils veillaient avec la plus grande attention à ce que le frère ne sombre pas alors dans la redoutable tristesse-remords, au lieu de s'apaiser dans la tristesse selon Dieu. L'une tenaille, l'autre donne l'envol.

que d'eux tous il attendait, elle le donnera. Ce qu'à tous il est venu offrir, elle le recevra.

O fille de Magdala, si tu pleures ce soir tes revers de l'amour, c'est avec les larmes que verse sur toi l'Amour. Si tu étreins ses pieds, c'est qu'ils ont marché jusqu'au fond de ton enfer. Tu en ôtes la poussière : celle des sentiers de ton âme. Il y laisse les traces de son visage royal [35]. Non, non, ce n'est pas pour l'avoir beaucoup aimé que tes péchés sont remis : c'est parce que *Lui* t'a beaucoup aimée. Durant les noces, sur la colline, Il te le dira. Il te faudra y être. Tu y seras.

---

35. « Il n'appartenait qu'à l'amour de Jésus envers les hommes... de présenter ses pieds aux larmes de la pécheresse repentante » (ORIGÈNE, *In Joa.*, VI, 293).

« C'est pour toi que la douce bonté de Dieu a dit : « Je te promets de ne plus me souvenir de tes offenses. Il ne te dédaignera pas ton Dieu si doux. Réponds au Christ qui t'appelle de son humble voix. Cours *au parfum de son baume !* » (CATHERINE DE SIENNE à une prostituée de Pérouse).

« Mon baume est corruptible, le tien de vie, car *ton Nom est baume* versé pour ceux qui en sont dignes, pardonne-moi ! » crie la courtisane au Christ (Liturgie byzantine, Grand Mercredi, 9e Ode).

« Tout au long de la scène, Jésus prie intérieurement : « Père remets-lui ses péchés ! Son vase d'amertume se vide, elle renaît de l'Esprit. C'est un bonheur extrême pour Jésus, une béatitude pour le Père ! » (Myriam, 15 ans).

« Afin de nous persuader que le mal est guérissable, il a fait de Madeleine une préférée » (Paul VI, Mardi saint 1959).

3. Nul n'est trop loin pour Dieu

> *Consolez, consolez mon peuple,*
> *parlez au cœur de Jérusalem, criez-lui :*
> *Son péché est expié et s'ouvre sa grâce*
> *sa servitude est finie, et commence son ser-*
> *vice.*
> *Pour tous ses crimes, de la Main du Seigneur*
> *elle a reçu le pardon.*
>
> Is 40,1

Pour que le *Seigneur-Jésus* ne soit pas falsifié, pour que le *moi-pécheur* ne soit pas désespéré, il faut qu'ils s'articulent sur un mot-charnière. Du contact – au sens électrique – entre *Jésus* et *pécheur,* jaillit une étincelle : *eleison !* L'étincelle ? Trop fugace ! Une perle plutôt, à jamais sertie entre lui et moi. Et l'on sait que la perle est le sang d'une blessure.

Après avoir lié les mots de *Seigneur* et de *Jésus,* l'Esprit vient jumeler ceux de *Jésus* et de *pécheur,* les ajustant l'un à l'autre en celui de *miséricorde :* alliage que rien ne pourra corrompre.

Au début, mesurant ma détresse, je criais : *Sauve-moi !* Maintenant, sondant ma misère : *Miséricorde-moi !* [36] Devant

---

36. Combien il est émouvant de suivre la trajectoire de la *Prière à Jésus* à travers la tradition, depuis ses premiers balbutiements jusqu'au monopole de la formule classique au XIIIᵉ siècle. On peut le schématiser ainsi :

1º Durant les trois premiers siècles, les prières brèves sont surtout : *Sauve-moi, au secours, aide-moi...* Rarement *eleison.* Avec un titre christologique. Rarement le Nom seul de Jésus.

2º Sous l'influence du monachisme naissant, au IVᵉ siècle, très marqué par le *Penthos* – la repentance pour le péché – le *eleison* gagne de plus en plus de terrain. Simultanément à cette invasion progressive, le Nom de *Jésus* tend à

le péché le secours ne suffit plus. C'est au cœur de Dieu qu'il faut faire appel. Sans détour, sans intermédiaire. Au péché, seul peut répondre un amour capable de le détruire. Je ne sais encore comment, mais je sais qu'il doit en être ainsi, si aimer veut encore dire quelque chose.

C'est ainsi qu'en ton cœur appauvri veillera la vieille prière où tant de lèvres se sont lavées. Familière, tu y entres dans la famille immense des enfants de la Miséricorde. Habituelle, tu l'inventes. Elle t'en devient chevillée au corps :

SEIGNEUR-JÉSUS, TA MERCI, SUR MOI-PÉCHEUR !

Petit tryptique portatif. Sur le panneau central : le Visage de l'Amour. Sur un des volets latéraux, Jean-le-Théologien le désigne : *C'est le Seigneur !* Sur l'autre, Jean-le-Baptiseur le montre : *Le porteur de péché, c'est lui !*

L'abîme aimantant l'abîme

Miséricorde ! L'Amour qui vient séparer péché et pécheur n'a pas d'autre nom, pas d'autre qui ne soit qu'à lui [37]. Il est tellement descendu au fond de l'amour – qui est le fond d'une agonie – que nul ne le lui ravira jamais. Tout homme pourra aimer. Dieu seul ira jusqu'à prendre sur lui cette souffrance «qu'il s'est mis à envier dès qu'elle s'est mise à écraser l'homme. Tendresse épousant l'humanité dans le point le plus profond de sa détresse [38].» Entre deux abîmes : un appel d'air. Celui de l'Esprit.

---

l'emporter, seul ou avec un autre titre. Tout se passe comme s'il y avait entre le Nom et l'appel à la miséricorde, un lien intrinsèque. Déjà en Mc 9,22, le recours à la miséricorde suivait l'appel au secours.

37. «La miséricorde est mon cachet distinctif» (Jésus à Catherine de Sienne).
Déjà pour *Thomas d'Aquin,* c'est elle qui fait pénétrer jusqu'au plus profond de tous les mystères de Dieu et de l'homme. Et dans sa lumière, *Thérèse* verra toutes les perfections de Dieu «rayonnantes d'amour».

38. Cardinal JOURNET, *Le mal,* p. 273.

La blessure qui s'ouvre en pardon

Miséricorde ! Ce mot naît, moins sur le fumier de ta misère, que sur la paille et le bois de sa pauvreté : celle de la crèche, celle de la croix. Sous le poids de l'Amour, il est venu nous sauver. Il n'a pu faire autrement (cf. Tt 3,5).

Telle est sa manière de nous aimer. Telle la nôtre de nous laisser aimer : lui offrir ce pour quoi il est venu.

> « La Miséricorde
> c'est le secret même de Dieu
> en ce cœur de lui-même
> où il n'est que Dieu [39]. »

Le jour où tu l'auras compris, ta vie en sera retournée : vers son visage. Ta faiblesse : son amour et ta pauvreté s'y donnent rendez-vous. Ta fragilité : attirant Jésus vers toi. Ton impuissance : te soulevant vers lui. Tes déserts : terres bénies où germe la tendresse. Ton indigence : il y déverse ses richesses. Ton péché : l'occasion des pardons qu'on n'espère plus.

Pénétrant les profondeurs du Nom, tu auras mesuré celles de ta misère, deviné celles de la Miséricorde. Tu accueilleras la première, tu te recueilleras dans la seconde. Un jour viendra où tu t'écrieras : heureuse faiblesse où se révèle la sienne ! Heureuse faute où j'apprends jusqu'où l'amour peut marcher. Et avec Thérèse : « Je me suis réjouie d'être pauvre, j'ai désiré le devenir chaque jour davantage, afin que chaque jour *Jésus* prenne plus de plaisir à jouer avec moi [40]. »

L'orgueil est si pesant que Dieu n'arrive pas à le mettre sur ses épaules. Pourtant ses épaules ont porté les montagnes lourdes. L'orgueil est plus pesant que toutes les montagnes du monde et Dieu n'a pas la force de le mettre en son cœur.

---

39. Bernard Bro, *op. cit.*, p. 103.

40. « Nous autres, nous ne sommes pas des saints qui pleurons nos péchés : nous nous réjouissons de ce qu'ils servent à glorifier la Miséricorde » (Lettre 176).

« Mes offenses, Dieu les punit en versant sur moi les trésors de sa générosité » (Un mystique de l'Islam).

Le cœur très doux de l'Amour porte les humbles à l'intérieur, les enserre comme oisillons dans le nid. Le Seigneur porte les humbles comme une mère son petit, comme une brebis son agneau, mon Dieu porte l'humilité.

Les orgueilleux – quand bien même Dieu voudrait les porter – et il le veut assurément – n'entendent pas ce langage, ils ont des pieds et ils ont l'âge, ils tiennent à marcher le buste droit devant la terre, ils font des choses, ils s'en vont seuls, ils ont boire et manger, leur cœur est épaissi, il est plus dur et plus pesant que toutes les montagnes, c'est pourquoi Dieu n'arrive à les porter.

« Suivant l'appel de tes parfums »

Je ne miserai plus sur mes sécurités. Mes failles, je ne les camouflerai plus, mes résolutions je ne m'y cramponnerai plus. Je ne m'appuierai plus sur mes efforts. Nos œuvres de justice : toutes du linge sale à ses yeux (cf. Is 64,5).

Attendre tout de ses Mains. Ne plus compter sur autre chose qu'un amour incapable de compter. Laisser mes petits calculs être déjoués par un Dieu qui joue sans jamais calculer [41].

Quand donc ma vie en sera-t-elle différente ? Quand donc Dieu pourra-t-il être Dieu en moi ? Simplement. Royalement.

Je marche sur la rive étroite le vertige au cœur
et de chaque bord l'abîme.
Qu'importe si mon Dieu que je vois dans ma sombre maison
me tient fort par la taille au-dessus des marais
si mon Dieu marche en moi et commande au vertige !

Je vais par les chemins longs des années
à travers les déserts dévorants.

---

41. Proverbes rwandais : « Dieu donne gratuitement, il ne vend pas. Quand tu achètes, il te dupe. » – « La munificence de Dieu ne se hèle pas, elle vient d'elle-même. » – « Ce que tu mangeras demain, Dieu passe la nuit à te le préparer. » – « Personne ne se donne ce que Dieu ne lui a pas donné. »

La blessure qui s'ouvre en pardon

Nulle douceur ne m'a dans la nuit abandonnée
   quand j'allais jour après jour
   mes pieds dans la trace de ses pieds
   l'Amour commandait à la joie de ne point me quitter.

Mon bien-aimé ne m'a jamais laissée au puits
   sans mettre son visage sur la margelle
   pour que levant les yeux je n'aie pas peur.

Jamais ne m'a laissée immergée
   sans l'invisible main passant sur mon visage
   mon Dieu comme une Mère douce à genoux sur le sol
   accroupi près de moi
   quand dur était le jour.

Chapitre III

OUVERTES LES SOURCES
EN QUI PARDONNE

Du soleil pour une vie

*Si nous marchons dans la lumière
comme il est lui-même la Lumière
nous sommes en communion
les uns avec les autres
et le sang de Jésus, son Fils
nous purifie de tout péché.*

1 Jn 1,7

1. Un pardon qui fait exister

2. En sa chair, il a tué la haine

3. Des donateurs de vie

1. Un pardon qui fait exister

> *Vous donc les élus de Dieu, ses bien-aimés,*
> *Revêtez des sentiments de tendre compassion*
> *pardonnez-vous mutuellement*
> *si l'un a contre l'autre*
> *quelque sujet de plainte...*
> *Le Seigneur vous a pardonné,*
> *faites de même.*
>
> Col 3,12

Les mille *eleison* de mes jours, à quoi font-ils appel ? Cette miséricorde toujours implorée, à quoi donc se reconnaît-elle ? Cette compassion sans cesse invoquée, où donc se reçoit-elle ? Elle se donne en ce qu'elle pardonne.

Le Pardon ! Comment en parler sans en défigurer l'immense réalité ? Quelques mots d'enfants m'en ont récemment dévoilé des horizons insoupçonnés, tant il est vrai qu'on n'a jamais fini d'en explorer les abîmes. Tant il est vrai que ceux-ci s'ouvrent aux yeux que la vie n'a pas encore trop abîmés.

Roland ou l'enfer irradié

De passage dans une de ces nombreuses communautés chrétiennes, que l'Esprit suscite partout pour la joie de l'Église, j'étais à table à côté de Roland, 16 ans. Il venait d'un de ces centres médico-pédagogiques où sont regroupés des enfants dits « caractériels, cas sociaux ». En plein dessert, il me lance à brûle-pourpoint :

– Dis-moi, qu'est-ce qui se serait passé si Jésus n'avait pas dit : « Père, pardonne-leur » ?

Saisi par une question aussi insolite, je la lui retourne. L'air grave, presque solennel, contrastant avec la fraîcheur encore enfantine de ses traits, il me répond :

– Eh bien !... *je n'existerais pas !*

Je fus alors traversé par une intuition : quelque chose de très grand venait de se passer. Ces trois mots, d'une telle simplicité, venaient de très loin... ou de tout proche. D'au-delà... ou d'au-dedans. De quelles profondeurs pouvaient-ils bien remonter ? Et vers quel pays allaient-ils le conduire ?

Six mois plus tard, le vendredi 27 octobre 1978, vers minuit, Roland a été froidement étranglé par son beau-père, ainsi que sa mère et son plus jeune frère, tandis que ses petites sœurs parvenaient à s'enfuir.

On ne m'ôtera pas une certitude : à cet instant crucial où, brutalement, la croix venait se planter en plein dans son cœur et dans sa chair, *Jésus* lui donnait ce cadeau suprême : transmettre à cet homme – effrayante caricature de père – les pardons mêmes du Père. Pendant la longue agonie qui a dû être la sienne, sur l'homme qui perpétrait le geste de la mort, Roland a posé celui qui donne la vie : ce pardon capable d'illuminer la plus violente des morts.

Quand il m'expliquait la Passion, en commentant les images du film de Zeffirelli, il ne soupçonnait pas que ce serait si vite son tour, mais le Seigneur, lui, savait. Et chaque jour Roland apprenait à lui faire confiance pour demain.

Pourquoi donc, de toutes les paroles de l'Évangile, la première qui l'avait saisi était-ce précisément celle-là ? A l'horreur d'une telle mort le Seigneur l'avait acheminé, doucement, comme Il sait le faire. Pour le conduire au Père, à travers sa propre Pâque, Il lui avait pris la main. Il lui avait découvert le pardon, et le pardon tel qu'Il aime le donner : à travers son Église. Quelques jours plus tôt Roland manifestait le désir de recevoir le sacrement de réconciliation, pour s'ouvrir au Corps de *Jésus.* Ce Corps-là, comme il le lui fallait pour franchir une passe aussi difficile, mais où *Jésus* l'avait précédé.

Pourquoi – ou par qui – le Vendredi saint précédent, les frères avaient-ils été poussés à demander que cet enfant-là soit touché, dans la certitude humble qu'en un tel jour le Seigneur ne pouvait rien refuser? Pourquoi les semaines précédentes, quand il se réveillait la nuit – était-ce l'approche d'une peur? – demandait-il à son compagnon de chambre de lui lire un passage de la Parole? Avant de voir le Visage, et pour le reconnaître du premier coup, ne fallait-il pas entendre sa voix?

Pourquoi le soir même où je recevais son étonnante réponse, en l'accompagnant dans un petit oratoire l'avons-nous surpris priant à haute voix pour la première fois? Et que disait-il? « Seigneur, fais tomber ton Esprit sur cette ville, fais tomber ton Esprit sur ma famille... Fais tomber ton Esprit sur ceux qui ont faim... »

Fais tomber ton Esprit! Dans aucune assemblée de prière je n'avais entendu cette expression, et lui n'avait jamais lu les Actes des Apôtres. Il ne savait pas qu'en ce mardi de Pâques, Pierre nous y parlait du pardon des péchés pour recevoir le don du Saint Esprit (Ac 2,38).

Pourquoi ce même soir, rentrant en voiture vers son I.M.P., se mit-il à m'interroger si longuement sur la descente de Jésus aux enfers? Cela semblait l'intriguer comme s'il était personnellement concerné. Tout au long du parcours il y revenait sans cesse. Je n'avais jamais rencontré chez un adulte une telle fascination pour ce mystère-là!

– Pourquoi cela t'intéresse-t-il tellement?

– J'aimerais aussi descendre aux enfers avec Jésus.

– Mais pour quoi faire?

– Délivrer des prisonniers.

– Et quoi encore?

– Ouvrir les portes du paradis, y faire entrer tout le monde! [1]

---

1. Coïncidence ou sourire de Jésus? Le jour de la Pâque de Roland, la liturgie de l'Église donnait précisément ce passage aux Éphésiens : « ...Il est

Ce n'était ni Thérèse ni Silouane mais ce Roland inconnu quelques heures plus tôt, et tout à coup connu comme depuis toujours.

Le lendemain, il disait à toute l'école : « La chose la plus extraordinaire de notre temps, ce n'est pas de marcher sur la lune ou de fabriquer des bombes atomiques, c'est que Jésus descend en enfer pour y chercher Adam ! » Et comme on se moquait de lui : « Moi aussi je riais de ces choses, mais maintenant j'ai compris. »

Mienne encore cette certitude : ce ministère lui est maintenant donné. Sinon, pourquoi le Seigneur lui en aurait-il inspiré un tel désir ? Étonnant désir en vérité ! L'enfer, il sait ce que c'est, pour y être passé ; le paradis, pour y être entré. Béni sois-tu, Roland, pour cette main que désormais tu ne cesseras de tendre aux plus paumés de tes frères, comme je vois Jésus le faire sur cette icône de la Résurrection dont nous parlions ensemble ce soir pascal, là-bas sur la route.

Le jour même de son calvaire je citais son mot, en plein Paris, lors d'un rassemblement dont le thème était le pardon en vue de la mort. J'avais interrogé les enfants sur ce mystère :

– Je sais ce que Jésus a dit aux Anges qui bouchaient l'entrée du paradis avec leurs sabres !

– Quoi donc ?

– Il a dit : ouvrez toutes grandes les portes et laissez passer Adam et Ève !

Ce n'était pas une homélie de Grégoire de Nysse, mais le mot d'une fillette de 11 ans à l'élocution difficile, au visage déformé : mongolienne.

Et je me dis : c'est ainsi que Roland, partageant la Royauté de Jésus, doit maintenant s'adresser aux Anges de la Face ! [2]

---

monté, qu'est-ce à dire, sinon qu'il est aussi descendu dans les régions inférieures de la terre ? » (Ép 4,9), avec un renvoi au psaume 67 : « Il ouvre aux captifs la porte du bonheur... » (Ps 67,7).

2. Qu'on ne vienne plus me dire qu'un enfant n'est capable de comprendre ni le péché ni le pardon. Au nom de quoi, de qui, nous ériger en juges de ce

La blessure qui s'ouvre en pardon

Pourquoi le Seigneur a-t-il permis que je sois le confident d'une telle parole? Elle ne m'appartient pas. Elle est au peuple de Dieu. Alors, pour ta question de ce Lundi de Pâques, je voudrais te bénir, Roland! Te bénir au nom de tous ceux qui en ont déjà été retournés, de tous ceux qui vont la lire ici et s'en laisseront interroger. Et bénir avec toi notre Jésus pour cette mort si tragique que ton pardon nous a rendue si belle. Et supplier avec toi pour que cet homme, qui ne savait pas ce qu'il faisait, soit à son tour arraché à l'enfer dont il est habité, et découvre comme toi la grande douceur d'être aimé[3].

« Ma seule adoration : lui demander pardon »

«Si Jésus n'avait pas dit : Pardonne! je n'existerais pas!» Fulgurante parole! Roland avait-il lu cette lettre d'un chrétien du IIe siècle : «En nous renouvelant par le pardon des péchés, il a fait de nous un autre être, en sorte que nous avons une âme d'enfant, tout à fait comme s'il nous créait à nouveau. Voici que nous sommes créés à nouveau, nous dont le prophète a dit : «De ceux que l'Esprit voit d'avance, j'arracherai les cœurs de pierre et je mettrai des cœurs de chair[4].»

S'était-il promené dans les déserts d'Égypte pour y intervie-

---

qu'un enfant, en son être profond, sait ou ne sait pas? De quel droit lui interdire ce chemin vers des profondeurs qu'il a soif d'explorer? Ce besoin en lui d'un regard qui lui donne d'être ce qu'il est, de quel droit l'en culpabiliser? Personne comme un enfant ne sait ceci : on ne peut vivre tant qu'un reproche se devine dans les yeux de ceux qu'on aime. C'est intenable. On rêve alors d'être tué. C'est une mort. Je voudrais parler de Roland à ce prêtre qui osait dire à propos des enfants caractériels dont il avait la charge : «Il ne faut surtout pas leur parler de Dieu. Ils n'en ont pas besoin.»

3. J'ai devant moi une de ses dernières photos, étrangement choisie comme carte de Noël de son centre, l'année précédente : tête en bas, les mains glissant le long de barreaux (d'un échafaudage?) comme d'une prison, tout le corps emporté dans une rapide descente vers on ne sait où... Véritable icône de descente aux enfers.

4. Lettre de Barnabé, 6,6.

wer les Pères sur leur manière de voir les choses? «S'accepter pécheur est chose plus grande que s'accepter créature.»

L'avait-il lue, la *Somme* de Thomas d'Aquin? «Pardonner aux hommes, c'est œuvre plus grande que la création du ciel et de la terre [5].»

Connaissait-il Pascal? «Sans Jésus-Christ, le monde ne subsisterait pas, car il faudrait ou qu'il soit détruit, ou qu'il fût comme un enfer... Il ne subsiste que par Jésus-Christ et pour Jésus-Christ [6].»

Que de questions suscitées par celle de Roland! L'homme serait-il maintenu dans l'être, soutenu dans l'existence par un pardon permanent? Un pardon qui l'empêcherait d'être complètement annihilé par ce qui n'a pas d'être : le péché? Dieu fait-il exister en faisant cesser d'exister le péché : pardonner, n'est-ce pas le détruire?

Me revient le mot de Yohanni : «S'il n'y a pas de péché, alors il n'y a pas de *Jésus.*» Et j'ajoute, avec Roland : «S'il n'y a pas de *Jésus* qui pardonne, il n'y a ni toi ni moi.» Oui, pour Dieu, pardonner c'est plus que créer : la beauté rendue – lorsqu'elle l'est par Dieu même – est plus resplendissante que la beauté perdue. Revêtue qu'elle est du sang de Dieu. Ou encore ceci : recevoir le pardon me donne-t-il d'exister comme Dieu existe, avec sa manière d'être, c'est-à-dire sa manière d'aimer : en faisant miséricorde à mon tour? Partager sa puissance créatrice : avec lui, faire exister dans la vie un frère que détruit la haine?

Se recevoir pardonné, oui, c'est cela *être.* Être tout court. Le reconnaître, y a-t-il adoration plus pure?

Est-ce cela que tu voulais m'écrire, Marie, le jour de tes 16 ans? «Je suis devenue si peu sensible à la Présence du

---

5. la IIae, 113. 9.
6. Pensée 556.

La blessure qui s'ouvre en pardon

Corps de Jésus. C'est terrible. Je pleure de l'aimer si peu. Pauvre Jésus! Je vois que je ne sais plus l'adorer. *Ma seule adoration : lui demander pardon !»* [7]

Donner à Dieu ses larmes de bonheur!

J'ai posé à Christine (10 ans) la question de Roland. Réponse immédiate : «Tout le monde serait triste.»

Si, sur tant de visages, je lis une telle tristesse, n'est-ce pas qu'un pardon est encore en sursis quelque part? Quand il pense au pardon, Jésus ne peut s'empêcher d'évoquer l'indescriptible joie des Anges. Mais qu'est-ce donc à côté de celle du Père? Quand un seul de ses enfants cesse de douter qu'il est aimé, dans les yeux de Dieu voilà des larmes... Celles de la joie parfaite.

Tu t'ouvres à ce pardon, et voilà tienne cette joie de Dieu, cette joie créatrice, cette joie qui nous remercie de nous laisser ainsi recréer par sa bénédiction.

Pardonner : la consolation de Dieu. Si un jour, sur ton chemin il t'arrive de le croiser t'offrant comme un pauvre son seul trésor, laisse-le partager avec toi la fête de son cœur. Fête inépuisable, inlassable pardon.

> «Comment sommes-nous sauvés par toi, Seigneur
> si ce n'est en recevant d'être aimés par toi?
> Ce pour quoi tu nous as faits,
> nous ne pourrions l'être sinon en t'aimant [8].»

---

7. «Ce soir, je pleure en disant pardon. On dirait que mes larmes demandent pardon et qu'elles donnent le pardon, c'est un peu la relation entre le Père et le Fils.»

8. GUILLAUME DE SAINT THIERRY, *De cont. Deo,* 10.

Tant de vies mal vécues!

Le pardon! Quelle chose difficile! Peut-être la plus difficile qui soit au monde. Combien de pardons – dis-moi – avortés dans le cœur, étranglés en nos gorges, jamais éclos sur nos lèvres? Tous ces êtres ravagés par un pardon indéfiniment refoulé, toujours remis à demain, qui donc en dira l'immense désarroi? Que de vies gâchées par un seul pardon sciemment refusé? Que de bonheurs n'ont pu *être,* rongés qu'ils étaient par une amertume latente, inavouée? Comme une vie, apparemment tranquille, peut en être empoisonnée! Ce n'est pas sans frissonner qu'il m'arrive d'entendre : «J'en mourrai, mais jamais, jamais je ne lui pardonnerai.» On en est glacé jusqu'aux os! La mort déjà là, déjà là l'enfer!

Qui n'a connu de ces foyers sans feu qui traînent la vie durant – meurtrière gangrène – l'infection d'un ressentiment? Un geste, une attitude, une parole parfois, si ce n'est un jeu d'enfants; cela a suffi : on en veut à son frère, à son conjoint, à son voisin, parfois «à mort». Une plaie, insignifiante au départ, a fini par s'envenimer. On n'ose plus revenir en arrière. La situation est jugée irrémédiable, l'autre condamné sans appel. Dans un silence vite intolérable, on s'emmure.

Ou encore : on croyait l'avoir donné, et vient le jour où, soudain, on réalise, effrayé, que le pardon avait été partiel, conditionnel, grevé d'une arrière-pensée. Toutes les relations avaient été hypothéquées. Un rien, et tout se réveille. Aprement, violemment. Pour des générations parfois, voilà des familles brouillées, des villages divisés.

Pourquoi tant de communautés religieuses rayonnent-elles si peu «comme rayonnent la lumière, la musique, le parfum» (Paul VI)? Quelque part, une lampe a dû s'éteindre. On demeure effaré par la stérilisation des forces apostoliques causée par les incessantes critiques, les sordides jalousies, ces mille mesquineries qui font, de ce qui devrait être une demeure de l'Amour, une centrale pénitentiaire... Et pendant ce temps, à leur porte, le peuple des petits crève de froid. Les morts ne sont pas ressuscités.

La blessure qui s'ouvre en pardon

Mais dès que tout y est rendu «limpide, transparent, simple et beau» (Paul VI) parce que le baiser de paix qu'on ose s'y donner chaque jour aura été bien plus qu'un rite, alors comme elle se répand au loin la chaleur et la lumière! Papillons de nuit, de toutes parts on y accourt! La maison s'avère trop petite... mais les cœurs y sont au large! On s'y sent chez soi. C'est une communauté. Une demeure où l'amour guérit, parce qu'il rassemble au Cœur de Dieu.

Le plus meurtrier des venins

Le démon du ressentiment! Ceux qui ont un ministère de guérison intérieure, ceux dont l'attentive disponibilité attire les confidences, ceux qui ont la charge de guider leurs frères, ne savent que trop ses ravages! [9]

Que de blocages spirituels, de dépressions, d'angoisses, de troubles nerveux, parfois organiques, ne s'originent pas ailleurs! On multipliera cures et traitements, on passera de médecin en médecin, on essayera techniques et méthodes de relaxation. On se défoulera comme on peut. Alors que le remède, l'unique, est là à portée de main, pour peu que cette main consente à s'ouvrir pour le recevoir d'un Autre : *Dis sur moi une seule parole,* celle du pardon qu'on reçoit à genoux, *et je serai guéri.*

Ce venin de la rancune on en meurt, parce qu'on en tue son frère [10]. Toute brisure de communion est crise cardiaque pour

---

9. Ces choses indéfiniment ressassées, ces contentieux que rien n'arrive à liquider, ces regards toujours soupçonneux, ce sarcasme destructeur qui trahit un esprit de mort... sous quels masques ne se cache-t-il pas, ce démon-là? Que de cas pourraient être cités! Cette jeune épouse dont les continuels maux de tête ont cessé le jour où elle a consenti à assumer son mari tel qu'il était et non plus tel qu'elle en rêvait. Cette religieuse, toujours maladive jusqu'à ce qu'elle avoue une jalousie envers sa supérieure.

10. «Bien aveugle qui ne voit que c'est lui-même qu'il tue avec le glaive de la haine du prochain» (CATHERINE DE SIENNE, *Lettre* 235).

une communauté, et pour l'Église comme une embolie obs-truant un vaisseau : tout l'organisme est atteint, paralysée la circulation de la vie.

Où donc as-tu mal?

Pourquoi, mais pourquoi donc est-ce chose si coûteuse au cœur de l'homme? Cela fait-il donc si mal?

Pardonner, serait-ce demander pardon? Avouer : c'est moins toi que moi qui ai besoin d'être pardonné. Et devant cet agenouillement-là, tout en nous se cabre! Il y a des «tu sais, c'est ma faute» qui n'arrivent pas à sortir. Comme si les entrailles en étaient déchirées. Douloureux, comme tout enfantement! On en a peur. Demain peut-être... Et passent les semaines, et passent les années et s'écoule une vie, la vie! ...cette grande douceur qui fait dire : «Mais oui, tout est oublié!»... cette douceur divine, on ne l'aura jamais connue. Jamais connue cette humilité qui met un peu de baume sur la plus rude des existences [11].

> *Oh! que mon cœur soit guéri*
> *De ces mesquines jalousies*
> *Jalousies jalousement closes*
> *Contre le soleil qui brûle*
> *Soleil vivant*
> *Prêt à mettre l'or sur la table*
> *De celui qu'on attend!*

---

11. Paradoxalement il arrive – vengeance inconsciente – que nous repre-nions envers les autres les attitudes mêmes de ceux qui nous ont fait souffrir durant notre enfance. Tant que cette relation passée n'a pas été guérie par un pardon rétrospectif, ce durcissement continuera à meurtrir notre entourage tout autant que nous-même.

2. En sa chair il a tué la haine

> *Dieu s'est plu à réconcilier*
> *tous les êtres, par lui et pour lui*
> *en faisant la paix*
> *par le sang de la croix.*

Col 1,20

« Tout est oublié ! » Un pardon qui va jusque-là, cela n'est pas seulement difficile, mais rigoureusement impossible. Pour le donner : d'abord le recevoir. Le recevoir de Celui-là qui, seul, peut l'inventer, et peut-être à la manière dont il a voulu le donner.

Celui-là, Il ne vient pas te l'offrir du bout des lèvres ou d'un geste distrait ou d'un regard lointain, mais avec des larmes et du sang : les tiens. Il sait trop bien que des larmes et du sang, il t'en coûtera si souvent pour faire grâce. Alors, c'est par le même chemin qu'il « vient de son trône royal doucement nous confier l'amour [12]. »

Regarde l'Agneau comme il te précède ! Aux clous il tend ses mains. Voudrait-il ne plus en être détaché ? Elles en resteront ouvertes à jamais.

Quel cri l'atroce douleur lui arrache-t-elle ? Écoute bien, pour en discerner les syllabes douces : *Pardonne ! Pardonne !* Et encore : *Pardonne !* N'a-t-il donc rien de plus important à dire ? De plus urgent à faire ? Il ne dit rien d'autre. Il ne fait rien d'autre. Il exerce son ministère. Il fait fructifier son charisme. Il vit son sacerdoce. Il célèbre sa mort. Les soldats font

---

12. Guillaume de Saint Thierry, *Ibid.*, 10.

leur métier. Il fait le sien : le métier de Dieu. Le sien en se servant du leur.

Sur ses *lèvres,* pour la première fois perce un tel mot. En ses *mains,* pour la première fois une telle percée. Hasard si coïncident et ce mot et ce moment ? Si *lèvres* et *mains* se retrouvent dans la même Parole ? Entre les mains déchiquetées et les pardons semés, un lien que les pires détresses n'arriveront pas à dénouer.

Les mains qui saignent pour que bénissent les lèvres

Mais si ces *mains* peuvent, d'un simple attouchement, ouvrir les yeux de Bar-Timeas, c'est qu'elles s'offrent aux clous, par avance. Si ces *lèvres,* d'un simple mot, peuvent laver l'âme de Zachée, c'est qu'elles s'ouvrent pour ce mot-là, par avance. Si la détresse des cœurs blessés lui arrache : *Je te pardonne,* c'est que la douleur des mains percées bientôt enfantera : *Pardonne !* Cela qu'il demandera avec un grand cri, il l'accorde déjà, tellement il sait que c'est déjà accordé. Ces *mains,* elles se sont posées sur les yeux fermés, les fronts enfiévrés, les jambes paralysées, les mains desséchées, en même temps que de ses *lèvres* s'envolait ce mot insolite : *Je te pardonne !* Avant même de dire : *Lève-toi et marche !* et pour pouvoir le dire.

Tel est l'Accord entre son Père et Lui ! Entre sa Parole et son Sang !

Ces mains, il fallait bien les ligoter ! Elles pourraient continuer à guérir ! Et techniques et programmes savamment agencés en seraient trop perturbés ! Hier soir encore, l'oreille droite de Malkus n'a-t-elle pas été remise en place ? Un de plus qui va se mettre à crier : *Jamais on n'a vu homme pareil !*

Ces lèvres, il fallait bien les bâillonner. Elles pourraient continuer à dire de ces choses, terriblement dures, terriblement vraies, jamais entendues : « Allégresse à qui ouvre la

115

La blessure qui s'ouvre en pardon

main!» Elle en a déjà trop dit cette bouche dangereuse pour l'avenir de l'humanité. La douleur des mains finira bien par la figer!

Mais voilà que plus on lui crie : tais-toi! plus on lui fait mal et plus sa voix se fait forte et claire : Fais qu'ils voient! (cf. Lc 18,41).

Ces deux *mains,* n'ont-elles pas ouvragé cimes et vallées, jeté dans l'espace les galaxies aux millions de soleils, creusé leur lit aux océans, semé chaque grain d'orge, caressé chaque anémone? Les voilà maintenant usées par le labeur, déchiquetées, pauvres choses plus bonnes à rien. C'en est fini de guérir!

Ces deux *lèvres,* les ténèbres n'en sont-elles pas mortes quand par elles le Père a lancé son éclatant : «La lumière, qu'elle soit!» La glaise n'en a-t-elle pas frémi quand elles se sont posées sur celles d'Adam : «Notre Esprit, reçois-le!»

Les voilà maintenant toutes fatiguées, toutes desséchées d'avoir tant répété : *Pardonne! – Jamais cette faute ne sera pardonnée, jusqu'à votre mort* (Is 22,14). Ce que Dieu pensait, il n'osait le dire tout haut : «jusqu'à la mort de mon Fils».

Une intarissable hémorragie

«Tu as guéri mon écrasement, ô Roi très bon, lorsque tes mains et tes pieds ont été cloués à la croix. Tu étendis tes mains sur la croix et tes mains irrésistiblement ont délié le péché!» [13]

Ces *mains,* elles ne se poseront plus sur ton front sans être d'abord ouvertes par tes clous [14]. Mais à travers ces ouvertures se déversent les torrents du Pardon. Toutes les veines en

---

13. Liturgie byzantine, *Oktoikh.*
14. Il le savait ce bon curé d'Ars qui répétait : «se confesser, c'est déclouer Notre Seigneur».

éclatent. Lente, irrémédiable hémorragie. Quel garrot y mettra fin ? Quel hémostatique en stoppera le flux ?

Ces *mains,* elles s'offrent en rivière à la source. La source ? Le Père, que ce cri transperce plus profondément que ne s'enfoncent les clous dans la chair du Bien-Aimé, ces clous qui le retiennent moins que l'amour de son Père [15].

Pardonne ! Ce mot ne descend si loin en son cœur qu'accompagné d'un autre mot, comme si *tous deux marchaient ensemble* (Gn 22,6). Un autre mot qui, à lui seul, en dit plus long que tous les mots de la terre : *Abba !* On ne les séparera plus : *Père !* sur les lèvres de Jésus, *Je pardonne,* sur celles du Père.

Au soir de Pâques, avant que ses lèvres n'émettent la parole à jamais redoutable : *Ceux à qui vous remettrez les péchés...,* il leur dit : *Regardez mes mains !* (Jr 20,20-23).

Indéfiniment, inlassablement, ces *mains* viendront poser leur *pardonne* sur des *lèvres* qui jamais encore n'en avaient été brûlées. Et pour le Père, chaque fois la même blessure, en même temps que le même bonheur : comment refuser ? [16]

La lettre des 16 ans de Marie, s'accompagnait de ce poème :

> «O vaste fleuve de pourquois
> Il coule, il coule et puis s'en va
> Un sang nouveau irrigue les plaies
> Un pardon ouvert aux larmes de sang
> Ce chant de soif est un bonheur
> Il nous supplie et me bénit et tu guéris

---

15. «Jésus égorgé sur le bois où seul l'Amour a pu le tenir cloué et rivé» (Catherine de Sienne, *Lettre* 5).

16. N'est-ce pas en regardant le «sang tomber d'une des *Mains* divines» que la petite *Thérèse Martin* sent l'appel à le recueillir pour ensuite le répandre, et ainsi désaltérer et la soif de Dieu et celle des pécheurs ? Ces mains que voyait *Thérèse d'Avila,* avant de voir le Visage, et qu'elle trouvait d'une «beauté tellement merveilleuse» (*Vie,* ch. XXXVIII).

La blessure qui s'ouvre en pardon

> Il dit aux blessures : Soleil !
> Frère d'exil, vois le Bien-Aimé
> Multitude du cœur transpercé. »

O bénis-nous, bourreaux et victimes...

« Quand la machine du mal l'a vaincu, quand on l'a condamné aux camps de la mort lente, quand on l'a fait descendre dans les cellules d'une prison souterraine où il comprend qu'on travaille, par un sûr dosage de la torture, à dégrader son psychisme humain, quand on lui a volé ses enfants pour arracher de leur âme la foi de leur baptême et y verser la haine de Dieu, quand il n'a plus aucun recours possible contre le déferlement de l'océan du mal, alors il lui reste de tourner une dernière fois son cœur vers les profondeurs silencieuses du royaume de Dieu et de dire, lui aussi, en Jésus : *Père, pardonne-leur !* A cet instant, il a tout vaincu, pour l'éternité [17]. »

Ce mot, une multitude de crucifiés en auront les lèvres descellées. Stephan le diacre, et Stephan Mindszenty, sous une grêle de pierres ou une décharge électrique, ne trouveront rien d'autre à dire : *Ce péché, ne leur en tiens pas compte !* Pour eux, je compte sur ton pardon ! Sur ces lèvres en sang ou tuméfiées, y a-t-il parole plus redoutable, plus douce ? [18]

---

17. « Lueurs d'aube sur cette journée de boucherie. Cela déplaçait le centre de gravité de l'univers, cela mettait l'espérance non pas dans le camp de l'ordre établi, mais au-dessus dans un univers où il y a place même pour des condamnés à mort » (Cardinal JOURNET, *Les sept paroles de Jésus en croix*, p. 34, 41).

18. Voir *Ton Nom de Braise*, p. 59.
« Sache que je meurs dans l'amour de ceux qui me tuent et la dernière chose que je te demande est de les aimer aussi. Qu'il ne te reste au cœur aucune amertume envers ceux qui tuent l'homme que tu aimes. Nous nous retrouverons au ciel ! » L'officier de la police secrète, témoin de cet ultime entrevue d'un condamné à mort avec son épouse, se fit chrétien à son tour (Richard WURMBRAND, *L'Église du silence*, p. 60).

On pense à cet étonnant dialogue, durant la guerre d'Espagne, entre le curé de Navalmoralès et les miliciens qui allaient l'assassiner :

« Je veux souffrir pour le Christ. – C'est vrai ? Eh bien, tu vas mourir comme lui ! » Ils le dévêtirent et le flagellèrent sans pitié ; puis, ils attachèrent sur son dos une poutre de bois, lui donnèrent à boire du vinaigre, et le couronnèrent avec des épines. « Blasphème le nom de Dieu et nous te pardonnerons, lui dit le chef des miliciens. – *C'est moi qui vous pardonne et vous bénis.* »

Je relis cette lettre de prison d'un paysan des confins de l'Amazonie : « On nous a enfermés dans une cellule. Dans la cellule on a envie de flancher, mais Jésus-Christ et l'Esprit Saint ne nous ont pas laissés tout seuls. Il est venu sur nous et nous a redonné courage... J'ai senti le Christ de plus près. J'ai compris par où il avait passé, j'ai vu ce que c'était que la voie étroite et j'ai compris aussi comme les hommes sont loin de Dieu... Ça n'avance à rien de nous arrêter. La parole de Dieu est libre, personne ne peut l'arrêter et nous on parle de ce qu'on sait, de ce qu'on connaît, de ce qu'on comprend, parce que Dieu est amour... Je *remercie* Dieu parce qu'il nous a trouvés dignes de nous offrir à cause qu'on rendait justice au peuple opprimé... Avec le Père, le Fils et le Saint Esprit, Amen ! » [19]

Devant ce *merci* là, les gardes-chiourmes devraient paniquer. Il fait sauter les murs entre victimes et bourreaux, entre dénoncés et traîtres, entre dedans et dehors, entre terre et ciel. De tels hommes, on pourra les faire disparaître demain à l'aube, leur sang criera : pardonne !

Et si un jour de telles situations deviennent nôtres, sera-t-elle nôtre, cette prière qui se propage de goulag en goulag, trésor inaliénable que les fouilles les plus sévères n'arrivent pas à saisir : « Pardonne-nous à tous, bénis-nous tous, les lar-

---

19. Cité par Charles ANTOINE, *Le sang et l'espoir*, p. 78.

rons et les samaritains, ceux qui tombent sur la route et les prêtres qui passent sans s'arrêter, tous nos prochains – les bourreaux et les victimes – ceux qui maudissent et ceux qui sont maudits, ceux qui se révoltent contre toi et ceux qui se prosternent devant ton amour. Prends-nous tous en toi, Père saint et juste!» [20]

Plus de barbelés, ni de miradors

Ghasibé Kayrouz se préparait au sacerdoce. La veille de Noël, il est tué entre Baalbeck et Nabha. Il a vingt-deux ans. On retrouve sa dernière lettre :

«Si nous sommes séparés, n'ayez pas peur : la miséricorde de Dieu nous réunira ensemble. J'ai une seule demande à vous faire : pardonnez de tout votre cœur à ceux qui m'ont tué, demandez avec moi que mon sang, même si c'est celui d'un pécheur, serve de rachat pour le péché du Liban ; qu'il soit mêlé à celui de toutes les victimes qui sont tombées, de tous bords et de toutes confessions religieuses, offert comme prix de la paix, de l'amour et de l'entente qui ont disparu de ce pays et même du monde entier... Priez, priez, priez, aimez vos ennemis... Faites de mes funérailles un jour d'ordination, non d'enterrement ou de tristesse... Que les gens me pardonnent... sans tirs ni coups de feu : en effet je suis poussière, mais la Force de Dieu va me faire participer à la vie divine [21].»

Le jour où, arrosée d'un tel sang, notre terre consentira à fleurir, ce jour-là, non, il n'y aura plus de mur de Berlin, de mines sur le pont Allemby [22], de barricades à Beyrouth, de

20. Cité par Paul EVDOKIMOV, *L'amour fou de Dieu,* p. 77.
21. Cité dans *Le Monde* du 18 janvier 1976.
22. Pont séparant Israël et Jordanie. Combien de drames raciaux ou internationaux, de guerres fratricides, d'incidents diplomatiques, n'ont pas d'autre cause que le refus de «passer l'éponge»!

guérites à Soweto, de sentinelles à Hong Kong, de grenades à Belfast. Non, plus de rideau ni de fer, ni de bambou, ni de béton. Il n'y aura plus de barbelés entre riches et pauvres, de parois vitrées entre frères séparés, de guichets hygiaphones entre voisins, de miradors entre parents et enfants, de haies entre normaux et marginaux, de fossés entre générations, de grilles entre classes sociales, de « no man's land », entre Églises chrétiennes [23]...

Le jour où de tels accents seront partout contagieux, oui, un monde neuf sera là [24]. Pour avoir fait sauter les digues du Cœur de Dieu, ce petit mot ne sera-t-il pas capable de dynamiter tous les barrages du monde ? Déjà il en est ainsi, même si on ne le sait pas, si on ne veut pas le savoir.

Je pense ici à ces groupes de prière du Renouveau qui viennent étoiler l'obscurité de ces terres que déchire une guerre, froide ou chaude. En Nord-Irlande, ce n'est guère ailleurs qu'on les retrouve ensemble, catholiques et protestants, dans la joie d'une louange, seule capable de désinfecter les morsures d'une méfiance séculaire. En Sud-Afrique, noirs et blancs s'y donnent une famille qu'aucune loi d'Apartheid n'arrivera à disloquer, sinon par une violence qui n'atteint que le corps.

---

23. Voir dans Paul VI, *Un amour qui se donne,* p. 195, le très beau texte dans lequel Paul VI, encore archevêque de Milan, demande pardon aux non-croyants. Voir aussi, dans la droite ligne de ce texte, l'audace avec laquelle, au nom de l'Église catholique, il s'est adressé aux autres confessions chrétiennes d'une voix tremblante d'émotion : « Si, dans les causes de cette séparation, une faute pouvait nous être imputée, nous en demandons humblement pardon et nous sollicitons aussi le pardon des frères qui se sentiraient offensés par nous » (29 septembre 1963).
On sait que c'est au cardinal Wojtyla que revient l'initiative de cette émouvante lettre, si critiquée des autorités soviétiques, où l'épiscopat polonais demande pardon au peuple allemand.
24. Marne 1917 : les tranchées françaises et allemandes sont à portée de tir. Mais une nuit on tend l'oreille : de chaque côté, des chants s'élèvent. Paroles différentes mais parfois même mélodie ! On y parle d'un certain enfant, du même Enfant. A cause de lui, cette nuit de Noël on ne visera pas un ennemi. On se lancera des friandises. L'espace de cette nuit-là, comment ne pas se sentir frères ?

La blessure qui s'ouvre en pardon

Au Liban, pour les fils d'Abraham, l'Amour s'y construit des maisonnées que ne renverseront pas les obus et les grenades qui, ce soir encore, disperseront des familles, ruineront des ponts patiemment édifiés. En Amérique latine, latifundiens et campesinos apprennent à partager, les uns leurs richesses, les autres leur cœur, au cours de ces assemblées de prière – encore trop rares – qui vont jusqu'à métamorphoser le climat de tout un village. Sur la terre de Jésus, juifs et arabes chrétiens dans des réunions de prière – encore clandestines – se tissent une fraternité inconnue jusque-là : Jérusalem y renaîtra, cité de paix.

Partout les ennemis d'hier s'y découvrent frères, reçoivent une paix inespérée ; une paix qu'aucun régime politique ne pourra imposer, qu'aucune dictature ne pourra ravir. Une paix d'Ailleurs, mais venue les uns des autres : celle d'un pardon enfin retrouvé [25].

---

25. Allusions à différents témoignages, dont certains parus dans les *Cahiers du Renouveau* (Irlande, Sud-Afrique : n° 20. Haïti : n° 14. République Dominicaine : n° 16. Mexique : n° 10. Liban : n° 12. Madagascar, Zaïre, Indonésie, Inde : n° 23. Monde ouvrier : n° 11).

On reproche facilement au Renouveau de «désengager». En fait, il trouve d'autres formes d'engagement ou fait retrouver des engagements classiques à un niveau plus profond, la priorité étant désormais donnée à une vie de prière et de fraternité qui s'avère être le plus exigeant de tous les engagements. «Personnellement, c'est à l'Esprit de cette nouvelle Pentecôte que je dois d'avoir affermi un peu plus mon «être-au-monde». J'ai fait le «déplacement». Je me trouve aux côtés de marginaux et de gitans, au milieu d'une population ouvrière de nos banlieues. A 50 ans, Jésus est pour moi plus éblouissant que jamais. Depuis trois ans je travaille de mes mains sur un chantier. C'est dans ma chair que je vis l'Évangile. Je me sens dans l'axe des luttes actuelles» (d'un jésuite prêtre-ouvrier). D'un autre : «Le Renouveau soutient spirituellement tous les engagements.»

Par ailleurs, permettant parfois de résoudre certains problèmes sociaux, économiques ou politiques en prenant le raccourci de l'Évangile vécu (les cas ici cités en sont d'éclatants témoignages, comme les cas de guérisons physiques ou psychiques), il se peut qu'il court-circuite les réseaux d'une action exclusivement temporelle. Mais comment lui reprocher alors d'atteindre directement les buts mêmes si laborieusement recherchés par des médiations humaines ?

Pour ces lieux bénis où la réconciliation est célébrée comme une douce Fête-Dieu, comment ne pas exulter?

Humble paix tu t'avances
  dans ta robe rapiécée de pardons
  colombe fruit des entrailles de Dieu.

Toi qui habilles les gueux sur les collines
  ô toi qui as tant voyagé
  vivons ensemble
  nous battrons notre blé
  douce est l'aire à froment.

Nous conduirons nos enfants à l'école
  grandis dans l'amitié des bêtes
  et fortifiés par un arbre sur le toit
  un arbre dans la cour un arbre dans la maison.
Nous planterons partout des oliviers.

3. Des donateurs de vie

> *Aucun habitant ne dira plus :*
> *je suis malade.*
> *Le peuple qui demeure à Sion*
> *verra sa faute remise.*
>
> Is 33,24

O toi mon frère prêtre, toi qui ne sais peut-être plus trop qui tu es, toi qui désapprends à bénir, à rendre grâces, à célébrer la paix, quelques questions me viennent que me pose le peuple des pauvres.

Pourquoi faut-il que tes lèvres soient trop souvent scellées, ne proclamant plus guère la parole de réconciliation que Dieu y a déposée? T'appartiendrait-elle exclusivement? En aurais-tu honte? Aurais-tu trouvé remède plus efficace au mal qui nous ronge tous?

N'est-ce pas en tes propres mains que le Créateur a laissé son Sang, celui qui réconcilie terre et ciel? As-tu le droit de mettre au frigo le Sang royal, dont la transfusion suffit à sauver une vie, mille vies, toute vie? [26]

Tu me dis : il faut déculpabiliser les gens! Ne les vois-tu pas ces noyés à qui tu arraches la bouée à laquelle ils se cramponnent?

---

26. «Dans l'A.T. le pécheur était seul et devait converser avec Dieu en gémissant à travers ses supplications, mais sans jamais savoir quelle réponse il obtenait. Dans le N.T. le Seigneur dit : «Toi, prêtre, reçois cette mission... et si tu crois le pardon possible, accorde-le, non pas une seule fois, non pas sept fois, mais avec une générosité et une abondance inépuisables, *comme pour en submerger le genre humain...*» (PAUL VI, Milan, Jeudi saint).

Tu me dis : il ne faut plus trop parler ni de péché ni de miséricorde ! Ne vois-tu pas comme tu les enfonces dans la plus insalubre des fanges : celle de ne pas se savoir aimés ?

Tu me dis : il faut respecter la liberté des enfants de Dieu ! Celui dont le cœur porte le venin d'une rancune, tu vas le laisser se suicider à ta porte ? Et la royale liberté de qui est enfin déchargé du poids qui l'écrase, tu l'en frustreras ?

Tu me dis : il ne faut pas le détourner de ses espérances terrestres ! Et, en attendant, l'Espérance tout court, tu la laisses agoniser ?

Tu me dis : il faut attendre que cela vienne d'eux ! Mais Dieu se passe si rarement de préparateurs ! Combien de fois as-tu été l'éveilleur de l'aurore ? *Elle vient l'heure* – et *c'est maintenant* – où il tient à toi *que revivent les morts* à qui tu auras donné d'*entendre la Voix du Fils de Dieu...* (Jn 5,25).

Tu me dis : on n'a pas de temps à perdre, une absolution collective de temps à autre suffit. Et tu retires à ton frère la possibilité d'un aveu qui est délivrance, qui lui permet d'être ce qu'il est et de dire avant de mourir : «Je vaux mieux que ma vie !» [27]

Quand tu réponds : *que nous importe !* à qui te dit : *j'ai péché,* ne livres-tu pas le sang innocent, le sang versé pour

---

27. Bernard Bro, *Devenir Dieu,* p. 162.
Il est frappant de voir comment l'expérience d'un ministère de guérison intérieure conduit des protestants à redécouvrir la nécessité de la confession : «Les chrétiens réformés souffrent d'un mal séculaire. Leur juste refus d'une confession «obligatoire» telle qu'elle était (je n'ose plus dire : telle qu'elle est) pratiquée dans l'Église romaine, les a laissés, généralement, porteurs de très lourds fardeaux : leurs fautes non confessées. Ce fardeau se trouve aggravé par leur connaissance de la loi accusatrice. Et l'erreur cent fois vérifiée, c'est de croire que la confession publique au culte du dimanche les libère... C'est donc pour débusquer l'Ennemi que toute délivrance doit être précédée, pour le moins accompagnée d'une confession des péchés. Après un dialogue plus ou moins prolongé, il y a l'instant où il faut appeler le patient à la repentance et à l'aveu de fautes précises pour lesquelles il demande pardon et qu'il refusera dorénavant» (M. Ray, *Échec à l'oppresseur,* p. 129).

innocenter tous les coupables du monde? Tel en fut le prix, et toi, que te coûtent quelques mots?

Mais si tu te mets à prier : «Jésus, pardonne-moi, pécheur!», tu ne pourras continuer longtemps à te défiler devant celui qui, pauvrement, te supplie : «Au Nom de Jésus, pardonne-moi, pécheur.» Tu réfléchiras à deux fois avant de lui répondre : «Oh! mais ce n'est pas grave! On est tous faibles! Faut pas t'en faire! On ne dérange pas le Bon Dieu pour si peu!» Avant de dire : «Dieu n'en demande pas tant», tu lèveras les yeux sur un certain crucifié. Et la prière du cœur finira par t'enseigner à libérer les cœurs des fardeaux qui paralysent leur prière.

Ton ministère? Révéler la tendresse du Seigneur. Qu'en toi, elle puisse être connue, et pour cela vue, touchée, sentie. On vient à toi moins pour s'accuser que pour s'accorder aux harmoniques de l'amour.

On cherche des donneurs de sang

Pourquoi trop de tes frères ont-ils l'impression d'être en chômage, alors qu'ils désertent les lieux où ils sont attendus, désirés, déjà accueillis? Ont-ils peur d'y entendre à nouveau cette voix qui, un certain jour, les a arrachés à leurs barques et à leurs filets, pour leur en donner d'autres? Ont-ils peur qu'un second appel ne les jette sur les chemins où l'on est pauvre de tout, si ce n'est de ce Corps entre les mains, de ce Pardon sur les lèvres?

Un soir, en plein Paris, je débarque à l'improviste dans une assemblée de prière. Voilà le frère animateur qui demande aux prêtres présents d'aller au fond de la crypte donner ce pardon auquel les exhortait le Seigneur depuis le début de la prière. Ce fut une douzaine de queues jusque tard dans la nuit, pendant que l'assemblée continuait à célébrer dans la joie les Compassions de Dieu. Pourquoi étiez-vous donc si peu à répondre à l'appel, alors que j'en savais tant d'autres, à la même heure, fascinés par un petit ou grand écran? Par quels canaux devra-t-il couler, le Sang qui «donne à Magdeleine un cœur de reine»?[28]

Qu'ils soient bénis ces prêtres qui usent leur vie à crier : «Retournez-vous, regardez, le Royaume est là!» Pour pouvoir ajouter : «Mais oui, je te pardonne au Nom de ce Jésus, notre Pardon à toi et à moi!» Et qui tombent à genoux pour donner ce pardon dont ils sont les premiers enfants. Et dont toute la vie confesse qu'ils ne tiendraient pas un jour de plus sans un pardon sans cesse renouvelé. Soyez donc bénis, vous les confesseurs de la Lumière!

On n'est pas en crise de psychothérapeutes, d'analystes, d'assistants sociaux, de conseillers conjugaux, de techniciens des relations humaines. Encore moins de Swamis et de Gurus.

On est en crise de pères spirituels, de médecins spirituels, de ministres du pardon, de donateurs de vie. La demande dépasse l'offre, et de loin! On peut les demander, on peut les mériter. Ils nous seront donnés. Ils le sont déjà. Gloire à toi, Seigneur!

Serviteurs d'un pardon qui s'offre

Mais tout baptisé doit participer à ce ministère : donner un pardon dans le mouvement même où il s'ouvre pour le recevoir.

Comment risquer un *Jésus, pardonne!* qui n'enfante un *Je te pardonne, toi qui es Jésus pour moi!* Un *pardonne-moi* dit

---

28. C'est un des aspects les plus émouvants du Renouveau charismatique que cette redécouverte, dans la fraîcheur d'un regard neuf, du sacrement de la réconciliation. Lors des rassemblements une permanence est toujours assurée. Les prêtres y sont littéralement assiégés. Combien d'entre eux n'y ont-ils pas retrouvé le sens profond de ce ministère et, par là, de leur sacerdoce?

à Dieu peut enfin – enfin ! – être retransmis à tout homme, quelles que soient ses offenses, quelles que soient mes défenses.

Ce pardon tu ne peux le recevoir qu'à condition de le donner à ton tour. Ne jamais s'entendre dire par Dieu : *Je te pardonne* sans aussitôt chercher à qui le faire suivre. Si le précédent n'est pas « refilé », comment en recevoir un nouveau ? Écouté sur les lèvres de Dieu, qu'il soit entendu sur les nôtres ! Il n'a été confié qu'au prix de mains ouvertes : une main qui se ferme sur pareille confiance, la stérilise.

Tu deviendras le serviteur des pardons de l'Amour. Etonnant ministère ! Ministère de guérison. Que de plaies sont bandées par un simple pardon, surtout s'il provoque la réciproque ! Ministère de compassion : si quelqu'un m'a fait mal, c'est qu'il a plus mal encore ; s'il m'a blessé, c'est qu'il est plus blessé que moi. Et cette blessure-là, n'en suis-je pas responsable ? Si je l'avais aimé davantage aurait-il été meurtri au point de meurtrir ? Compatir à sa peur en lui offrant ce baume. Il atteindra sa solitude profonde, après avoir traversé la mienne.

Toi pour qui bénir c'est faire grâce

Refuser un pardon, c'est condamner. Condamner un homme à cette tristesse : ne pas être ce qu'il est aux yeux de Dieu. Le moindre jugement est condamnation ; et mettre une étiquette sur quelqu'un, c'est déjà un jugement. C'est lui plaquer un visage qui n'est jamais celui de son cœur. D'avance le condamner à ne plus changer. Tuer son espérance. Parce qu'on sait qu'une fois collée, l'étiquette ne se détache plus. Juger, c'est voler Dieu en violant son frère. Violer le secret de Dieu en volant celui de mon frère.

Qui n'a connu de ces regards qui vous paralysent : vous y êtes classé d'un coup, parfois même sans en être d'abord toisé. Pourquoi sont-ils donc si rares ces regards qui vous donnent d'être ce que vous êtes, simplement, sans envie de fuir ou de se camoufler ? Plus rares encore ceux où le meilleur de soi est appelé au-dehors, ceux qui vous révèlent à vous-mêmes, ceux qui, tout à coup, éveillent ce que vous portez de plus grand, de plus beau. On se dit alors : serait-ce ainsi que Dieu me regarde ?

Ne jamais juger, c'est lier le jugement de Dieu. Il nous dira : comment veux-tu que je te juge, mon pauvre vieux, tu n'as jamais voulu le faire ! J'en suis aussi incapable que toi !

Pardonner, n'est-ce pas *rendre grâces ?* Ne dit-on pas « gracier un condamné », lui rendre quelque chose de sa beauté originelle ? Comment oserais-je rendre grâces à Dieu si d'abord je n'ai rendu sa grâce à mon frère défiguré ? Ne pas attendre de trouver beau un frère pour lui pardonner, mais lui pardonner *pour* le rendre beau [29].

Ah ! si la prière du cœur pouvait finir par me donner un tel regard, celui du Cœur de Dieu ! Poser sur toi ce regard qui rende gracieux le visage de ton cœur, à mes yeux comme aux tiens, tel est le cadeau que Dieu voudrait m'offrir pour faire de toute rencontre un Noël.

Pardonner, n'est-ce pas *bénir ?* Célébrer une bénédiction sur le frère qui nous a blessé ? Oserai-je chanter : Béni es-tu, Seigneur ! si, d'abord, je n'ai dit à mon frère : je te bénis, car tu es béni du Seigneur ! Bénédiction créatrice comme celle de Dieu, créatrice de joie.

Pardonner, n'est-ce pas *remercier ?* « Pour tel et tel mal, merci. Ta blessure me permet de sonder et la peine et le bonheur de Dieu. »

Pardonner, n'est-ce pas *donner un baiser de paix ?* Un baiser qui fait la paix en faisant la vérité ? O paix, douce paix,

---

29. « Les miséricordieux, ne traînant aucun grief, n'ont pas de passé – pas plus que Dieu. Ce sont des hommes de l'instant, c'est-à-dire déjà d'éternité... Le simple pardon suffit à remplacer l'homme d'hier par l'homme d'aujourd'hui ; la Miséricorde, elle, *voit déjà en lui ce qu'il sera demain.* Tout être ressemble à l'albâtre : placez-le devant la lumière de la Miséricorde, il devient transparent. Ainsi, nous permet-elle, comme disent les astronomes, de voir la « face éclairée de chacun » (Gilbert CESBRON, *Huit paroles,* p. 111).

fruit mûr d'un cœur qui a tout pardonné. Le passé, mais aussi l'avenir.

Pardonner, n'est-ce pas *donner un baiser de paix?* Un bai-*confiance?* Me fier à mon frère, je le puis quand je sais ceci : quelque bêtise, maladresse, offense que je lui fasse, je ne serai ni jugé, ni classé. Il ne m'en voudra pas. Devant lui, je puis être ce que je suis. Quelle liberté!

Quand on se prend à aimer, on n'aime pas *malgré* les limi-tes, travers, défauts, faiblesses, mais précisément *à cause* d'eux. On ne dit plus : «c'est quelqu'un de merveilleux, mais enfin il faut bien reconnaître que...» On dit : «Dieu fait en lui des merveilles, car il reconnaît sa pauvreté.»

Le pardon royal ruisselle sur ta prière

Comment les lèvres même où passe et repasse le Nom béni peuvent-elles laisser passer une parole qui salit, défigure, détruit la vérité?[30] La vérité tout court ou la vérité d'un être, n'est-ce pas toujours le visage de Dieu? Intolérable distor-sion! Si une telle parole vient à nous échapper, que sur nos lèvres, le Nom soit la braise ardente qui se prend sur l'Autel des parfums, où le Sang de l'Agneau s'offre en encens : elles en seront purifiées (cf. Is 6,7).

Rien ne court-circuite autant la prière qu'une réconcilia-tion avortée. Pour que tes bras ne soient pas paralysés, patène en main, il faut d'abord t'agenouiller devant celui qui t'aurait et que tu aurais blessé. Quand donc tu descends vers l'autel du cœur pour y célébrer l'oblation du soir, qu'au seuil du sanctuaire remontent dans tes yeux les visages où pourrait se

---

30. Une enfant, dont les parents ne vivaient plus en accord, me confiait : «Ils ne peuvent sûrement plus dire *Jésus* maintenant. On ne peut dire *Jésus* si le cœur est double. A la rigueur *Seigneur,* mais pas *Jésus,* ça fait trop mal.» Encore un de ces mots qui ne viennent ni de la chair ni du sang, mais de l'Esprit. Sagesse sur les lèvres des petits.

lire un reproche, ou simplement une tristesse à cause de toi. Ce frère, s'il est proche, va le trouver. S'il est loin délègue-lui ton Ange. Opère une rencontre neuve. Qui soit Visitation, qui donne l'Esprit. Alors, ton Lucernaire sera très beau : Eucharistie !

> *Nul ne peut pardonner*
> *s'il n'est un grenier à froment !*
> *Où prendre à pleines mains le blé de la bonté*
> *pour conforter celui qui vous déchire*
> *et le saint baume pour ses plaies*
> *si le vase à parfum est mort ?*
>
> *Mais si d'heure en heure*
> *le vin flambant du roi*
> *coule dans ton cellier*
> *si tu donnes ton péché*
> *avec d'immenses clameurs*
> *le front contre ses pieds*
> *alors te vient que tu dormes ou que tu veilles*
> *tu ne sais pas comment*
> *le baume guérisseur.*
>
> *La consolation emplit tes jours*
> *et par ton misérable cœur*
> *le pardon royal ruisselle sur toutes choses.*

« *Yom Kippourim* »

Combien ne savent pas *se* pardonner ! Mais combien aussi n'arrivent jamais à pardonner *à Dieu*. Oui, pardonner à Dieu !

On n'ose pas se l'avouer, mais – dis-moi – n'est-ce pas cela qui est en cause ? On en veut à Dieu. N'est-il pas coupable du mal, responsable de la souffrance, toujours en faute ? Il faudrait s'en venger, de Dieu !

Dieu le sait qui ne se venge pas, qui se met à genoux devant nous, très doucement pour ne pas nous humilier, ne pas même nous gêner. Voilà nos pieds souillés serrés entre les mains très pures de Dieu. Il les lave. Il les parfume. Il les baise [31]. C'est sa manière à lui de dire un mot qui se fait hésitant sur ses lèvres, parce que... qui peut le comprendre?

Quand la nuit est bien tombée, j'entends Dieu qui se glisse à pas feutrés auprès de ceux qui ne dorment pas, car le mal fait trop mal, et d'une voix douce, murmure de cithare :

« Voudrais-tu me pardonner, ce soir ? »

Beaucoup n'entendent pas. Ils ont peur d'écouter. C'est très dur de pardonner à Dieu. De cesser de lui en vouloir. De n'avoir plus ce facile bouc émissaire sur qui tout retombe. Ou plutôt consentir à ce qu'il le soit devenu en vérité, une fois pour toutes : Agneau, égorgé par tout ce qu'il a pris de nous. Refuser cet incompréhensible agenouillement du Maître et Seigneur, n'est-ce pas dilapider notre part d'héritage ?

En Israël, la fête du pardon est parfois dite au pluriel – *Yom Kippourim* – les pardons de Dieu et ceux de l'homme, fête pour les deux.

Aux heures où reviennent sur mes lèvres les psaumes d'Israël, Dieu ne me renvoie-t-il pas ma voix :

Domine ton ressentiment contre nous !
Contre moi seras-tu toujours irrité ?

Ps 84,5-6

Mais il va plus loin encore, notre grand Dieu. Quand il sait qu'il est des hommes à qui je n'arrive pas à pardonner, alors il prend les devants. Lorsque leurs visages me remontent au cœur, c'est la voix même de Dieu que je distingue : « Voudrais-tu me pardonner ? » Refuserais-je encore un pardon mendié par le Créateur en personne ?

Il est des moments de grande déréliction où vous reste dans la gorge une certaine phrase pourtant confiée par Jésus. On

---

31. Paul VI disait de Jésus : « Il s'est mis aux pieds de tous. » Et de tomber aux pieds du métropolite Méliton, représentant du patriarche de Constantinople, pour lui baiser les pieds.

n'ose plus la continuer. Alors, c'est à Dieu de poursuivre la prière interrompue : «Pardonne-nous, à moi, à mon Fils, à mon Esprit, ce que tu penses être offenses de notre part, mais qui, en réalité, sont notre manière de prendre ta défense. Pardonne-nous, comme nous, nous t'avons déjà pardonné. Ne nous soumets pas à la tentation de regretter l'œuvre de nos mains!» [32]

> *La Miséricorde attend jusqu'à l'aube sans dormir*
> *les pieds dans les colzas mouillés*
> *de crainte que l'enfant parti revienne*
> *et ne la trouve.*
>
> *Elle fait semblant de n'entendre*
> *les insultes des passants*
> *et demande pardon on ne sait trop de quoi.*
>
> *Elle a toujours le visage radieux*
> *même sous les blessures.*

Cette fleur, du soleil pour la vie

C'était à Paray-le-Monial durant une de ces étonnantes retraites du peuple de Dieu qu'y sont les rassemblements du Renouveau. Ce jour-là, frappé par la tristesse de certains visages, je pressentais qu'elle devait être liée à un pardon refusé. Il faudrait une exhortation à l'Assemblée de prière. Les mots ne venant pas, je demandai au Seigneur d'inspirer un enfant. Invité à dîner par le groupe des 11-14 ans, chacun d'eux m'avait préparé en cadeau une petite croix de bois taillée par

---

32. Comment, ici, ne pas citer encore BERNANOS : «Il y a quelque part, je ne sais où, une mère qui cache pour la dernière fois son visage au creux d'une poitrine qui ne battra plus, une mère près de son enfant qui offre à Dieu le gémissement d'une résignation exténuée, comme si la Voix qui a jeté les soleils dans l'étendue venait de lui murmurer doucement à l'oreille : «Pardonne-moi. Un jour tu sauras, tu comprendras, tu me rendras grâces. Mais maintenant ce que j'attends de toi c'est ton pardon, pardonne!» *(La liberté pour quoi faire?)*

lui. Je leur demande de m'expliquer la plus grande entourée de lierre, une grande fleur jaune à l'endroit de la tête, un pétale de géranium au lieu du cœur. Brigitte (10 ans) a eu ce mot extraordinaire : « Quand il est monté au ciel, le Seigneur a laissé sur la croix une petite fleur, la fleur du pardon. Et cette fleur, tu vois, c'est comme un soleil : *c'est du bonheur pour une vie.* »

Le soir c'est elle qui est montée sur le podium pour le dire à tous ceux qui avaient un poids trop lourd à porter. Les enfants avaient dit : « Ceux qui connaissent des personnes trop tristes ce soir pourront venir prendre une de nos petites croix et les leur apporter », durant le grand silence qui suit la réunion de prière et prépare l'adoration nocturne devant le Saint Corps. Mais voilà qu'une voix forte se fait entendre : « Apporte-moi une croix ! » Je reçus cette grâce. Immobilisée dans son fauteuil roulant, cette femme n'avait ni yeux ni mains. Je posai la croix sur sa poitrine pendant qu'elle en détachait une petite médaille d'or pour me la remettre : « Fais-en ce que tu voudras » ce qui se traduisait : « Seigneur, fais de moi ce que tu voudras ! » Gravé sur la médaille : le calice et l'Hostie-soleil. En donnant ce soir-là un pardon, sans doute de sang parce que cueilli sur sa croix, n'avait-elle pas célébré une messe sur sa vie, comme on laisse le soleil se lever sur la journée ?

D'autres s'approchèrent ensuite, les mains ouvertes : une jeune femme dont le nouveau-né était mongolien : elle pardonnait à Dieu. Un garçon de 12 ans aux parents séparés : il leur pardonnait. D'autres encore... un pardon sur chacune des croix que Jésus avait inspiré aux enfants de préparer. Et pendant cette procession combien inattendue, la foule s'était mise à chanter doucement, de plus en plus doucement : « Pauvres qui cherchez Dieu, vous trouverez la vie, pauvres qui cherchez Dieu, vous trouverez l'amour. »

Ce soir-là, dans le parc qu'éclairait l'abside illuminée de la vieille abbatiale, n'avaient-ils pas trouvé la seule vie qui ne meurt pas, ces êtres au cœur pauvre, qui venaient mendier un pardon comme on s'ouvre à un bonheur ?

«Le pardon, du soleil pour la vie!» Mais... n'ai-je pas déjà entendu cela quelque part?... Entendu sur mes propres lèvres... et souvent, et chaque matin? Mais oui! *Et toi, petit enfant... tu annonceras à son peuple un salut qui se fait dans le pardon des péchés, soleil levant, lumière d'en haut qui vient nous visiter...* (Lc 1,76-78) Et aux jours où le soleil n'en finit pas de se lever, une immense exclamation revient sur mes lèvres :

«O Étoile du matin! Splendeur de la lumière éternelle!
Soleil de Justice! Viens illuminer
ceux qui gisent dans les ténèbres et l'ombre de la mort!»

(Grandes antiennes du temps de l'Avent)

Et chaque jour de ma vie, n'est-ce pas décembre, et donc l'Avent?

«Toi qui as marqué le soleil sur le sable, la mer l'a effacé!
Toi qui as marqué le soleil sur un papier, le temps l'a effacé!
Toi qui as marqué le soleil dans ton cœur, et tu l'as conservé!»

(François, 11 ans)

Brigitte, ce mot reçu de l'Esprit, pour beaucoup va briller : petite étoile polaire aux nuits où les guette l'amertume dont trop de vies sont déboussolées. T'avait-elle entendue cette fille de 15 ans dont je reçois ce poème?

«Ce matin en mon cœur une prière de pardon
Mais d'où vient-elle, imperceptible source?
Avec moi tourne-toi et ensemble contemplons
Cette voix qui semble être d'ailleurs.

Un buisson n'est point consumé par le feu
Seules craquent à la chaleur épines et ronces
Le Feu est le Nom qui brûle au Golgotha
La flamme clouée au bois à jamais brûlera.

Un regard éternel jaillira dans ce brasier d'amour
«Qui suis-je» résonne en ton cœur par le Nom de Jésus
Le Visage tendrement se révèle à l'aube d'un nouveau jour

> Ton abandon au désert, rose de bonheur vers le Père
> Braise jaillissante d'un regard consenti
> *Dans une fleur de pardon la mort anéantie* [33].»

« Ça vaut le coup de Le suivre,
même par un chemin aussi tordu»

Comme se met à rayonner la situation la plus désespérée, quand l'illumine un tel soleil! Je pense ici à Élisabeth. Pendant quatre ans aucun médecin n'a voulu la prendre au sérieux quand elle faisait part d'atroces maux de tête ressentis au moindre mouvement : conséquence d'une chute dont elle seule pressentait la gravité. Traitée de malade imaginaire, on a voulu l'enfermer dans un hôpital psychiatrique, jusqu'au jour où l'on a découvert une infection diffuse du cerveau, due à un déplacement de la boîte crânienne par rapport à la colonne vertébrale. Mais, trop tard! La voilà maintenant handicapée, ne pouvant presque plus parler, ni lire, ni trop penser, vivant dans une chambre où s'engouffrent tous les décibels de la route, alors que le moindre bruit lui est devenu insupportable. Les médecins ne s'expliquent pas qu'elle soit encore en vie. Elle a 27 ans.

Élisabeth, aux yeux des hommes, ta vie a été complètement gâchée par une erreur médicale. Aux yeux de Dieu, tu en as fait un chef-d'œuvre. Après des mois de révolte, tu as cessé d'en vouloir, tu as consenti, tu as offert, tu as pardonné. Tout. Tu vis une incroyable communion avec l'Église de l'Est. Tu me fais écrire : «Souvent je me suis appesantie sur mon sort, en pensant : ce n'est pas juste. Mais je sais bien que cela fait partie de ce que Jésus veut que je partage avec mes frères tor-

---

33. «Le pardon de Dieu répare l'irréparable... en faisant fleurir dans les cœurs où le péché a saccagé les roses du premier amour, leur pureté, leur fraîcheur, les roses sombres, parfois aussi belles, tantôt plus belles, d'un second amour avec ses repentirs, ses larmes, ses ardeurs. Voilà le Royaume des pardons de l'Amour» (Cardinal JOURNET, *op. cit.,* p. 31).

turés qui, eux, pardonnent, pardonnent jusqu'au bout. Alors, si je suis en communion avec eux, je dois vivre le pardon ici, sinon c'est de l'hypocrisie de dire que je donne ma vie pour eux, avec eux, si je n'aime pas comme ils aiment, de cet amour que Marie a eu pour ceux qui lui ont fermé leur porte... »

J'ai surpris, un jour, ta prière : « Je t'abandonne toute ma tête démolie, blessée, craquée, cassée. Je te remercie pour tout ce que je ne comprends pas. Brise-moi pour que tout en moi soit largué entre tes bras. Pardonne-moi, Jésus, comme je désire pardonner à mes frères qui m'ont brisée. Pardonne-moi de t'avoir brisé. L'Amour ne tient pas compte du mal. Il n'y a pas de limite à l'abandon : à chaque instant je mendie ta force, à chaque instant tu mendies ma confiance. Nous avons à être abandonné au nom d'une multitude [34]. »

Un regard d'ailleurs

Je crois t'entendre, Toussi [35], ce jour où ton père est bouleversé par une insulte : « Il faut pardonner, papa. Il faut pardonner. Si on a un mot dur pour toi, ne t'y arrête pas... A l'école, il y avait un petit garçon qui se moquait de moi parce que j'étais infirme. Eh bien ! j'ai prié pour qu'il devienne sage. » Tu as 8 ans. Ceux qui t'approchent le savent : tu ne supportes pas que l'on juge ou critique qui que ce soit. Une tristesse voile immédiatement ton regard, et cela suffit.

Pardonner à Dieu, tu sais ce que c'est, toi qui écris dans ton petit carnet : « Mon Dieu, je suis au lit, et tout le temps je ris. Mes souffrances... j'oublie pour vous ma vie. Mon Dieu, je n'ai que vous. J'ai toujours confiance en vous. Alors bénissez-

---

34. Voir suite de ce texte au ch. IX.
35. M.D. POINSENET, *Taïssir Tatios* (Éd. Saint-Paul 1978), jeune Libanais à la rayonnante sainteté, atteint de myopathie à 7 ans, mort au Caire le 19 juin 1956 à l'âge de 13 ans.

nous, car personne n'est comme vous... Les hommes n'ont jamais fait ce que tu as fait, Seigneur!»

Bientôt tu partiras voir «ton petit Frère, ton grand Roi», rivé à ta croix terrible, mais le sourire aux lèvres, et jusqu'au bout ces grands yeux brillants, d'une limpidité qui n'est déjà plus de cette terre.

Tes yeux abîmés verront-ils la beauté?

Aucune mort ne sera pascale si ne l'illumine un pardon enfin donné, enfin imploré.

Si je cale si facilement devant certains pardons qui me paraissent de petites morts, n'est-ce pas que j'oublie cette vérité, peut-être trop simple pour m'être évidence : si j'ai retenu tel et tel pardon, comment le donnerai-je à cette Heure-là? Si, aujourd'hui, je décline l'offre d'un pardon, comment à cette Heure-là l'accueillerai-je? Si mes mains sont aujourd'hui crispées, comment alors trouver ouvertes celles de Dieu? Vides, elles le seront de toutes manières, les miennes. N'ayant rien à offrir, j'aurai tout à attendre. Mais tout à attendre d'une Miséricorde qui, elle, n'attend pas la dernière minute pour venir à ma rencontre.

Pour cela, dès maintenant, miser sur ce seul pardon, ce *même* pardon. Celui que je donne à mon frère, c'est *celui-là même* qui me sera rendu à l'heure de ma mort. Pas un autre. L'un engendre l'autre. Ce pardon par lequel je fais exister mon frère, il me fera exister d'une existence qui ne s'éteint plus.

C'était en Avignon. Un partage avec des enfants. Comment s'imaginaient-ils leur mort à chacun?

Benoît (12 ans) : «Eh bien! on verra *Jésus* tellement beau qu'on ne pourra s'empêcher de lui demander pardon et lui ne pourra s'empêcher de nous pardonner. – Mais pourquoi alors, ne pas lui demander pardon dès maintenant?»

Georges (11 ans) : « C'est que le démon cherche à brouiller nos yeux pour ne pas que nous trouvions *Jésus* beau, et nous empêcher de demander pardon. Comme il est très très laid, il se déguise. Il fait semblant d'être beau et il abîme nos yeux. – Et alors, si nos yeux sont trop abîmés ? »

Martin (13 ans) : « Alors, *Jésus* devra bien prendre un peu de temps pour habituer nos yeux ! »

Dominique (12 ans) : « Il faut saisir la chance tout de suite ! C'est plus sûr ! »

Si je résiste aujourd'hui à pardonner, n'est-ce pas que *Jésus* ne me paraît pas si beau que cela sur le visage défiguré d'un frère ? Mes yeux seraient-ils déjà abîmés ?

C'est pourquoi sept fois le jour, et encore la nuit, je me lèverai, je dirai : *Abba ! pardonne-nous, comme nous pardonnons.* Et ce *comme,* il tremblera sur mes lèvres. Il fera trembler mon cœur. Il m'engagera : lier les mains de Dieu aux miennes, les lèvres de Dieu aux miennes, le Cœur de Dieu au mien. J'en prends le risque. Pour le meilleur ou pour le pire. Mais, pour éviter le pire, j'ajouterai : *du Malin, délivre-nous !* [36]

*

Achevant ces pages sur le pardon, j'ouvre la Parole. Coup sur coup je tombe (la petite Thérèse aurait dit : je tire) sur ces deux textes :

> *Sur les grands le jugement s'exerce implacable*
> *mais au petit, par miséricorde, l'on pardonne.*

Sg 6,6

---

36. Dans le monastère de ma jeunesse, la silencieuse douceur d'un vieux frère convers enluminait toutes les homélies du Père Abbé. Quelques mois avant sa mort, il disait à Dieu sa joie d'entrevoir ce prochain départ, mais aussi sa peine de n'avoir pas suffisamment expié ses fautes antérieures. Il avoua à son staretz avoir reçu cette réponse, qu'il était incapable d'inventer : « Ton désir vaut pour moi la réalité. »

La blessure qui s'ouvre en pardon

Et encore :

> *Pardonne à ton prochain ses torts*
>   *alors, à ta prière, tes péchés te seront remis.*
> *Si un homme nourrit de la colère contre un autre*
>   *comment peut-il demander à Dieu la guérison ?*
> *Pour un homme, son semblable, il est sans compassion*
>   *et il prierait pour ses propres fautes ?*
> *Lui qui n'est que chair garde rancune,*
>   *qui donc lui pardonnera ses péchés ?*[37]

Si 28,2

Quelle confirmation !

---

37. « Le Seigneur voit, il sait combien leur fin est misérable, c'est pourquoi il multiplie son pardon. La compassion de l'homme est pour son prochain, *celle du Seigneur est pour toute chair...* » (Si 18,8).

DEUXIÈME PARTIE

Tu vois Jésus
Tu guéris ton frère

Ton pays : la Miséricorde

*Quand j'ai frappé
c'est Moi qui guéris.*

Dt 32,39

*Celui qui se tournait vers lui était sauvé
non par ce qu'il avait sous les yeux
mais par Toi, le Sauveur de tous
car ta Miséricorde à leur rencontre est venue
pour les guérir.
Ni herbe ni pommade ne leur ont rendu la santé
mais ta Parole, Seigneur,
elle qui guérit tout !*

Sg 16,7-12

Balisés sur la piste

IV. La compassion se consume en passion : le cœur de Dieu

La prière de Jésus crie vers la Tendresse du Père. Celle-ci n'a cessé de se dire, de se prouver, puis un jour la voilà en train de faire battre un cœur d'homme. Déchirée, la douceur royale se met à couler sur notre terre ravinée. La passion achevée, la compassion s'offre en sève.

Nul n'est vulnérable comme Dieu : nul n'aime comme lui. Le Cœur de Dieu, centre de gravité de notre monde comme de ce livre.

Le *prends pitié* me ramène à la Source : le *Côté ouvert.*

V. Sentier vers ton frère, le chemin de ton cœur : la compassion

Mais comment être révélé à soi-même sans découvrir qui sont nos frères : pécheurs avec nous. Comment voir sa misère à la lumière de l'Amour, sans entrevoir la leur en ce même regard? Comment recevoir Celui qui pardonne, sans se laisser donner par Lui à ceux dont il fait nos frères?

Mon inlassable «ouvre ta miséricorde», sonnerait-il juste si demeuraient fermées mes entrailles? En s'enfonçant dans l'épaisseur du Nom, voici le pays de la miséricorde à explorer. Le sentier de mon cœur m'achemine vers le cœur de mon frère.

Le *prends pitié* me sera retourné : *Et toi, prends pitié!*

VI. Un monde qui s'enfante dans les larmes : l'intercession filiale

Comment s'ouvrir aux clartés du Nom, sans mesurer les opacités du mal auquel m'arrache ce Nom? La prière du Cœur de Dieu deviendra prière de l'abîme du mal.

La compassion se vit dans un ministère d'intercession. L'Esprit me fait rejoindre l'Agneau en son éternelle supplication. Des frères sont engendrés, qui ne cesseront de Le louer.

Le *prends pitié* y devient : *vois, Père, le Transpercé!*

Chapitre IV

LA COMPASSION
SE CONSUME EN PASSION

La Source brûlée de soif

Partout où coule le torrent
tout être vivra.
Où pénètre cette eau
elle assainit :
elle sort du Sanctuaire.

Éz 47,9-12

1. **L'éternelle nostalgie d'un premier amour**

2. **Marcher où va la douleur**

3. **Le dernier mot de l'Amour sur l'amour**

1. L'éternelle nostalgie d'un premier amour

> *Moi qu'elle oubliait, je vais la séduire*
> *je la conduirai au désert*
> *je parlerai à son cœur.*
> *Là, elle répondra comme aux jours de sa jeunesse*
> *Tu seras ma fiancée*
> *dans la tendresse et la miséricorde.*

Os 2,16-22

Et Dieu s'affligea dans son cœur... (Gn 6,6)

Le mal : personne n'en est bouleversé comme Dieu. Personne comme Lui pour en déceler les morsures, en mesurer les ravages, en sonder l'abîme !

La détresse de l'homme lui est plus intolérable qu'à l'homme lui-même : n'est-il pas le plus intime en l'homme ?

> *Le Seigneur ne supporta pas plus longtemps*
> *la souffrance de son peuple.* (Jg 10,16)

Chaque fois que l'homme en est atteint, n'est-ce pas Dieu lui-même qui est mortifié ?

> *Que mon Esprit ne soit pas*
> *indéfiniment humilié dans l'homme !* (Gn 6,3)

Et c'est Dieu qui parle !

Il n'en peut plus de parcourir la terre à crier : *Adam ! Où donc es-tu ?* Il n'en peut plus d'attendre, de jour et de nuit, une réponse qui n'en finit pas de venir. Il n'en peut plus de guetter indéfiniment un visage qui indéfiniment se dérobe.

J'ai cherché celui qu'aime mon cœur
mais ne l'ai point trouvé.
Je l'ai appelé, il n'a pas répondu. (Ct 5,6)

Et c'est Dieu qui parle!

Chaque matin, ne le vois-tu pas tendre ses mains vers un peuple qui jamais n'invoque son Nom?

Que me reproches-tu, quel mal t'ai-je donc fait? (Jr 2,5)

A cette absence, dis-moi, pourrait-il s'habituer? Se lasser d'une telle quête? Ne l'entends-tu pas, quand nulle réponse ne vient donner un peu de parfum à la terre brûlée :

Mes entrailles! Mes entrailles!
Qu'il me faut souffrir! O parois de mon cœur!
Mon cœur s'agite, je ne puis me taire :
ils ne me connaissent plus, mes enfants! (Jr 4,19)

Et c'est Dieu qui parle![1]

Le temps est long même pour moi sans années ni semaines
quand me fait mal mon cœur
à cause de la trace de tes pieds demeurée au sable du jar-
din.
Reviens!
Vers toi je vais rampant sur mes mains
que t'ai-je fait, Adam terre rouge?

Miséricorde enfante toujours

Dieu aurait-il donc des entrailles? Quelle incongruité! Et pourtant – je m'excuse – mais, pour se dire, il n'a pas trouvé

---

1. Ce «Dieu à qui on a fait mal et qui crie» (CLAUDEL, *Commentaires et exégèse).*

d'autres mots dans cette étonnante langue qu'il a faite sienne, belle entre toutes [2].

> *Longtemps, j'ai gardé le silence, je me taisais,*
> *je me contenais comme la femme qui enfante,*
> *je gémissais, je soupirais tout en haletant.* (Is 42,14)

Et c'est Dieu qui parle!

Son amour? Oui, un amour qui conçoit, qui enfante, qui donne vie et la nourrit. Comme celui des mères de chez nous.

> *J'appelai mon fils, je le prenais dans les bras,*
> *Je le menais avec des attaches humaines,*
> *des liens d'amour* [3].
> *J'étais comme celui qui soulève un nourrisson*
> *tout contre sa joue.*
> (Os 11,4)

Et c'est Dieu qui parle!

Un nourrisson! D'abord douloureusement porté, dans la longue patience des gestations.

> *Miséricorde enfante toujours*
> *Elle n'arrête de mener à maturation*
> *dans son ventre éternel*
> *les petits de sa joie.*
>
> *Elle va dans le vent courbée sous la brûlure*
> *qui la torture au cœur*
> *là où enfantent ses petits*
> *au noyau lumineux de son être*
> *là où naît tout ce qui naît*
> *là d'où sortent même les fleurs, les arbres et les étoiles*

---

2. Pour comprendre tous ces textes, il est important d'avoir lu l'Annexe I.
3. A la question : «Comment est le Cœur de Dieu?», réponse spontanée de François (8 ans) : *« Il est attaché à nous !»* Et Dieu lui-même : «De même qu'une ceinture s'attache aux reins d'un homme, m'étais-je attaché mon peuple pour être ma splendeur» (Jr 13,11).

> *où tout ce qui se tisse en fibres humaines ou végétales,*
> *où tout ce qui respire et bouge*
> *trouve son origine.*

> *Miséricorde enfante toujours et toujours*
> *La vie sort de la vie et se répand joyeuse*
> *dans le cosmos, sans être séparée de sa Source.*

L'enfant naît dans les douleurs, mais sa vie durant ne continue-t-il pas à être porté, dans la peine et la fatigue, encore et encore? Elle aura beau faire, la mère, elle ne pourra s'en détacher un seul jour, un seul instant l'oublier, son existence dût-elle en être ravagée. Serait-il parti depuis des années, parti à l'autre bout du monde, serait-il par tous les autres relégué au pays de l'oubli [4]...

> *...Une femme oublie-t-elle son petit?*
> *Pour le fils de ses entrailles perdrait-elle la compassion?*
> *Même si les femmes oubliaient,*
> *non, moi, jamais je ne pourrai t'oublier!* (Is 49,15)

Et c'est Dieu qui parle!

Dis-moi, est-il amour maternel qui ne soit vulnérable? Doucement, terriblement – et, pour Dieu, infiniment – vulnérable?

Quel enfant soupçonnera jamais les résonances infinies de son existence dans l'âme de sa mère? Rien ne le touche qui n'atteigne la mère. Démesurément: ce qui le réjouit, elle en

---

4. C'est devant Dieu qu'on se met à genoux en recevant des lettres comme celle-ci: «C'est incroyable de penser qu'une mère peut *tant* faire pour son enfant pendant qu'il dort sur son cœur et *si peu* pour lui plus tard, rien, rien. Nous ne pouvons pas vivre la vie des autres. Chacun s'en va seul sur les eaux troublées de la vie tandis que nous demeurons sur le rivage dans une angoisse tangible. Et même cette vaine angoisse ne peut leur être d'aucun secours à moins que Dieu dans sa tendresse ne la prenne en compte... Ma vie vingt fois offerte a été rejetée alors qu'elle ne sert plus à rien, à personne, pas même à lui, cet enfant perdu qui semble préférer ses chemins solitaires et douloureux, ô combien! Mais non! pas perdu, je le sais. Je dois croire.»

fait son bonheur ; ce qu'il aime, elle en est éblouie ; ce qui le blesse, elle en est écorchée ; ce qui l'inquiète, elle en est tourmentée.

> *Pourquoi m'es-tu un enfant tellement préféré ?*
> *Chaque fois que je m'en souviens,*
> *mes entrailles s'émeuvent pour toi,*
> *pour toi déborde ma tendresse.* (Jr 31,20)

Et c'est Dieu qui parle !

Plus l'enfant est sans défense et plus la mère en est désarmée. Plus il est fragile et plus elle en est faible, et forte dans cette faiblesse même. Dieu aurait-il un tel faible pour chacun que sa puissance éclaterait en faiblesse ? Il résiste à tout, Dieu, sauf à la fragilité de ceux qu'il enfante.

> *Ceux que j'avais bercés, élevés,*
> *mon ennemi les a exterminés !* (Lm 2,22)

> *La Miséricorde reste reliée à son enfant*
> *comme le ruisseau à la montagne.*
> *La Miséricorde berce dans son sein très lourd*
> *la multitude de ses créatures.*
> *Elle va doucement balancée*
> *comme une femme dansant sur la route.*
> *Elle serre sous son manteau*
> *le nom de ses bien-aimés.*

N'y a-t-il donc plus de baume ?

Je les entends tous les deux, l'enfant malade et la mère comme impuissante devant le mal qui gagne du terrain : dialogue pathétique ! Celui de toujours. Le nôtre [5].

---

5. Dans l'ordre des citations : Jr 14,17 – Lm 1,22 – Jr 30,12 – 8,18 – 18,18 – 8,10 – Lm 1,16 – 2,27 – Jr 2,31 – 9,20 – 12,7 – 14,8 – 12,7 – 15,5 – 14,19 – 15,6 – Lm 4,9 – Jr 8,4 – 17,14 – 14,5 – 30,17 – 32,41 – 15,18.

- *D'une grande blessure est blessée la fille de mon peuple, d'une plaie très grave. Devant moi constamment maladies et blessures.*

- Je suis malade tous les jours ; mon cœur est malade !

- *Incurable ta blessure, inguérissable ta plaie. Pour un ulcère il y a des remèdes. Pour toi, pas de guérison. N'y a-t-il donc ni baume ni médecin en ton pays ? Pourquoi ne fait-elle aucun progrès ta guérison ?*

- Pourquoi donc ma blessure est-elle incurable, rebelle aux soins ?

- *Ta blessure ! Prophètes et prêtres la pansent à la légère.*

- Qui alors pourra me sauver et consoler ?

- *Je suis fatiguée de consoler ! Tu me dis : je suis vagabonde, je n'irai plus à toi et tu es partie dans un pays où la mort grimpe par la fenêtre pour faucher le petit enfant. Mes fils m'ont quittée, ils ne sont plus.*

- Pourquoi es-tu comme un étranger en ce pays ?

- *J'ai dû abandonner ma propre maison, quitter mon héritage.*

- Pourquoi es-tu le voyageur qui fait un détour dans la nuit ?

- *Qui donc fait un détour pour demander comment tu vas, sinon moi ?*

- Nous attendions le temps de la guérison et rien ! Pourquoi avoir frappé sans aucune guérison ?

- *Toi-même m'as repoussé ! J'ai étendu la main et tu m'as tourné le dos non le visage, ce visage que dans les rues on ne reconnaît plus. Mais fait-on une chute sans se relever ?*

- Guéris-moi et je serai guéri, tu es ma louange !

- *Oui, je vais te porter remède, guérir tes rébellions, guérir ton infidélité. De tout mon cœur, de toute mon âme. J'y trouverai ma joie.*

Mais il a peur l'enfant rebelle. La révolte gronde encore :

Ton pays : la Miséricorde

- Malheur à moi, ma mère, tu m'as enfanté!
- *Malheur à qui dit à une femme : pourquoi mets-tu au monde? On me demande des signes au sujet de mes enfants!*

En vouloir à sa mère d'avoir donné la vie, lui demander compte de son amour, quel pire déchirement?

> *Attache-toi à la Miséricorde*
> *noue-la alentour de tes reins.*
>
> *Ceux qui font torture et violence*
> *n'arrachent point*
> *qui s'est entreillissé en Dieu.*
>
> *On enlève les petits de ce siècle à leur mère*
> *on les achève à la poubelle*
> *Du Ventre resplendissant de la Miséricorde*
> *rien ne peut être pris.*
>
> *Quand même on me tuerait*
> *je resterais cousu*
> *dans la plus profonde couche*
> *du cœur de l'Amour.*

Cette mendiante au visage apaisé

L'Ange pensait-il à Dieu en voyant *Agar* assise à une portée d'arc, sanglotant sur son petit, une fois la gourde épuisée? *Je ne veux pas voir mourir l'enfant.* Et Dieu, encore moins! Et les cris du petit, ce n'est pas Abraham mais Dieu lui-même qui les entend. Ils déchirent le cœur de Dieu plus encore que celui d'Agar. Et Dieu vient le rendre aux bras de sa mère. Il ouvre ses yeux : une fontaine! Dès cet instant, voilà ouverte en nos déserts une certaine source...

Mais quand bientôt, à la distance d'un jet de pierre, le Père verra son Unique mourir de soif, personne ne viendra lui offrir un verre d'eau. De soif, il mourra, le Petit, avant de devenir père d'un peuple nombreux, et pour le devenir (cf. Gn 21,9-19).

Mais alors, il ouvrira les yeux de cette Femme qui jusqu'au bout se tient tout contre lui, et qui est sa mère. En plein désert elle verra la source : le Petit s'ouvrant en source (Jn 19,34).

Salomon a-t-il osé penser qu'elle ressemblait à Dieu, cette mère dont l'enfant – sur son ordre – va être coupé en deux, et qui préfère ne plus le revoir pourvu qu'il vive, tellement *la compassion pour son petit lui était devenue brûlante?* (1 R 3,26).

Mais quand bientôt, Dieu verra son propre Unique soumis au jugement des hommes et condamné à mourir écartelé, nul roi ne sera là pour s'émouvoir des cris de la mère...

Raphaël pense-t-il à Dieu en voyant la mère de ce jeune Tobie parti au loin délivrer, guérir, épouser une fille au comble de la détresse? Elle n'en finit pas de guetter sur la route *celui qui va et vient devant elle, le bâton de sa main, la lumière de ses yeux* (Tb 11,5).

Mais quand, bientôt, Dieu le verra partir, l'Unique, pour désenchaîner les esclaves, illuminer les yeux fermés, nul compagnon ne sera là pour le ramener à la Demeure paternelle.

Il est des mères – qui n'en connaît? – qui consentent à des vies gâchées pour que soit heureux un enfant qui, souvent, n'en saura rien [6]. Nul brasier ne consume comme cette tendresse-là. La passion d'un premier amour qui bouleverse de

---

6. Cet apologue de Jean RICHEPIN ne peut-il s'appliquer au Cœur de Dieu, quand l'homme lui préfère un autre amour? : «Y avait un'fois un pauv'gars / qu'aimait cell'qui n'l'aimait pas. / Elle lui dit : Apport' moi d'main / le cœur de ta mère pour mon chien. / Va chez sa mère et la tue / lui prit le cœur et s'en courut. / Comme il courut le cœur tomba / et par terre l'cœur roula. / Et pendant que l'cœur roulait / entendit l'cœur qui parlait. / Et l'cœur lui dit en pleurant / : T'es-tu fait mal mon enfant?»

jeunes vies ne fait qu'approcher d'une telle violence : il ne dure pas le temps de la vie, il ne conduit pas jusqu'à une passion.

Et je revois *David;* la tête voilée, les pieds nus, – lui le Roi – il gravit la colline des Oliviers, depuis le torrent du Cédron. Il pleure. Il dit : *Voyez : le fils sorti de mes entrailles en veut à ma vie* (2 S 15,30 – 16,11). Mais il lui a tout pardonné. Il voudra donner sa vie pour lui, mourir à sa place !

Le cœur du Roi s'est ainsi *tourné vers le premier-né de son amour,* ce *cœur du Roi qui dans les mains du Seigneur coule comme de l'eau courante* (Pr 21,1). Sa bonté *est celle de Dieu !* (2 S 9,3).

O vous tous qui passez par le chemin...

Si Dieu vomit l'indifférence, c'est que rien ne lui est plus étranger. Indifférents, comme ils le sont ses enfants ! Mais Lui, il n'en connaît même pas le goût. Oserai-je encore lui reprocher et l'innocence bafouée, et le visage mutilé, et le cœur défoncé, et notre pauvre terre dénaturée, et tous les carnages du monde ? Chacun de ces *pourquoi,* il me les renverrait : *La dépouille du malheureux est dans ta maison. De quel droit écraser mon peuple, de qui a déjà mal broyer le visage. Le peuple est la proie du feu : nul n'a pitié de son frère !* (Is 3,15 ; 9,18).

Si la photo d'un enfant en pleurs, devant sa maison pilonnée, est capable d'émouvoir ton cœur, aussi atrophié soit-il, ne pourrais-tu soupçonner ce qu'il doit en être du Cœur même dont le tien n'est qu'un pâle reflet ?

O terre de mes larmes, sur ta récolte et ta moisson, la chanson s'est éteinte. Disparue des vergers, la liesse, et du pressoir l'allégresse. Sur les places, le fiancé ne hèle plus sa bien-aimée... Une après l'autre, les femmes cessent de moudre... La voix du moulin tombe et sur la rue la lampe ne brille plus par la fenêtre. La porte se ferme, sur la montée des angoisses vous

*prennent. La jarre se casse à la fontaine, au puits la poulie se
rompt. Le câprier perd son goût. La gaieté des tambourins?
évanouie! Le son de la cithare? envolé... Comme une cithare
en frémit mon cœur!*[7]

Et c'est le Cœur de Dieu qui frémit!

> *Je regarde la terre : un chaos!*
> *Le ciel : sa lumière s'est évanouie!*
> *Je regarde : tous les oiseaux du ciel ont fui!*
> *Je regarde : le pays des vergers est un désert!*
> *Je regarde : il n'y a plus d'homme!* (Jr 4,19)

Parce qu'un homme qui égorge son frère, non, ce n'est plus
un homme!

Et c'est Dieu qui regarde!

Cette vulnérabilité, personne ne veut y croire. On fera de
Dieu ce qu'aucun de nous ne voudrait être : un super-monar-
que drapé d'une hautaine majesté. On le reléguera dans je ne
sais quel palais céleste, présidant, impassible, aux destinées de
ses sbires. On a peur qu'il s'approche, qu'il se compromette
dans notre petite vie, si tranquille sans lui. Rien ne dérange
comme un amour. Rien n'est dangereux comme l'Amour.

Et pourtant il faut bien que les hommes le sachent : tout ce
qu'ils connaissent d'amour vulnérable, Dieu y est passé le
premier.

Mais comment le faire savoir avec d'autre chose que la
parole? La dévaluation en est telle que les plus beaux mots
risquent vite de n'avoir plus cours. Comment parer à la continuelle chute de la parole? Quand il se met à parler le langage
de leurs tendresses, voilà que les hommes organisent tables-
rondes et carrefours pour éplucher ses lettres d'amour. On
disserte, on commente, on pinaille : parabole, hyperbole, allé-

---

7. Cf. : Is 16,10 ; Jr 7,34 ; 25,10 ; Qo 12,3.

gorie, antropomorphisme, frustration projetée, transfert affectif? Tous les arguments seront bons, pourvu que soit émoussé
le tranchant de la lame. Comment inventer un langage que
nulle commission ne pourra décortiquer, nulle herméneuti-
que édulcorer?

> *L'Esprit comme une mère*
> *erre à la recherche de ses enfants*
> *elle crie le nom des fils de sa chair*
> *apprête le baume évangélisateur.*

> *Où va-t-elle courant dans les rues?*
> *Pourquoi n'a-t-elle cette nuit dormi comme tout le monde?*
> *Elle est restée dans le gel derrière les fenêtres*
> *à la porte noire des prisons*
> *suppliant qu'on entrouvre un instant.*
> *Elle avait du pain et du lait, du lin et de la pourpre*
> *elle avait des yeux de colombe*
> *et des mains de bonté.*
> *Personne n'a vu son visage de paix*
> *sur ses genoux elle est restée*
> *comme une mendiante.*

> *Pourquoi ne part-elle courroucée?*
> *Pourquoi si on la frappe*
> *demande-t-elle pardon?*

> *Et l'on va ignorant sa splendeur*
> *le cœur exigu empli d'ennui.*
> *On ne sait pas que la Miséricorde est femme.*

> *Si les hommes voyaient sa beauté*
> *ils oublieraient de manger leur pain!*

2. Marcher où va la douleur

> *Tel un aigle qui veille sur son nid*
> *plane au-dessus de ses petits*
> *Il déploie ses ailes et le prend*
> *Il le soutient sur son pennage*
> *Il l'entoure, l'élève et le garde*
> *comme la prunelle de son œil.*
>
> Dt 32,11

Alors Dieu de se demander : «Qu'est-ce qui est le plus intime à l'homme, si ce n'est son corps? Et, dans son corps, ce centre de gravité que le corps trahit davantage qu'il ne le défend : le cœur. Et pour atteindre l'homme, il me faudra ce cœur au-dedans de sa chair, ce cœur où il s'origine en moi.»

C'est là même que l'adorable Présence va venir poser son trône royal, y danser comme une torche. Et l'homme pourra le voir, l'entendre, le sentir, le palper, cet Amour qu'il s'efforce de croire évanescent comme les nuages roses du soir. Entre les paumes de ses mains, il pourra le tenir... pour le laisser sur le trottoir ou le réchauffer dans un berceau, comme il voudra! Il verra bien qu'il ne lui échappe pas. Il cessera de lui dire : *Ton amour est comme la rosée matinale qui tôt se dissipe* (cf. Os 6,4).

Et Dieu de se demander : mais comment trouver un corps chez moi? Faudra-t-il le mendier? Et pour qu'il soit beau, le préparer? Et, pour cela, prendre son temps, des siècles et encore des siècles. Faire mûrir un corps où s'inscrive toute l'histoire des hommes et tout de leur vie. Mais en même temps, un corps tout neuf.

Sur le vieil amandier aux branches tourmentées par les tempêtes, aux racines usées à ramper vers le courant, à l'écorce ridée à force d'avoir laissé monter la sève, faire pousser un bourgeon frêle.

Alors, ce qu'il faut : s'apprêter chez eux une femme qui dise : «Je suis contente de toi», et qui me réponde, dès que je lui demanderai si elle veut me prêter sa chair : «Mais oui, je te la donne, et pour toujours.»

Pieds nus, elle marche doucement dans notre douleur

Mais si facilement l'homme a peur de se laisser aimer. Si facilement, il se défend contre lui-même. Comment lui faire lâcher ses armes? Il faudra le surprendre à son point faible. Il est une chose devant laquelle le plus cuirassé cesse d'être un loup, une faiblesse qui arrive encore à se faufiler entre les mailles : un bébé qui pleure et sourit.

Et encore! s'il vient de l'étranger, il risque d'être refoulé. Alors, il faut commencer par le tout début, par le maximum de fragilité. A condition de faire vite, avant le temps où les femmes auront *cessé d'avoir pitié du fruit de leur sein, avant que leur regard soit sans compassion pour leurs enfants* (Is 13,18) et que l'homme les supprime sans même leur offrir leur chance de vie.

Alors Dieu se fait embryon. C'est ainsi. Je n'y puis rien. D'une femme, tout de chez nous se reçoit. D'elle seule, toute sa vie dépend. L'Amour a tout risqué. Mais c'est un secret à deux : le Père et elle.

Et c'est ainsi qu'elle s'infiltre dans l'opacité de notre monde. Clandestinement, furtivement. Par la seule porte entrebâillée. Elle se glisse dans sa maison, à pas feutrés. Elle a peur de faire peur, la Miséricorde.

On tambourine à sa porte, comme si elle était sourde, la mort dans l'âme. On erre par des chemins de désespoir et l'on est bien près de croire qu'elle est enterrée elle aussi. On lui fait l'injure de penser qu'elle n'exauce pas et que la nuit accouchera indéfiniment de la nuit, que l'aurore refusera obstiné-

ment d'incendier sa torche. Pourtant le cri n'est pas encore sorti de notre bouche qu'elle est là sous la fenêtre. Nous la croyions sans oreilles alors qu'elle était déjà à genoux sur la terre battue pour essuyer nos larmes [8].

Elle n'attend pas que s'achève l'épaisse nuit. D'ici l'aube on risque de mourir de froid. A mi-chemin de la nuit, la Miséricorde s'élance au milieu de nos épreuves. Elle s'en fait le cœur avant que l'homme n'en soit écrasé [9].

> *Sans cesse tout le jour, mon Nom est bafoué.*
> *C'est pourquoi mon peuple connaîtra mon Nom.*
> *Il saura en ce jour-là que c'est Moi qui dis :*
> *Me voici ! Me voici !* (Is 52,6)

O Roi désarmé à la porte du monde

Pour n'effrayer personne le Père a fait venir en terre la Douceur. Son Unique, son Verbe violent, la grande Flamme du ciel, le Logos plein de gloire a pris Visage. Dans un monde de mitrailles et de tanks, Dieu n'est plus qu'un enfant de quatre ans debout dans sa chemise blanche, pieds nus à la porte du monde. Roi désarmé, un rameau d'olivier pour emblème.

Que pourra faire le monde devant un enfant aux mains vides ? Lâcher ses armes ? Se maquiller davantage ? Faire un détour pour ne pas voir ? Cet Amour que tu croyais distant, le voici mis à nu, livré en spectacle aux anges et aux hommes. Plus aucun écran protecteur.

Les anges en sont saisis, ils en dansent. Mais les hommes ? Vont-ils enfin comprendre ? Quelques yeux s'ouvrent à la lumière, quelques mains au présent enveloppé de faiblesse. Mais dans un monde où meurt l'amour, c'est trop perturbant

---

8. Dans ce chapitre, les passages en italiques, sans référence, sont de Marie-Pascale.
9. Voir *Le Corps de Dieu*, ch. « Le visage et le cœur ».

une irruption de l'Amour. Il a négligé de demander son visa.
Il a fait comme s'il était chez lui. Il a oublié qu'il y avait des
frontières. Avec des barbelés et des chiens-loups et d'impi-
toyables projecteurs. Du haut de je ne sais quel mirador, le
voilà dépisté. On lance la police à ses trousses. Il est traqué.
Comme une bête. Il passe entre les lignes. Il se faufile on ne
sait comment. Il ira rejoindre un camp de personnes dépla-
cées. Un de plus parmi la foule anonyme. Tant pis, on se ven-
gera sur d'autres. On prendra des otages, des bébés comme
lui. On les égorgera, et voilà le tour joué. Ils ne savent pas que
l'Enfant poursuivi, c'est lui qui les poursuit pour s'offrir
comme leur rançon.

> *Calme dans le désert rouge de son âme offensée*
> *Il a passé l'abîme sur une paille*
> *à la Miséricorde suspendu*
> *la haine alentour comme une montagne*
> *quand s'angoissait la chair.*

> *Mon Dieu comme un enfant*
> *s'est endormi dans sa racine*
> *le fruit d'amour est tombé du lampadaire*
> *grenade en sang.*

> *Ça faisait dans le soir une lampe éclatée.*

Il faudra les amadouer, les enfants des hommes. Prendre
son temps. Se cacher dans une petite masure. Raboter des
planches, garder des chevreaux, courir au moulin chercher la
farine pour les galettes de maman. Et surtout ne pas trahir
son pays d'origine. Sourire, mais pas trop pour ne pas intriguer. S'émerveiller, mais pas trop pour ne pas être taxé de fou.
Servir, mais pas trop, pour ne pas dérouter. Aimer follement,
mais sans en avoir l'air : ne pas éveiller de soupçon. Apprivoiser
quoi, doucement, doucement. Sourire, s'émerveiller, servir,
aimer : depuis si longtemps ils ont oublié ce que c'est !

Et puis un beau jour se risquer. Quitter l'échoppe et ses
outils, la garrigue et sa lavande. Monter vers la ville de prière,
traverser les collines de pierres... Clamer : Le Roi est au
milieu de vous ! Dire au cœur inquiet : Pourquoi t'en faire ?
Écoute l'hirondelle. A l'âme chavirée : Chaque larme, je

l'essuierai. Au badaud : J'ai besoin de tes bras! A la prostituée : Tu es aimée, comme jamais tu ne l'as été!

Un matin s'asseoir sur une pente douce peuplée d'anémones. Faire le portrait de Dieu... Livrer le secret de son bonheur : *Trop doux pour ne pas régner sur la terre, mais trop pauvre pour ne pas pleurer. Dévoré d'une soif : donner la sainteté aux petits. Le regard si clair – plus clair que le lac au pied de la colline – qu'on y voit le Visage de Dieu. Pourchassé pour avoir trop durement travaillé dans cet atelier où les épées se forgent en charrues.* Et comme clef de ces choses tellement simples et tellement incroyables : *Le cœur que blesse une détresse, il est heureux sept fois heureux, mille fois heureux : la joie de Dieu y danse!*

*

Mais a-t-on jamais entendu pareilles choses? C'est plus qu'étrange! C'est un séducteur. On lui jettera des pierres. Qu'il se taise et nous laisse tranquilles!

Et bien, oui, *quand le pauvre parle, on dit : qui est-ce?* (Si 13,23).

Alors, il faut inventer d'autres espèces de mots. Prendre la main d'une enfant qui dort : *Lève-toi, ma petite!* Mixer boue et salive, se mirer dans les yeux de l'aveugle. Baiser le front d'un lépreux et lui dire : *Comme tu ressembles à mon Père!* Faire courir les foules autour d'un petit couffin de poissons. Et même dire de quelqu'un qui sort de la tombe, aussi simplement que de l'oliveraie : *Il a faim, prépare-lui du couscous!*

Et si tu lui demandes ce qu'il lui prend, il t'interroge : *Qu'est-ce qui bouge en moi lorsqu'au soir tombant je vois un troupeau que nul berger ne mène? De moi ou de cette veuve en deuil de son unique, qui est le plus bouleversé? Comment voir un homme mutilé sans en être irrité? des enfants rabroués sans prendre leur défense? Pardonne-moi, je suis ainsi fait! C'est plus fort que moi.* Un jour à ses propres amis, il dira : *Voulez-vous me quitter, vous aussi?* (Jn 6,67).

Ton pays : la Miséricorde

Ni les gestes qui disent : *tu es guéri,* ni les mots qui crient : *tu es aimé,* ne passent. Alors quoi ? Pas moyen de leur arracher le moindre sourire où se devine : merci ?

Elle avait longuement rêvé, la Miséricorde : accompagner de sa flûte une farandole de garçons et de filles autour de la fontaine du village, pour allumer les yeux des petites vieilles sur le pas de leur porte (cf. Za 8,4).

Elle avait longuement espéré : sa fille se ferait belle, *elle se mettrait à danser au son des tambourins, leur chant à tous serait comme la nuit de fête où les cœurs sont joyeux* (cf. Jr 31,4 – Is 30,29). Depuis tant d'années elle y pensait.

Et je l'entends, quand tombe le soir et qu'elle s'assied, comme une pauvresse, sur un talus à l'entrée du village : *Je reste délaissée et solitaire pour les péchés de mes enfants. J'ai vu leur captivité. J'ai quitté la robe de paix* (Ba 4,10 ss).

Elle a raté son coup, la Miséricorde. Que va-t-elle inventer encore ?

La Douceur royale pleure sur le monde !

« Alors, essayons les larmes. Peut-être comprendront-ils ? » Et l'Amour se met à pleurer. Des larmes terribles, comme celles de la mère sur les petits de son amour, les petits arrachés à son amour.

> *Mes yeux fondent en larmes :*
> *dehors l'épée me prive d'enfants.* (Lm 16,20)

> *Je pleurerai en secret pour votre orgueil*
> *mes yeux laisseront couler des larmes :*
> *mon troupeau est parti en captivité.* (Jr 13,17)

> *Qui changera mes yeux en sources que je pleure jour et nuit*
> *les tués de la fille de mon peuple ?* (Jr 8,23)

O tes larmes sur la foule prostrée, dispersée, refusant la ten-

*dresse comme jamais ne feraient les moindres oisillons. Brû-
lures de ton cœur !* [10]

Nous lui avons donné des yeux : Il n'a pas honte de sangloter, notre grand Dieu. Ses larmes, personne ne les essuiera :
elles couleront tant que pleure un seul de ses enfants, tant
qu'un seul ne s'en laisse pas consoler.

> *O Toi pleurant dedans ma chair
>   en larmes tant humaines
> Moi qui doutais quand tu comprenais tout
>   ayant tout su de la tristesse
> O ma miséricorde qui tant fut triste à en mourir.*
>
> *Nul ne s'est comme toi passionné pour ma vie
>   indéchirable indéchirable fidélité
> Nul empressé à camoufler mes torts
> O Toi souffrant de ma moindre douleur.*

Mais cette sensiblerie – symptôme d'un refoulement
– n'est-ce pas morbide ? Quelques-uns diront bien : *comme il
devait l'aimer !* Mais les autres, trop secs leurs yeux pour voir
briller ces diamants sur la Face de Dieu, lorsque sur Yerous-
halaïm tombe le soleil.

Faudra-t-il qu'elles en viennent à être de sang, ces larmes ?
Eh bien, elles le seront, et elles diront : *Avec toi, je suis dans
la détresse* (Ps 90,15). Pas seulement avec toi, mais, par ta
propre détresse atteint.

Mais ils disent encore : il joue son petit jeu, tant que le
corps n'est pas atteint... Alors, que le corps tout entier s'offre
aux coups, sans le moindre gilet pare-balles, comme son âme
s'était offerte aux mille poignards de rancunes, haines et
jalousies.

> *De la blessure de la fille de mon peuple
>   me voilà blessé !* (Jr 8,21)

---

10. Marie-Pascale. – « Par une souffrance divine, l'amour éternel perd son
sang au-delà de toutes les blessures du monde » (H. Urs von Balthasar,
Point de repère, p. 62).

Pas un coup porté sur l'homme dont ce Corps ne soit d'abord torturé, pas un qui n'y creuse de longs sillons. Le croira-t-on encore blindé, l'Amour ? Diras-tu encore que c'est lui qui se venge et qui punit, et que le mal ne lui fait pas mal ?

> *Adam, terre rouge !*
> *alors qu'en marche vers ta face j'allais,*
> *pourquoi as-tu sur ta colline crucifié l'olivier*
> *et moi ton roi m'as-tu cloué comme un hibou*
> *contre l'écorce ?*
> *Quand mes divines mains voulaient te caresser !*

Mais cela non plus ne passe pas. Je vois bien quelques femmes qui pleurent là-bas. Mais les autres ? Comme de l'huile sur une vitre, le sang gicle sur leurs yeux. Mais alors, quoi donc, dis-le moi, quoi donc inventer encore ?

3. Le dernier mot de l'Amour sur l'amour

> *Ils regarderont vers Moi*
> *qu'ils auront transpercé*
> *Ils me pleureront*
> *comme on pleure un premier-né.*
> *En ce jour-là il y aura*
> *une fontaine ouverte*
> *pour les habitants de Jérusalem*
> *pour laver péché et souillure.*
>
> Za 12,10; 13,1

Ne reste-t-il pas une parole? Une parole qui, à elle seule, ramasserait toutes les autres? Comme se condensent dans un élixir, tous les sucs et parfums des fleurs et des arbres? Une Parole-clé qui ouvrirait l'au-dedans de toutes les autres? Une Parole-source qui, plus sûrement que toutes les autres, pénétrerait les terres stériles et résistantes? Une Parole-lampe qui les illuminerait toutes? Une Parole-musique qui les empêcherait toutes de jamais sonner creux? Une Parole qui passerait là où toutes ont pu caler?

> *Parce que vous avez rejeté ma Parole,*
> *cette faute sera pour vous comme une brèche*
> *une saillie en haut d'un rempart.* (Is 30,12)

Mais quand le silence de la mort a déjà scellé les lèvres, comment parler encore? Il faudrait une parole qui sorte directement du cœur, de ce cœur d'où toutes les paroles ont afflué aux lèvres, toutes les larmes aux yeux.

Et puisqu'ils disent : «souffrir peut n'être qu'apparence tant qu'est immunisé le cœur», alors plus qu'une seule chose à faire, la dernière : ce cœur même, le livrer. Le livrer à leurs instruments d'investigation les plus primitifs comme les plus sophistiqués. Et d'abord à leurs instruments de mort.

> *Ceux qu'on trouvera sur la route seront transpercés.* (Is 13,15)

Pour avoir trop longtemps vagabondé sur nos collines, – eh bien ! oui – transperçons-le !

> *...Et la flèche traversa le cœur du Roi* [11]...

Ce que ses yeux humides, sa voix tremblante, ce léger frisson au bord des lèvres avaient parfois laissé entrevoir, le voici exposé à la face du monde et pour la suite des temps – ultime confidence :

> *Mon cœur est bouleversé,*
> *toutes mes entrailles frémissent* [12].

Et pourtant n'était-il pas écrit : *Toute blessure sauf une blessure du cœur !* (Si 25,13).

La voici éternelle, la Parole : signée de sang. Un sang dont le silence ne cessera plus de résonner.

La voici universelle, la Parole : passée en signe. Un signe qui se passe de toute traduction, se comprend en toute langue, se rit de tout commentaire. Devant elle, on cessera enfin de raisonner.

Clameur violente sur toute la surface du globe, violente clameur dans les entrailles de la terre ! C'est donc là qu'il voulait en venir, l'Amour fou ? Là qu'il voulait rejoindre le cœur de l'homme ? Là qu'il voulait en révéler la blessure et là encore l'en guérir ? Pas une flèche n'atteindra désormais la cible vul-

---

11. 2 R 9,24.

12. Os 11,8 reprend le terme même qui désigne le *bouleversement* des cités coupables mises à feu et à sang (Gn 19,25 ; Dt 29,22) comme si dans le feu et le sang de la passion toute iniquité était détruite, en ce Cœur de Dieu bouleversé par le mal qu'Il prend sur Lui.

nérable de mon cœur qui n'ait d'abord traversé celui de mon Dieu [13] : qui te touche, m'a déjà touché là, en plein cœur! Ce cœur plus délicat, plus précieux même que la prunelle de l'œil! (cf. Za 2,12).

Sur mes lèvres alors, la supplication de mes frères d'Orient : «Avec ta lance, guéris, ô bon Jésus, les douleurs de mon cœur blessé. Par ta plaie, mets fin aux douloureuses blessures que me firent les démons! Car je vois la plaie grâce à laquelle l'homme a été guéri de sa grave blessure.»

Immédiate, sa réponse : «Viens, mets ton doigt. Je connaissais tes blessures. J'ai gardé pour toi ma cicatrice!» [14]

Qu'elle jaillisse donc la louange d'Adam mon père : «O Jésus miséricordieux, quand la lance perça ton Côté divin, tes divines souffrances guérirent l'homme blessé par sa faute... l'ennemi reçut une blessure mortelle. Adam blessé guérit et s'écria : Béni soit le Dieu de nos Pères!» [15]

Et *Jésus* de lui répondre : «Bois à mon flanc et tu n'auras plus jamais soif. Double est le torrent qui en sort : il lave et abreuve les hommes souillés, pour ton exultation [16].»

---

13. Sur le Suaire de Turin, la Plaie du Cœur est marquée par une tache ovalaire un peu oblique qui indique nettement la plaie du côté droit. Elle correspond à une coulée de sang massive. Le trajet de la lance a été scientifiquement localisé : entre la 5e et 6e côte, perforant le 5e espace intercostal pour aller s'enfoncer dans la partie supérieure du cœur : l'oreillette droite, la vidant de son sang.

14. SAINT AUGUSTIN, *Serm.* 258, 3.

15. Office byzantin, *Triodion*. Est-ce hasard si les liturgies orientales, tellement pénétrées du sens du péché et de la miséricorde, sont d'un côté émaillées par le *Nom de Jésus* (il existe tout un Acathiste «au Très doux Jésus») et de l'autre comme hantées par le mystère du *Côté ouvert?* (Joseph LEDIT – *La Plaie du Côté*, Rome 1970 – en cite 342 textes différents, eux-mêmes revenant un grand nombre de fois. On y retrouvera les tropaires cités dans ces pages.)

16. ROMANOS LE MÉLODE, *Hym.*, 36,18.

Ton pays : la Miséricorde

Le Porche royal où s'avancent les pécheurs

La plaie du Roi n'a ni commencement ni fin. La blessure cachée au sein profond de Dieu, de toute éternité la voici manifestée. Non, non, ce n'est pas la lance qui a fendu le sein profond de Dieu : la plaie était béante bien avant qu'il prît corps. La lance a ouvert mon regard qui n'en savait rien. Maintenant, je vois tout au fond de Dieu : *D'un amour d'éternité, je t'aime* (Jr 31,3) [17].

Voici, il y avait un ange mesureur... Il me dit : Je vais à Jérusalem mesurer (la Plaie) voir quelle est sa largeur et sa profondeur... (Za 2,5).

Mais nul ne pourra jamais en mesurer la profondeur. Ni les Anges, ni les saints. Les uns après les autres en seront saisis de vertige. En ses abîmes ils se laisseront tomber. Ils n'en reviendront pas.

Le voile déchiré, l'accès au Saint des saints s'offre à chaque pécheur. Plus de privilégiés : tous le sont. Plus de jours réservés : tous le sont. Les grilles du jardin perdu ne se refermeront jamais plus, jamais plus... Tu entends? jamais plus! Les Anges qui en gardaient les issues t'invitent, t'escortent, te font une haie d'honneur, à toi le pécheur!

La Plaie *doit rester ouverte à cause de la quantité d'hommes qui s'y trouvent* (Za 2,8). Ces hommes? Les pécheurs dont elle devient et la table et la maison. Dès l'instant où, par une telle blessure, ils se laissent eux-mêmes transpercer [18]. «Lieu où tout est vérité!» [19] Suprême invitation de l'Amour!

---

17. «La lance au bras de Longin est allée plus loin que le cœur du Christ. Elle a ouvert Dieu. Elle a passé jusqu'au milieu de la Trinité» (CLAUDEL, *L'épée et le miroir*).

18. Au jour de la Pentecôte, l'Esprit vient *transpercer* le cœur des auditeurs de Pierre qui vient de mettre sous leurs yeux Celui qu'ils ont transpercé. Le latin joue sur le mot *compungere* – percer et être touché de repentir – d'où la componction.

19. Angèle de Foligno.

O toi qui as quitté le jardin du miracle
  entre par cette porte ardente de mon flanc
  tu trouveras la paix paradisiaque.
L'odeur du blé monte du champ labouré de ma chair.

Douce est ma terre il y fait divinement chaud
  les arbres flambent et les grillons sont fous
Entre par cette porte !
  les bourgeons ont fleuri tout autour de l'hiver
  et la douleur est morte !

Voici ouvert pour toi le cellier, la cruche d'eau, le blé
  voici la myrrhe et le baume
  voici le lampadaire et le délire irrépressible de ma joie.

Entre par cette porte
  que mon amour et que tes mains sans le savoir
  ont percé dans mon flanc mort.

C'en est fini de l'hiver !
  Adam, terre rouge recommençons comme hier
C'est aujourd'hui le premier jour de notre amour.

Des confins de la Bourgogne à l'épine dorsale de l'Afrique

Au cœur même de l'Afrique j'ai vécu de belles années sur cette crête où se départagent les eaux du Congo et celles du Nil qui s'y source. D'un côté, elles s'en vont vers l'Atlantique, irriguant sur leur passage les luxuriantes forêts tropicales du Zaïre. De l'autre, elles partent vers la lointaine Méditerranée, en charriant le meilleur limon de notre Rwanda, pour que soit beau le blé des fellahs au long du Nil.

Sur un des sommets, nous avions dressé une grande croix blanche. A trente kilomètres de distance on pouvait la distinguer, quand elle brillait sur fond de nuages orageux. Ses bras semblaient vouloir étreindre chacune de ces collines qui, à perte de vue, dévalaient vers le lac dont le soleil, à son déclin, faisait comme une traînée d'or.

Je n'oublierai jamais ces chemins de croix [20] avec le peuple

---

20. Le chemin de croix, ce n'est pas périmé. Une manière suggestive de le

pauvre de la montagne. Pendant près de deux heures, le vendredi, nous grimpions, proclamant le récit de la Passion qu'interrompait une adaptation rwandaise du *Stabat Mater*. Et c'est chacun des habitants, peuplant les mille collines de notre pays, que nous portions en offrande au pied de la croix, cette croix que nul ne peut éviter à un tournant de sa vie.

Arrivant là-haut, je me disais : elle est bien plantée, en ce point d'affluence des eaux de notre vaste continent. Et de me souvenir de cette petite cité, là-bas au cœur de la France, située sur l'exacte ligne de partage des eaux des bassins Atlantique et Méditerranéen, et reposant au bord d'un canal reliant l'un à l'autre. La Source dont s'irrigue l'univers, et qui est un Cœur, n'est-ce pas à Paray-le-Monial qu'elle s'était révélée ?

O Jérusalem, un fleuve en tes demeures !

Descellée la fontaine ! Descellée au Côté droit du Temple ! Source bouillonnante en pleine terre de Dieu, déferlante cascade, ruisseau mugissant, torrent impétueux, flots pressés, pressés, pressés, comme si toutes les neiges accumulées sur les glaciers, brutalement se déversaient... toutes vannes ouvertes !

Mais aussi : vasque tranquille, large fleuve, lac sans rides, mer sans rivages, océan sans fond, sans fond...

Tout à l'heure, le long des bras et des jambes, les filets de sang cesseront de couler, mais le long des sentiers de notre

---

faire, qui m'apporte beaucoup depuis une quinzaine d'années : étaler le récit de la Passion (une péricope environ toutes les 3 heures) du jeudi soir (dernière Cène) au vendredi soir (ensevelissement) ou, mieux, à l'aube du dimanche avec la proclamation de la Résurrection, la journée du Shabbat marquée par l'évocation silencieuse de la descente aux enfers, devant l'image du saint Suaire. Bref, chaque semaine, un mini « triduum pascal », les quatre évangiles revenant dans le mois, mais toujours avec un des chapitres de Jean (13-16), la prière sacerdotale et le Côté ouvert. Petite pratique, mais dont la semaine entière s'illumine.

terre, une immense crue ne cessera plus de monter, monter, monter...

Le soldat l'aurait-il ouverte cette poitrine, s'il avait prévu un tel déferlement ? On a voulu s'assurer de sa mort ; maintenant, effrayé, on voudrait contrôler ce débordement de vie, en refermer les écluses. Trop tard ! C'est fait, c'est fait ! Toutes les digues seront emportées, brisés tous les barrages. Gigantesque raz-de-marée !

Toutes les eaux qui s'y mêlent, les voilà purifiées. Les poissons intoxiqués respirent. Les saules aux sèves mortes portent des feuilles. A leur tour elles se mettent à guérir. Partout sur son passage : la vie ! la vie ! la vie ![21]

Du Sanctuaire, il jaillit le Torrent. Sur les monts chauves, fête des miséreux. La plus aride des steppes, n'y vois-tu pas déjà le myrte et l'acacia, le platane et le cyprès et surtout l'olivier ? Qui donc pouvait ainsi, en pleine rocaille, planter l'olivier, et l'arroser et lui faire porter son fruit de baume, sinon cette main broyée d'où coule la douce paix comme d'un pressoir à huile ?

Toutes les collines du monde : oliveraie. Tous les wâdis de notre terre : ruissellement. Avec l'Église d'Orient, chantons encore et encore :

> «O mon Jésus, tu fis couler de ton Côté une vie qui consume les torrents de mes iniquités !
> Tout l'univers a été consacré avec les gouttes de ton sang !»[22]

Ah ! je comprends maintenant pourquoi le pardon est d'une telle magnificence, large et fastueux comme un fleuve :

---

21. Voir : Éz 47 ; Za 13 ; Jl 4,18 ; Ps 45,5 ; Ap 22,2. Ce n'est pas un hasard si l'actuelle liturgie romaine met en parallèle Éz 47 et la guérison du paralysé de Bethesda. A propos de Siloé, Jean ne pense-t-il pas aussi aux eaux de l'Esprit, l'Envoyé du Fils ? Il est possible aussi que la fête qui voit guérir le paralysé de Bethesda soit précisément celle des Tentes, avec son évocation rituelle du Rocher du désert, «lequel était le Christ» (1 Co 10,4).

22. *Oktoikh.*

Ton pays : la Miséricorde

«Quand tu m'ouvris ton côté avec la lance, tu m'élargis les sources du pardon [23].»

Et «l'âme se baigne dans la fontaine aux gouttes d'or» (Xavier, 11 ans).

La source en quête de soif

L'eau qu'attendaient les gisants de Bethesda, assis à l'ombre de la mort, elle monte à leur rencontre. L'eau dont languissait la femme au puits, la rejoint chez elle. L'eau, dont Nicodème se demandait comment en renaître, lui ouvre ses bras.

Oui, «la Source a vaincu l'assoiffé» [24]. Pourtant je l'entends parcourant les steppes arides : J'ai soif! j'ai soif! Les torrents ont beau déferler sur notre monde, il est une digue qu'elle s'interdit de franchir : cette pauvre margelle dont se clôture mon puits. On crèvera de soif, auprès d'une citerne lézardée. Et, de soif, la Source en mourra. L'un à côté de l'autre.

Comme elle manque à la Source, notre soif!

Ces eaux vives qui sortent de Jérusalem, été comme hiver, j'en sais l'Origine :

> *Je me tourne avec compassion vers Jérusalem,*
> *Pour Jérusalem, j'éprouve un amour très jaloux* [25].

---

23. *Triodion.* Dans la *Tragédie de la Passion,* Grégoire DE NAZIANZE montre le jeune Romain qui a percé le Côté «recueillir le jet de ses mains et s'en *oindre* la tête pour être purifié» (1092). Catherine EMMERICH à son tour verra le sang rejaillir sur le visage du Centurion et guérir ses yeux malades (*Visions* IV,37).

24. SAINT AUGUSTIN.

25. Za 1,14; 8,2. – «La plaie du cœur, c'est la jalousie» (proverbe rwandais).

La plaie du cœur, serait-ce la brûlante jalousie de notre Roi ? Celui dont la maladie s'appelle l'Amour, peut-il guérir ?

> « *Toi, la cause de mon affliction*
> *Toi, l'objet de ma passion*
> *Blessure inguérissable de mon cœur* [26]. »

Ici la Miséricorde n'est plus dite, mais répandue ; plus montrée, mais livrée ; plus prouvée, mais éprouvée :

> *Je vais répandre des ruisseaux sur la terre brûlée :*
> *sur ta race, je répandrai mon Esprit.* (Is 44,4)

> *Sur l'habitant de Jérusalem je répandrai*
> *un Esprit de grâce miséricordieuse* [27]. (Za 12,10)

L'Esprit ! C'est donc Lui, la gracieuse Miséricorde de notre Dieu, son ardente jalousie ?

Le Côté ouvert : ultime coup de grâce et coût de la grâce ultime !

La passion est consommée, tout consumé en compassion.

> *Il souffre violence s'il n'est de cœurs avides*
> *et renoncés pour s'en remplir*
> *Qui a contemplé la béance*
> *cette fleur rouge étoilée à droite de son sein ?* [28]

> *Que le ciboire se fende là dans notre corps*
> *que par cette blessure entrent joyeuses*
> *les larmes du roi jaloux !*

> *Sainte lance du Calvaire*
> *bénie sois-tu d'avoir transpercé nos yeux*
> *en même temps que sa chair adorable !*

---

26. AL-DJOUNAYD († 910).
27. *Rouah hén :* on retrouve ici ce beau mot où s'entrelacent dilection et grâce (voir Annexe I).
28. Le pétale de géranium sur la croix de Brigitte ! (Voir page 134.)

Ton pays : la Miséricorde

Tout un peuple à mettre au monde

« Isaïe vit une braise du feu divin et toi, ô bienheureux Jean, tu reposas sur la poitrine du Verbe incarné de Dieu... Avec une paume audacieuse, tu y puisas les lumières de l'intelligence dans les profondeurs de la sagesse [29]. »

Qu'y puisa-t-il ? *De son sein couleront des fleuves d'eau vive* (Jn 7,38).

Alors, j'ose encore cette question : le côté ouvert, ne serait-ce pas la déchirure matricielle par où naissent les enfants de Dieu ? D'où renaissent ses enfants sans cesse perdus ? Oui, le sein de Dieu s'ouvrant pour mettre au monde son Église bien-aimée ? Les larmes et les gémissements de l'agonie, n'était-ce pas les douleurs d'enfantement d'un monde nouveau ? [30]

> *A peine était-elle en travail que Sion a enfanté ses fils.*
> *Peut-on mettre au monde un pays en un seul jour ?*
> *enfante-t-on une nation d'un seul coup ?*
> *Ouvrirai-je le sein pour ne pas faire naître ?*
> *Si c'est moi qui fais naître, fermerai-je le sein ?*
>   *dit ton Dieu.* (Is 66,8)

En un seul jour, enfanté le pays de la Miséricorde ! D'un seul coup de lance, mise au monde la nation des enfants du Pardon ! Au travers d'une déchirure, mais dans quelle joie ! L'immense peine ne paraît plus : le Royaume paraît. La plus violente des passions, qu'est-ce donc quand y passe une compassion plus véhémente encore ? *De Sion, chacun dira : c'est ma Mère, tout homme y est né !* (Ps 86,5).

Le Premier-Né est transpercé, mais par ceux-là mêmes qu'ainsi il engendre. Blessé en pleine poitrine, mais par ceux-là mêmes qui en deviennent ses amis (Za 13,6).

> *Exultez dans l'allégresse à cause de Jérusalem*
> *Soyez allaités par son sein de consolation*

---

29. Liturgie byzantine, Menées, 8 mai.
30. Voir textes cités dans *Ton Nom de braise*, p. 136 ss.

*je vais faire couler vers elle un fleuve de paix
comme un torrent débordant la gloire des nations.
Ses nourrissons seront portés sur la hanche,
caressés sur les genoux.
Comme un fils que sa mère console
moi aussi je vous consolerai.* (Is 66,10ss)

Tel est l'Esprit : torrent de feu, de paix et de gloire. Visage maternel de Dieu.

Alors, il ne me reste qu'à me tourner vers cette Femme qui lui ressemble tant, cette Femme debout comme l'est l'olivier, et blessée comme l'est l'Agneau. Cette Femme qui tient en main une coupe pour recevoir du Ciboire brisé chaque étincelle du Feu. Cet Amour dont elle est la première sauvée, la première guérie, la première pardonnée : « O toute Pure Mère de Dieu, purifie mon âme de ses plaies, lave-les avec la source. Asperge-moi avec le Sang qui coula du Côté de ton Fils à grands flots. Lave les plaies de mon cœur ! Vivifie par le sang divin mon âme morte de maladie. Je t'en prie, fais que mon cœur soit transpercé de son très doux amour. Amen [31]. »

Le cœur s'enfuit de tous côtés,
loin du monde des couleurs et des parfums,
en criant : «Où donc est la Source ?»
et en déchirant ses vêtements par amour.

L'Ami dit : «Je suis ta propre âme et ton propre cœur,
pourquoi es-tu frappé de stupeur ?...
Je plongeai mon regard dans mon propre cœur,
Là, je le vis : Il n'était nulle part ailleurs [32]. »

31. Liturgie byzantine, *Oktoikh* et Menées du 16 janvier.
O Gloire filiale nous fera retrouver ce mystère du Côté ouvert, mais sous son aspect de révélation trinitaire. Ces pages-ci s'y éclaireront.
32. DJALÂL-OD-DÎN RÛMÎ († 1273).

Chapitre V

SENTIER VERS TON FRÈRE
LE CHEMIN DE TON CŒUR

La greffe où prend l'Amour

*Notre cœur s'est grand ouvert
Vous n'êtes pas à l'étroit chez nous.
Ouvrez tout grand votre cœur vous aussi.
Vous êtes dans nos cœurs à la vie à la mort.*

2 Co 6,11.13 ; 7,3

1. **Comme une allégresse, recevoir la miséricorde**
2. **Les yeux et les mains de Marie**
3. **Pourquoi ce parfum gaspillé ?**

1. Comme un allégresse, recevoir la miséricorde

> *Une joie m'est venue du Saint*
> *pour la miséricorde*
> *qui bientôt vous arrivera.*
> *Courage! Il te consolera*
> *Celui qui t'a donné un Nom!*
>
> Ba 4,22,30

J'aurai compassion d'eux comme un homme a compassion de son fils (Ml 3,17).
Soyez compatissants, comme est compatissant votre Père [1] (Lc 6,36).

Ai-je bien entendu? Aimer comme Dieu? Être comme Dieu? Cette manière qu'il a d'aimer, qui est sa perfection, sa sainteté, elle serait attendue de moi, pécheur? Et cela deviendrait et mon bonheur et le sien?

> *Allégresse à qui fait miséricorde :*
> *miséricorde il lui sera fait!* (Mt 5,7)

A moins de se corrompre en condescendance ou de se diluer en philantropie, oui, la miséricorde sera divine ou ne sera pas. Impossible exigence! A ce prix, qui peut être sauvé? Et pourtant, ce qu'il demande, Dieu donne de le donner.

---

1. Luc rend par «compatissant», le «parfait» de Matthieu. Par ailleurs, la cinquième béatitude est la seule où le même mot est employé et pour Dieu et pour l'homme.

«Voici, mon frère, un commandement que je te donne : que la miséricorde l'emporte toujours dans ta balance, jusqu'au moment où *tu sentiras en toi-même la miséricorde que Dieu éprouve envers le monde»* (Macaire).

La greffe où prend l'Amour

Une nuit encore, sur l'Alverne, au Seigneur qui lui demande trois dons, *François* répond : « Mais tu sais bien que je n'ai rien d'autre que la tunique, la corde et les braies, et même cela est à toi, que puis-je donc offrir à ta majesté ? – Cherche dans ton sein et offre-moi ce que tu y trouveras. » Et l'homme aux pieds nus d'y trouver trois boules d'or : la pauvreté, la chasteté, l'obéissance : « Merci, ô mon Dieu, de m'avoir donné quelque chose à t'offrir ! »

Mais où la chercher, la compassion de Dieu, sinon dans son Sein à Lui ? Nulle autre source.

Saisi dans les jeux de l'Amour

Mais elle ne s'en épanchera que si, de moi, elle peut faire une source. Si quelqu'un n'est pas prêt à l'offrir à la soif de ses frères, inutile qu'il y boive. Elle tarira avant même que ses lèvres n'en approchent.

L'Amour ne guérit les plaies qu'en les élargissant à la mesure du monde à aimer, le comprends-tu maintenant ?

De ton cœur, à partir du Sien, couleront des fleuves pour rejoindre les misères de tes frères, mais en traversant et transfigurant les tiennes[2]. Meurtri, tu ne le seras plus par la vie, mais cette fois – et soixante-dix fois sept fois – par l'amour de tes frères.

Descendu assez loin dans ta blessure, tu la découvres sans fond : une fissure s'y ouvre sur celles de tes frères. Tu pensais être au bout du voyage et voici que commence une aventure neuve. Sur le chemin même de ton cœur, Jésus t'entraîne vers une terre inconnue : celle de tout homme. Tant qu'un être est à guérir, le Seigneur est en route. Oseras-tu répéter son nom,

_____

2. « Que ne tarisse pas en toi la source de la miséricorde, sois blotti dans les plaies du Christ crucifié » (CATHERINE DE SIENNE, *Lettre* 28).

177

sans l'accompagner? Te laisses-tu prendre? Te voilà emporté sur la pente de son Cœur : vers le plus paumé.

Quand il passe à Jéricho, Sychar ou Capharnaüm, où descend-il? Chez les mal-vus, «dans le milieu»: laissés-pour-compte, sans-visage, sans-nom, sans-identité, sans-domicile; désaxés et débiles, abîmés et spoliés, tordus et cassés, perdus et perclus : tous, premiers convives aux Noces, ceux qu'à tout prix il tient à rejoindre, préférés dont il veut faire les tiens. Ses prédilections seront-elles contagieuses? Le plus étranger, le plus lointain, ton ennemi : Jésus te le confie comme son ami. Il t'invite à les inviter, pour être reçu en même temps qu'eux. Une seule raison : ils ne peuvent rien te rendre. Mais tout te donner [3].

Nous ne sommes que des atolls perdus dans un océan sans fin de souffrances. Contre elles nous construisons des digues. Nous en avons tellement peur! Peur d'en être submergés. Tout sera bon pour nous sécuriser, nous enkyster sur nous-mêmes. Mais voici le Nom de l'Agneau qui se met à frayer une brèche par où va s'engouffrer toute la misère du monde. Vulnérables, nous le serons comme lui. Nous n'aurons plus de défenses.

Si la miséricorde est la racine de toute l'œuvre de Dieu, nous rejoindrons nos propres racines – nos racines divines – lorsqu'elle sera devenue le principe de notre agir. *Pratiquez bonté et compassion, chacun envers son frère* (Za 7,9).

---

3. Cette recommandation admirable d'un coutumier liturgique du temps d'Origène : «S'il vient un pauvre ou une pauvresse, surtout s'il est avancé en âge, et qu'il n'y ait pas de place pour lui (dans l'assemblée), fais-lui place de tout cœur, ô évêque, même si tu devais t'asseoir par terre» *(Didascalie des Apôtres).*

Où les blessures s'accordent en miséricorde

La compassion, moins une eau qui désaltère qu'une sève en soif de ses fruits. Mais pour qu'un arbre reçoive une sève qui n'est pas sienne et porte des fruits trop beaux pour lui, un seul moyen : *la greffe.* Et un seul moyen de l'opérer : être écorcé, mis-à-vif de part et d'autre. De son Côté, tu viens de la voir, l'entaille : longue saignée au flanc de l'Olivier. De ton côté, qu'attends-tu pour y appliquer la tienne, blessure contre blessure ? Ton entaille ? Chaque fois qu'il te taille pour t'émonder. Lorsqu'une peine vient déchirer ton écorce, tourne-toi vers lui : «Fais vite, Seigneur, profites-en. Sur mon égratignure applique ton immense déchirure ! Sur tel de mes frères désemparés, qu'en coule ton sang, sève et baume !»

A cette greffe-là, pas une blessure qui ne puisse s'offrir en entaille. Pas une qui n'en devienne bénie. A condition qu'arbre et greffon demeurent étroitement liés, jusqu'à s'unir en un seul tissu, fibre par fibre. La sève des racines viendra irriguer tes branches mortes, les féconder. Tu deviendras olivier portant des fruits pour la guérison de ce qui est païen dans l'homme (Rm 11,16 ss ; Ap 22,2).

Tant d'amis de Dieu, les yeux posés sur l'Arbre, ont vu le Seigneur s'en détacher, se pencher sur eux, les enlacer de ses bras, sur sa poitrine les presser, à la source les faire boire. Transfusion de sang ?

«Je te donne mon cœur, parce que du tien et du mien, je n'en ai formé qu'un seul – dit un jour le Seigneur à Catherine de Sienne – et je veux qu'à l'avenir ce cœur soit une tente où je puisse habiter et rester toujours uni, moi à toi et toi à moi.» Elle se réfugiait dans ce cœur qui n'était plus le sien, mais celui de *Jésus.* Aussi sur les lèvres et dans le cœur, elle n'avait que *Jésus.* En marchant, elle marchait avec *Jésus,* les yeux fixés sur *Jésus,* ne regardant que ce qui pouvait la conduire à *Jésus* [4].

---

4. *Vie* par RAYMOND DE CAPOUE, Suppl. II, IV.

Ton pays : la Miséricorde

Au cœur de Dieu s'accorde le nôtre. Accordailles passionnées : scellées dans une passion. Accordailles éternelles : à jamais elles résonneront. Greffe du Cœur qui permet d'aimer et d'aimer et d'aimer, sans risque d'infarctus. Chirurgie de l'amour [5] !

Consolateur avec le Consolateur

Comment verser un baume de miséricorde sans être soi-même consacré par cette huile qui coule du grand Olivier? Sans passer un jour par la petite synagogue de Nazareth pour nous entendre dire :

> *Aux humiliés, porte un message joyeux*
> *Du cœur brisé, panse la blessure*
> *Au prisonnier, révèle l'éblouissement*
> *Aux endeuillés, donne l'huile de la joie*
> *Aux désespérés, le baume de la louange.* (Is 61,1)

Brûlante effusion! Te voilà missionné partout où la chair du monde se fait cri. Pour panser, panser encore des plaies sans nombre. Révéler le visage du Seigneur comme un éblouissement, son Nom comme un baume, son évangile comme une fête, n'est-ce pas œuvre de compassion? Pour mon frère fait pour le bonheur. Pour mon Dieu, fait pour le donner.

On entend les misères qui crient, on se tait devant celles qui se taisent. On stigmatise les mille masques de la misère, et la plus dramatique de toutes, on la camoufle. L'analphabétisme de qui ne peut lire la Parole, la faim meurtrière de qui ne peut se nourrir du Pain de Dieu, l'alcoolisme de qui se grise d'illu-

---

5. « La vie s'est greffée sur la mort, Dieu sur l'homme. C'est pourquoi Il s'est précipité vers l'arbre sur lequel Il a voulu être greffé » (CATHERINE DE SIENNE, *Lettre* 101).
« Marie reçut, tel un arbre de miséricorde, l'âme parfaite du Fils, marquée et blessée par la volonté du Père, mais pareille à l'arbre qui reçoit un greffon, la voilà blessée à son tour » (*Lettre* 30).

sions, la prostitution de qui livre son âme aux idoles du jour, la lèpre de qui ne peut se laver dans le Pardon... qu'est-ce que cela nous fait? Tiers et quart monde ne sont-ils pas d'abord au-dedans du cœur?

> *Rien ne guérit que la bonté*
> *elle a des yeux qui ne voient pas le mal*
> *elle voit les sources plutôt que les péchés*
> *elle a des mains pour essuyer les pleurs*
> *elle va toujours s'asseoir auprès du plus timide*
> *elle a du baume d'olivier pour adoucir le jour*
> *elle rit avec qui chante et*
> *elle a aussi des larmes*
> *elle a de grandes mains bénies pour semer le blé*
> *elle écrase chaque jour sa farine*
> *la pétrit dans l'eau de la bonté*
> *la cuit au four divin du cœur*
> *la sert en miches chaleureuses*
> *sur la table des mendiants.*

Où la miséricorde fleurit en charisme de joie

Comment recevoir l'Esprit sans devenir partenaire de son ministère?[6] Ministère cela veut dire : amour au service d'une communion. Amour offrant des mains et des lèvres pour qu'y ¹assent gestes et paroles de l'Amour. De cet Amour, l'Esprit ¹t le serviteur très humble[7]. Donne-lui sa chance de faire de

---

6. Spontanément les textes anciens mettent le lien entre la *compassion et l'Esprit* : «La diaconesse, vous l'honorerez comme l'icône du Saint-Esprit» (*Didascalie des Apôtres*, vers 220). «Les tristesses des survivants, guéris-les par ton *Esprit Consolateur*» (*Euchologe de Serapion*, vers 350). «Quand tu te souviens des hommes, ton cœur comme le feu s'embrase par la *force de l'Esprit* qui est en toi» (Evagre). «Ils brûlent de l'*Amour de l'Esprit* pour l'humanité» (Macaire). «L'Esprit Saint enseigne à l'âme l'ineffable amour pour tous les hommes» (Silouane). Pour saint Bernard, la compassion est *'ouvrage du Saint Esprit* opérant en nos cœurs (*De Hum.* 7). Voir textes complets dans *Écoute les témoins.*

7. «Le Père te sert de table, le Fils de pain, l'Esprit Saint de serviteur» (CATHERINE DE SIENNE, *Lettre* 73).

toi ce qu'il a fait de Jésus : Enfant, Agneau, Serviteur. Serviteur pour soigner ses frères malades, Agneau pour en être blessé, Enfant pour en être aimé. Serviteur disponible comme un enfant, vulnérable comme un agneau. Donne-lui sa chance d'être pour ton frère ce qu'il a été pour Jésus : le Consolateur. Sa chance d'être ce qu'il est simplement : l'Amour qui se donne.

Ce charisme de la miséricorde s'exerce en rayonnant de joie : en laissant le parfum de l'Esprit pénétrer ton être, en offrant ton corps à la miséricorde (cf. Rm 12,1 ; 8) [8].

Alors, au saut du lit, l'Esprit éveillera en toi une parole fraîche, un sourire inédit pour l'épuisé. Un geste de cette compassion jamais épuisée, mille fois inventive. A chaque aube nouvelle (Is 50,4 ; Lm 3,23).

Un soir où *Thérèse* conduit une sœur âgée impotente et acariâtre, voilà qu'un lointain concert résonne à ses oreilles, comme une symphonie éternelle. Le cloître aux briques sombres s'irradie d'une lumière intérieure qui émane du visage livide de la sœur Saint-Pierre. C'est que Thérèse la conduit comme elle aurait fait pour Jésus lui-même : instant de bonheur surpassant tous les bonheurs de la terre, brise printanière, parfum de miséricorde.

Et *François,* à un pauvre, sur la route de Perugia : « Tiens, prends mon manteau, mais je te supplie de pardonner à ton maître pour l'amour de Dieu [9]. » Et ces frères de Scété qui, pour ne pas humilier leur guide qui a perdu la piste, prétextent le sommeil pour attendre le jour...

Augustin, l'évêque débordé, harcelé de toutes parts, trouvant le temps d'écrire six pages à une jeune fille qui n'osait lui écrire la première... Oh ! ces délicatesses sans nombre que seul Dieu connaît !

---

8. La Lettre aux Romains, d'un bout à l'autre, est hymne à la miséricorde.
9. THOMAS DE CELANO, *Vita secunda* 56.

Un pauvre qui, à pleines mains, sème l'espérance

Je n'oublierai jamais cette nuit sur une place de Cracovie. A travers les planches d'une vieille baraque qu'on pensait abandonnée, une étrange scène : un homme encore jeune sert à genoux quelques reliquats ramassés chez les riches, à un groupe de gueux aux visages abîmés qu'éclairent quelques chandelles. En cette vigile de Noël 1885, la vie d'Adas Chmielowski sera bouleversée par ce geste dont il ne revient pas, dont il ne reviendra plus : il se fera clochard avec les clochards, dans des conditions de camp de concentration. Devant une telle ignominie, l'homme raffiné qu'il est encore se révolte. Mais dans son ermitage de bois à Skalka, une question ne le quitte plus, alors qu'il peint un crucifix : «Puis-je refuser au Seigneur Jésus de souffrir pour lui quoi que ce soit ?»

Eh bien, oui, il descendra dans leurs enfers. D'un enfer ne sort-il pas ? Il est passé par d'effroyables agonies, des désespérances sans nom : calomnié, mis à la porte des noviciats, enfermé en hôpital psychiatrique. Les psychiatres ne savaient plus qu'en faire. Mais c'était Dieu qui était à l'œuvre. Et c'est Dieu qui l'a délivré. Oh ! très simplement : en se confessant un soir chez un pauvre curé de campagne. De la petite église c'est un homme nouveau qui revient, rayonnant de joie, affamé de solitude. Au coucher du soleil on le surprend dansant dans la forêt – malgré sa jambe de bois – le visage en feu : «Comme Dieu est miséricordieux !» Puis s'arrêtant brusquement : «Seigneur, j'irai où tu voudras.» Il est guéri. Il partira guérir les plus démunis des hommes. En grand artiste qu'il est, en chacun il restaurera l'Icône défigurée : en chacun il aura reconnu cette Sainte Face autrefois peinte avec tant d'amour.

Dans leurs bidonvilles ou leurs saints déserts, ses petits frères et sœurs seront les plus joyeux des hommes. Sur leurs lèvres, comme elle sonne clair la vieille salutation ruthène : «Slawa Isusu Chrystu !»

Frère Albert, toute la Pologne te connaît et t'aime. Tu tiens de François d'Assise et de Seraphim de Sarov, de Jean de la

183

Ton pays : la Miséricorde

Croix et de Jean Kronstadtsky, de Benoît Labre et de Silouane : croisement inédit et merveilleux, comme en invente l'Esprit [10].

Notre Pape a vécu en ces lieux sanctifiés par ta très douce compassion pour tous et pour toutes [11]. Il en a respiré le parfum. Laisse-moi ici te bénir et demander ta bénédiction pour ceux qui passent par des chemins de nuit où l'aurore se fait attendre.

Un seuil où s'éteint la parole ?

Pourquoi cette envie de fuir devant un frère meurtri ? « Un autre s'en occupera mieux. Je ne suis pas compétent. Je repasserai demain. » Mille raisons s'entrechoquent, toutes sérieuses. Un frère en quête de compassion, c'est tellement compromettant, tellement angoissant. Comme on a peur d'être remis en question, révélé à soi-même. Peur aussi – surtout ? – de cette morsure : ne rien pouvoir devant celui-là qu'on voudrait bien aimer. Rien, sinon se donner soi-même. Et on le laissera dans le fossé à se débattre avec ses solitudes.

Face à certains désarrois, qui ne s'est jamais senti démuni et tremblant ? [12] Désolations qu'aucune parole n'est capable d'atteindre. Déceptions que le moindre geste semble raviver. Esseulement que toute main tendue ne fait que creuser.

---

10. MARIA WINOWSKA, *Frère Albert ou la Face aux outrages* (Ed. Saint-Paul 1960).

11. « Combien le serviteur de Dieu, le frère Albert, a aimé ce lieu, combien il l'a admiré et aimé depuis son ermitage de Kalatowki » (JEAN-PAUL II, *Homélie aux montagnards de Nowy Targ,* 8 août 1979).

12. « Lorsque nous connaissons mieux que la victime elle-même, l'étendue de son malheur : par exemple devant un tout petit enfant infirme... si ces quatre mots n'existaient pas : « car ils seront consolés » et s'ils n'étaient Parole du Seigneur, le cœur nous manquerait ; notre compassion serait insupportable, impossible à supporter à la longue » (G. CESBRON, *Huit paroles pour l'éternité,* p. 92).

Serais-je devant une de ces «souffrances qui doivent rester inconsolables et que le Christ illumine sans les consoler?»[13]

Étant infirmier, j'aimais ces longues gardes de nuit dans un hôpital militaire. Les journées harassantes en salle d'opération ne laissaient aucune possibilité de contact personnel avec tous ces jeunes, dont certains gravement malades. La nuit tombée, à l'occasion d'une piqûre, d'un pansement, on prenait son temps : ils s'ouvraient, se confiaient. Mais – obstacle à une communication vraie – il restait toujours une barrière. Un beau matin elle fut franchie quand, à mon tour, je me trouvai hospitalisé dans la salle même dont j'avais eu la responsabilité pour la nuit. Impression de basculer dans un monde jusque-là côtoyé.

Durant ces longs mois, cloué au lit, que de confidences reçues, d'appels captés! Il m'avait fallu vingt-et-un ans pour découvrir des plaies plus mortelles que celles des grands accidentés que nous recevions en urgence toutes les deux ou trois heures. Que de détresses insoupçonnées!

Pas une semaine sans que l'un ou l'autre ne nous quitte, mais pour la Demeure du Père. Départs parfois interminables, parfois foudroyants – telles ces méningites emportant en quelques heures le gars du lit voisin. On avait fini par me loger dans ce qu'on appelait l'isoloir, euphémisme pour mouroir, afin d'assurer une présence aux mourants. Pour beaucoup, la famille demeurait distante. On les laissait à une inimaginable solitude[14]. Tenir leur main, écouter leur délire, essuyer leur front en sueur, recueillir leurs ultimes désirs. Prier, surtout, prier. Quoi dire, et comment le dire? Quoi faire qui n'écorche encore davantage?

---

13. Cardinal JOURNET, *Sept Paroles,* p. 95.

14. La plupart des enfants qui vont mourir le savent très bien. Rares ceux qui ont vraiment peur. Mais ce qui les angoisse : la conspiration du silence autour d'eux, cette complicité des adultes dans un mensonge dont personne n'est dupe. «Ils ne me disent rien, mais je sais. J'ai une tumeur. On meurt... il y a des enfants qui meurent, moi aussi je mourirai» (Jeannette, 11 ans, atteinte d'une tumeur cérébrale). G. RAIMBAULT, *L'enfant et la mort,* p. 13.

Ton pays : la Miséricorde

Désarmement du Père devant l'agonie du Bien-Aimé. De *Jésus* gagné par la contagion des larmes. De Marie devant l'infinie déréliction. Désarmement, oui, de Dieu, devant l'enfant de son amour qui en refuse la présence. Silence de Dieu qui pleure : sondes-en maintenant les abîmes. Non dans la révolte de l'impuissance, mais dans la grande paix de ceux qui savent qu'aimer d'amour, cela suffit ; de ceux qui aiment assez pour se taire.

Être là. Être ce qu'on est. Écouter. Essayer de comprendre. Accompagner. Simplement. Pauvrement. Seuil d'abandon où tous les mots expirent [15]. Tous ? Pour traverser le voile des larmes, n'en reste-t-il pas un seul ? Si, j'ai un mot : il vaut tout l'or et tout l'argent du monde...

Le silence qu'un seul mot ne brise pas

Pourquoi tant de banalités quand on visite un malade, un prisonnier, un agonisant surtout. Ou quand un frère au cœur malade, prisonnier ou agonisant vient à nous rencontrer ?

Savons-nous quelles soifs non dites stagnent alors, et que notre légèreté ou notre inconscience laissent altérées ? Soupçonnons-nous le goût âcre que peut laisser au cœur une heure dont on attendait beaucoup, et dont on ne ressort qu'avec des paroles superficielles ou mondaines ? « Encore une fois, je n'ai pas osé sortir ce qui me pèse. » Chaque fois, on espère trouver la faille où glisser une confidence, et toujours elle se dérobe.

Parler pluie et beau temps, peut-être, pour détendre une atmosphère, rompre une gêne, briser une timidité ; mais une compassion n'y passera que si ces paroles préparent cet instant où le mot sera lâché, qui répond à l'attente inavouée du cœur [16]. Ne serait-ce qu'à la dérobée, comme on glisse furti-

---

15. « Les êtres qui auraient le plus à se dire sont justement ceux dont les paroles expirent sur les lèvres » (JEAN GUITTON, *Dialogues avec Paul VI*, p. 438).
16. « Ça ne sert à rien de parler *de* Dieu *à* des malades ! » Ce mot d'un prê-

vement un billet dans la main de cet ami dont on connaît le besoin, auquel on voudrait répondre sans le faire rougir. Guetter, dans une conversation, ce détour où – sans en avoir l'air – elle pourra être transposée : les mots resteront presque les mêmes, apparemment banals, mais voici : une certaine mélodie en gonflera les voiles. Avec les mêmes notes passer d'une rengaine de cabaret à l'hymne à la joie. Du moins si celle-ci ne risque pas d'ouvrir des écluses trop longtemps fermées...

Guetter, ne pas laisser fuir ces trop rares interstices : qui sait s'ils reviendront jamais ? Prier, pour trouver la passe juste, qui ne détonne pas, ne heurte pas. Ne pas avoir peur de la parole qui éveillera à la question trop longtemps enfouie, la question qui n'ose se formuler. *Ne tais pas une parole lorsqu'elle peut sauver* (Si 4,23). – « Tu as peur. La mort, tu sais bien qu'elle arrive. Tu n'en peux plus. Tu as envie de te mettre une balle dans la tête. De cette situation inextricable, tu ne sais comment en sortir. »

Souvent la Parole elle-même suffit, qui interroge autant qu'elle offre une clef. Quelques versets de la toujours Bonne Nouvelle, et voilà la Présence qui, d'implicite, devient évidente : « Répandre le doux Nom de Jésus et semer dans les âmes cette parole incarnée : le Christ [17]. »

Heureux, trois fois heureux, celui qui peut offrir à un malade, à un prisonnier, à un agonisant – de corps ou de cœur, ou le plus souvent les deux à la fois – la prière... La prière, apaisante comme aucun tranquillisant, tonifiante

---

tre dans une récente conférence à des infirmières, est-ce si loin de : Je ne connais pas cet homme ?... Mais, en effet, comment parler *de* Dieu *aux* malades si, d'abord, on n'a pas longuement parlé *à* Dieu de *ces* malades ? : ...« La belle-mère de Simon était au lit et *aussitôt on lui parla d'elle* » (Mc 1,29)... « On *l'implora en sa faveur* » (Lc 4,38)... « Les deux sœurs envoyèrent donc dire à Jésus : *Seigneur, celui que tu aimes est malade* » (Jn 11,3).

17. C<small>ATHERINE DE</small> S<small>IENNE</small>, *Lettre* 52.

comme aucun fortifiant, purifiante comme aucun désinfec-
tant. Pour l'âme toujours, pour le corps parfois.

Et alors, quelle prière plus simple : celle que le Nom béni
suffit à rendre brève, facile, pure, légère. Cadeau royal en
vérité !

Qui dira combien de salles d'hôpitaux, de cellules de prisons en ont résonné ? Combien d'agonies en ont été illumi-
nées ?

*

Comment ne pas partager cette lettre que je viens de recevoir :

« Annie, une jeune fille du village voisin, était condamnée
à brève échéance par les médecins. Soignée depuis des mois,
l'on venait de découvrir une leucémie. Elle était déjà très
amaigrie et ne pouvait se tenir debout. Nous lui avons proposé de prier avec elle. Elle accepta de bon cœur.

« Au bout d'un moment, nous nous sommes senties pous-
sées à dire tout haut la Prière de *Jésus* : ce n'était pas évident
que ce fût approprié car Annie était une fille très simple dans
toutes ses expressions, sans grande culture, presque pas de
pratique religieuse. Mais vu l'insistance avec laquelle le Seigneur nous disait que cela allait l'aider, nous avons prié à
haute voix : *Seigneur Jésus-Christ, Fils de Dieu, aie pitié de
moi, pécheur.* Nous l'avons prononcée deux ou trois fois et
nous avons entendu Annie se joindre à notre prière. Une ou
deux fois encore et elle priait cette invocation du Nom avec
une profondeur et une intensité telles que nous avons été
émerveillées. On aurait pu croire qu'elle n'avait jamais dit
aucune autre prière dans sa vie. Sur le chemin du retour, il y
avait un grand silence dans la voiture. Nous nous taisions
parce que nos cœurs étaient tellement pleins de ton Nom,
Seigneur, que nous ne pouvions en faire sortir rien d'autre. A
peine sorties de la ville, ce fut un jaillissement de ton Nom
béni et tout-puissant, ininterrompu et inextinguible. Une
véritable source de vie. Toute la soirée et le lendemain et les
jours suivants, nous ne pouvions prier que ton Nom.

« Elle est morte trois semaines après notre retour. Elle avait dit à l'aumônier de l'hôpital : "Je ne peux plus ne pas prier." Aux prêtres qu'elle avait connus dans son village, elle disait : "Voulez-vous qu'on prie ensemble ?" ou bien : "Monsieur l'abbé, faites-moi prier."

« Pour elle et avec elle nous avons demandé la guérison de toutes les souffrances physiques et morales que Tu avais à guérir en elle. Tu l'as apaisée, purifiée, consolée, bercée. » (...)

« Le jour où Robert se mourait, son épouse me vit ouvrir la Bible et me dit : "Qu'est-ce qu'Il vous dit le Seigneur ? – Eh bien ! Il nous donne, comme parole, les Béatitudes. On pourrait les prier alternées avec la Prière de Jésus, on les comprendra mieux qu'en les lisant simplement. – Je ne sais pas la Prière de Jésus. – C'est la prière que nous disons souvent avec Robert : *Seigneur Jésus-Christ, Fils de Dieu...* – Oh ! oui, celle-là je l'ai ancrée dans le cœur !"

« La dernière parole que Robert entendit sur terre fut donc la Prière de ton Nom béni et ton Sermon sur la montagne. Quelques minutes après, il tomba dans le coma. »

*

Le plus beau : lorsque le malade, le prisonnier lui-même, vient à offrir la prière du cœur [18]. Il arrive que la prière se fasse contagieuse. D'un lit à l'autre, elle se transmet, comme on montre une rose qu'un ami vient d'apporter. Une salle entière peut en être parfumée. Rarement, mais cela ne s'oublie plus [19].

---

18. Je connais un homme, jeune encore, dont un accident a volé la vue : il avait transformé sa chambre de clinique en chambre haute. Quand des amis venaient le voir, le plus clair du temps – le temps le plus clair – à l'étonnement des médecins, était donné à la louange.

19. Le Père Aemiliano TARDIF raconte comment, hospitalisé au Québec pour une tuberculose pulmonaire aiguë, ses amis lui apportaient : cigarettes, friandises, revues, fleurs, etc. Un beau jour il reçoit la visite de cinq personnes qui lui ont proposé de prier sur lui pour demander sa guérison. Cadeau inespéré : sa guérison quasi instantanée. Il demanda que l'année alors prévue en

Une visite banale sera ainsi visitation : Jésus, reçu l'un de l'autre, aura donné l'Esprit l'un par l'autre : d'une même joie on aura tressailli. Ton frère qui tremble ou transpire, qui s'agite ou déjà s'endort, qui attend il ne sait trop quoi, ou n'espère plus rien – ni de ce jour ni de cette vie – puisses-tu le regarder dans les yeux et murmurer très doucement : *Jésus, Jésus !* là où rien d'autre ne saurait descendre. Par les yeux, le Nom aura plongé au lac profond qui s'en apaise. Quel autre mot passerait le seuil où tout doit se taire ? Que donner d'autre qui demeure ? *Qui* donner d'autre ?

---

hôpital lui soit accordée pour se familiariser avec ces audacieux chrétiens : ce fut la découverte du Renouveau dans l'Esprit. Aemiliano recevra à son tour le charisme de guérison.

2. Les yeux et les mains de Marie

> *Qui pourra te sauver et te consoler*
> *fille de Sion*
> *Immense comme la mer, ton brisement*
> *qui donc va te guérir?*
>
> Lm 2,13

La Gloire aux traits de mon frère

La chose la plus méconnue chez les frères c'est leur part de souffrance. Celle qui est conservée secrète. Celle qui ne se publie pas. Mais, verrouillée, demeure le secret du Roi.

Ferme ta porte et souffre comme tu peux. Pauvres humanités, générations de douleurs, que de véritables héroïsmes n'avez-vous camouflé sous des dehors modestes! Supportables douleurs accumulées pas à pas sur les chemins. Insupportables longueurs de route dès qu'on vous considère dans votre forme et votre durée. O souffrances qui forgez notre corps sous la Main de l'Artisan! Nos années ont tourné dans la douleur et la douleur jamais ne s'est étonnée d'être reçue en nos maisons...

Le Royaume? ton frère, là où il est le plus démuni. Comment en passer le seuil sans devenir ce qu'il est : enfant désarmé. N'ayant à donner que lui-même.

Il a eu trop mal pour ne pas faire mal, été trop détruit pour ne pas détruire. Pourtant, en lui tout n'est pas durci. Cet enfant blessé qui en lui joue à cache-cache, le voilà qui doucement s'étire. Éveillé par ce que tu es devant lui. Une à une ses armes tomberont. Il cessera de trembler. Il se verra tel qu'il refuse d'être : fragile, démuni, dépendant. La compassion : le sentier que prend l'Esprit pour que ton frère se laisse aimer tel qu'il est [20].

Être devant ton frère ce qu'est Dieu devant toi, afin qu'il devienne ce qu'il est en vérité : son enfant. A travers l'épaisse porte aussi barricadée soit-elle, le Seigneur se glissera jusqu'à ce point où ton frère ignore son propre nom.

Quelque part dans le pays de chaque homme, un jardin ombré d'oliviers. On n'y entre qu'invité. Descends vite : rendez-vous à Gethsémani. Pour peu que tes yeux se fassent à la nuit, une silhouette s'y dessine. En cet être tant de fois croisé, évité, redouté peut-être : la Face méconnue. La Face telle que façonnée par la vie de ton frère.

Aussi fatigué que soit son cœur, un sang neuf y coule. Si tu sais écouter. Aussi éteints que semblent être ses yeux, une lueur y filtre. Là où la nuit est la plus sombre, brillent deux étoiles : Jésus te regarde.

Ton frère, comme il est beau, si tu sais voir !

« Le regard est là qui trahit le chant [21] »

Si tu sais voir : si ton regard est assez lavé pour descendre jusqu'à la source d'où montent les larmes. Comment désarmerait-il les peurs, celui qui n'a jamais connu les pleurs ? Pleurer avec les yeux de Jésus regardant son Père, cela donne un regard neuf sur chaque humain : comment n'en serait-il pas changé, à ses propres yeux ? Ton regard s'infiltre alors jusqu'à sa terre la plus labourée, sans l'éventrer davantage [22]

---

20. «Derrière le sourire d'un frère, j'ai perçu une tristesse venant du démon. Cela m'a été insupportable. Je ne puis plus voir quelqu'un de triste sans en être bouleversé» (André, 19 ans).

21. CLAUDEL, *L'œil écoute,* p. 231. «Le regard rachète l'infirmité des lèvres» (PAUL VI).

22. «Comment notre corps peut-il être offert en sacrifice à Dieu ? Lorsque nos yeux ont un regard plein de douceur, selon ce qu'il est écrit : celui dont le regard est doux sera pardonné» (GRÉGOIRE PALAMAS, *Triades).*

J'aime ce staretz russe qui demandait cette grâce : que son seul regard suffise à guérir, et que la parole en devienne inutile. *Bernadette* en reçoit quelque chose en ce ministère de consolation qu'elle exerce auprès des postulantes de 16 ans en crise de cafard qui «s'ennuyaient» comme elle-même à son arrivée à Nevers. Pour chacune le mot juste, drôle parfois, qui change les gémissements en éclats de rire, mais la plupart du temps le regard suffit, qui plus jamais ne s'oubliait. On ne sait qu'inventer pour y capter un reflet des yeux de Marie [23].

Le ciel oublierait d'être bleu

Marie! La page est venue d'en parler. Mais on ose à peine, peur d'abîmer quelque chose. Certaines détresses ne s'apaisent que dans son regard. Les pauvres le savent qui en reconnaissent et la douceur et la lumière.

A peine repérable sa présence, et pourtant, une vie serait-elle tolérable sans elle? Il est des visitations si secrètes qu'on ne sait d'où émane leur parfum. D'une vie humaine, quelle qu'elle soit, jamais elle n'est absente, fût-ce un instant. Mais c'est de nuit : plus tard on le sait.

Proche ou lointaine, lorsqu'une mère vous quitte, le vide est tel que l'on mesure subitement – atrocement parfois – combien c'était doux dans une vie de la savoir là, cette femme qui vous a aimé avant même que vous puissiez l'aimer, qui vous a aimé davantage encore quand vous avez cessé de l'aimer. Là, quelque part dans le monde, vous aimant toujours, et cela suffisait aux heures où vous trahit la vie. Maintenant qu'elle a fermé les yeux, comme elle est froide cette terre et comme on s'y sent perdu!

---

23. «Vous aviez l'impression que ce regard ne se posait qu'à peine sur la terre, comme s'il était sollicité mystérieusement par je ne sais quoi d'infini qu'il lui manquait» (voir GUYNOT, *Bernadette d'après ses contemporains*, p. 86 et 221).

Si Marie disparaissait de notre monde, alors oui, on en connaîtrait la solitude : plus essuyées certaines larmes, perdus certains sourires, morte une certaine manière d'aimer. Le ciel aurait changé de couleur. Et notre terre, de visage, givrée l'année durant.

Personne comme elle pour saisir ce qu'est le péché : pour personne n'est remonté aussi loin le Pardon. Jusqu'à ôter la pierre avant même que ses pas ne foulent le chemin. Personne comme elle pour comprendre ce qu'est être blessé : personne n'a, comme elle, aimé. Jusqu'à fouler mon chemin dans les pas mêmes de l'Amour.

Le bon cardinal Journet aimait nous parler de cette Chartreuse de la Valsainte où il s'est fait enterrer : « Une chose m'émeut dans les Chartreuses : on y trouve réunies la force et la tendresse... Entre les deux chambres de leur maison, une toute petite pièce avec une statue de la Vierge. Chaque fois que le Chartreux y passe, il dit l'Ave Maria. Le désert ne serait pas tenable s'il n'y avait pas une douceur, celle de la Vierge Marie. En montant l'escalier, on peut voir un verre contenant une fleur. C'est très beau une tendresse virile. » Un jour il ajouta : « Je me souviens d'une chose que m'avait racontée Claudel. Le prêtre auquel il s'adressait avait été appelé auprès d'une prostituée pour les derniers sacrements. Après sa confession elle lui dit : « Quelque chose est toujours resté en moi, ouvrez l'armoire, vous verrez. » Il y trouva une statue de la Sainte Vierge. Ce quelque chose demeuré caché en elle, c'était Marie, avec cette douceur de Dieu qu'elle apporte.

A mon tour de surprendre sur mes lèvres ce mot usé des vieilles litanies : « Refuge des pécheurs », dont l'hymne acathiste me renvoie l'écho : « Tu relèves Adam de sa chute, par toi Ève ne pleure plus. »

Je comprends mieux, avec les années, ce que m'écrit notre *Seraphim de Sarov* : « L'après-midi, que chaque chrétien, en s'occupant de ses affaires, dise doucement : "Sainte Mère de Dieu, sauve-moi, pécheur", ou bien "Seigneur Jésus-Christ, par l'intercession de ta Sainte Mère, compassion de moi, pécheur". Et qu'il continue ainsi jusqu'au soir[24]. »

Et quand tombe la nuit, je les vois mes frères cisterciens aux longues coules blanches – dans la pénombre du chœur, une seule lumière au cœur – à l'heure où s'éteint le rude labeur du jour. En mon nom, s'élèvent leurs voix : *Salve Mater misericordiae !* Tourne vers nous ton regard de miséricorde !

Et les frères du Mont-Athos et des laures clandestines de Russie, de reprendre en chœur : « Malade de corps et d'âme, rends-moi digne de ta divine visite et de tes soins. Jette un regard de miséricorde sur l'oppression cruelle de mon corps et guéris la douleur de mon âme, car je te reconnais trésor inépuisable de guérison, ô immaculée ! »[25]

Oui, je te salue, Terre où a germé la Fleur de la Miséricorde ! Je te salue, Toi qui as porté la Miséricorde sur tes genoux, avant de lui apprendre à fouler nos sentiers ! Toi sans qui elle n'aurait pas eu mes yeux pour pleurer, ni mon visage pour me regarder et me dire : je sais et je comprends ! Je te salue, Mère de l'Allégresse qui sèche les larmes du monde ![26]

24. Depuis notre pape Jean-Paul II au plus silencieux des enfants, pour combien de catholiques le rosaire ne demeure-t-il pas un repos chaque jour offert aux cœurs pauvres ? Déploiement de la prière du cœur, *l'Ave Maria* se cristallise lui aussi autour des deux noms bénis de *Marie* et de *Jésus,* suivis de celui de *pécheur.*
Suggestion pour en rafraîchir la récitation : comme en plusieurs pays de l'Est, mentionner à chaque Ave le mystère évoqué en y faisant passer tout l'Évangile : ...et Jésus ton enfant travaillant à Nazareth..., baptisé au Jourdain..., priant au désert..., transfiguré sur la montagne..., guérissant les malades..., qui bénit les enfants..., montant à Jérusalem..., livrant son Corps et son Sang..., ressuscité d'entre les morts..., remonté près du Père..., dont nous attendons la Venue en Gloire..., etc.
25. Liturgie byzantine, Canon de supplication à la Mère de Dieu.
26. « Le fils de la Vierge vint au-devant du fils de la veuve : il devint comme une éponge pour les larmes de celle-ci » (SAINT EPHREM, *Diat.* 6,23).

Ton pays : la Miséricorde

L'icône de la prière de guérison

Quand l'Allégresse s'est mise à trembler, elle en a recueilli les larmes. Connais-tu cette étrange icône russe appelée «l'œil qui ne dort pas»? Je l'aime beaucoup. Elle est pour moi l'icône par excellence de la prière de guérison. On dirait une icône de Noël. Jésus est là, allongé comme l'enfant qu'il est alors. Une femme debout à son chevet, comme on veille un mourant. Une main délicatement posée sur sa tête, l'autre – paume ouverte – l'offrant au Père. Elle prie sur lui [27]. Mikaël, l'Ange de la Force, le réconforte en lui présentant la croix. Partout des oiseaux dans les branches d'oliviers : ils chantent. *Un monde nouveau est là :* le Fils a dit *Amen.*

Je ne l'ai jamais vue aussi douce, aussi belle, notre *Myriam.* Comme jamais Mère du Pauvre. Au visage grave comme celui des enfants qui en savent déjà long sur la vie. Icône de l'attendrissement de l'Esprit, comme le Fils l'est de la Splendeur du Père.

Cette prière de compassion, fleurie en l'agonie de son Enfant, pourquoi ne la poursuivrait-elle pas sur chacun des siens? [28] Leur vie s'étiole, elle l'étoile : *Jésus, toi, Jésus!* Et quand un frère en désarroi me demande de prier sur lui, pourquoi ne pas mendier sa compassion à elle? L'Esprit me donnera ses yeux à elle pour deviner les carences secrètes, discerner les lésions cachées, les maladies qu'on n'ose dire. Acuité d'un regard qui s'enveloppe de délicatesse, la sienne. Il me donnera ses mains à elle pour oindre les plaies sans les rou-

---

27. En ce geste si beau, spontanément retrouvé dans le Renouveau. Je pense aussi à l'étonnante attitude de Marie au pied de la Croix, sur une fresque du baptistère du Duomo de Sienne : par terre, accroupie, jambes «en tailleur», les deux bras levés, paumes ouvertes.
Dit-elle alors : «Tu m'as donné la mort plus que tu ne l'as reçue. Puissé-je devenir un cadavre à ta place, mon enfant!»? (Saint Grégoire de Nazianze *Tragédie de la Passion* 895.)
28. Hasard si les lieux de pèlerinage s'originant dans une apparition de Marie soient universellement et traditionnellement, des lieux de guérison, et du corps et de l'âme?

vrir, apaiser les inquiétudes sans réveiller d'inutiles souvenirs. Son cœur surtout, épris de toute détresse.

«Je n'oublierai jamais comment ayant prié avec moi devant l'icône de la Mère de Dieu, le Père *Seraphim* mit sur ma tête ses mains chaudes et je sentis tout à coup une force vivifiante se répandre à travers mon corps tout entier. Je levai les yeux sur le Père et je vis qu'il pleurait. Une de ses larmes tomba sur mon front. Pleurait-il sur moi ?»[29]

Une toute jeune fille me confiait récemment : «Je vois parfois la Sainte Vierge qui se penche vers Jésus et lui chuchote quelque chose à l'oreille. Mais je n'entends pas ce qu'ils se disent.» Serait-ce : *Ils n'ont plus de santé ?*

Le baiser de Violaine

Derrière tout visage mal fait parce que mal aimé, aux traits tendus par une paix refusée, au regard tourmenté par un élan brisé, il y a *Jésus* en manque d'amour. *Jésus* qui a mal quelque part. *Jésus* qui attend d'être, par moi, soigné. Ne vois-tu pas ses yeux *comme des yeux d'esclave vers la main de leur maître* (Ps 122,2), dans l'espoir que ta main se posera sur ton frère, mais pour le porter ? Le jour où je le sais, un mot m'échappe : O toi mon frère, me pardonnes-tu ce qu'en toi j'ai déchiré ?

Je pense à ce baiser de Violaine dans *L'Annonce faite à Marie*, où Claudel a rendu, de manière si saisissante, le Mystère de la Rédemption. Baiser qui livre accès au mal, qui épouse la lèpre secrète du frère aimé, mais pour le guérir. Baiser qui prend tout sur soi pour que tout soit offert. Baiser d'une telle limpidité et pourtant trahi, sali, calomnié. Baiser de silence et d'aube quand blanchit déjà la moisson. Baiser qui ouvre la route royale des pardons. Et c'est ainsi que Vio-

---

29. Irina Gorainoff, *Seraphim de Sarov*. p. 71.

laine peut rendre la vie au petit être déjà froid déposé en ses mains, au plus noir de la nuit de Noël. Violaine-la-transparente, Violaine-la-lépreuse ! On dirait qu'à cause de ce baiser fou, Dieu est sans défense devant toi ! Comment pourrait-il résister à ta prière, ne pas donner son Souffle de Vie à tous les cadavres du monde ?

La lumière des yeux de Dieu et la couleur des yeux de Violaine, danseront dans le regard des re-nés de l'Amour.

Prier sur un frère, n'est-ce pas l'éveiller au Visage qu'il ignore et qu'il fuit ? Qu'il porte malgré tout, telle une mère dont l'enfant vit mais peut encore mourir ? L'ouvrir à ces trésors de générosité, à ces élans de foi, en lui refoulés, et dont il se croyait incapable ? N'est-ce pas libérer Dieu, restituer son visage ? Jusqu'au jour où chacun reconnaîtra *Jésus* en l'autre ? [30] Se recevoir l'un l'autre dans la miséricorde, serait-ce autre chose ?

Ce mot d'Isaac le Syrien, je ne m'en lasse pas : « La pureté du cœur, c'est l'amour des faibles qui tombent. Celui qui est purifié voit l'âme de tous les hommes bons. Et quand personne ne se présente à lui comme impur, alors on peut dire qu'il est authentiquement pur de cœur. Si tu vois ton frère en train de pécher, jette sur ses épaules le manteau de ton amour ! » [31]

Ne badine pas avec l'Amour

Un jour, stupéfait, tu l'entendras, ton Roi : *J'ai eu grande joie et consolation en recevant ta charité : tu as soulagé le cœur des saints !* (Phm 7). « A cause des faibles, j'ai été faible.

---

30. « Marie voyait Notre Seigneur en celui qui avait reposé sur sa poitrine, et Jean voyait Notre Seigneur en celle dont les entrailles le mirent au monde » (SAINT EPHREM, *In Diat.* 20).
31. ISAAC LE SYRIEN, *Sent.* 35,113.

A cause des pauvres, j'ai été pauvre, et j'ai eu soif pour ceux qui ont soif [32]. »

Je t'ai reconnu : petit avec mes frères tout-petits [33]. O puissance démesurée, illimitée, déjà éternelle de nos pauvres miséricordes terrestres !

Aujourd'hui il n'est jamais trop tard, mais un jour viendra où ce le sera. Cette douceur qu'il y a à deviner la présence d'un être aimé, nous sera ôtée. Les voiles seront tombés. Je saurai quelle était cette main qui, désespérément, cherchait la mienne. Et ces membres transis en quête d'un feu. A ses côtés, j'étais passé sans Le voir. *Kyrie eleison !*

Non, non ! *Jésus* en agonie au fond de tout être perturbé, ce n'est pas une allégorie, aussi belle soit-elle. Notre pauvre monde ex-centré gravite autour de cette Réalité. On ne joue pas avec les mots de l'Amour. Avec l'Amour on ne badine pas.

Tu vois ton frère, tu vois ton cœur

Entrer dans la compassion sans être atteint de tous côtés par la faiblesse (He 5,5), est-ce possible ?

---

32. Agraphon : parole de Jésus non rapportée dans l'Évangile, citée par Origène.
33. On sait que cette expression est absolument propre à Jésus. Dans le langage de la communauté chrétienne primitive, elle désignait les frères « faibles », ceux qui tombent facilement, dont la conscience est vite blessée, bref, *les vulnérables.* Les Apôtres exhortent à les accueillir au sens fort du mot (1 Co 8 ; Rm 14,1–15,7 ; Mt 18,6 ; Mc 9,42). En contexte missionnaire (sous-jacent à Mt 25,31 ; Mc 9,36 ; Mt 10,40) elle désigne ces néophytes encore fragiles qui annoncent *Jésus* dans l'élan et la fraîcheur de leur foi neuve mais sans aucun mandat officiel, et que l'on aura tendance à mépriser (cf. *Didachè).* Et pourtant, *Jésus* proclame le Royaume à travers leur faiblesse même. Cela évoque ces quatre lépreux – les rejetés, méprisés – annonçant au Roi et à sa cour, la bonne nouvelle qu'ils sont les premiers à percevoir (2 R 6,24–7,9). Par les temps qui courent, nous verrons de plus en plus de ces

Ton pays : la Miséricorde

Un frère, ça ne se soigne pas de haut ou de loin. A la table de sa vie, se laisser inviter. A la même lumière, la nôtre s'y éclaire. Toute lucidité sur son âme est exigence de vérité sur moi-même. Le percevoir faible, c'est m'éprouver paumé. «Plus le frère est petit, plus le Christ est présent à travers lui [34].»

Dieu guérit les blessures des uns à travers celles des autres : en offrant mes propres blessures le Seigneur viendra guérir les siennes. C'est cela célébrer le Nom de Jésus *sur* un frère :

comme on braque un projecteur *sur* un opéré
comme on applique un onguent *sur* une foulure
comme on pose un baiser *sur* un visage en pleurs.

De la sorte, *le Nom de Notre Seigneur Jésus-Christ sera glorifié en nous, et nous en lui* (2 Th 1,12).

Dès qu'une braise vous atteint

La grâce de guérison descend en de tels abîmes, qu'il y faut de longues convalescences. Les traumatismes ont pu être si violents que des séquelles longtemps demeurent. Au travers des rechutes, une pauvreté de cœur se creuse, qui est humilité. Le Seigneur aime guérir par étapes : une communion s'y

---

paumés annonçant l'Évangile aux grands de ce monde. Malgré leur fragilité et à travers elle. Simplement parce qu'ils ont vécu une rencontre avec le Seigneur Jésus.

34. JEAN CHRYSOSTOME, *Hom. 45 sur les Actes*.

«Le pauvre fait découvrir à celui qui est venu pour "l'aider", sa propre pauvreté et sa propre vulnérabilité; il lui fait découvrir aussi les puissances aimantes de son cœur. Le pauvre a un pouvoir mystérieux : dans sa faiblesse, il devient capable de toucher les cœurs endurcis et de leur révéler les sources d'eau vive en eux. C'est la toute petite main de l'enfant dont on n'a pas peur, et qui se glisse à travers les barreaux de notre prison d'égoïsme. Il en arrive à ouvrir la serrure. Peut-être ne peut-on répondre aux cris des autres que quand on a reconnu et assumé le cri de sa propre blessure (JEAN VANIER, *La communauté, lieu du pardon et de la fête,* p. 49 et 26).

tisse avec des frères. Il nous confie les uns aux autres. Accompagnement mutuel, fidélité forgée au long des épreuves.

J'étais morne et las, j'ai rencontré des frères et tout ressuscite. Des nappes captives remontent jusqu'aux lèvres, un langage immense s'invente de lui-même... C'est à cause du feu qui brûle en eux, qu'ils ignoraient peut-être! O merveilleuse inhabitation Présence de l'Aimé! Oui, le sel est toujours le sel, le feu ne change pas de nature, l'eau qui désaltère a toujours le même pouvoir et la joie d'avoir des frères est éternelle! Tout ressuscite dès qu'une braise vous atteint! [35]

Quand un frère a rencontré Dieu, cheminer avec lui pour qu'il mette ses pas dans ceux du Christ. L'aider à balbutier cet *Abba* avec lequel il reçoit une famille : des frères et des sœurs de qui il se sait connu, se sent aimé, se reçoit soutenu. Pour la première fois de sa vie peut-être. Plante fragile après un trop long gel, il s'ouvre au soleil.

Père des orphelins, tel est alors l'Esprit en ton cœur. Quel que soit ton isolement, il en fait le séjour d'une maison. Quelle que soit ta captivité, il y ouvre une porte de bonheur. Les tiens trouvent là leur demeure, celle qu'en sa bonté Dieu même prépare au pauvre [36].

Sa maison, c'est nous! (He 3,6). Vous voilà, ensemble, serviteurs en la Maison du Père. A ce frère, en qui chacun se retrouve, vous tissez la plus belle aube, vous ciselez l'alliance d'or que marque le sceau royal. Vous apprêtez l'Agneau, que la Fête soit Noces. Vous jouerez de vos guitares, qu'elles s'entendent jusqu'aux champs les plus lointains, jusqu'au ciel : les Anges en rythmeront leurs chants.

Le Père n'a qu'un fils : chaque enfant qui se laisse tomber

---

35. Marie-Pascale. – Les lignes qui suivent font allusion au rôle des communautés dans ce qu'on a pu appeler l'agapèthérapie.

36. Le mot *isolé* du Ps 67,7 est celui qui, étymologiquement, est à l'origine du mot *moine.* Celui-ci est un être dont l'isolement est devenu solitude accueillante à toute pauvreté, parce qu'ouverte à Dieu.

en ses bras, n'est-ce pas l'Unique? N'est-ce pas *Jésus* remettant son Esprit dans les grandes Mains de son Père?

Et toi, tu te tiens là. Tu regardes. Tu ne comprends pas trop ce qui se passe entre eux, ton frère paumé et le Père; entre Eux, *Jésus* et son Père. Mais quelque chose tressaille, qui vient de très loin. Cette joie du Père étreignant son préféré, elle est tienne. Débordante!

Le bonheur du Royaume, dis-moi, sera-t-il tellement différent? [37]

---

37. Cf. Is 53,5. Ceux-là mêmes qui réclament une «Église pour les pauvres» sont parfois les premiers à reprocher au Renouveau charismatique d'être «un ramassis de déséquilibrés». Si tel était le cas, ne serait-ce pas la plus évangélique des étiquettes? Peuple des petits – si facilement méprisé des mandarins –, le Seigneur doit s'y sentir chez lui, dans la mesure où paumés et marginalisés s'y sentent accueillis, aimés pour ce qu'ils sont. Y a-t-il tant de lieux dans l'Église d'aujourd'hui où les déshérités sont arrachés à leur solitude en s'ouvrant à Dieu? Je pense, entre autres, à ces réunions de prière en plein Paris où clochards et gitans viennent exprimer leur balbutiante ou fervente prière, comme ils ne pourraient le faire nulle part.

3. Pourquoi ce parfum gaspillé ?

> *L'insulte m'a brisé le cœur*
> *et j'en suis malade.*
> *J'ai attendu un geste, mais rien*
> *des consolateurs,*
> *et je n'en ai pas trouvé.*
>
> Ps 68,21

Nous serons des êtres de compassion. Mais d'abord pour *Jésus*. Je ne parle plus ici de *Jésus* présent en tout homme, mais de *Jésus* en lui-même, en personne [38]. Il est à lui seul une Présence. Un vis-à-vis, à nul autre réductible. Quelqu'un avec qui j'ai une relation, indépendamment de toute autre. Quelqu'un qui compte pour ce qu'Il est. Qui, à mes yeux, a du prix (Is 43,4). Mon premier prochain : qui, comme lui, s'est approché de moi ?

Ce laissé-pour-compte au bord de la route, c'est Lui : *Je cherchais du regard un homme secourable, et rien* (Si 51,7). Aux jours de sa chair, il l'a bel et bien recherchée la compassion des siens ! Seul, il a foulé au pressoir. Des gens de son peuple, nul avec Lui. Seul, il est entré dans mes solitudes, seul dans ma peur, seul dans ma mort. Il a mendié la présence de ses amis. Il les a suppliés de ne pas le laisser seul. Il a redouté de l'être.

Et s'il est vrai qu'aujourd'hui encore, il est mis en croix, bafoué et piétiné (He 6,6 ; 10,29) alors, il est en attente de

---

38. « Empressons-nous de compatir avec l'Impassible ! » (ROMANOS LE MÉLODE, *Hymne* 34,1). La grande liturgie byzantine parle souvent de ces « larmes d'amour » – des larmes qui réchauffent – pour le Seigneur.

quelque chose comme une veille d'amour auprès de Lui. Que je puis Lui donner, ou Lui refuser.

L'Esprit fut son Défenseur, son Consolateur. Il l'a soutenu en son combat, conforté en son agonie. J'aime le voir dans l'Ange du Jardin. Au Nom du Père, il lui présente la coupe, mais au Nom du Père lui dit : *Ne crains pas* (Lm 3,57).

L'Esprit ne fera-t-il pas de nous des Anges, qui le rejoignent en ses solitudes : celles du désert et celles de l'agonie ? Marie me prendra par la main. Avec elle, je lui ferai ce qu'il a fait pour moi. Je redescendrai le long de sa vie. Je m'enfoncerai dans l'Évangile. A chaque endroit où il a été critiqué, incompris, peu aimé, je le rejoindrai. Depuis cette première déchirure : non désiré des siens, sans feu ni lieu sur la route de l'exil. Jusqu'au Jardin où il tombe en semence. Chaque fois que, dans sa vie, il a manqué de *ma* tendresse, où il attendait quelqu'un qui était moi. Sur chacune de ses blessures, je répéterai son Nom, comme on verse un baume : en lui offrant les miennes.

Comme un baptême de parfum

« Pour Celui qui a reçu l'onction royale, il faut un baptême de parfum[39]. Et je le retrouve en cette ultime soirée parmi ceux qu'il aime. Demain – dimanche des Palmes – descendant la colline des Oliviers, il laissera les enfants fêter la joyeuse entrée de leur Roi en sa ville bien-aimée. Avant la semaine de son grand labeur, il se repose, il reprend haleine : c'est son dernier Shabbat.

Le soir qui clôt le Shabbat, elle repart la Fiancée – accueillie la veille aux accents du *lekha dodi,* « Viens, ma fiancée ! ». Mais il faut garder précieusement son parfum, en signe de son passage, en gage de son retour : on fait alors respirer des aromates aux convives.

---

39. Expression de Romanos le Mélode.

Et ce soir, là, une femme tout à coup brise son vase sur Celui dont le cœur va être brisé. Elle embaume les pieds de Celui qui va laver ceux de ses disciples : une livre de trois cents deniers pour le Pauvre qui sera livré pour trente [40]. La petite maison de Béthanie s'emplit de la senteur du parfum : un nard à prix de sang, celui de la Miséricorde, imprégnera toute la Demeure de l'Église.

Compassion qui est prophétie : dans une semaine aujourd'hui, il se reposera encore, mais seul, mais délaissé, mais gisant au creux du rocher. Le grand Shabbat empêchera les saintes myrrhophores d'oindre son corps mille fois meurtri, mais qu'importe ! C'était déjà fait, et merveilleusement [41].

Oui, avant de laver les pieds des pauvres du Seigneur, et pour pouvoir le faire avec lui, il me faut parfumer les siens à lui, le Seigneur des pauvres [42].

On se moquera de moi : gaspiller son temps, démobiliser ses énergies, dilapider une fortune, gâcher une vie ! Mais l'Amour ne s'y connaît pas en psychologie rationnelle, en économie, en politique. Il se rit des calculatrices électroniques avec lesquelles on voudrait le programmer [43].

---

40. En mentionnant les pieds plutôt que la tête, Jean fait le rapprochement avec le lavement des pieds. Par ailleurs, le professeur Legrand a signalé que sur le saint Suaire des traces de cette onction de Béthanie sont encore visibles dans les cheveux.

41. Voir Annexe IV : La femme et son ministère de compassion.

42. «Que n'ai-je du baume excellent pour en oindre vos plaies... mais comment répandrai-je du baume sur vos plaies puisque je ne répands jamais un verre d'eau pour vos pauvres ?» (SAINT FRANÇOIS DE SALES).

43. «Jésus est malade et il faut remarquer que la maladie de l'amour ne se guérit que par l'amour» (THÉRÈSE DE LISIEUX, *Lettre* 109). «Il a tant besoin d'amour et il est si altéré qu'il attend de nous la goutte d'eau qui doit le rafraîchir. Ah! donnons sans compter, un jour il saura dire : «Maintenant mon tour» (*Lettre* 107). «L'oubli, il me semble que c'est ce qui lui fait le plus de peine» (*Lettre* 108).

Ton pays : la Miséricorde

Des gestes qu'invente l'Amour

Tout cela nous paraît étrange. Ses amis de toujours l'ont compris. Ils ne l'ont pas expliqué intellectuellement. Ils l'ont saisi dans l'intuition du cœur. Comme une de ces choses qui font partie de la vie et sans lesquelles elle ne vaudrait peut-être pas la peine d'être vécue.

Je me fie à eux. Quoi qu'en pensent certains théologiens au sourire narquois, ou condescendant. Si tu le veux, retrouvons quelques-uns de ces amoureux :

Isaac demande à Apa *Poemen :* «Dis-moi où tu étais?» – «Ma pensée était là où Sainte Marie la Mère de Dieu pleurait tout près de la Croix du Sauveur.»

Un frère et une vierge avaient péché en présence d'un ancien. Le lendemain ils lui demandent : «Abba, ne t'es-tu pas aperçu comment satan nous a bafoués? Où donc étais-tu à cette heure-là?» – «A cette heure-là, mon esprit se tenait, pleurant, là où le Christ fut crucifié.»

Un ancien a dit : «Souvenons-nous de celui qui n'avait pas où reposer sa tête. Vois ce qu'est devenu pour toi ton Maître : étranger et sans-logis. Oh! quel ineffable amour tu as pour les hommes, Seigneur. Pourquoi t'es-tu humilié ainsi pour moi, ta créature, puisque celui qui a tout créé d'un mot n'a pas où poser sa tête?»

Et ce sont des Pères du désert!

Syméon, lui, est grand théologien, mais il ne dit rien qui ne s'enracine dans une expérience : «Celui qui s'est appauvri pour notre salut, trouve chez nous sa nourriture ou, au contraire, est délaissé, réduit à la disette. Lorsqu'à cause de Lui, tu as faim et soif, *cela compte pour Lui* comme une nourriture et une boisson [44].»

---

44. Syméon le Nouveau Théologien, *Catéchèse* 9.
«L'amour nous presse... par une logique contraignante, d'aimer le Christ autant qu'on a pu le haïr. Notre propre sang ne doit pas nous être plus pré-

Et voici *Bernard,* notre doux et violent Bernard, qui sait que «Jésus aime toujours être entouré» :

«Plus que tout, ô bon *Jésus,* je t'aime pour ce calice que tu as bu, afin de nous racheter. C'est à ce point que tu nous as aimés.»

«Qui me consolera, Seigneur *Jésus,* moi qui n'ai pas compati aux souffrances du Crucifié? J'aurais alors tout au moins adouci tes blessures par mes larmes [45]...»

Et comment oublier le *Poverello?*

«Le jour même de Noël, il ne peut continuer son repas, il lui faut se lever et sangloter par terre, simplement parce qu'un frère vient d'évoquer le dénuement de Marie, la Vierge pauvre... Il pleurait à haute voix sur la Passion du Christ comme s'il en avait toujours sous les yeux le spectacle. Les rues retentissaient de ses gémissements. Au souvenir des plaies du Christ, il refusait absolument toute consolation...

Tous ces accès de joie finissaient par des larmes, son allégresse débouchait dans la contemplation de la Passion du Christ. Il ne laissait plus échapper que des soupirs, des gémissements répétés [46]...»

Ces plaies du Christ que *Bernadette,* quelques instants avant son dernier soupir, «baise lentement une à une»[47]. Et *Thérèse,* la petite, lorsqu'on lui demande pourquoi elle s'est livrée à l'Amour : «J'ai eu comme pitié du Bon Dieu!»[48]. Prodigieuse audace d'enfant! L'aurait-elle entendu, son Dieu : «Thérèse, fille du Dieu vivant, prends pitié de moi,

---

cieux que l'amour du Christ. Cet Amour du Christ fut plus puissant que la haine de ses ennemis. *La haine peut seulement ce que lui permet l'amour»* (BAUDOIN DE FORD, *Le sacrement de l'autel,* 1,2).

45. Pour le Mercredi saint, 14.

46. THOMAS DE CELANO 2,200.

47. «O Jésus désolé, et en même temps le refuge des âmes désolées» (SAINTE BERNADETTE, *Notes intimes*).

48. D'un jeune paumé : «Je ne suis pas théologien, je ne peux que pleurer, dire Amen. Mais pourquoi ne pourrait-on avoir pitié de Dieu, des humiliations du Sauveur, de son Cœur?»

créateur!» Elle voulait «essuyer les larmes que lui font couler les pécheurs» (*Lettre* 108). Avait-elle lu les *Relations* de la *Madre*? Celles-ci, par exemple, écrites à Malagon le 9 février 1570 :

«En le considérant, je vis qu'au lieu d'une couronne d'épines il en avait une toute resplendissante, dont les rayons partaient évidemment des blessures que les épines lui avaient faites autour de la tête. Je me mis à penser quel terrible tourment Notre Seigneur devait endurer puisque la couronne d'épines lui avait fait tant de plaies. Le Seigneur me dit alors : «Ne t'afflige pas pour ces plaies, mais pour celles en nombre considérable qui me sont faites *maintenant.*»

Deux ans plus tard, il lui dira : «Contemple mes plaies et tu *m'aideras à pleurer* la perte où courent les victimes du monde» (*Rel.* 29).

Le vieil *Origène* le savait déjà : «Mon Sauveur pleure aussi longtemps que nous persistons dans nos errements.»
En vérité : «Dieu s'est fait mendiant à cause de sa condescendance envers nous, souffrant mystiquement jusqu'à la fin des temps, en accueillant en Lui, par compassion, la souffrance de chacun [49].»

Mais personne n'a, comme *les enfants,* saisi cette folie :

«Nous étions dans cette lumière qui est Dieu, mais qui ne nous brûlait pas. Comment est Dieu? On ne peut pas le dire! Personne ne peut le dire! Mais *quelle peine de le voir si triste!* Si au moins je pouvais le consoler!»

C'est *Francisco* qui parle. Petit pâtre des hauts plateaux du Portugal. A 9 ans il a vu la Mère de Dieu. A 12 ans, elle le prenait dans une gloire plus éblouissante que la danse du soleil.

Neuf ans aussi, *Anne de Guigné* qui demande la grâce de pleurer avec la Mère des douleurs, comme Apa Poemen.

---

49. Saint Maxime le Confesseur, *Myst.* 24. PG 91, 713 B.

Mais pourquoi donc? «Parce que Jésus n'est pas assez aimé!»

Et moi? Pour qu'il soit aimé, n'aurai-je pas une vie dont l'amour soit la fragrance d'une certaine fleur? [50] Pour parfumer de la connaissance de Dieu tous lieux où je passerai (2 Co 2,14) [51]. Et d'abord pour lui faire, à lui, cette miséricorde.

> *Comment es-tu le Consolateur*
> *toi l'Inconsolable*
> *Toi dont la divine plaie reste incurable*
> *comment es-tu le guérisseur*
> *O Toi qui aimes et n'es pas aimé*
> *blesse-moi de ta blessure*
> *que j'aille inconsolée de te voir mal aimé*
> *Brise mon cœur sous la meule*
> *que je sente ta jalousie*
> *pour que jalousement je m'éprenne de toi.*

50. Cette plus fine des fleurs du désert, que mes frères moines savaient bien où cueillir : «Parmi toutes les plantes qui couvrent le champ des Écritures, je distingue une fleur admirable. Elle a commencé à fleurir sur les *lèvres* du Sauveur. Elle a sa racine dans le *Cœur* de Jésus : heureux les miséricordieux, ils obtiendront miséricorde» (Macaire).

51. «Je suis la fleur des champs et le lys des vallées. C'est à cause de moi qui étais dans la vallée qu'il est descendu dans la vallée et que, venant de la vallée, il devient le lys de la vallée au lieu de l'arbre de vie... et il est devenu la fleur de tout le champ, c'est-à-dire du monde entier, de toute la terre. Qu'est-ce donc qui peut être, autant que le *Nom du Christ, la fleur du monde?*» (ORIGÈNE, *Cant.* 2,5).

«Lorsque l'évêque aura donné le baptême, il fera sur le néophyte une onction avec l'huile. Qu'il dise : «Seigneur de toutes choses qui as répandu parmi toutes les nations le parfum très doux de la connaissance de l'Évangile, que cette huile soit efficace pour le baptisé; que par elle *le parfum du Christ* demeure en lui ferme et stable, qu'elle ressuscite et fasse vivre celui qui est mort avec le Christ» (*Les Constitutions apostoliques* VII, 44, 1-2).

Chapitre VI

UN MONDE QUI S'ENFANTE
DANS LES LARMES

Tenir ouverte la brèche

De la fosse profonde
j'ai invoqué ton Nom, Seigneur
Tu te fis proche
Tu as dit : ne crains pas !

Lm 3,55

1. **L'imploration filiale**

2. **Un monde que ravage le mal**

3. **Les enfants que tu m'as donnés**

1. L'imploration filiale

Il s'est livré lui-même à la mort
alors qu'il portait le péché des multitudes
et qu'il intercédait pour les criminels.

Is 53,12

Oh! recevoir l'Esprit de supplication, répandu sur la Jérusalem que nous sommes! (Za 12,10). Donné par le Transpercé, l'Esprit qui ne cessait de supplier en son âme filiale! De ma prière, il fera la prière du Cœur de Dieu, mais en pénétrant le mien. Pour que mes flèches visent ce Cœur même, elles doivent en partir. Chaque fois que Jésus entend : Seigneur *Jésus!*, rectifiant le tir il recentre : Seigneur *Abba!* puis lance lui-même vers son Père nos mille : sauve! guéris! pardonne!

Immense catalyseur, tous les cris jamais montés au cœur de l'homme, par ici passent. Pas un qui, ici, ne soit consacré. Prodigieuse trouvaille de l'Amour : en Jésus Dieu prie Dieu. Avec du sang et des larmes : les miens.

Moi, dans leur agonie, je violente mon âme par le jeûne, ma prière se retourne sur mon sein. J'allais comme l'ami, comme le frère, comme au deuil d'une mère, noir, j'allais courbé... (Ps 34,13) [1].

De *sa* miséricorde et de *notre* cœur, l'Esprit finira par faire un accord parfait, bien que longuement ajusté. Au long d'une vie dont les années s'égrènent comme les nœuds du chotky.

---

1. Traduction Chouraqui.

Une prière antidatée

Sa prière filiale, il a voulu la partager aussi bien avec ceux qui l'avaient précédé qu'avec ceux qui le suivraient. Pas un appel où Jésus ne m'ait devancé. Ces psaumes chantés à la petite synagogue de son village, scandés sur les sentiers de Judée, murmurés au désert et jusque sur la croix, le Père y entendait déjà les plaintes de ma solitude, de ma peur, de ma mort.

Mais, aussi bien, il a voulu parler à son Père avec des mots déjà usés par ses frères d'avant Noël, comme on passe un seuil sur une pierre creusée sous les pas des générations. Recevoir sa prière, non seulement de son Père, mais des pauvres qui, avant Lui, et déjà pour Lui, vivaient de ses Béatitudes. Leurs mots sont venus couler en sa chair, encore tout humectés par leurs lèvres. Capter leurs S.O.S., les faire siens, les émettre vers le Père : quelle joie, dis-moi, pour Jésus ! Et quelle joie pour le Père d'entendre déjà la voix de Jésus quand prient les pauvres d'Israël, dans le secret de leurs masures, ou dans la fastueuse liturgie du Temple.

Disent-ils : *je n'ouvre pas la bouche,* le Père écoute un autre silence. Disent-ils : *mon âme entre tes mains,* Il voit s'incliner une certaine Tête – O belle entre toutes ! Disent-ils : *j'ai soif,* Il entend la Source [2]...

Que toutes les louanges, tous les appels qui monteraient le long des siècles, soient déjà les siens : Lui Seul pour l'inventer ! Maintenant encore, les prières de tout peuple en situation d'Avent, le Père y entend Jésus.

« Tu es puissant à jamais, Seigneur, tu vivifies les morts, tu es puissant pour sauver, toi qui fais tomber la rosée, qui soutiens les vivants avec miséricorde, qui vivifies les morts dans

---

2. SAINT BERNARD nous dit que les prophètes étaient déjà imprégnés du parfum de Jésus, mais ne pouvaient encore le répandre ni en livrer le secret, ne pouvant encore montrer dans la chair Celui qu'ils pressentaient dans l'esprit (*Sup. Cant.* 60).

ta grande compassion, supportes ceux qui tombent, guéris les malades, délies les captifs et confirmes la foi de ceux qui dorment dans la poussière. Qui est semblable à toi, Seigneur des puissances et qui te ressemble, Roi qui tues et qui vivifies, qui fais jaillir le salut ? Et tu es encore fidèle à ressusciter les morts. Béni sois-tu, toi qui vivifies les morts !» [3]

Lorsqu'au soir du Shabbat, *Israël* reprend cette prière qui a dû passer sur les lèvres de Jésus, quelle émotion profonde pour le Père !

«Louange à Dieu, Seigneur des mondes, le Compatissant, le Miséricordieux, le Roi du jour du jugement. C'est Toi que nous adorons, Toi dont nous implorons le secours, ô Très Miséricordieux, fais-nous goûter la fraîcheur de ta compassion et la douceur de ton Pardon. Mon Dieu, je te prie par ton Nom qui est bon, pur, béni, bien-aimé. Si par lui on te demande miséricorde, tu fais miséricorde. Si par lui on te demande consolation, tu soulages [4].»

Lorsque dans le cœur de mon frère de l'*Islam,* se lève une telle confiance, Dieu ne se souviendrait-il pas de Moïse sur l'Horeb ? Comme à Moïse, un jour, il lui révélera le Visage même du Très Compatissant.

«Je suis pécheur, c'est pourquoi je viens vers Toi en suppliant. On me dit : Tu es le protecteur des faibles, prends garde à cette réputation et ne laisse pas retomber sur moi le poids écrasant de mes fautes. Mes péchés innombrables, je les place en tes mains aimantes. Sauve le nécessiteux, ô Toi le frère des malheureux !» [5]

Cette humble supplication montant de l'*Inde* profonde, comment y serait-il sourd ?

Oui, décidément «par toutes les régions de la terre l'encens des prières et des supplications monte vers toi !» [6]

---

3. 2e Bénédiction *(Geburoth)* de la *Shemonéh Esréh.*
4. Prière de la *Fatiha,* qui ouvre le *Coran.*
5. TUKARÂM, *Psaumes* (Inde, XVIIIe s.).
6. *Les Constitutions apostoliques,* Prière de Manassé.

Aux portes du jour et de la nuit

Je veillerai aux portes de la cité. Au commencement des veilles, la nuit *retentira* de mon cri. Devant sa face, je répandrai mon cœur comme de l'eau, comme celle qui coule de son Cœur. Vers lui je lèverai les mains, comme mes frères Chartreux durant la prière eucharistique [7]. Pour la vie de mes petits enfants qui défaillent de faim (cf. Lm 2,19).

Aux aurores, je reviendrai puiser ces compassions, chaque matin rafraîchies pour qui fait confiance (cf. Lm 3,22). Quand le soleil amorce sa redescente, sur la margelle du puits je m'asseyerai : *donne-nous à boire !* Au soir tombant, ces frères malades qu'il connaît mieux que moi, je les lui porterai : « Ma fille est à toute extrémité ! Viens ! Pose ta main sur elle ! Ton ami est malade ! Jette les yeux sur mon enfant : je n'en ai pas d'autre ! » [8]

A mon peu de foi, il saura bien suppléer. Il se rappellera ces soirs à l'entrée du village... Il fera comme alors. Il guérira.

Un cri qui ne passera qu'avec terre et ciel

Au ciel, que fait-il *l'Agneau*, sinon glorifier le Père, *en intercédant sans cesse pour nous ?* (He 7,25). Saisie dans la sienne, notre intercession ne cessera qu'avec la sienne : quand le Père sera tout en tous. Ne restera alors que cette louange avec laquelle, d'ici là, elle sera toujours tressée.

---

7. « Comme les attitudes du corps sont innombrables, celle où nous étendons les mains et où nous levons les yeux au ciel, doit être sûrement préférée à toutes les autres, pour exprimer dans le corps l'image des dispositions de l'âme pendant la prière » (ORIGÈNE, *La Prière* 31).

8. Deux jours après ces lignes, lettre d'une jeune paralysée : « Je passe des heures à présenter à Jésus les plaies de mes frères. »
Prier pour quelqu'un c'est l'allumer, petite lampe, devant la face de Dieu. Seraphim de Sarov faisait brûler des veilleuses devant les saintes icônes pour chacun de ceux que l'on confiait à son intercession.

Je me glisserai donc aux côtés de la *Théotokos* et du *Précurseur* que je vois, mains levées, autour du Roi[9]. Dès maintenant. Je rejoindrai ces «éveillés du ciel»[10] qui ne relâchent pas leur faction tant qu'il leur faudra crier avec nous : *Kyrie eleison !* Avec eux, je travaillerai. Dès maintenant.

Dès maintenant, je rejoindrai ces saints dont le bonheur tient aussi à ce ministère de compassion toujours exercé. J'anticiperai mon labeur céleste. Non, elle ne passe pas avec la vie, une telle passion![11]

Se sentirait-il incapable de résister à Jérémie, Dieu, pour qu'il lui dise : *N'intercède pas pour ce peuple. N'élève en leur faveur ni plainte ni prière ?*[12] Dieu nous fait confiance jusquelà, il faut le prendre au sérieux. Pauvreté de Dieu, à la merci de nos nonchalances!

Mais d'où tient-elle sa puissance, l'intercession filiale? De là même où elle s'est faite *violente clameur et larmes* (He 5,7). Là où Dieu, suppliant Dieu, s'est laissé transpercer par le mal. Grand Prêtre livré en faiblesse d'Agneau. Là où, broyé par le péché, l'Esprit en lui ne cessait d'*intercéder pour les pécheurs* (Is 53,12). Telle demeure à jamais sa prière. Pour intercéder, il n'a qu'une seule parole : son ultime parabole, celle des blessures. Devant les signes sanglants et glorieux de sa faiblesse, le Père est désarmé.

La prière la plus violente sera la plus silencieuse, celle qui offre d'être blessée par le mal. Au ciel encore, je les montrerai ces ouvertures, que n'aura cessé d'agrandir un long regard posé sur *Celui* que j'aurai transpercé (cf. Za 12,10)[13]. Un long regard posé sur *ce qui* l'a transpercé.

---

9. Allusion à l'icône de la *Deesis* – celle de l'intercession, par excellence – et que porte toute iconostase.

10. *Iraï raoumo :* les Anges dans la liturgie maronite.

11. Au ciel même Jérémie reste «l'ami de ses frères, qui prie beaucoup pour le peuple et pour la Ville sainte tout entière» (2 M 15,14).
«Ce qui m'attire? La pensée que je pourrai le faire aimer d'une multitude d'âmes qui le béniront éternellement» (Thérèse de Lisieux).

12. Jr 11,14.

13. Le verbe hébreu pour *regarder vers* signifie littéralement : *plonger son*

« *Dieu est le pauvre...*

...en accueillant en Lui par compassion la souffrance des autres, et en souffrant mystiquement jusqu'à la fin des temps, selon la mesure de nos souffrances [14].»

La souffrance en Dieu ! Oser juxtaposer ces deux termes qui semblent s'exclure absolument ! Et pourtant, l'esprit de l'homme en est plus interrogé qu'écartelé. Indéfiniment. Il devine, et il sait qu'il ne sait pas. Il voudrait dire et il sait qu'il ne pourra jamais trouver les mots qui ne trahissent pas. Les saints en ont l'intuition, mais préfèrent le silence, pudeur de ceux qui aiment ! Les Pères en ont pressenti quelque chose, mais n'ont guère osé s'y aventurer. Philosophes, théologiens de notre saison se risquent à le balbutier, mais leurs mots ressemblent « à des lions devenus aveugles cherchant une source dans le désert » (L. Bloy). Ils tâtonnent comme des aveugles le long d'un mur. Les enfants, eux, savent peut-être... mais à quoi bon le dire, quel adulte comprendra leur langage ?

Si déjà, pour nous, une déchirure vient se glisser dans la trame de nos tendresses les plus pures, l'ombre d'une croix ne

---

regard en Dieu. Regarder comme du dessus avec cette contemplation aimante et amoureuse. Et donc la lance qui a transpercé le Cœur de Jésus, c'est aussi notre regard amoureux qui vient plonger en lui, contempler son mystère et le recevoir. Par ailleurs, le texte original de Za 12,10 semble être : « Ils regarderont vers moi, celui qu'ils ont transpercé. » – Note de la TOB : «En langage réaliste, Dieu se déclare lui-même atteint par la mort infligée à son envoyé.»

14. Maxime le Confesseur, *Myst.* 24. Autres textes dans *Écoute les témoins.*

«Au fond du plus obscur de l'immense trouble dont souffre le monde d'aujourd'hui, il y a l'idée absurde d'un Dieu indifférent à notre misère. Je pense qu'une psychanalyse métaphysique du monde moderne décélerait là le mal qui ronge l'inconscient de celui-ci... Si les gens savaient que Dieu "souffre" avec nous et beaucoup plus que nous devant le mal qui ravage la terre, bien des choses changeraient sans doute et bien des âmes seraient libérées. Alors cesseraient peut-être d'être fermés et privés de sens pour elles les mots qui leur disent que dans cette miséricorde – où nous est si chère la "compassion" par laquelle il nous prend dans son cœur et "y fait sienne" notre misère – il a envoyé son Fils souffrir et mourir pour nous» (Jacques Maritain, *Revue Thomiste* 1969, 1).

se profile-t-elle au plus intime de l'Amour? Peut-on aimer sans brisement? Ce n'est pas son vêtement de gloire qui s'en est brisé, c'est son cœur. Et son cœur, c'est l'*Agneau discerné dès avant la fondation du monde* (1 P 1,20). Cet Agneau qui maintenant et à jamais porte en son corps les stigmates et de l'amour du Père pour nous, et de notre indifférence pour lui : *les mêmes !* Blessures qui *demeurent* parce que le Cœur de Dieu – son Verbe – continue à être lacéré par le mal. Blessures au cœur qui normalement donnent la mort, mais ici la mort est sans cesse vaincue par la Vie, le mal par l'Amour (Ap 5,6).

O souffrance victorieuse du Père : souffrance en son Verbe, victoire en son Esprit ! O glorieuse douleur du Père : douleur en l'Agneau que glorifie l'Esprit ! Mystère pour lequel il n'est pas de mot !

2. Un monde que ravage le mal

> *O terre, ne couvre point mon sang.*
> *Que rien n'arrête mon cri.*
> *Mon avocat auprès de Dieu c'est ma clameur*
> *tandis que devant moi coulent mes larmes.*
>
> Jb 16,18

Comment deviner les profondeurs de l'Amour sans mesurer les abîmes du mal? Dans la déchirure au flanc de l'*Agneau,* je vois la grande faille fissurant notre terre. Pourquoi Dieu n'a-t-il pu m'atteindre sans traverser lui-même notre torrent de boue et de sang? Le mal aurait-il quelque chose d'infini pour ainsi provoquer une effusion infinie de douloureuse tendresse?

Question immense comme l'univers, vieille comme le monde. La seule que rien de chez nous ne vient éclairer, la seule que nul parmi nous ne peut éluder. Où l'affronter ailleurs sans chavirer dans la désespérance? Cette trouée dans le Corps de Dieu, le mal y éclate comme nulle part, mais dans l'instant où il se volatilise : nous n'en recevrons plus que des éclats.

Ce mal diffus, insaisissable, impalpable, ici se voit, se touche, se saisit. Partout présent dans le temps et l'espace, il se localise – fulgurante précision : vendredi 7 avril 30, au Golgotha de Jérusalem. La Présence qui crée le temps et l'espace est traversée par la lance d'un soldat romain. Ce choc nous éveille-t-il d'une léthargie où l'on finit par trouver normal ce qui pour Dieu est intenable?

Si Dieu a été crucifié par le mal, oserai-je me résoudre à l'indifférence, prétendre à l'impassibilité?

Les cris que la révolte arrache à l'homme écrasé, Dieu ne les entend-il pas comme des prières? Il est des blasphèmes, des injures à Dieu que celui-ci recueille comme des appels vers lui : *Leur cri est venu jusqu'à moi, j'ai vu l'oppression qui pèse sur eux...* (Ex 3,9).

La compassion de Dieu me fait pénétrer dans la passion d'un monde qui a coûté la sienne.

Nul n'est vulnérable, face au mal, comme l'être des Béatitudes [15]. Il refuse toute défense qui ne soit celle de l'Agneau : une agonie où s'offre et se reçoit l'enfance. Et c'est ainsi d'abord qu'il combattra pour cette Justice qui se nomme Miséricorde. La plus violente de toutes. De toutes, la plus exigeante [16].

La souffrance s'écrase contre la beauté

« Mort de la vie et de l'espoir tendre, dans le monde déchiré des hommes la fissure s'est agrandie, elle ne se refermera plus. Rien n'est plus beau que la vie et l'espoir, sans eux rien ne bouge, rien n'est vie. Vous avez tué, saccagé le cœur et la joie, l'amour, la pureté, vous-mêmes. La vie et l'espoir meurent ensemble par votre faute, vous les hommes! Adieu! tendre vie, espoir de joie adieu! »

« Oiseau perdu, ton chant perdu chante ta mort. Où seras-tu quand ton anneau sera oublié dans le trésor de la source? Oiseau perdu, ton chant triste me fait mourir. Dis-moi ton

---

15. « Nous, les disciples du Verbe, ne sommes-nous pas les plus sensibles, les plus troublés par la vue et l'expérience du mal? » (PAUL VI, 15 novembre 1972).

16. « Qu'est-ce donc que la Miséricorde, sinon ce partage même de la blessure de Dieu en face du mal... Elle suppose une haine du mal infiniment plus forte que n'en peuvent inspirer toutes nos justices... On découvre alors que l'effet le plus précieux de cette blessure partagée est justement, avant même tout remède apporté au mal, notre immersion dans la miséricorde » (BERNARD BRO, *La puissance du mal,* p. 103).

secret avant de mourir. Le royaume de ta mort est-ce un conte féerique ou un cauchemar que je rêve ? »

« Le calme s'écoule, le temps s'échappe, file. La mort s'évanouira-t-elle dans les bras de l'éternité ? La vie surmontera-t-elle la mort ? La joie nous quitte, on ne la verra plus jamais, la nuit meurt dans le miroir de l'eau. La souffrance s'écrase contre la beauté. »

« O source, tu es morte et mon rêve devient un cauchemar. O rêve où es-tu ? Ta flamme s'est éteinte et le cauchemar est là. »

Qui parle ainsi ? Sartre, Camus, Nietzsche, ou Job, Quohélet, Jérémie ? Ni les uns ni les autres, mais Béatrice, François, Christophe, Luc... des enfants de dix ans, déjà contaminés par le virus de nos régions [17]. Oui, les enfants de notre temps, de chez nous ! Leur cœur : secoué d'immenses questions. En chacun, l'adulte est déjà là, prêt à la révolte. Comme ils me sont proches !

Leurs lancinants *pourquoi* – ceux qui hantent le cœur des hommes de toujours – je les lancerai vers Dieu. Passer une heure dans la nuit à simplement répéter : *Pourquoi ?* Humble et tenace certitude : Il y reconnaîtra le murmure d'une femme pauvre au soir d'une journée longue d'inquiétude (Lc 2,49) et celui d'un certain Vendredi soir. Contre la beauté de Dieu, la souffrance s'écrasera : elle y trouvera son visage.

Devant l'incompréhensible ne reste que le silence. Mais s'il est écoute de *l'Agneau,* un cri, en le déchirant, viendra l'exprimer. Un cri né de l'Amour et son nom propre : *Jésus !* Quand fait trop mal le mal, quoi crier d'autre ? Quand tout nous écorche, à ce Mot nous accrocher !

« Nom qui s'offre à tout moment, je t'ai vu là-bas dans la grande ville, tu semblais oublié dans la foule des passants, tu n'étais qu'une vieille histoire et chaque jour je te vois défi-

---

17. Extraits de poèmes d'enfants (10-12 ans) d'une école du Havre.

guré, flagellé et je regarde une grande croix avec ton Nom gravé dessus, creusé par les enfants. Je regarde cette plaine immense où la violence est reine, comment retenir mes larmes qui sont comme un Jésus qui coule inlassablement de mon cœur? Joie et souffrance!

«Oh! Abba! prends-moi, fais-moi grandir vers le Visage de ton Fils, il y a tant de cœurs qui désespèrent dans la nuit... Et *lorsqu'il ne te reste plus rien,* quand tous les pourquoi de la terre agressent ton âme, il ne te reste plus que, pauvre et tout abandonné, le beau Nom de *Jésus* [18].»

> *Mon âme faite pour la louange hésite ce soir*
> *à cause de la douleur du monde plantée dans mes flancs*
> *comme une femme porterait un fils hurlant et fou*
>
> *Quand les soirs de désastre tout se mue en questions*
> *ton Esprit me rappelle que Toi le premier*
> *Toi aussi tu t'occupes du monde.*
>
> *Cette douleur épandue,*
> *personne ne la voit comme tes yeux*
> *vaste et universelle*
>
> *Toi seul as le droit de poser des questions*
> *Toi qui fis la terre si belle, la douceur d'aimer*
> *intense et l'avenir promis à la Beauté*
>
> *Toi seul as le droit de poser des questions*
> *à qui saccage ton Poème!*

Christiane ou l'autre face de l'agonie

«Tout semble se passer comme si l'agonie de Jésus était quelque chose de si divinement immense qu'il faille, pour qu'une image en passe parmi ses membres, et pour que les hommes participent complètement à ce grand trésor d'amour

---

18. Bernadette (15 ans), dans une situation de grande détresse. D'un jeune infirmier : «Dimanche dernier, j'étais écrasé par le poids du péché du monde. C'est Jésus qui le porte à présent. Déjà je suis plus en paix.»

et de sang, qu'elle se partage entre eux selon ses aspects contrastants. Les saints y entrent volontairement, en s'offrant avec lui... la béatitude des persécutés illumine leur existence terrestre. Plus ils sont abandonnés, plus ils peuvent dire avec Jean de la Croix : «Miens sont les cieux et mienne est la terre»... Mais les tout à fait abandonnés, les victimes de la nuit, ceux qui meurent comme des réprouvés de l'existence terrestre, ceux qui sont jetés dans l'agonie du Christ sans le savoir et involontairement, c'est une autre face de cette agonie qu'ils manifestent et il faut bien sans doute que tout soit manifesté... Comme un legs fait à cet autre troupeau, il a dit : «Mon Dieu, mon Dieu, pourquoi m'as-tu abandonné?» Le grand troupeau des vrais misérables, des morts sans consolation, comment n'aurait-il pas soin de ceux qui portent cette marque-là de son agonie? Comment leur délaissement même ne serait-il pas la signature de leur appartenance au Sauveur crucifié et un titre suprême à sa miséricorde? Au détour de la mort, dans l'instant qu'ils passent de l'autre côté du voile, n'a-t-il pas le temps de leur dire encore : «Tu seras avec moi au paradis»? [19]

Peut-être y sont-ils déjà, en Paradis, mais c'est de nuit et nous n'en savons rien. Cette nuit-là, il arrive qu'un éclair vienne la déchirer, l'espace d'un éblouissement.

Combien de fois n'ai-je pas repensé à cette bouleversante histoire, qui se reçoit à genoux. Je ne puis m'empêcher de la retranscrire ici, pour la lueur jetée sur ces détresses qui suscitent tant de révolte, sourde ou violente :

«...Tout jeune bébé, les suites d'une méningite, probablement, l'avaient laissée idiote. Christiane avait douze ans maintenant. Elle venait de faire sa première communion,

---

19. Jacques Maritain, *Raison et raisons,* p. 350. – « Tu seras avec moi au Paradis.» Entendant récemment ces mots, lors d'une prédication de Thomas Roberts, un proxénète sortant de prison en fut bouleversé : «Je ne sais pas ce qui s'est passé. Tout s'est retourné en moi. J'ai couru me mettre dans un coin et pleurer comme un gosse. C'était la première fois de ma vie que je pleurais.»

parce qu'elle était si douce, si docile que mon amie avait cru aveuglément qu'une âme avide de Dieu pouvait se cacher derrière ces yeux éteints, ces yeux vrillés l'un dans l'autre au point de ravager le petit visage, de le retourner à l'intérieur, le fermant totalement au monde extérieur. Christiane était à ce point démunie de possibilités qu'on avait dû renoncer à lui apprendre quoi que ce soit : simplement on l'asseyait des heures durant dans la classe des grandes, qu'elle ne dérangeait jamais du reste. Hélas ! voulant rendre service, elle avait porté une bouteille d'essence à proximité d'un réchaud allumé, la bouteille lui avait échappé. Il ne restait du rideau de flamme qu'un petit arbre calciné comme on en voit dans les landes, mais *un petit arbre qui respirait encore.*

Avant de la retrouver, tout au fond d'une grande salle d'enfants, cachée par le paravent des mourants, nous savions déjà qu'on n'avait pas pu l'anesthésier pour l'opérer, faute de trouver un petit carré de chair vive pour enfoncer l'aiguille. Mais, au chirurgien bouleversé, elle avait répondu de sa voix cristalline : *« Ce n'est rien, notre Seigneur a souffert beaucoup plus que moi... »* Pas une plainte, pas un soupir, mais pas non plus une absence, et cette voix, claire comme une aurore de montagne, détendue, énergique, fascinante.

A part moi, je pensais : « Voilà comme se font les légendes : l'état de cette petite est si impressionnant qu'on en fait une icône... » Mais, quand je la vis, je changeai d'avis. Il ne semblait pas qu'elle puisse voir, car les yeux – comme le reste des traits – avaient été dévorés par la flamme ; au sens strict, elle n'avait plus forme humaine. Mais avant que nous ayons parlé, elle savait qui nous étions, elle insistait : « Vous allez vous fatiguer debout, il y a une chaise et un tabouret près du bureau de la Sœur... » et c'était vrai. Quand on voulait humecter ses lèvres, cette grande brûlée disait : « Si c'est permis, merci beaucoup. » Et puis : « Tu veux que nous jouions, puisque tu es assez gentille pour rester là ? Je vais te poser des colles, et tu répondras... »

Le lendemain matin, son médecin m'appelait : « Savez-vous qui est cette enfant ? On nous a dit qu'elle était idiote ;

quelle fraude a pu faire croire cela ? Je n'ai jamais vu une telle intelligence, ni une telle force de caractère.» Deux jours après, il avouait : *« J'ai touché Dieu au bout de mon scalpel »*, et il reprenait une pratique religieuse longtemps interrompue. Il ne fut pas le seul : Christiane demanda qu'on lui envoie l'une des monitrices, elle voulut rester seule avec elle, et celle-ci, bouleversée, racontait : «Elle m'a demandé d'aller me confesser, elle m'a dit de ne pas avoir peur...»

Les petits enfants, comme les adultes de la salle, étaient attirés près du lit, tous disaient : *« Comme elle est belle !»* et l'on s'arrêtait, surpris par l'énormité de cette assertion ; puis chacun répétait doucement : «C'est vrai pourtant qu'elle est si belle!» Mais les mots manquent dans notre langue d'homme pour parler de cette beauté-là.

Pour essayer encore de la sauver, le docteur pensait à l'amputer des jambes. Comment le lui dire ? C'est elle qui nous prévint : «Tu sais, j'ai un peu dormi ; j'ai rêvé que je courais avec Jésus enfant, il me disait : Veux-tu me donner une de tes jambes ? J'ai dit : *Pas une, les deux !* On va m'opérer de nouveau, n'est-ce pas ?»

A son retour, on croyait qu'elle ne passerait pas la nuit, et la Sœur lui demanda : «Qu'est-ce que tu préférerais, Christiane : rester avec nous, ou aller au Ciel ?» J'entends encore le rire amusé de l'enfant : *« Ici, je suis avec Lui, au Ciel je serai avec Lui, c'est pareil ; moi je préfère ce qu'Il voudra. »* Peu après elle était dans le coma, mais elle mit trente et un jours à mourir...

Pas une heure ne cessa ce rayonnement fascinant autour de ce petit corps martyrisé. Si bien qu'après sa mort elle fut exposée dans sa robe blanche de communiante dans le hall de l'hôpital transformé en chapelle ardente. Et quand vinrent les Pompes funèbres, le directeur ne voulut pas les laisser porter le petit cercueil : c'est lui, aidé des médecins et de l'aumônier, qui portèrent la précieuse relique et l'ensevelirent dans la terre qu'elle allait sanctifier. Pourtant les photos de Christiane témoignaient encore de l'aspect misé-

rable qu'elle avait toujours eu jusqu'à cet incendie de douleur et de gloire [20]. »

Kizito ou la prière qui voit l'invisible

Dieu pourra rester muet devant nos étonnements douloureux. Il pourra aussi répondre, dans la prière même qui se fait
question. Le Nom qui dénonce le mal viendra en dénouer
l'interrogation.

« Logés que nous sommes dans là tapisserie, nous ne
voyons que l'obscur enchevêtrement des fils qui se nouent sur
notre cœur » (J. Maritain). Mais dès que nous acceptons de
nous lover dans le Dessein de Dieu, le dessin se déchiffre, en
son horreur et sa splendeur, l'une dans l'autre.

« L'ennemi méchant a arraché les enfants de la main de
leur mère et les a tués. Tout cela, tu l'as permis. Pourquoi as-
tu fait cela ? Tu le sais, Seigneur ! Tu as fait pousser les céréa-
les, tu les as fait voir à nos yeux, l'affamé en les voyant était
consolé. Quand le blé était en fleurs, tu as envoyé des saute-
relles et des insectes. Tout cela est venu de ta main, c'est toi
qui l'as fait. Pourquoi l'as-tu fait ? Tu le sais, Seigneur ! » [21]

A la question de ses ancêtres *Gallas,* voici la réponse de
Kizito. A leur balbutiante confiance, il va donner sa plénitude. Tombé d'un arbre, *Kizito* est paralysé à vie. Il a vingt-
deux ans : « Au début ce fut terrible. J'étais grand et fort, il
fallait qu'on me nettoie comme un enfant. La honte et la
colère bouillaient en moi. Pendant des mois, j'ai insulté Dieu.

---

20. Cité dans *La vie spirituelle,* octobre 1971.
Ceux qui entourent les handicapés mentaux – enfants ou adultes –
devraient tous être des adorateurs de l'Eucharistie : cet autre mystère de la
Présence, mais en est-ce vraiment un autre ? Seuls les êtres de contemplation
peuvent leur donner cette qualité d'amour hors de laquelle ils étouffent, car
seuls ils savent apprendre d'eux l'espérance.
21. GOETZ, *Les religions des primitifs,* p. 108.

La maladie, *c'est par la prière qu'on la comprend.* Un jour je me suis dit : "Puisque avant mon accident j'étais sûr que Dieu m'aimait, pourquoi changer maintenant ?" Et peu à peu je ne demandais plus de comptes à Dieu. Je suis certain que Dieu m'a touché personnellement et qu'il a *quelque chose à me dire à travers cette infirmité. Je prie pour entrer dans la pensée de Dieu* et alors je ne souffre pas pour rien... J'ai découvert alors tous les péchés dans lesquels je vivais : je suis seul à les connaître : c'est ce qui m'éloignait de Dieu. Parfois je lui dis : si je dois guérir pour recommencer à être loin de toi, comme avant, je préfère ne pas guérir. Je crois que même la mort ne me fait plus peur : elle n'est pas un vrai mal [22], elle nous donne le moyen d'aller à Dieu. Oui, moi je crois que le mal a un sens aux yeux de Dieu, mais ce sens on ne peut le connaître *que dans la prière.* De même que ma mère est toujours là pour me soigner, je sais que Dieu aussi est toujours avec moi comme avec Jésus, lors de sa passion [23]. »

Encore capable, déjà coupable

Ce mal dont l'œuvre destructrice m'atterre, ses racines plongent loin en mon cœur. Mines sous-marines toujours prêtes à exploser, les pulsions les plus dégradantes, les plus avilissantes passions. Pour toucher le détonateur il suffit de moins qu'on ne pense. Souvent en discernant leurs ravages chez un frère, on en pressent les germes chez soi. En tout homme se tapit un Hitler ou un Staline. Les crimes les plus

---

22. Oserai-je citer encore ce lépreux du sud de l'Inde, recueilli par un missionnaire alors qu'agonisant, on l'avait abandonné dans un fourré ? Accueilli par amour, ce fut à lui d'accueillir la Bonne Nouvelle de l'Amour. « Quelques jours avant sa mort, voyant le prêtre hésitant à entrer chez lui, tant le voir était horrible : « Père, tu as honte de moi ? Sache que *je suis plus heureux d'être lépreux* et de connaître le Christ grâce à toi, que de ne pas l'être et de ne pas connaître le Messie » (A.M. HENRY, « Les feux de l'Esprit », *La Vie spirituelle,* août 1979).

23. Dans la revue *Pirogue* n° 8.

sordides, les pires atrocités, j'en suis capable demain, mais aujourd'hui n'en suis-je pas coupable ? Par les fêlures d'une vie qui ne sonne plus juste, une fausse note ne va-t-elle pas retentir quelque part sur la terre des hommes, quelque part dans un cœur d'homme ? [24]

Tu ouvres le journal et devant chaque criminel mentionné, tu entends l'Esprit : *cet homme c'est toi* (2 S 12,7)! Alors, tombant à genoux : ta *merci sur moi, moi, moi...* Un *moi* chargé d'une *multitude,* telles ces péniches qu'une lourde cargaison enfonce jusqu'à la ligne de flottaison. Un *moi* où l'enfant de lumière rejoint le fils des ténèbres que je suis toujours. Un *moi* où se donnent rendez-vous tous les pécheurs de la terre. Alors seulement, je puis me risquer à prier pour eux, les pécheurs.

Les pécheurs ! Ceux qui s'arment contre Dieu ou s'exilent loin de lui, ceux qui le regardent avec cynisme, mépris ou dédain ; ceux qui ne veulent être ni aimés ni pardonnés ; ceux qui ne peuvent plus croire ou n'osent plus espérer ; ceux qui mettent en croix le Fils, profanant son Sang, outrageant son Esprit (He 6,6 ; 10,29). Chacun de nous, à une saison de sa vie, dans une région de son âme.

Les pécheurs ! Qui pense à prier pour eux ? Qui l'ose ? Pourquoi entrent-ils si rarement dans les intentions de prière ? La maladie, la mort, nous en sommes tous bouleversés, et la plus meurtrière des maladies nous laisserait insensibles ?

Croyons-nous encore qu'il y a des péchés qui vont à la mort ? Que l'enfer – cet envers de l'amour – soit autre chose qu'une utopie ou une allégorie ? [25] Que la possibilité soit lais-

---

24. « Tu te sens coupable de tout envers tous, de tous les péchés collectifs et individuels... chacun individuellement pour tous les autres de la terre entière... Alors seulement ton cœur sera pénétré d'un amour infini, universel, jamais assouvi. Alors tu seras capable de gagner le monde entier et d'en laver les péchés par tes pleurs » (DOSTOÏEVSKY, *Les Frères Karamazov).*

25. « La révélation de l'enfer, de sa coexistence éternelle avec la Bonté infinie de Dieu, demeure un mystère qui nous effraie par les lueurs qu'il jette

sée jusqu'au bout de tourner le dos à l'Amour, le croyons-nous? La Vérité nous aurait-elle menti effrontément?

Peut-être notre regard ne s'est-il pas assez prolongé sur l'Agneau, pour saisir la gravité et l'enjeu véritable de nos existences, de la nôtre comme de la sienne.

Pourquoi le visage de cette jeune fille de douze ans se voile-t-il d'une telle tristesse, quand elle nous dit : «Priez pour les pécheurs!»? Et encore, comme si c'était lié : «pénitence!»? Peut-être ne faudrait-il pas la prendre au sérieux? Mais puisqu'elle est la propre Mère de Dieu, il ne nous reste qu'à lui dire : «Prie pour nous, pécheurs!»

Égaler Dieu dans l'Amour!

Les pécheurs! Les saints – qui sont de leur famille – ont pleuré sur eux. Des larmes de sang. Pour en sauver un seul, ils auraient livré mille vies. Ils savaient évaluer les choses à leur prix [26].

Retrouvons-les encore, «ces sentinelles qui ont veillé le peuple de la nuit, nos véritables contemporains» (B. Bro). Ne serions-nous pas aussi le fruit de leur vie donnée? Leur prière n'a-t-elle pas brisé les cloisons de l'espace et du temps?

Nous voici en Russie, il y a trois siècles, chez *Tykhon*, le saint évêque de Zadonsk († 1783) : «La nuit il s'exerçait à prier en faisant des prosternations. Sa prière n'était pas froide,

---

dans les abîmes de notre cœur... Le mystère d'une rédemption infinie serait-il explicable s'il ne répondait à quelque détresse infinie? Telles sont les deux infinités qui se disputent dans le cœur de l'homme... scandale béni mis sur notre route pour nous faire tomber dans les pièges de la foi et de l'amour... Les scandales ne pourront jamais étouffer l'amour : dans les grandes âmes ils provoquent sa flamme» (Cardinal JOURNET, *Le mal,* p. 231 et 257).

26. «La vision des détresses cachées et réelles hante les saints comme une image qui leur livre le secret du drame humain, et c'est une agonie» (A.M. BESNARD, dans *La Vie spirituelle,* p. 526).

mais brûlante. Elle venait d'un cœur brisé. Il s'écriait tout haut : Père très aimant, miséricorde ! Et il frappait de la tête contre la terre. Tout cela venait d'une grande flamme intérieure et il ne manquait pas de verser des larmes d'émotion ou de pousser des soupirs [27]. »

C'est qu'il s'inspirait du grand réformateur du Stoudion à Constantinople, saint *Théodore* : « Nous devons prier et nous affliger pour le monde. Pourquoi ? Parce que le Fils de Dieu est venu pour sauver le monde et le monde le renie [28]. »

Quand on aime on ne cesse d'intercéder pour ceux qui désespèrent. C'est ce que fait l'Amour avec notre corps.

« Il priait pour un de ses disciples qui avait abandonné le Christ. "*Paissij,* lui dit le Seigneur, tu pries pour celui qui m'a renié ?" Mais le saint ne cessa pas pour autant de prier pour celui qui errait. "*Paissij,* lui dit alors le Seigneur, tu m'as égalé dans l'amour". »

Égaler Dieu dans l'amour ! Fruit béni du Cœur de Dieu greffé sur le nôtre !

N'a-t-il pas égalé Dieu dans l'amour, cet autre fils de la terre russe auquel, ici, nous pensons tous : *Silouane ?*

« Lorsque mon âme prit en haine les péchés, le Saint Esprit m'enseigna la prière perpétuelle et l'amour. Je versais chaque nuit des larmes en priant pour le peuple de Dieu, surtout pour les morts. Je suis attristé que les hommes se privent eux-mêmes d'un Seigneur si miséricordieux... J'ai de la compassion pour les hommes qui souffrent en enfer... et la douleur de mon âme est telle que je plains même les démons. Je parlai de cela à un ascète qui avait le don des larmes. Il aimait méditer sur les souffrances du Sauveur, comment le Roi de Gloire avait tant souffert pour nous et chaque jour il versait d'abon-

27. VLADIMIR LOSSKY et NICOLAS ARSENIEV, *La Paternité spirituelle en Russie aux* XVIIIe *et* XIXe *siècles,* Coll. Spiritualité orientale, Abbaye de Belle-fontaine.
28. THÉODORE STUDITE, *Petite Catéchèse.*

dantes larmes... Il soupira et dit : « si c'était possible, je les (les morts) emmènerais tous hors de l'enfer, et alors seulement mon âme serait en paix et pourrait se réjouir », en même temps, il fit un mouvement des bras comme s'il ramassait des gerbes sur un champ et des larmes se mirent à couler de ses yeux [29]. »

Chaque fois que le Cœur de Dieu est touché, le cœur du pécheur est atteint, parce qu'au fond du pécheur il y a Dieu qui souffre. Chaque fois que je fais appel au Cœur de Dieu pour un pécheur, Dieu se lève en lui et lui ouvre ses bras.

C'est ainsi que « nous sommes appelés à exagérer l'amour » (Paul VI).

Ces eaux profondes qui sont un baume

Nos Pères n'ont pas honte de sangloter lorsqu'ils égrènent leurs interminables *Kyrie eleison*. Tant pis si la brique sur laquelle ils se tiennent en devient boue, tant mieux si les cordes tressées s'en assouplissent [30]. Ils savent que leurs larmes deviennent « baptême pour le monde » : les yeux de Jésus ne les ont-ils pas rendues salvatrices à jamais ? Ce « sang des blessures de l'âme » [31], il peut guérir les blessures de frères inconnus : n'a-t-il pas été le sang de l'Amour blessé ? La Croix frappera le roc du cœur, leur désert sera irrigué.

Les larmes de Jésus ! Musique d'amour, elles dévoilent silencieusement et le plus profond de l'homme et le plus intime de Dieu : « Vois jusqu'où je suis ton frère ! » Frémissement devant la détresse de ceux qu'il aime, brisement devant les portes fermées à sa Paix, chacune finira par devenir de

---

29. Silouane : texte tiré de SOPHRONY, *Starets Silouane,* Ed. Présence.

30. « L'ascèse est la plus profonde œuvre de miséricorde, celle qui guérit les cœurs brisés, par sa propre brisure et blessure » (Louis MASSIGNON, *Op. min.* III, p. 804).

31. Saint Grégoire de Nysse.

sang : face au comble du mal, d'autres syllabes tiendraient-elles ? Supplication ultime, imploration extrême, y entends-tu retentir les cris du monde ?

Jusqu'aux racines, la chair de Jésus saigne. Labourée, elle s'entrouvre : coupe d'où toute larme s'épanche, où chacune reflue. Pas une ne coule sur un visage qui n'ait raviné le sien. Il les recueille parce que notre terre – coupe immense – a d'abord bu les siennes, pour en être irriguée, fertilisée, déjà transfigurée. Descendant de ses yeux en ton cœur, de tes yeux elles remonteront à son Cœur, non sans « avoir fait germer la terre ».

Telle est la source où se puisent les larmes offertes, les larmes bénies dont Il a osé faire une allégresse, la tienne et la sienne :

« Jésus a voulu montrer en lui-même toutes les béatitudes. Il avait dit : Heureux ceux qui pleurent. Il a pleuré lui-même pour jeter les racines de cette béatitude. Nous sommes la Jérusalem sur qui Jésus a pleuré [32]. »

Les larmes de feu que pleure l'Esprit Saint

Les moines savent aussi par qui les larmes leur sont données. « Qu'est-ce qui pousse le moine à pleurer pour le monde entier ? Jésus donne au moine *dans le Saint Esprit* l'amour, et son âme sent une continuelle angoisse pour les hommes. »

S'ils reçoivent de l'Esprit les mains de Jésus pour essuyer les pleurs de leurs frères, ils reçoivent de lui aussi les yeux de Jésus pour pleurer sur eux. « L'Esprit a touché ton âme et t'a donné la prière pour les hommes afin qu'ils obtiennent miséricorde... Qui aime son frère a dans son âme *l'Esprit de Dieu* qui lui donne *ses larmes* pour le monde entier ! » [33]

---

32. ORIGÈNE, *In Lc* 38,2.
33. Silouane.

Oui, quelque part dans les replis de leur cœur, le très humble Esprit Saint pleure : Il étouffe dans le cœur de l'homme [34].

Parce que « l'intensité des larmes incline Dieu à la miséricorde » (Origène), l'humble attendrissement du cœur est consolation pour leurs frères et « cette consolation vient de notre participation directe à l'Esprit Saint » (Marc l'ermite).

Leurs yeux en sont lavés : ils pourront voir Dieu « sur le visage de tout homme, que rendent transparent les larmes » (Paul VI). Ils pourront réjouir Dieu : Lui donner ce bonheur d'essuyer des pleurs versés pour Lui, car « leurs yeux se remplissent de larmes à cause de la violence de la miséricorde qui étreint leur cœur d'une immense compassion » [35].

Alors, ne t'étonne pas si, à force d'être affronté à la double violence du mal déchaîné et de la tendresse déchirée, tu finis par recevoir, comme par surcroît, ces eaux profondes du cœur appauvri. Les larmes des hommes s'y mêleront à celles de l'Esprit.

Laisse remonter à tes yeux les sanglots du Fils sur le refus de sa cité bien-aimée. Laisse couler celles de l'Esprit sur les détresses d'un monde qui se ferme à sa consolation.

Larmes du Sauveur, larmes du Consolateur. Toutes les déceptions et tous les désirs s'y donnent rendez-vous. Larmes amères des frères, larmes apaisantes de Dieu. Elles peuvent raviner un visage, elles pacifient le cœur. Oui, laisse-les couler quand plus aucune explication ne tient et que même tes *alleluyah* prennent goût de sang.

« L'âme commence à espérer dans ma miséricorde où le cœur éprouve de l'allégresse mêlée à de l'affliction. Son œil commence alors à pleurer : ces larmes coulent de la fontaine du cœur... Elles sont un *baume parfumé* qui répand une

---

34. Chez les *Ngambay* (Tchad) le meilleur verbe pour exprimer la prière est : *nô* = pleurer. Prier c'est pleurer affectueusement devant Dieu et pour lui.
35. Isaac le Syrien.

grande douceur. Pleurs d'amour pour ma divine miséricorde [36].»

Si ce n'est celles du visage, du moins celles du cœur, et qui sont de feu :

«Il y a des pleurs de feu, c'est-à-dire de véritable et saint désir. On se consume dans sa volonté d'amour : on voudrait fondre en larmes sa propre vie et on semble ne pas y arriver. Je dis de ceux-là qu'ils ont des larmes de feu et que c'est le Saint Esprit qui pleure en eux devant Moi, pour eux-mêmes et pour le prochain [37].»

Le Royaume dont les violents s'emparent

Retrouvons la petite *Lutgarde* : une nuit, avant les Vigiles, alors qu'un malaise la retient au lit, une voix lui crie : «Lève-toi aussitôt. Pourquoi rester couchée? Il te faut maintenant faire pénitence pour les pécheurs qui gisent dans leurs souillures, il ne s'agit pas de t'épargner à cause de cette sueur.» Elle se rend en hâte à l'église, les matines étant déjà commencées. A l'entrée se présente à elle le Christ crucifié et sanglant. De la croix il détache un bras, il l'enlace, la serre contre son côté droit et applique sa bouche à la blessure. Elle y boit une douceur si puissante qu'elle fut depuis lors et jusqu'à la fin toujours plus forte et plus alerte au service de Dieu.

Ce service n'est que celui de *Jésus*. Souvent elle le voit avec ses plaies qui semblaient toutes récentes et sanglantes, debout devant la face du Père et *suppliant le Père pour les pécheurs.* Il lui dit : «Tu vois comment je m'offre tout entier au Père à l'intention de mes pécheurs. Je veux que toi, de même, tu t'offres tout entière à moi pour mes pécheurs.» Saisie dans cette grande oblation de son Seigneur, elle en reçoit pour ses

---

36. Catherine de Sienne, *Dialogues,* ch. 80.
37. *Ibid.,* ch. 81.

sœurs un véritable ministère de guérison et de préservation des attaques du démon [38].

Gertrude de Helfta, en la fête de la dédicace, entend le Fils de Dieu *intercalant dans son hymne au Père le gémissement du pécheur :* «Que je suis misérable!» Le Fils de Dieu comme homme chantait ces mots sur les cordes basses, dans une harmonie parfaite avec la voix du Père qui, sur les cordes élevées... disait : «Voici la tente de Dieu parmi les hommes [39].»

Voici *Dominique* en prière dans l'église des Jacobins. Tout à coup des cris sur les quais. Il se précipite. En pleine Garonne une barque vient de chavirer : quarante personnes se noient. Ces pèlerins anglais ne verront jamais Saint-Jacques-de-Compostelle. «Dominique se prosterne tout au long, étend les bras en forme de croix, et crie vers le Seigneur en pleurant violemment qu'il veuille bien délivrer ces pèlerins de la mort. Il se relève, raffermi en sa confiance en Dieu, et commande aux naufragés, au nom du Christ, de venir à la rive. Sur le champ, on les voit reparaître de l'eau.» On leur tend des lances et des piques et les voilà tous sur les quais, sains et saufs, glorifiant Celui qui seul fait des miracles. Mais frère Dominique, lui, pense à d'autres naufrages, à d'autres noyés...

«Une femme était venue pleurer auprès de lui parce que les Sarrasins retenaient son frère en captivité. *Plein de l'Esprit d'amour, blessé de compassion* (les deux ensemble, et pour cause!), Dominique se mit lui-même en vente pour racheter le prisonnier.» Mais il pense à d'autres captivités, à d'autres prisonniers... «C'est qu'il y avait dans son cœur une ambition surprenante et presque incroyable pour le salut de tous les hommes et il se sentait troublé d'une grande compassion pour

---

38. Cité dans «Le Cœur», *Études Carmélitaines,* p. 157.
39. *Le Héraut* IV, 68.

tant d'âmes misérablement égarées [40]. » Et c'est pourquoi vers minuit, tu peux entendre le silence des ruelles de Fanjeaux déchiré par d'étranges clameurs. Des cris et des gémissements que seul Dieu comprend, et des larmes comme d'une source bouillonnante... Et si tu épies par la fente d'une porte, tu verras un homme « les mains ouvertes, les bras fortement tendus en forme de croix et debout autant qu'il le peut, car c'est ainsi qu'il prie quand il veut comme exercer sur Dieu *une grande violence* [41]. »

Et comme elle lui ressemble, sa petite sœur de Sienne ! N'at-elle pas entendu un appel pathétique, qui est humble supplication :

« C'est Moi qui donne la faim et la soif avec laquelle tu cries vers Moi. N'abaisse pas ta voix ! Crie ! Crie vers Moi pour que je fasse miséricorde au monde ! Frappe sans interruption à la porte de ma vérité, en suivant mes traces ! Gémis dans l'angoisse de ton cœur sur la mort de la race humaine, que tu vois entraînée vers une telle misère que la langue ne saurait le décrire. C'est par tes gémissements, c'est par tes cris que je voudrais faire miséricorde au monde [42]. »

« Comment peux-tu connaître tous ceux qui te demandent de prier pour eux, lui demande-t-on un jour : – Quand le serviteur de Dieu prie avec amour son éternelle Majesté avec grande ferveur et ardeur de sainte charité, pour le salut des pécheurs, Dieu lui fait voir par les yeux de l'âme tous ceux pour lesquels il prie. »

Quand Catherine sait à l'agonie cette Palmerina qui l'avait tant calomniée, elle s'enferme dans sa chambre : « Je ne cesserai de réclamer tes miséricordes jusqu'à ce que le mal dont

---

40. Textes cités par le P. VICAIRE dans *Saint Dominique et ses frères,* p. 78,79,75.

JEAN CLIMAQUE lie ensemble « l'intercession pour le monde, la violence faite à Dieu et la concélébration avec les anges » (*Échelle* 16,14).

41. Des neuf manières de prier de saint Dominique.

42. CATHERINE DE SIENNE, *Dialogues,* ch. 134.

je suis la cause se change en bien et que tu sauves de la mort l'âme de ma sœur. Ce sont mes péchés qui ont fait tout ce mal. C'est moi qu'il faut frapper. Je ne sortirai pas d'ici tant que je n'aurai pas obtenu sa grâce.» C'est ainsi qu'elle finit par vaincre l'Invincible [43].

Quand elle entend dans la rue les blasphèmes de deux condamnés qu'on emmène au lieu d'exécution, elle «fléchit Celui qui désire être fléchi». Et, subitement, voilà qu'ils confessent leurs péchés, marchent à la mort comme à une fête, bénissant le *Seigneur des miséricordes* [44].

Quand elle entre à Saint-Pierre et s'y tient jusqu'au soir, telle est sa manière de «travailler à la barque de la Sainte Église» [45].

Tout cela n'est pas d'hier. Lors de la libération d'un camp de concentration un soldat américain ramassa un papier d'emballage sur lequel un juif avait écrit avant de mourir : «Seigneur, quand tu reviendras dans ta gloire, ne te souviens pas seulement des hommes de bonne volonté. Souviens-toi également des hommes de mauvaise volonté. Mais ne te souviens pas alors de leurs cruautés, de leurs sévices, de leurs violences. Souviens-toi des fruits que nous avons portés à cause de ce qu'ils nous ont fait. Souviens-toi de la patience des uns, du courage des autres, de la camaraderie, de l'humilité, de la grandeur d'âme, de la fidélité qu'ils ont réveillés en nous. Et fais, Seigneur, que *les fruits que nous avons portés soient un jour leur rédemption* [46].»

---

43. *Vita* II 4,5.
44. *Vita* II 7,12. Texte intégral dans *Écoute les témoins*.
45. *Lettre* 373 à Raymond de Capoue.
Denys, un ami étudiant (22 ans) m'écrivait : «Entendant à la radio la nouvelle d'un raid meurtrier, je fus vraiment touché au cœur au point qu'en m'agenouillant devant ma petite icône, je me suis mis à pleurer dans le grand désarroi de ceux qui voient leur désir de paix crucifié. Ma prière était comme un cri. Au milieu de ces larmes, j'ai senti comme une présence très aimante venue me réconforter au plus intime.»
46. Cité dans les *Cahiers de l'Oraison* 1971, p. 115.

Ton pays : la Miséricorde

Ces larmes suppliantes – celles d'hier et celles d'aujourd'hui – ne puis-je les offrir comme si elles étaient miennes ?

« Si tu ne réussis pas à obtenir toi-même ce don et que tu voies un frère pleurer en priant, glorifie le Seigneur en disant : « Je te bénis, ô mon Dieu, bien que tu m'aies privé de cette grâce qui délivre du mal, de l'avoir accordée à mon frère. Augmente-la lui, Seigneur, car ce frère est un de mes membres. Or, quand un membre est glorifié, tous les autres se réjouissent avec lui. Alors, tu partages le don qui lui fut accordé et tous deux vous obtiendrez la couronne [47]. »

Ces petits, Dieu en tient compte

L'entrée dans la grande supplication nous entraîne à livrer notre vie. Les *enfants* le savent, qui en écoutent l'appel :

« Maman, il faut absolument que nous allions prier encore ! Je veux obtenir qu'il se confesse ! » Ce n'est pas Thérèse – ni la petite ni la grande ! – mais *Anne de Guigné* [48] : elle vient d'apprendre qu'un voisin d'Annecy va mourir sans se tourner vers Dieu. Mais elle « l'aura ». Quand elle entend parler de grands pécheurs, les larmes lui montent aux yeux. Parfois on l'entend : « Mon Dieu, pardonnez-leur. Ils ne savent pas ! Rendez-les bons ! » Quand on l'interroge sur sa prière : « Je lui parle beaucoup des pécheurs. Et puis, je lui dis que je voudrais le voir. » Mais pas seule, avec eux tous. Deux jours avant d'aller le voir, on lui en recommande encore un : « Ce sera pour demain, aujourd'hui toutes mes heures sont déjà prises. » Elle souffre atrocement. Elle a 10 ans. Demain, elle le verra, son Jésus.

Plus d'enfants qu'on ne le croit ont leur *Pranzini.* Et Dieu les prend très au sérieux, qui les leur a confiés.

---

47. SAINT NIL, *Ep.* III, 257.
48. M.D. POINSENET, *Anne de Guigné* (Éd. Saint-Paul).

Dès le lendemain de la première apparition de Fatima, *Jacintha* (7 ans) pose la question : «Les sacrifices, comment les ferons-nous?» *Francesco* (9 ans) : «Donnons notre repas aux brebis.» Aussitôt dit, aussitôt fait. Mais il y a mieux : tous ces enfants pauvres du village qui presque chaque jour se trouvent sur le chemin du pâturage, qui en devient celui du partage. Un jour, à la faim habituelle, s'ajoute une soif brûlante. Quand Lucia (10 ans) ramène une cruche du village : «Nous ne boirons pas, pour la conversion des pécheurs.» Jacintha : «Dis aux grillons de se taire! J'ai si mal à la tête!» Francesco : «Tu ne veux pas souffrir cela pour les pécheurs? – Si, je le veux bien, laisse-les chanter»... A chaque épreuve nouvelle, Jacintha demandait : «As-tu dit que c'était par amour pour lui?... Non? alors, je vais le dire, moi!» Elle joint les mains, lève les yeux au ciel : «O Jésus, c'est par amour pour vous et pour la conversion des pécheurs.» Aucune parole ne reviendra aussi souvent sur ce lit d'hôpital – lit de douleur s'il en fut – où deux ans plus tard sa Dame viendra la chercher. On l'avait implorée de venir prier un soir sur un malade pauvre du village voisin. Pourquoi s'étonner que le lendemain, à sa prière, le Seigneur l'ait guéri?

Quand on retrouve Francesco perché depuis des heures sur un rocher : «Qu'est-ce que tu fais là si longtemps? – Je pense à Dieu qui est *si triste* à cause de tant de péchés. Ah! si j'étais capable de lui faire plaisir!»

L'Ange de la Paix a dû en tressaillir de joie. Ne leur avait-il pas demandé : «Consolez votre Dieu»? Et la Mère du ciel ne leur avait-elle pas dit : «Beaucoup d'âmes vont en enfer, parce qu'il n'y a personne pour se sacrifier et prier pour elles» (13 août 1917)[49].

---

49. *Lucie raconte Fatima* (DDB), Document I, p. 26 ss.

Tenir ouverte la brèche

Sans faiblir sur la brèche

Avec eux, avec les saints d'aujourd'hui et de toujours, je me tiendrai sur la brèche (Ps 105,23). Je me jetterai devant le Seigneur. Je me prosternerai devant lui, et le jour et la nuit (Dt 9,25). Avec Moïse, je dirai : *S'il te plaisait, pardonne leur péché, sinon efface-moi du livre que tu as écrit !* (Ex 32,32) [50]. Avec David : *C'est moi qui ai péché, moi qui ai commis le mal. Ceux-là qu'ont-ils fait ? Tombons entre tes mains, grande est ta miséricorde !* (2 S 17,14). Avec Jérémie : *Si nos fautes parlent contre nous, agis pour l'honneur de ton Nom ! Ne sommes-nous pas appelés par ton Nom ?* (Jr 14,9). Avec Osée, je pénétrerai dans le combat que se livrent la colère et l'amour, la colère contre le péché, l'amour pour le pécheur. De la gloire de Dieu, je serai jaloux autant que lui de la mienne. *Et Dieu, dans sa tendresse, effacera les torts au lieu de dévaster.*

Mais, sur ce chemin vers les cités maudites, j'irai plus loin que mon père *Abraham :* je sais ce qu'il ne savait pas alors.

Reconduisant les trois Voyageurs accueillis à l'ombre du chêne de Mambré, c'est d'eux qu'il apprend le péché de Sodome. Mais parce qu'une certaine tendresse se lit dans leurs yeux, il ose mettre son veto au projet de Dieu. Il ose discuter avec lui. Mais il est encore trop timide. Il manque d'audace. Il a peur de descendre au-dessous de dix. Il ne sait pas que l'élan qui entraîne les pas de ses hôtes s'appelle Miséricorde, ni jusqu'où elle est capable de marcher sans s'asseoir. Il ne sait pas qu'il suffira d'un seul homme droit et vrai pour pardonner et à Sodome et à tous les Sodome du monde (Jr 5,1). Il sait encore moins que ce juste-là, ce sera un des Trois avec qui il fait route, ni que sa route le conduira jusqu'aux portes de la Cité. Aux portes ? Jusqu'au cœur de la Cité, pour que s'ouvre là, en plein enfer, la source des pardons. Comme une fontaine sur la place du village et que rien ne peut faire tarir.

---

50. Voir dans l'*Ouverture* l'évocation de la prière de Moïse.

Alors, j'offrirai sur la montagne *ton Fils, Père, Celui que tu aimes!* (cf. Gn 22,2).

*

Cette brèche où je veux me tenir, n'est-ce pas celle ouverte en plein flanc de l'Agneau? Je m'y maintiendrai : que sur personne elle ne se ferme, ni le jour ni la nuit. Que tout pécheur s'y engouffre, emporté par la grande houle de l'Amour.

N'est-ce pas cela exercer mon sacerdoce baptismal?

«Prêtre, celui qui supplie Dieu pour tous les hommes, les arrachant par sa médiation au mal et à l'ignorance [51].»

---

51. ÉVAGRE, *Cant.* 5,46.

3. Les enfants que tu m'as donnés

> *Il ne rougit pas*
> *de les nommer frères*
> *quand Il dit : Nous voici*
> *Moi et les enfants que Dieu m'a donnés.*

He 2,11-13

« Le Saint Esprit apprend à tant aimer les ennemis que l'on aura compassion d'eux comme de ses propres enfants » (Silouane).

Offrir ta confiance à l'Esprit, c'est permettre à sa tendresse d'être maternelle en toi : elle tend vers un enfantement. Donner sa vie pour son frère, c'est le mettre au monde de Dieu, l'engendrer à la vie dans l'Esprit. Ministère de l'Esprit dont Paul est investi par la miséricorde de Dieu : *Vous n'avez pas plusieurs pères. C'est moi qui vous ai engendrés dans le Christ Jésus* (2 Co 4,1 ; 1 Co 4,15).

Susciter au Père des enfants, par le Nom, par le Cœur, par l'Esprit de *Jésus* : paternité responsable s'il en est : on en répond devant Dieu [52].

Porter ceux qui nous sont confiés, comme on porte son petit, cela irait-il sans larmes ? Celles de l'Esprit. Transmettre

---

52. Dans la tradition monastique, la paternité spirituelle est conçue comme une œuvre suprême de miséricorde. Elle s'épanouit en compassion maternelle.

Et paradoxalement, l'obéissance crucifiée du disciple est aussi enfantement, elle qui donne à *Jésus* sa paternité : « Le Père a donné au Christ pour mission de concevoir dans son amour l'enfant du genre humain et de l'enfanter par son obéissance, sur le bois de la sainte Croix » (CATHERINE DE SIENNE, *Lettre* 259).

la vie : longue gestation ! Allégresse sans pareille, mais aussi déchirement d'un cœur. Comme pour le Seigneur.

La tendresse de l'Esprit avait tellement imprégné le cœur de *François* que... «la compassion faisait de lui un autre Christ. Mais bien qu'il fût spontanément attiré par toutes les créatures, son cœur le portait spécialement vers les âmes rachetées par le sang précieux du Christ Jésus, et lorsqu'il y remarquait une souillure de quelque péché, il pleurait leur malheur avec une tendresse si pathétique qu'il les *enfantait chaque jour, comme une mère,* dans le Christ*[53].*»

C'est de sa faute ! Sur son Horeb, il ne fallait pas se risquer à demander «l'amour sans mesure dont le Fils de Dieu était embrasé et qui le conduisait à endurer une telle passion pour les pécheurs». Rien de moins ! Aussi «se transformait-il tout entier en *Jésus,* par compassion»[54].

Et ces enfants, engendrés dans les larmes, comme on les aime, tout moine qu'on est !

Notre *Seraphim* éclate en sanglots quand le Seigneur rappelle à lui une petite sœur aux 19 printemps : «Marie a quitté ce monde, Paul. Je la regrette tant, je n'arrête pas de pleurer !»[55] L'engendrait-il déjà, durant ces trois années passées sur une pierre pour les seuls yeux de Dieu, et aussi pour amuser son frère ours ? N'est-ce pas au désert que Dieu célèbre des fiançailles de miséricorde ? Comme nulle part, il y parle au cœur et du Cœur.

Le Pranzini de *Thérèse,* c'est son premier enfant. Premier-né d'une multitude, mis au monde dans le Sang de Jésus. Elle a 14 ans. Elle aurait aimé ce mot du «Grand Vieillard» de

---

53. *Legenda Major,* 8,1.
54. *3ᵉ considération sur les stigmates.*
55. Est-ce les larmes d'amour dont parle l'austère Maître Eckhart : «En venant parmi vous, je pensais que je ferais peut-être mieux de ne pas venir, parce que je pourrais bien y pleurer d'amour. Les larmes d'amour, il faut les laisser sécher. Joie et douleur viennent de l'amour»?

Gaza : «Chacun des saints amenant à Dieu les fils qu'il aura sauvés, dira d'une voix sonore, en pleine et grande aisance, à la stupéfaction des saints Anges : *Me voici! moi et les petits enfants que Dieu m'a donnés.* Et non seulement il les remettra à Dieu, mais aussi lui-même avec eux, et alors Dieu sera tout en tous. Prions donc pour que nous y arrivions. Oh! heureux celui qui attend et qui arrive [56].»

Et tous ensemble pourront alors prier :

«Tu nous as vraiment abrités, Jésus, de la grande extermination. Tu as étendu tes mains paternelles, *tu nous as cachés dans tes ailes de père,* en faisant jaillir sur terre un sang divin, dans ta sanglante et miséricordieuse sollicitude [57].»

Serait-ce cela les ailes de feu, ces ailes de l'amour, qui donnent de voler au secours de toute détresse, à la manière des Anges? Et «les blessures de l'âme ne sont-elles pas aussi les points d'insertion de ses ailes»? [58]

---

56. Barsanuphe et Jean de Gaza, *Correspondance.*

57. «La protection immense des mains de *Jésus,* étendues, qui abritent ceux qui croient» (*Homélie pascale* du IVe siècle).

58. «Les ailes de l'amour rendent l'âme légère» (Syméon le Nouveau Théologien, *Cat.* 9, 388). «Cet âge même s'il reçoit des ailes ne les a pas toutes de feu, comme les anciens, mais faibles et sans vigueur» (Kolobos 14).

TROISIÈME PARTIE

Tu cries Jésus !
Tu maîtrises l'adversaire

Une liberté libérée

*C'est pour que nous restions libres
que le Christ nous a affranchis.
Tenez fermes !
Ne vous remettez pas de nouveau
sous le joug de l'esclavage.*

Ga 5,1

*Armez-vous de force dans le Seigneur,
de sa force toute puissante.
Revêtez l'armure de Dieu
pour pouvoir résister aux manœuvres
du diable...
Saisissez donc l'armure de Dieu
afin qu'aux jours mauvais vous puissiez tenir
et, ayant tout mis en œuvre, rester fermes.
Debout donc !*

Ep 6,10

VII. D'un enfer délivrés : le combat spirituel

Fruit de la Prière de Jésus : un solide réalisme spirituel. Au-delà des apparences illusoires, elle ouvre aux vraies réalités en cause. Elle nous ramène les deux pieds sur la terre de Dieu, la création telle qu'elle est. Engagé dans l'immense lutte cosmique, le combat spiri-ruel donne son mordant à la prière du cœur. Appel constant à la vigilance, arme invincible contre les puissances des ténèbres, la prière affranchit de leur emprise, donne part à la victoire de l'Agneau, le laisse descendre en nos enfers et rend nôtre sa liberté.

Le *Jésus prends pitié* y devient : *délivre-nous du Malin.*

VIII. En signe de la résurrection : la guérison du corps

Aujourd'hui comme hier, le Nom de Jésus continue à guérir les corps : le Royaume est déjà parmi nous. La présence de l'Esprit éclate dans la faiblesse des témoins. Signe accompagnant normale-ment la Bonne Nouvelle, la foi s'y enracine dans l'amour. Des com-munautés naissent, où l'Amour peut guérir. L'Église s'y voit. La compassion s'y fait ecclésiale.

Le *Jésus prends pitié* s'y psalmodie à plusieurs voix : *guéris-nous !*

IX. Où flambe le sang : la louange

La louange est le fruit splendide d'une guérison reçue, mais d'abord chemin sur lequel la guérison est donnée. Les blessures puri-fient, se cicatrisent en devenant sources d'action de grâce. Apprendre à bénir et pour le passé, et pour aujourd'hui et déjà pour demain, c'est laisser le Visage de l'Amour transfigurer notre existence.

Le *Jésus prends pitié* s'y chante : *Amen ! Alleluyah !*

Chapitre VII

D'UN ENFER DÉLIVRÉS

Un combat de sang

*Vous n'avez pas encore
résisté jusqu'au sang
dans la lutte contre le péché.*

He 12,4

1. **Un gigantesque conflit**
2. **Veiller, armes à la main**
3. **Un ministère de délivrance**

1. Un gigantesque conflit

Il y eut une bataille dans le ciel :
    Mikaël et ses Anges combattirent le Dragon.
Le Dragon riposta avec ses Anges,
    ils eurent le dessous et furent chassés du ciel.

Ap 12,7

Nous ne sommes pas des êtres isolés [1]. Notre planète n'est pas égarée dans un néant d'espaces infinis. Toutes nos fibres plongent leurs racines dans une création incomparablement plus vaste que nous ne le soupçonnons. Le visible et l'invisible ne s'y côtoient pas : ils s'imbriquent [2]. Mais on ne le sait plus, ce monde invisible! Lointaine galaxie sans cesse projetée hors du champ d'accès de nos observations les plus sophistiquées? ou enveloppement de présences vivantes et personnelles?

Limiter la prodigieuse profusion créatrice au seul monde qui relève de nos investigations scientifiques, quelle réduction de nos horizons! quelle atrophie de nos facultés intérieures! A force d'être obsédé par la fiévreuse circulation, on finit par vivre à ras de trottoir. Le monde cérébral que nous nous sommes forgé, serait-il une gigantesque chambre à gaz? Comment l'homme peut-il respirer encore, quand il en arrive à polluer plus d'oxygène que la nature n'en produit? Nous sommes asphyxiés!

---

1. Pour resituer ce passage dans le contexte global de la création, il pourra être bon de lire les pages de : *O Gloire filiale,* consacrées aux Anges (ch. VI).
2. A vrai dire il ne s'agit que d'un monde *unique,* dont nous ne voyons qu'une petite émergence.

Tout en nous, autour de nous, voudrait nous couper de ce monde des Anges et des saints, auquel nous prétendons croire chaque fois que revient sur nos lèvres le *Credo.* Nous le saurons tous un jour. Mais en attendant, quel bonheur en moins pour une vie de passer, inconscient, à côté de ces trouvailles de Dieu qui jamais ne s'imposent parce qu'elles sont celles de l'amour. Et que l'amour s'offre aux cœurs que rend pauvres l'espérance. Et voilà que s'écoule toute une vie, sans que nous sachions vraiment avec qui nous pouvons vivre, mais aussi contre qui nous devons lutter.

Car ce monde invisible, une révolte en a brisé l'harmonie. Il n'est plus, il n'est pas encore, ce que Dieu en rêvait. Parce que Dieu a pris tous les risques de l'amour, des êtres tissés de lumière ont pu dire un jour : je ne veux pas être aimé. D'un coup, fissurée la création! Immense drame originel!

Et voilà qu'un certain soir, l'homme à son tour s'est plus ou moins impliqué dans cette tragique hécatombe. Il s'est laissé avoir. Il a joué le jeu du Perfide. De secrètes connivences se sont établies, une domination s'est imposée : *Le monde entier gît sous l'emprise du Mauvais* (1 Jn 5,17). Celui-ci le sait (Mt 4,9).

Depuis, plus rien n'est droit, ni transparent, ni pur dans la création. De mystérieuses interférences brouillent les relations. Nos rapports avec elle sont grevés d'une lourde hypothèque : une ambiguïté fondamentale les fausse au départ[3]. Les choses les plus innocentes pourront être récupérées par les anges déchus, les plus naturelles perverties, les plus anodines perturbées. Dans le beau champ de froment, à la faveur de la nuit, n'a-t-il pas semé la zizanie, l'Ennemi? (Mt 13,28).

Notre nature vraie, la vérité de notre être, demeure celle qui est sortie des mains de Dieu, sa vivante icône. Mais souillée, corrompue, elle est à restaurer. Ou plutôt à créer de neuf. Et cela non plus ne va pas sans déchirements.

_____

3. Pour mieux saisir ceci, voir Annexe II, n° 1.

Une liberté libérée

Le Visage où tombent les masques

– Tout cela, de quel droit, oses-tu l'affirmer ? Ta certitude, d'où la tires-tu ?

– Je la tiens d'une certaine voix, cataracte mugissante : *Je suis le Vivant. Je fus mort, et me voici vivant pour les siècles des siècles, détenant la clef de la Mort et de l'Enfer* (Ap 1,18).

La flamme ardente de ses yeux me révèle l'opacité de notre monde. Hors d'elle, on ne peut être que leurré, séduit ou atterré. Mais à mesure qu'ils vous pénètrent, les écailles tombent, et l'on se met enfin à savoir, oui, que ce n'est pas... *contre des adversaires de sang et de chair* – contre des puissances humaines – *que nous avons à lutter, mais bien contre les Autorités, les Pouvoirs, les Dominateurs de ce monde de ténèbres, contre les esprits du mal qui habitent les espaces célestes* [4] (Ép 6,10).

Comme personne ne pouvait le faire, *Jésus* a démasqué l'identité de Satan, décliné ses titres, dénoncé ses embûches [5].

Le Prince des ténèbres est débusqué par la Lumière du Roi [6]. Le père du mensonge, par ce Fils qui est la Vérité. L'homicide dès le commencement, par l'Éternel lorsque Homme il s'est laissé tuer. Je pressens ma servitude,

---

4. « Un dur combat contre les puissances des ténèbres passe à travers toute l'histoire des hommes. Commencé dès les origines, il durera jusqu'au dernier jour. Engagé dans cette bataille, l'homme doit sans cesse combattre pour s'attacher au bien ; et ce n'est qu'au prix de grands efforts, avec la grâce de Dieu, qu'il parvient à réaliser son unité intérieure » (VATICAN II, *Gaudium et spes* 37,2).

5. L'Ancien Testament est d'une extrême sobriété au sujet du Satan (en hébreu, l'Adversaire). Il est à peine pressenti, comme s'il s'agissait d'une réalité encore lourde à porter. Sa présence ne devient manifeste qu'avec la venue du Sauveur. Ce sont les Évangiles et les Épîtres qui en cernent le personnage. Il fait partie intégrante de la révélation évangélique proprement dite, que cela nous plaise ou non.

6. « Il n'y a pas de pouvoir humain approchant du sien et ainsi le seul pouvoir divin est capable de le vaincre, et la seule lumière divine capable de découvrir ses menées » (JEAN DE LA CROIX, *Précautions*).

devant l'humilité du Serviteur. Je me sais victime du diable, devant la victoire du Seigneur. A l'instant où, vaincu, l'Agneau est devenu Lion conquérant.

Soudoyée, notre liberté?

Voici une quinzaine d'années, sur les sommets d'Afrique centrale, je rencontrais deux jeunes cinéastes. Ils avaient réalisé clandestinement – au prix de leur vie – un documentaire dont ils étaient encore bouleversés. Redescendant toute la filière du trafic d'esclaves, ils avaient retrouvé, en vente dans les souks d'Arabie Saoudite ou du Yémen, de jeunes enfants kidnappés sur les places de marché de notre Rwanda. Voulant dévoiler ces terribles réalités au public français, ils s'étaient heurtés à la censure du gouvernement (histoire de pétrodollars, bien entendu!).

Autrement clandestine une certaine traite d'êtres humains! On s'insurge contre toutes les formes d'esclavage, on dénonce la violence aux cent masques – institutionnelle ou sauvage – et la pire des servitudes, celle qui atteint l'âme même de l'homme, on n'en dit mot. On n'ose pas. On a peur du qu'en dira-t-on ou de je ne sais quelles représailles. Et pendant ce temps, naïvement, bêtement, des enfants de Dieu se laissent captiver – fasciner et capturer – dans les filets du Satan.

Oui, avec le père du mensonge il existe des liaisons coupables. Ce ne sont pas des histoires du Moyen Age! C'est ainsi, je n'y puis rien! Y croire ou non, y penser ou non, en parler ou non, n'y change rien. Des liens sont noués. Lucidement parfois [7], involontairement le plus souvent. De coton, ils peuvent devenir d'acier. Attirance, séduction, envoûtement, et

---

7. Il existe des sectes où se pratiquent des pactes du sang et un culte satanique. Contrairement à ce qu'on pourrait croire, la sorcellerie est plus vivace que jamais, en Europe occidentale tout autant qu'ailleurs, sous des formes simplement plus raffinées.

voilà l'intelligence aveuglée, la volonté minée, le cœur altéré, médusé par des forces d'autant plus tyranniques que plus obscures. Un à un, les tentacules de la pieuvre finissent par vous étrangler.

Tous ces domaines qui sentent le soufre, un esprit d'auto-destruction y louvoie. L'espérance y est assassinée [8]. La belle liberté de Dieu, comme l'Enchaîné sait s'y prendre pour la court-circuiter, en sauvegardant les apparences! [9]

Aux moments de lucidité, c'est en parlant de l'Adversaire qu'on peut dire : *Il a dressé sur ma route un mur infranchissable, m'a dépouillé de ma gloire, ôté la couronne de ma tête, sapé de toutes parts pour me faire disparaître. Comme un arbre, il déracine mon espérance! Il a élevé contre moi des constructions, cerné ma tête de tourments. Il m'a fait habiter dans les ténèbres, comme ceux qui sont morts à jamais. Il m'a emmuré et je ne puis sortir. Il a rendu lourdes mes chaînes. Quand même je crie, il arrête ma prière* (Jb 19,8 ss).

Un tel barrage, puisse un cri le franchir encore : *Tire-moi de l'angoisse, en ton amour anéantis mes ennemis. Détruis les oppresseurs de mon âme!* (Ps 142,12).

« Je ne te lâcherai pas que je ne t'aie maîtrisé »

Ces aliénations, quelle charte des droits de l'homme en parle? Quel Amnesty International les combat, sinon l'Évangile, sinon l'Église?

Prêts à lutter contre mille formes d'injustice, la plus odieuse de toutes nous laisse indifférents. Deviner un homme lié, nous est-il aussi insupportable qu'à Dieu?

---

8. Allusion à l'occultisme.
9. Je parle ici des mille manières qu'il y a d'être lié, non des rares cas de possessions proprement dites. Voir Annexe II, nᵒ 4.

N'y tenant plus, il a envoyé Celui auquel il tenait plus qu'à tout, et pourquoi? *Afin de réduire à l'impuissance celui qui a la puissance de la mort, le diable, et de libérer tous ceux qui, leur vie entière, étaient tenus en esclavage par la crainte de la mort* (He 2,14).

Regarde-le qui passe sur nos chemins, *en guérissant tous ceux qui étaient tombés au pouvoir du diable* (Ac 10,38). Il n'arrache pas la zizanie, mais se fait grain de blé au cœur de ceux dont le Mauvais arrache la semence (Mt 13,19). Il l'affronte de face. Le poursuit au désert. Pour neutraliser son pouvoir, détruire ses œuvres, le foudroyer, le condamner.

Lui reproche-t-on de délier de ses chaînes *une fille d'Abraham que le Satan liait depuis dix-huit ans,* la colère gronde en lui (Lc 13,16). Il s'irrite contre le Mal (Mc 1,40). Il renverse les tables des changeurs à coups de fouets, Lui, la douce, la très humble Miséricorde!

La compassion tiédasse? Allons donc! Plus violente que toute jalousie, elle ira jusqu'à la torture pour libérer un seul de ses frères des griffes de l'Assassin. Implacable lutte. Incalculable douceur.

Pour arracher ses enfants à la gorge du loup, il se laisse égorger, l'Agneau. Dans un corps-à-corps qui vide le sien de tout son sang. Pas autrement.

Pour mesurer l'ampleur du combat, ce prix n'est-il pas suffisant? Voudrais-tu le faire payer plus cher encore? Torturer quelques heures de plus, ce corps déjà martyrisé?

Si je descends en enfer, t'y voici!

Il descend plus bas encore. Pas un barbelé ne l'arrête. Il traverse les frontières de la mort, mais une fois son corps criblé de flèches. De l'agneau, elles ont fait un lion: plus un loup qu'il puisse redouter.

Regarde l'icône de la Résurrection, celle de la délivrance [10].
Vois l'élan qui traverse son corps : *Il brise les portes d'airain,
fracasse les barres de fer. Les captifs des prisons et des fers, il
les tire de l'ombre et de la ténèbre. Il rompt leurs entraves. De
leur angoisse, il les délivre. A la fosse, il arrache leur vie*
(Ps 106,10).

Un à un il les saisit par le poignet : « Viens dehors ! Lève-toi
d'entre les morts ! Je serai ta lumière ! La blessure de mon côté
a guéri celle de ton cœur ! » [11]

Et chacun de se dresser en rendant grâce de cette merveille :
« Tu exauces le gémissement du captif, tu dégages des liens
que nous nous sommes faits ! » – « Devant la voix du Sauveur,
il n'est pas de liens qui tiennent. Les puissances infernales
tremblent [12]. » – « Aujourd'hui le sang qui ruisselle de la
croix, parvient jusqu'aux tombeaux et fait germer la vie »
(Saint Ephrem).

C'est ainsi qu'il continue toujours de descendre dans les
*régions inférieures de la terre, afin d'entraîner ses captifs en
montant dans les hauteurs* (Ép 4,8). Ainsi qu'il pénètre dans
l'enfer où se débattent tant d'aliénés spirituels. Toutes les
fatalités sont brisées, rompus tous les déterminismes !

Laisser le Nom de *Jésus* descendre dans l'abîme du cœur,
c'est lui ouvrir les portes dont nous avons perdu les clefs : Il
les fracassera. C'est nous laisser empoigner par cette main
vigoureuse, capable de nous arracher au pire des enfers, celui
dont nous sommes porteurs.

Le Visage qui avait révélé tes blessures, n'était-ce pas celui
du Samedi Saint ? Du Seigneur annonçant aux enfers :
Allégresse à vous, vous voyez Dieu ! (cf. 1 P 3,19) ?

---

10. L'icône de la Résurrection n'est autre que celle de la descente aux
enfers. Hélas, sur la plus connue, le Christ n'a pas le mouvement qui en
caractérise un grand nombre.
11. Homélie du IVe siècle pour le Samedi saint.
12. Saint Augustin, *Conf.* Livre III et *Serm.* 97.

«Je suis sorti vers tous mes prisonniers pour les délivrer [13].»

Corrosion de la vérité : érosion de l'amour

Le démon? Diras-tu encore qu'il s'agit d'un cliché littéraire ou d'une métaphore moralisante? Le Seigneur se serait-il amusé à nous leurrer en brandissant un épouvantail à faire des gosses bien sages? De quel droit arracher de l'Évangile des pages signées d'un tel sang, simplement parce qu'elles déroutent nos mentalités dites modernes? De quel droit censurer Celui que nous osons encore nommer la Vérité, plutôt que ces philosophes du soupçon, jamais soupçonnés? Prestige des lectures grillagées de l'Écriture! Travestissement de la Bonne Nouvelle! [14]

En réaction contre ceux qui voyaient le diable partout, nous ne le voyons plus nulle part, misérables aveugles que des garnements s'amuseraient à dévaliser tout en jouant avec eux. Satan? sujet tabou, ou galvaudé, suivant les cas. Il faut être prophète au regard perçant pour oser en dénoncer la réalité. Il faut être un Paul VI :

«...le péché est occasion et effet de l'intervention en nous et dans notre monde d'un agent obscur et ennemi, le Démon. Le mal n'est plus seulement une déficience, il est le fait d'un être vivant, spirituel, perverti et pervertisseur. Terrible, mystérieuse et redoutable réalité...

«Aujourd'hui, on préfère afficher un esprit fort, sans préjugés, positiviste, quitte ensuite à attacher foi gratuitement à tant de lubies magiques ou populaires, ou, pire encore, à livrer son âme – son âme de baptisé, qui tant de fois a reçu

---

13. *Odes de Salomon*, 18,11. Il faudrait relire ici les admirables tropaires et homélies des liturgies orientales pour le Grand Samedi.

14. C'est Bultmann – réduisant le démon à un mythe – qu'il faudrait ici démythologiser!

la visite de la présence eucharistique et qui est habitée par l'Esprit Saint – à des expériences sensuelles licencieuses, aux expériences délétères des stupéfiants ou aux séductions idéologiques des erreurs à la mode. Ce sont là autant de *fissures* par lesquelles le Malin peut facilement *s'insinuer* pour *altérer* l'esprit de l'homme. Certes, tout péché n'est pas directement dû à l'action du diable. Mais il n'en est pas moins vrai que celui qui ne veille pas avec une certaine rigueur sur lui-même s'expose à l'influence du "mystère de l'impiété", et compromet son salut...

« Nous pourrions supposer sa sinistre intervention là où l'on nie Dieu d'une façon radicale, subtile et absurde ; là où le mensonge hypocrite s'affirme avec force contre la vérité évidente ; là où l'amour est étouffé par un égoïsme froid et cruel ; là où le nom du Christ est l'objet d'une haine consciente et farouche ; là où l'esprit de l'Évangile est dénaturé et démenti par les actes ; là où l'on affirme que le désespoir est la seule perspective... » [15]

Impitoyable diagnostic

Il pervertit les vertus, contamine les dons, stérilise les fruits. Il aliène les vérités, insinue le doute, ronge les certitudes, provoque l'illusion, induit en erreur. Il édulcore la miséricorde, abuse la confiance, détourne la générosité, éveille l'ironie, suscite les raisonnements factices.

Il agite le cœur, trouble la paix, sème la peur, sape la com-

---

15. Mais Paul VI n'évoque ce mystère qu'en le resituant sur l'immense panorama d'une création dont la magnificence provoque notre admiration :
« Tout laisse entrevoir une présence, une vie, un amour, de sorte que l'univers se présente à nous comme une préparation enthousiasmante et enivrante à quelque chose d'encore plus beau et d'encore plus parfait. La vision chrétienne du cosmos et de la vie est triomphalement optimiste. Cette vision justifie notre joie et notre reconnaissance. En célébrant la gloire de Dieu, nous chantons notre bonheur ! » (Audience du 15 novembre 1972).

munion, effrite l'unité, falsifie l'amour. Il aveugle le jugement, parasite l'écoute, étouffe la louange, étrangle la prière, paralyse la danse, brouille les sens, anesthésie la sensibilité à Dieu, l'exacerbe pour la chair, parodie le Sauveur (Ap 13,3), usurpe la Parole (Mt 4,6). Il manipule les libertés, il singe l'Esprit, plagie ses charismes, vampirise la vie, dans une certaine mesure il dispose des événements (1 Th 2,18).

De mille manières il nous soûle et nous roule. Habileté suprême : il se fait oublier, ô le Malin ! Mais nous n'ignorons pas ses intentions (2 Co 2,11).

Habile encore, comme il l'est à exploiter l'épreuve et la souffrance ! Au creux des blessures, il distille le poison de l'amertume, le fiel de la révolte. L'action guérissante des sacrements eux-mêmes peut en être limitée. Combien de névroses, de blocages psychologiques ne font-ils pas son jeu à lui ? Le Seigneur, lui, le savait [16]. Et Paul pour qui *l'écharde enfoncée dans la chair est un messager de Satan* (2 Co 12,7).

Thérèse – la petite – le savait qui, en pleine maturité spirituelle, dans ce regard lucide que lui donne l'approche de la mort, n'hésite pas à dire que sa maladie d'enfance : «venait certainement du démon qui voulait se venger sur moi de tout ce que notre famille devait lui faire dans l'avenir. Je suis persuadée, maintenant, que cette maladie était l'œuvre du démon. Je crois qu'il avait reçu un pouvoir sur moi.» Et, plus tard, en parlant de ses effroyables souffrances physiques, quelques semaines avant d'en être emportée : «Le démon est autour de moi. Il me tient avec une main de fer.»

Mais nous, nous ne le savons plus. Ces choses seraient-elles trop élémentaires pour nos argumentations sophistiquées ?

Mais, tu n'as pas peur : Dieu mesure la violence du vent à la minceur des voiles.

---

16. «En affrontant les maladies, c'est Satan qu'il affronte. En donnant la guérison c'est de Satan qu'il triomphe» (Stanislas LYONNET, dans *Vocabulaire de Théologie biblique,* art. *Satan*).

Tu n'as pas peur : *le Mauvais n'a pas de prise sur toi. L'Engendré de Dieu te garde* [17].

Tu n'as pas peur : *c'est maintenant le jugement du monde.* Il combat avec toi, Celui dont le regard a foudroyé le prince de ce monde, *dont la main a transpercé le serpent fuyard* (Jb 25,13).

Tu n'as pas peur : même si Satan t'a réclamé *pour te secouer comme un crible, comme on fait avec le froment, le Seigneur ne cesse de prier pour toi, afin que ta fidélité conforte tes frères* (Lc 22,31).

Tu n'as pas peur : *Le Seigneur est le rempart de ta vie, devant qui tremblerais-tu? Quand ils s'avancent contre toi pour dévorer ta chair, ce sont eux tes ennemis, tes adversaires qui chancellent et succombent. Qu'une armée vienne camper contre toi, ton cœur est sans crainte. Qu'une guerre éclate contre toi, telle est ta confiance* (Ps 26) [18].

Et le Seigneur te répondra: *Je sais où tu demeures: là est le trône de Satan. Mais tu tiens ferme à mon Nom et tu n'as pas renié ma foi* (Ap 2,13).

---

17. 1 Jn 5,18. Proverbe du Rwanda : «L'ennemi creuse ta fosse, mais Dieu, lui, t'ouvre une issue.»

18. «On fit venir un hypnotiseur au cours de l'instruction de mon procès, et sous son regard je sentis que je tombais dans un gouffre, et une si grande peur s'empara de mon âme qu'il est impossible de l'exprimer par des mots; en même temps j'avais très fortement conscience d'être coupable de quelque chose, il me semblait que j'étais dans un autre être, j'entendais ma propre voix répéter : «je suis coupable, je suis coupable». Et je signai mes aveux où j'accusais mes proches comme moi-même... Le lendemain on me montra tout ce que j'avais signé. Je compris que j'avais accompli une lâcheté et refusai de signer à nouveau. Je commençai à prier ardemment : je me souvins que mon père disait souvent que la prière aidait contre l'hypnotisme. Et c'est alors dans la cellule que j'appris la prière : *« Toi qui habites au secret du Très-Haut. »* A la deuxième séance, lorsqu'il me dit : «Regardez-moi dans les yeux», je le regardai avec courage et répétai sans cesse cette prière magnifique. L'hypnotiseur commença à s'énerver, à crier : «Ne pensez pas ainsi», puis en nage, il s'exclama : «Je ne peux rien faire.» (Cité par Dimitri Doudko, *L'espérance qui est en nous,* 9ᵉ entretien.)

Un Nom qui refuse de jouer double

Les frontières de l'enfer – et donc le front du combat – traversent ton cœur, jouxtant celles du Royaume.

Chemin vers ton pays, le Nom le sera vers ces zones encore colonisées par l'Ennemi, à la ligne de démarcation continuellement mobile [19]. Il jettera une lumière neuve sur les armistices signés avec lui : ces situations non clarifiées où l'on se plaît à nager entre deux eaux. Les subtiles compensations, les infidélités devenues habituelles, et qui finissent par nous mettre en état de dépendance à l'égard de celui qui s'y connaît à les entretenir.

Mais le Nom sera rappel constant qu'il te veut libre de toute oppression, dégagé de toute attache, qu'elle soit chaîne de fonte ou fil de laine : tout ce qui nous détache de Lui.

Le combat spirituel sera brisement où se désintègre notre faux moi, mais en vue d'une libération. Démasquer l'influence du Malin, c'est déjà faire craquer nos masques, mais en vue de notre vrai visage : Jésus libère notre liberté [20].

Alors, c'est en martelant les mots, et de ma voix la plus vigoureuse que je chanterai : *Sauve Seigneur ton peuple et bénis ton héritage. Accorde à ton peuple victoire sur l'ennemi. Garde par ta croix ce pays qui est tien !* (Tropaire).

---

19. A peine a-t-il parlé sous l'impulsion du Père, que les pensées de Simon-Pierre sont celles de Satan (cf. Mt 16,23).

20. Une société corrompue par l'argent, obsédée par le rendement, soudoyée par la consommation ne cesse de provoquer à des compromis avec l'Évangile et donc à flirter avec le prince de ce monde. Les disciples de Jésus y seront de plus en plus marginalisés. Pour résister à ses séductions, refuser de sacrifier aux idoles, il leur faudra un héroïsme égal à celui des chrétiens ouvertement persécutés. Slogans magiques rassurant à bon compte, systèmes de pensée dédramatisant tout, courants d'opinion justifiant tout, érotisme agressif, matraquage publicitaire : tout cela n'est-il pas une véritable *persécution ?* Tout cela ne porte-t-il pas la griffe d'une hydre aux mille têtes ?

Une liberté libérée

Comme tu as bien fait, Seigneur, après nous avoir fait tendre les mains vers un douloureux pardon, de nous faire ployer les genoux : *Délivre-nous du Malin !* Ces trois mots répétés, des heures sonnent où l'on ne peut plus dire autre chose. Tous les *eleison* en deviennent synonymes.

2. Veiller, armes à la main

> *Chacun des bâtisseurs*
> *tandis qu'il travaillait*
> *portait son épée attachée aux reins.*
>
> Ne 4,12

Il affûte son épée. Il bande son arc et l'apprête. De ses yeux il épie le misérable, à l'affût, bien couvert, comme un lion dans son fourré, pour te ravir en te traînant dans son filet. Il épie, s'accroupit, se tapit. Sous les couverts il massacre l'innocent (Ps 7,9).

Il attaque par surprise. Tend tous les pièges. Manie toutes les astuces. Emploie toutes les duperies. Fomente toutes les cachoteries. Connaît toutes les ruses [21]. Loup sous peau de brebis, il se déguise en ange de lumière, dissimule son jeu sous les dehors les plus innocents, se travestit derrière mille justifications, profite de chaque faiblesse, s'infiltre par chaque maille desserrée. Les arguments les plus séduisants lui sont familiers. Cauteleux, retors, rusé, nul ne l'est comme lui.

Veiller! L'œil ouvert, l'oreille tendue, l'esprit en alerte, l'âme aux aguets, le cœur en qui-vive [22]. Désastreux les risques de l'inadvertance, les conséquences de l'assoupissement.

---

21. «Ordinairement le diable se comporte envers l'âme avec le même vêtement que Dieu, lui proposant des choses si vraisemblables à celles que Dieu communique qu'à peine peut-on les discerner» (JEAN DE LA CROIX, *Montée du Carmel,* 2,21).

22. Ce que les Pères appellent la *nepsis :* «espèce d'étonnement fondamental, à la fois déchirant et plein de joie, devant la Présence, l'éveil devient vigilance chrétienne, quand il reçoit le monde, l'instant, à travers la résurrection du Christ» (O. Clément).

Une liberté libérée

Ils ont bien raison mes frères qui, à la tombée de chaque nuit, écoutent gravement Pierre sonner le tocsin : *Frères ! Soyez sobres et veillez ! Votre adversaire, le diable, comme un lion rugissant, rôde, cherchant qui dévorer. Résistez-lui, fermes dans la foi ! (1 P 5,7).*

A tour de rôle, ils veilleront cette nuit, comme en ces monastères d'Égypte où les moines « ne dormaient pas tous en même temps, mais se relevaient pour assurer contre les démons, par une prière sans discontinuité, une garde incessante [23] ».

Des yeux de lynx

Il te faut non seulement des yeux qui pleurent, mais qui scrutent les horizons ténébreux. Des yeux perçants, tels ceux du chacal que nous surprenions dans les fourrés du Rwanda, repérant sa proie en pleine obscurité. Être tout œil, non seulement pour voir Dieu, mais pour dépister l'Ennemi.

Un esprit d'aveuglement cherche à brouiller notre regard. Pour préserver son acuité, on ira au désert, on veillera, on jeûnera. « La solitude et la faim procurent une vue perçante aux yeux intérieurs [24]. »

Veillez et priez, afin de ne pas tomber au pouvoir de la tentation. L'esprit est ardent, la chair faible ! (Mt 26,41). C'est du fond d'une agonie, d'une lutte à mort que nous est lancé cet appel, instante supplication plus encore que mise-en-garde. *Le prince de ce monde est là* (Jn 14,30). Le Roi : il est seul dans son beau combat. Une heure à ses côtés, est-ce donc si long ?

Ce qui est en jeu : déceler la direction des pensées, discerner les esprits, dépister leurs ruses, déjouer leurs manœuvres. « Il

---

23. Jean CASSIEN, *Conf.* 7,23.
24. APA DOULLAS.

faut beaucoup de prières et d'ascèse pour connaître, par le charisme de discernement des esprits, ce qui les concerne, lesquels d'entre eux sont moins méchants, la spécialité de chacun, comment chacun est terrassé et rejeté.» *Antoine* qui le dit, connaissait bien leurs mouvements, à quoi chacun d'eux était habile et porté. Mais à force de les interroger : «Qui êtesvous, d'où venez-vous?»[25]

Vigilante, elle aussi, la *petite Thérèse :* «Depuis que j'ai pris place dans les bras de Jésus, je suis comme le veilleur observant l'ennemi de la plus haute tourelle d'un châteaufort. Rien n'échappe à mes regards. Souvent je suis étonnée d'y voir si clair et je trouve le prophète Jonas bien excusable de s'être enfui au lieu d'aller annoncer la ruine de Ninive[26]...»

Fidèle en cela à sa *Mère d'Avila :* «Semblables à ceux qui ont les ennemis à leur porte et qui ne peuvent ni manger ni dormir sans être armés, nous sommes jour et nuit sur le quivive[27].»

Sur la tour de guet, debout toute la nuit (Is 21,11), je monterai aux brèches, je construirai une enceinte pour tenir ferme dans le combat (Éz 13,5). Non plus la brèche au flanc de l'Agneau pour y faire passer les pécheurs, mais ici, celle ouverte par l'ennemi dans les remparts de la cité. Pour mes frères, de mon corps je ferai un rempart[28] comme ce petit

---

25. SAINT ATHANASE, *Vita Antonii.*
Voir mon article in *Tychique* n° 22. Typique, par exemple, de ce discernement : «Les démons ne combattent pas avec nous aussi longtemps que nous faisons nos volontés propres. Car nos volontés deviennent des démons et ce sont elles qui nous affligent» (APA POEMEN 87).
26. Manuscrit C, 22.
27. *Le Château de l'âme,* 3ᵉ Demeure I.
28. Lors de la chute du Kibboutz de Kfar Etzion – le jour même de la proclamation de l'État d'Israël, le 14 mai 1948 – deux des derniers survivants sont sur le point d'être massacrés. Un vieil arabe intervient, portant la main à la poitrine en signe d'amitié : «N'ayez aucune crainte!» Puis, faisant un rempart de son pauvre corps, il dit aux assiégeants : «Vous avez assez tué! –

Une liberté libérée

Hollandais enfonçant son doigt, puis son bras, puis la tête et les épaules, dans le trou de la digue. Il y restera, mais la plaine sera sauvée.

Sur les murs de Jérusalem, je me tiendrai *muni de lances, de boucliers, d'arcs et de cuirasses, derrière le peuple de Dieu qui bâtit le rempart* (Ne 4,11).

De victoire en victoire

Car c'est bien d'un combat qu'il s'agit, et gigantesque! Depuis la chute de certains anges, des champs de forces opposées ont créé des perturbations spirituelles dans le monde. La *bataille dans le ciel* se poursuit sur la terre des hommes, entre Mikaël et ses anges d'un côté, *l'antique serpent le séducteur du monde entier,* de l'autre. Nous en sommes partie prenante. Tentations et épreuves s'inscrivent dans cet affrontement cosmique, que nous le voulions ou non, entre la Femme et le Dragon (cf. Ap 12) [29].

Tant que le Fils n'a pas *réduit à l'impuissance toute Principauté, Domination et Puissance, pour remettre le Royaume à son Père* (1 Co 15,24), ce combat sera et le sien et le nôtre, une vie durant.

Chaque aube : l'heure d'opter entre *la lumière et les ténèbres, entre le Mauvais et le Véritable.* Qu'y aurait-il de commun entre le Temple que je suis et les idoles? (2 Co 6,14).

Plus le Nom fait rencontrer l'Amour sauveur, plus il fait affronter celui de qui nous sauve l'Amour. En bénissant

---

Silence! on va te tuer aussi. – N'approchez pas! Ils sont sous ma protection.» Et d'entourer les deux juifs de ses bras. (LAPIERRE et COLLINS, *O Jérusalem,* p. 386.)

29. Un jour où des sœurs d'une communauté n'étaient pas en accord, Thérèse d'Avila entrant au chœur voit «qu'une lutte terrible s'était engagée entre des démons et des anges» (*Vie,* ch. 31).

l'huile baptismale, le Jeudi saint, l'Église demande qu'elle fasse de chaque baptisé, un soldat : «Que s'il restait en eux quelque trace des esprits ennemis, elle disparaisse au contact de cette huile sanctifiée. Qu'il ne leur soit laissé aucun réduit où placer leur pouvoir, aucune liberté de cacher leurs embûches.» En recevant cette onction, telle fut la prière de l'Église sur nous : «Brise, Seigneur, tous les liens par lesquels Satan le tient attaché.»

Un cistercien anglais – *Baudoin de Ford* – dit que si l'on n'entre pas au ciel avec des contusions et des blessures, comme celui qui revient d'un champ de. bataille, on n'y entrera que difficilement : on ne ressemblera pas assez à l'Agneau.

Il lui a ressemblé, *Antoine* qui, au sortir d'un grand combat, demandait : «Où donc étais-tu, ô bon Jésus ? Pourquoi n'as-tu pas été là dès le début pour guérir mes blessures ?»

Ce combat, les saints y sont passés, les uns après les autres, et en première ligne [30]. Elle le savait, *Thérèse,* la fragile : «Allons toujours jusqu'au bout, quelles que soient la fatigue et la lutte... Je l'ai dit : je mourrai les armes à la main !» Son ardeur se fait contagieuse : «Je voudrais toujours te voir comme un vaillant soldat qui ne se plaint pas de ses peines, qui trouve très graves les blessures de ses frères et n'estime les siennes que comme des égratignures.»
Elle sait bien que seul on n'en sort pas : «Jésus combat pour nous... Il me rendit forte et courageuse. Il me revêtit de ses armes, et depuis cette nuit bénie, je ne fus vaincue en aucun combat. Mais au contraire, je marchai de victoire en victoire [31].»

---

30. Voir quelques exemples dans *Écoute les témoins.*
31. Manuscrit A, 45 ; *Lettre* 201.

Une liberté libérée

Pas d'épée entre les mains de David

Et l'Amour a pris un Nom. Arme-toi du Nom de l'Amour. La prière de *Jésus :* petite pierre déposée en tes mains fragiles. Elle défie tout défi, se joue de toute armure quel qu'en soit l'acier. Non par sa composition chimique ou sa taille, mais par la calme certitude avec laquelle elle est lancée. David le faible, face à tous les Goliath du monde, c'est lui le plus fort. La petite pierre, lissée par le torrent, lui suffit là où casque et cuirasse entravent ses mouvements. *Tu marches contre moi avec épée, lance et javelot, mais moi je marche contre toi avec le Nom du Seigneur, et toute cette assemblée saura que ce n'est ni par l'épée ni par la lance qu'Il donne la victoire, car le Seigneur est maître du combat! Entre mes mains Il te livre!* (1 S 17,38).

Comme le berger pauvre tu n'hésites pas. Tu mises moins sur la petite pierre que sur Celui qui te l'a confiée. Telle est ta fronde. De la petite pierre, elle fera un projectile enflammé. Brûlure intolérable pour le démon, ce Nom devant lequel même lui doit fléchir les genoux. Il ne peut le supporter. Il crie : *pitié.* Il crie : *que me veux-tu, fils de Dieu?* Il crie : *je sais qui tu es !* Il crie : *de quoi te mêles-tu !* Il crie : *Es-tu venu pour nous tourmenter avant le temps?*

« Je dis au diable : le Christ en venant t'a rendu faible, terrassé, désarmé. Celui-ci, en entendant le Nom du Sauveur et ne supportant pas la brûlure, disparut [32]. »

---

[32]. *Vita Antonii,* 41. Déjà la prière en langues est redoutable aux démons. « Le charmeur ignore le sens des mots qu'il dit, mais le serpent les entend et il se soumet humblement. De même pour nous : bien que nous ignorions le sens des mots que nous disons, les démons – eux – entendent et s'enfuient de terreur » (Isaac le Syrien). Ainsi que le *Trisaghion :* durant un célèbre exorcisme liturgique à Plaisance en 1920, on remarquait que le *Trisaghion* produisait sur le démon un effet d'anéantissement. A la demande : quelles sont les paroles qui te font le plus souffrir, il finit par répondre avec terreur : *Sanctus, Sanctus...* » (Alberto VECCHI, *Intervista col diavole,* Ed. Paoline). Combien davantage le Nom de Jésus lui est-il insupportable. L'incapacité à

« Tu étais à mes côtés et tu m'as protégé. Partout ton Nom m'entourait comme un rempart. Ta droite a dissout le venin du calomniateur [33]. » *Par ton Nom nous piétinons nos adversaires !* (Ps 43,6).

Invoquer *Jésus,* c'est décocher sa parole, flèche acérée pour bouter dehors l'ennemi [34].

Invoquer *Jésus,* c'est lever les yeux vers le Serpent d'airain qui guérit toute morsure, aussi vénéneuse soit-elle [35].

Invoquer *Jésus,* c'est revêtir – manteau de protection – le Sang de l'Agneau en qui nous avons la délivrance (Col 1,14), en asperger les montants de tes portes, que t'épargne l'ange exterminateur.

Invoquer *Jésus,* c'est recevoir la victoire de l'Agneau, là où elle fut remportée : sur l'Olivier. Attirant tout à lui, d'une si forte aimantation, que l'ennemi en a été dépouillé.

En invoquant le Nom, aime alors t'habiller du *signe de la croix* comme d'un bouclier : nulle flèche empoisonnée ne t'atteindra.

« Signez-vous, ainsi que la maison, et vous verrez les démons disparaître. Ils sont lâches et redoutent fort le signe

---

pouvoir le prononcer est symptomatique d'un lien avec lui, typique de beaucoup d'exorcismes. Le truc de sainte Gemma Galgani pour vérifier l'identité des Anges qui lui apparaissaient : les inviter à répéter : Vive *Jésus !* Béni soit le Nom de *Jésus !* Si c'était un ange déguisé, il ne pouvait que répéter : Vive... Béni...

33. *Odes de Salomon,* 22,7.

34. Sa Parole : les pères cisterciens aimaient dire qu'on découvre dans l'Écriture le démon qui rôde autour de nous, comme la colombe voit se refléter dans l'eau l'épervier qui rôde au-dessus d'elle.
Thérèse : « Je lutterai avec le glaive de l'Esprit qui est la Parole de Dieu. »

35. En prison, la jeune *Perpétue* a la vision d'un énorme Dragon : « Il ne me mordra pas, au nom du Seigneur *Jésus.* A ces mots, comme me craignant, il écarta la tête » (PL 3,26).
D'une jeune religieuse : « Rêvé d'une lutte corps-à-corps avec le Satan. Comme il ne désarmait pas, je disais tout haut la Prière de *Jésus.* Il perdait alors toute sa force puis se désintégrait sous mes yeux. Depuis, finie l'aridité de cette prière, mais une douceur, une chaleur extrême. »

du Seigneur. Et les gens s'en allaient munis du signe de la croix [36]. »

Ce signe, reçu au baptême avec cet ordre impérieux : « Ce signe de la croix que nous traçons sur son front, toi, démon maudit, n'aie jamais l'audace de le profaner. »

Ce signe que *Bernadette* avait dû apprendre de Marie : personne n'arrivait à en imiter l'espèce de majesté simple. Et notre *Seraphim :* « Que chaque chrétien s'endorme après avoir fait le signe de la croix. »

Tu n'es pas seul

Invoquer *Jésus,* c'est partager la victoire de *Marie,* la Femme qui écrase la tête du serpent et devant qui le Dragon de Feu ne peut que s'enfuir (cf. Gn 3 ; Ap 12).

Invoquer *Jésus,* c'est faire tiennes les victoires de *l'Église,* l'Épouse bien-aimée protégée par Dieu au désert, et contre qui se brise l'aiguillon de la mort.

Invoquer *Jésus,* c'est participer aux victoires de *tes frères* qui l'ont vaincu *par le Sang de l'Agneau et par la parole dont ils ont rendu témoignage, car ils n'ont pas aimé leur vie jusqu'à craindre la mort !* (Ap 12,12).

Car tu n'es pas seul : *Marie* est là, en qui le démon n'a nulle prise [37]. « Il est impossible pour le démon de faire périr un

---

36. *Vita Antonii,* 35,13.

37. « Entrant dans la chapelle de la rue du Bac, en un instant je crus et je fus délivrée de l'emprise du "Christ de Montfavet" et je compris que ce séducteur n'était qu'un malheureux. Une sorte de plénitude et de douceur m'envahit, irrésistiblement tout un flot de lumière, de vérité, de paix entrait en moi et me débordait ! Marie avait ouvert ses mains, j'étais rentrée dans l'Église ! Le lendemain je me confessais et communiais. Je découvrais alors qu'il y avait un ennemi retors et sournois qui m'avait trompée en singeant le Christ, et qui voulait nous couper par tous les moyens de cette tendresse ineffable de notre Père, mais que cet ennemi, Marie lui écrasait la tête ! » (*Cahiers du Renouveau,* n° 8).

Durant les exorcismes on recueille fréquemment des exclamations comme

homme tant que ce dernier ne cesse lui-même de recourir à l'aide de la Théotokos.» Et il savait de quoi il parlait, l'humble *Seraphim*.

Tu n'es pas seul : les *Anges* sont là. Ils visitent tes nuits, habitent tes déserts, *te portent au creux de leurs mains, de peur qu'une pierre ne blesse ton pied* (Ps 90,12). Ils l'ont fait pour leur Seigneur. Ils le font pour ces frères cadets que nous leur sommes.

Sur l'Alverne, *François* «soutenant beaucoup de combats contre le démon, recevait de nombreuses consolations par des visites d'anges». La lutte te familiarise avec leur prince, ce Mikaël que tu seras heureux de retrouver quand sonnera l'heure du combat ultime et décisif. L'Église le sait, qui aime l'appeler au secours des agonisants.

Au livre de Tobie, il est dit que l'odeur du poisson posé sur les braises de l'encens fit s'enfuir l'esprit de mort qui rôdait autour de la jeune épousée. Lorsque ton cœur se met à brûler au contact du Nom de braise, l'encens de la louange s'en dégage, parfum insupportable aux démons. Alors, au cœur de la nuit, on se lève et sur nos lèvres, la bénédiction des compagnons de lutte :

Voici le temps de la puissance et de l'autorité du Christ, car il a été précipité l'accusateur de nos frères, celui qui les accusait devant notre Dieu jour et nuit. C'est pourquoi soyez dans la joie, vous les cieux et vous qui en faites votre demeure (Ap 12,10).

Tu n'es pas seul : les *frères* t'entourent qui partout sont en proie à une attaque. Beaucoup tiendront leur liberté de tes victoires, aussi minimes soient-elles. Tu avais raison, vieux saint Pierre, d'ajouter une note à ton signal d'alarme :

---

celles-ci : «Vous ne me faites pas peur! Mais c'est d'elle, la grande Dame, que j'ai peur, d'elle seule, car je ne peux rien contre elle : elle commande toujours!»... Alors qu'il insulte tout le monde il ne peut s'empêcher de l'appeler : Madame! «Je ne puis arriver à rien à cause d'elle.» On l'entend parfois proclamer malgré lui d'étonnantes louanges de Marie.

Une liberté libérée

Sachez-le, c'est le même genre de souffrances que supporte la communauté des frères, répandue dans le monde (1 P 5,9).

Ne pas voir les démons partout, mais, partout, voir Dieu et ses Anges et ses saints !

L'invincible confiance

« Avec Satan il ne faut pas jouer, mais l'esprit d'enfance vient à bout de ses ruses, même s'il vient flanqué de légions. La confiance est en nous comme un grand amour qui cerne nos murailles et veille. Un double, un triple, un multiple rempart, un divin rempart nous entoure. Franchir les obstacles par la louange dans l'abandon. Ce calme de l'enfant qui joue à faire mille cabrioles déroute le Prince des Ténèbres. Ce rire de l'innocence le fait fuir. Il n'a pas de prise sur qui s'abandonne. »

Parce que David était un enfant, il pouvait *saisir le lion et l'ours par les poils du menton et arracher l'agneau de leur gueule* (1 S 17,34).

Parce qu'Antoine « avait vraiment confiance dans le Seigneur et que son esprit était tranquille et sans trouble », il pouvait rire des démons, les taquiner, les tourner en dérision : « Ils n'ont blessé aucun des fidèles. Ils sont liés par le Seigneur comme des passereaux [38]. »

Comparés à la puissance du Seigneur, « les esprits du mal ne sont que des petits renardeaux rusés mais pitoyables [39] ». Les pauvres ! Les Pères en ont presque pitié !

La *Madre d'Avila* n'a pas moins d'humour face à celui qu'elle appelle le « vilain-privé-d'amour » : « La nique aux démons ! Ils ne me font pas plus peur que des mouches. C'est

38. *Vita Antonii*, 51.24.
39. Saint Grégoire de Nysse, *Sup. Cant.*, 5.

eux qui auront peur de moi. Je ne comprends pas qu'on les redoute. Peut-on dire : "démons! démons!" alors que nous pouvons dire : "Dieu! Dieu!"? Venez tous! Je suis la servante de Dieu et je suis curieuse de voir ce que vous pouvez faire!»

Elle lui ressemble, sa petite fille normande. Quelques heures avant sa mort on lisait l'office de Saint-Michel : «Quand il fut question des démons, elle eut un geste enfantin comme pour les menacer et s'écria, souriant : "Oh! Oh!" d'un ton qui voulait dire : "Je n'en ai pas peur!" [40].»

D'un mot, elle avait résumé sa tactique, celle des saints : «*Pour les tout-petits, le démon ne peut rien...* Une âme en état de grâce n'a rien à craindre des démons qui sont lâches, capables de fuir devant le regard d'un enfant [41].»

Est-ce pour cela qu'à Lourdes, le seul regard de Marie suffit à faire taire les tintamarres diaboliques? Enfant, qui l'est plus qu'elle? [42]

Je saisis maintenant pourquoi saint Pierre fait précéder son S.O.S. de ces mots : *Faites-vous tout-petits dans la puissante Main de Dieu* (1 P 5,6).

---

40. «Cessez de prier et je cesserai de vous tourmenter. Quand une âme a cessé de prier, je la considère comme mienne», dit Lucifer au saint Père Lamy († 1931) qui ajoutait : «On lutte avec Satan par la prière qui est la force de Dieu. Oui, on lutte avec des armes divines.»
De lui encore : «Lucifer c'est comme un fils de famille très noble, déchu par ses vices. Il n'est pas respectable par lui-même, mais il faut respecter sa famille en lui. On respecte le chef-d'œuvre du Créateur, même détruit. Quand on respecte son caractère angélique, on le contriste davantage qu'en l'injuriant.»
41. Manuscrit A, 10.
«Faut-il que j'aie peur du démon? Il me semble que non parce que je fais tout par obéissance» (*Derniers entretiens*, 11 sept. 1897). – «Les vautours, images des démons, le petit oiseau ne les craint pas, il n'est point destiné à devenir leur proie» (Manuscrit 8,5). – «Le reste va bien, puisque le petit enfant se moque de Messire Satanas» (Lettres, 200).
42. Marie, l'enfance... et *Romanos le Mélode* fait dire au démon : «Toujours Bethléem, Bethléem s'oppose à moi. Son fruit toujours me nuit» (*Hymne* 37,18).

3. Un ministère de délivrance

> *Le jeûne que je préfère?*
> *défaire les chaînes injustes*
> *délier les liens du joug*
> *renvoyer libres les opprimés*
> *briser toutes les entraves.*
>
> Is 58,6

Cela est dit de *tous ceux qui auront cru* et auront été baptisés. Afin de *proclamer la Bonne Nouvelle à toute la création* (Mc 16,14).

Ayant convoqué les Douze, il leur donna puissance et pouvoir sur tous les démons. Étant partis, ils chassaient beaucoup de démons (Lc 9,1,13). Mais pas seulement les Douze. Vois les soixante-douze qui reviennent dans l'allégresse : *Seigneur, même les démons nous sont soumis en ton Nom !* Et lui, de les confirmer dans ce ministère : *Voici que je vous ai donné le pouvoir de marcher sur serpents et scorpions, et sur toute puissance de l'ennemi, et rien ne vous nuira* (Lc 10,17). Oui, les esprits leur sont soumis parce que leurs noms sont inscrits dans les cieux, et son Nom à lui gravé en leur cœur [43].

Remontant dans les hauteurs, après avoir délivré les captifs du diable en captivant celui-ci, *le Seigneur fait largesse de ses charismes* (Ép 4,8). Après avoir brisé nos liens avec les éléments du monde, il peut nous les donner : ils ne seront pas corrompus.

---

43. *Romanos le Mélode* fait dire au démon en parlant des disciples : « Sur l'ordre du Seigneur ils délient les pieds et les mains liés de bandelettes, ils dévoilent les visages enveloppés d'un suaire. »

Même s'il est arrivé que quelqu'un chasse les démons en son Nom, sans le suivre (Mc 9,38), pour que ce Nom ait toute sa force de frappe, il y faut une Pentecôte : c'est par le doigt de Dieu, par la Force de l'Esprit que *d'un mot* (Mt 8,16) les esprits du mal peuvent être vaincus, sinon on en est soi-même terrassé (Ac 19,13). Mais l'Esprit donné, comme elle éclate la puissance du Nom ! (Ac 5,16 ; 19,12).

Voici Paul commandant l'esprit divinateur qui liait une servante à Philippes : *Je te l'ordonne au Nom de Jésus-Christ, de sortir de cette femme* (Ac 16,18). *Beaucoup d'esprits impurs sortaient en poussant de grands cris de ceux qui en étaient possédés* (Ac 8,7). Et l'on fait un feu de joie des livres de ceux qui se sont adonnés à la magie et qui l'avouent : une fortune ! (19,19). Chaque fois on peut bien dire : *Quelle parole ! Il commande avec autorité aux esprits impurs, et ils sortent !* (Lc 4,35). Ils l'ont bel et bien reçue l'autorité du Seigneur Jésus !

Et je les revois ces amis de Dieu en qui éclate la victoire· pascale du Sauveur :

L'hôte de *François* à San Gemini est très malade. Il dispose ses trois compagnons chacun dans un angle de la pièce : «Mes frères, prions le Seigneur pour cette femme afin qu'il la délivre de l'emprise du diable. Nous voici postés chacun dans un coin de la salle pour que l'esprit malin ne puisse nous échapper et se jouer de nous en venant s'y réfugier.» Il se met en prière, puis *investi de la puissance de l'Esprit,* s'approche de la femme qui se tordait pitoyablement : «Au Nom de Notre Seigneur Jésus-Christ et en vertu de l'obéissance, je t'ordonne, démon, de sortir de cette femme et de n'avoir plus l'audace de la tourmenter.» Pauvre François ! La guérison est tellement subite et flagrante que c'est à lui de s'enfuir de la petite bourgade [44].

---

44. THOMAS DE CELANO, 1,69. C'était familier chez lui d'exorciser des frères «en proie à des obsessions diaboliques : «démon, au Nom de Dieu, je te défends de tourmenter encore mon frère comme tu as l'audace de le faire jusqu'à présent» (THOMAS DE CELANO, *Vita Secunda,* 76).

Pendant le repas du soir à Monte Casale, «il entend parler d'un frère si misérablement tourmenté d'une maladie sans remèdes, qu'il en a compassion, prend un morceau du pain qu'il mangeait, y fait le signe de la croix avec ses saintes mains stigmatisées et l'envoie au frère malade. Jamais plus il ne se ressentit de cette maladie [45].»

On cache dans la chapelle de *Catherine* la petite Laurence que ses huit ans n'empêchent pas d'être un beau jour possédée. «Elle force l'enfant à se mettre à genoux pour prier avec elle. Toute la nuit se passa à combattre ainsi l'ennemi dans une sainte veille : avant que le jour parût, le démon, malgré sa résistance, était vaincu et l'enfant délivrée ne ressentait aucun mal [46].»

Lorsqu'elle avait délivré des possédés, elle attirait sur son sein leur tête et se mettait à pleurer comme une mère sur son enfant. Alors leur maladie s'enfuyait et les poux eux-mêmes se répandaient sur les dalles. Elle appelait le démon le *Malatasca,* et lui la nommait : «celle que je maudis». Elle écrit un jour au prieur de Montoliveto : «Parmi tous les moyens de servir qui plaisent à notre Sauveur, il y a celui qui consiste à arracher les âmes des mains du démon. Non seulement nous ne devons ni les abandonner ni les fuir quand elles viennent à nous, mais nous devrions affronter la mort s'il le fallait, pour les sauver» (*Lettre* 8).

Devant *Jean de la Croix,* le démon paniquait : «Je ne peux vaincre ce petit frère et ne trouve point comment le faire tomber. Il y a tant d'années qu'il me persécute!» Quand il confesse dans l'église de Los Martyres, son seul regard suffit à l'effrayer [47].

---

45. *4ᵉ considération sur les stigmates.*

46. Raymond de Capoue, II. 9.4. Texte intégral dans *Écoute les témoins.*

47. La Mère *Thérèse* écrit en mars 1573 à Inès de Jésus : «Ma fille, la maladie de sœur Isabelle de St-Jérôme m'afflige beaucoup, je vous envoie le saint père Jean de la Croix. Il a reçu de Dieu le don de délivrer les possédés du démon. Ici même, à Avila, il vient de chasser d'une personne trois légions

Voici un ami de notre Silouane, le Père *Stratonique,* ermite dans le Caucase. Devant un possédé, il se met à pleurer : «O malheureuse créature de Dieu! comme elle est tourmentée par le démon!» Il fait le signe de la croix : «Que le Seigneur Jésus te guérisse», et le malade est instantanément guéri!» [48]

Charbel, lui, pose l'Évangile sur la tête de cet homme déchaîné qu'on lui amène un soir à son ermitage d'Annaya. Il en repart guéri.

En vérité «partout les esprits impurs sont sortis au Nom de Jésus [49]». «Ce mode de prière *combat* les démons, et *guérit* par la force de Dieu *les maladies causées par les démons,* et qui sont marquées par la fièvre et le frisson [50].»

Libérer la liberté

A certains, l'Esprit donne donc un charisme pour chasser les esprits. Aujourd'hui comme hier. Charisme que l'Église peut reconnaître comme un ministère [51]. Service redoutable entre tous, il se reçoit de l'Église et se vit en elle. Il s'exerce dans l'obéissance, la transparence et la communion étroite avec des frères, jamais seul. Il présuppose une guérison de ses propres relations aux autres. Il exige une intense vie de louange et d'adoration, sans cesse ressourcée à la Parole et aux sacrements, nourrie de jeûne et de veilles. Pour se pratiquer dans l'humilité, la discrétion, un immense respect de

---

de ces esprits mauvais. Il a commandé au nom de Dieu à chacun de se nommer, et aussitôt, ils ont obéi.»
Mais le père Jean est très bon clinicien. Il déclare : «ce n'est pas le démon, mais manque de jugement» (BRUNO DE JÉSUS MARIE, *Saint Jean de la Croix,* p. 311 ss.).
48. Cité par SOPHRONY, *Silouane,* p. 430.
49. SAINT ÉPHREM, *Diat.* 12.
50. GRÉGOIRE DE NAREK, *Prières,* 28,4.
51. Voir Annexe II, n° 4.

l'autre, il implique ce tact affiné qui donne de discerner le meilleur et de se rendre pur et irréprochable dans la pleine maturité d'une vie dans l'Esprit, afin de ne donner aucune prise à l'Adversaire (Ph 1,9). Il n'est pas signe mais exigence de sainteté. Il se reconnaît à ses fruits [52]. Il se célèbre toujours au seul Nom de *Jésus,* revêtu de son sang, par la puissance de sa vivifiante croix, sous la protection de Marie et des Anges.

Au baptême, descendu aux enfers avec le Seigneur, tu as aussi reçu quelque chose de son autorité sur les démons. Mais pour annoncer que le Royaume est là parmi nous (Mt 12,28). De par ton onction baptismale, tu peux et dois employer cette puissance à toi confiée [53].

Naguère Léon XIII demandait à tout catholique d'avoir recours à une brève prière d'auto-délivrance, aux heures où se fait sentir une attaque, où la tentation se fait violente : « Nous t'exorcisons, esprit immonde, qui que tu sois... au Nom et par la vertu de *Jésus-Christ* Notre Seigneur, sois arraché et chassé de l'Église de Dieu, des âmes créées à l'image de Dieu et rachetées par le Sang précieux de l'Agneau. »

---

52. D'une jeune fille tentée par le suicide, à la suite d'un passage chez un magicien aux Indes, jusqu'au jour où elle rencontre une chrétienne, dans un groupe de prière : « Elle me demande si je crois que Jésus-Christ a la puissance de me délivrer du démon de mort. Je lui réponds oui, et après avoir prié avec moi dans un coin tranquille, elle a ordonné au démon qui m'habitait de sortir de moi au nom de Jésus-Christ, utilisant par là un charisme que le Seigneur lui a donné pour le service de la communauté. A ma grande stupéfaction, le lien était coupé, je suis passée du désespoir à la joie en l'espace de quelques secondes. Par la puissance de Jésus-Christ, j'ai été guérie, délivrée et j'ai été placée à nouveau dans la liberté de l'Amour de Dieu. Depuis cette délivrance, les prévisions de mon astrologue sont devenues fausses. Le sort jeté sur moi a été enlevé par *Jésus.* Et je peux dire maintenant, en pesant mes mots, que *Jésus* m'a sauvée de l'abîme de la mort par son sang. » Six ans de cela, et elle est maintenant consacrée dans une vie monastique (Texte intégral de ce témoignage percutant dans : *Bonne Nouvelle,* 15 rue de la Pacification, B 1040 Bruxelles).
53. Une prière pour la délivrance d'un frère n'est souvent qu'une longue profession de foi et comme une célébration de cette Résurrection de Jésus qu'un démon est incapable de confesser. Il est encore capable d'avouer que Jésus est mort pour nous, il trébuche ou ricane sur le mot de résurrection.

Bernadette le savait : «Dans la nuit du lundi au mardi de Pâques, elle entre en agonie spirituelle. On l'entend répéter plusieurs fois : "Va-t-en Satan!" Le mardi matin, elle me dit que le démon avait cherché à l'effrayer, mais qu'elle avait invoqué le saint Nom de *Jésus,* et que tout avait disparu [54].»

Il le sait, ce chrétien, au fond d'un camp de la mort : «Bénis ma maigre nourriture afin que je me trouve devant Toi dans la grâce du jeûne. Brise, Seigneur très clément, ce lien qui me lie au péché de la chair, car souvent et de multiples façons depuis mon enfance, Satan m'a enchaîné par ce lien. Détruis-le, efface-le, extermine-le enfin, et purifie-moi, lave-moi, blanchis-moi, par Ton Nom [55].

Qu'en mille cachots éclate le soleil

Mais il est aussi une manière tout intérieure d'exercer dans l'Esprit le ministère de délivrance de *Jésus.* En tes propres enfers Il était descendu. Les traversant, Il t'entraînera *peut-être* en ceux de frères encore inconnus de toi, mais pour en faire éclater murs, verrous et barreaux. Il y a des cœurs-cachots. Une prière ne viendra-t-elle pas en irradier les ténèbres?

Sur leurs frères pécheurs, les saints ne prient pas seulement. A leur rencontre ils marchent plus loin encore. Jamais seuls, ils y perdraient pied. L'Agneau les précède. Jusqu'au cœur des ténèbres où il se tient, mais debout, victorieux. Comment, ici, ne pas me souvenir de Roland? Et, bien sûr, de Thérèse?

Entraînée dans l'impétueux courant de la Miséricorde, la voici projetée au creux de la grande désespérance. Ses *Pranzini,* elle pénètre dans leur prison, comme par effraction. Elle

---

54. Cité par LAURENTIN, *Bernadette vous parle,* II, p. 276.
55. Lev Platonovitch Karsavine, philosophe mort dans un camp à Abez en 1952 (D. DOUDKO, *L'espérance qui est en nous,* p. 175).

mange leur pain, mais leur offre sa coupe où brille une lumière pascale. Petite, les mains amies, une à une, avaient lâché la sienne. Ne tenant plus que celle de Jésus, celui-ci glisse la sienne dans celle des plus esseulés du monde, ceux pour qui Dieu n'a pas de visage. Elle ne lâchera ni l'une ni l'autre, dût-elle en être déchirée. Et c'est alors, alors seulement que la prière de *Jésus* éclôt sur ses lèvres : « Aie pitié de nous, Seigneur, car nous sommes de pauvres pécheurs [56]. » Elle demande pardon au nom de ses frères, dont la détresse en elle se fait prière, dont la solitude, de mutilante, en elle se fait apaisante. Bientôt Silouane l'y rejoindra, ou plutôt, prendra la relève, dans un enfer où rien ne le fera désespérer.

Serait-ce surtout à ceux qui sont partis rejoindre Jésus au désert qu'est demandée – pardon ! donnée – cette épreuve qui est une victoire : s'enfoncer dans les solitudes de l'incroyance, mais pour qu'y fleurisse la prière qui déclenche les tendresses de Dieu ? [57] *Souvenez-vous des prisonniers, comme si vous étiez en prison avec eux !* (He 13,3).

Mais qu'ici la parole cède au silence. Celui de l'adoration.

Et que le *Dieu de la paix écrase Satan sous vos pieds !* (Rm 16,20).

---

56. La clef de ce mot, un mois avant sa Pâque : « Ah ! mon Dieu, ayez pitié de moi ! Je n'ai plus que cela à dire » (*Carnet jaune* 31,8).

57. « Le contemplatif qui – par vocation – s'est retiré dans ce désert spirituel, a l'impression de s'être établi aux sources mêmes de l'Église. Il sait se reconnaître dans les épreuves et les tentations qui assaillent certains chrétiens. Familier d'un Dieu qui est absent, il connaît toute l'amertume et l'angoisse de la nuit sombre : "Mon Dieu, pourquoi m'as-tu abandonné ?"... Mais c'est alors, au cœur de notre misère que les merveilles de la miséricorde se manifestent, au cœur de notre pesanteur... La nuit de la foi débouche dans l'assurance inamissible placée en nos cœurs par le Dieu même qui a voulu nous éprouver. Nous sommes en communion avec l'Église entière, associée à la douleur du monde, et poursuivant devant Dieu un silencieux dialogue avec ceux mêmes des frères qui se tiennent à l'écart » (*Message des contemplatifs* au Synode d'octobre 1967, rédigé à la demande de Paul VI. Thomas Merton élabora la première mouture de ce texte, signé par Chartreux, Cisterciens et Bénédictins).

« *Ta préoccupation : purifier le monde* [58] »

«Toi que Dieu a libéré, libère. Toi le sauvé, sauve ceux qui sont entraînés à la mort. Rachète, sans regarder aux frais, *ceux que le démon assassine*. Cela surpasse devant Dieu toute action et toute contemplation [59].»

C'est ainsi que tu permettras à des hommes incapables de se regarder les uns les autres de reconnaître le reflet de Dieu sur leurs visages [60].

Ainsi que «tu iras à la prière comme à un combat, tout autant qu'à une danse» [61]. Ainsi qu'enveloppé d'une si grande nuée de témoins, tu courras avec constance l'épreuve qui t'est proposée. Ainsi que, «fixant les yeux sur *Jésus* qui endura une croix en vue de la joie qui lui était proposée, tu résisteras jusqu'au sang dans ta lutte contre le péché» (He 12,1-4).

> *Ils mèneront campagne contre l'Agneau*
> *L'Agneau les vaincra ;*
> *Il est Seigneur des seigneurs, Roi des rois*
> *Avec les siens :*
> *les appelés, les choisis, les fidèles !*
>
> Ap 17,14

---

58. GRÉGOIRE DE NAZIANZE, *Serm. Pascal.* 45, 23.

59. JEAN CLIMAQUE, *Lettre à l'higoumène de Raïthou.*

60. Une sentence des Pères du désert met dans la bouche d'un mort cette étonnante description de l'enfer : «Il n'est pas possible de voir quelqu'un face à face, mais nous sommes collés dos à dos. Lors donc que tu pries pour nous, chacun peut voir un peu la face de l'autre» (MACAIRE, *Alph.* 38).

61. NICOLAS DE FLUE.

Chapitre VIII

EN SIGNE DE LA RÉSURRECTION

Déjà là, le Royaume !

> *Quand tu es malade, ne te révolte pas*
> *mais prie le Seigneur : il te guérira.*
> *C'est du Très-Haut que vient*
> *la guérison.*
> *comme un cadeau qu'on reçoit du*
> *Roi.*
>
> Si 38,9 ; 2

1. **Le même hier, aujourd'hui et demain**

2. **Une confiance qui ose tout attendre**

3. **La parole audacieuse, l'aimante communion**

1. Le même hier, aujourd'hui et demain

> *Il clame l'annonce du Royaume*
> *Il guérit toute maladie*
> *et toute faiblesse dans le peuple*
> *Ils lui présentent tous ceux qui ont mal*
> *et qui sont oppressés*
> *par des maladies variées*
> *et des tourments,*
> *Il les guérit.*
>
> Mt 4,23

L'as-tu jamais suivi au long de la première journée de son ministère ?[1] Il revient du désert. Tôt le matin il longe la grève. Des pêcheurs au large lancent l'épervier. Il les hèle. Il aura besoin d'eux. Tant de travail l'attend. Comment en sortir tout seul ? Plus loin, d'autres resserrent les mailles d'un filet déchiré. Allez, qu'ils le suivent aussi. Ensemble on entre au village. C'est Shabbat. Ils sont tous à la synagogue. On est justement en train de scander : «Béni sois-tu, Éternel, formateur des astres. Tu allumeras sur Sion une lumière nouvelle : puissions-nous tous, et bientôt, mériter la lumière !» Ils ne savent pas qu'elle va éclater là, parmi eux et tout de suite, la Lumière ! Le Rabbin offre à Jésus le *Sepher Tora,* le rouleau de la Loi. Il clame : «Moïse façonna un serpent d'airain qu'il plaça sur l'étendard. Si quelqu'un était mordu par quelque serpent, il regardait le serpent d'airain et restait en vie.»

---

1. Mc 1,16-34 présente la première journée apostolique de Jésus. Le rapprochement tellement évocateur avec Pâques m'a été suggéré par Albert de Monléon, à la lecture de la première mouture de ce chapitre. Mc 1,35 l'insinue avec le terme *anastàs,* terme technique désignant la résurrection. Il faut savoir que pour Israël, comme pour la tradition liturgique chrétienne, un jour nouveau commence avec le coucher de soleil du précédent.

Il donne l'enseignement comme s'il n'avait jamais rien fait d'autre : «Il est accompli le temps. Il est proche le Royaume!» Comme il est sûr de lui! Il sait ce qu'il dit! Quelqu'un est furieux. Il ne tient plus en place, il se sent évincé. Il hurle : « Tu es venu nous perdre!» Tous paniquent, sauf lui. C'est Lui le Maître, Lui qui maintenant commande. Le Malin n'a qu'à déloger. Jésus a barre sur lui. Ne vient-on pas de bénir: «Guéris-nous, Seigneur, et nous serons guéris! Sauve-nous, Seigneur, et nous serons sauvés! Accorde une parfaite guérison à toutes nos blessures, car tu es un Médecin de miséricorde. Béni sois-tu, Seigneur, toi qui guéris les malades de ton peuple Israël [2]. »

Eh bien! Oui, le Médecin est là. Et les malades du peuple de Dieu seront guéris. Justement la belle-mère de Simon est grippée. Il faut la voir, et en même temps connaître et bénir la famille des pêcheurs. Il prend sa main fiévreuse: «Lève-toi et sers-nous du couscous!»

Pendant ce temps, traînée de poudre sur les collines : s'il en a guéri un ce matin, pourquoi pas les autres? L'occasion se représentera-t-elle jamais? Pourvu qu'il ne quitte pas aujourd'hui le pays! Longues, ces heures à attendre que s'éteigne le Shabbat. Enfin le soleil se couche. Vite, qu'on les amène les malades et les possédés, qui sur des béquilles, qui sur une civière, qui soutenu par son frère, qui porté sur le dos de sa mère. On le coince à la porte de sa ville. Il ne pourra partir ce soir. La place au bord de la mer ressemble à l'esplanade le long du Gave! Ils sont tous là, mains et visages levés vers lui. On le serre, on le presse. Ah! toucher, oui simplement toucher sa main ou au moins la tresse de son châle! Croiser son regard, juste le temps de se savoir aimé! On le connaît déjà, le jeune Rabbi! On sait bien qu'il est incapable de se défendre devant qui pleure et supplie. On sait bien que voir le mal, il ne le supporte pas [3]. On sait déjà que de lui sort

---

2. 8e bénédiction de la *Shemoneh Esreh,* prière par excellence de la liturgie synagogale, sûrement souvent dite par Jésus.
3. Mc 1,32 ; Lc 4,40 ; Mt 14,35 ; Lc 6,19. Jamais les Évangiles ne mention-

une force qui les guérira tous. On sait que tel est son métier et qu'il l'aime. Alors lui, le plus simplement du monde, avec ce beau geste qu'on lui connaît déjà, posant les mains sur chacun, comme s'il était seul au monde, il les guérit.

Écoute-les rentrant chez eux alors que tombe le jour. L'aveugle : «Je l'ai vu! Ses yeux, c'est plein de soleil!» – Le sourd : «Elle coule en moi comme une rivière sa voix grave et chaude!» – Le boiteux : «Les gosses m'ont demandé : qui donc t'a appris à si bien danser?» – L'homme à la langue liée : «Alleluyah! Braise sur mes lèvres, son Nom!» – La paysanne depuis toujours courbée : «Je vois les étoiles en grappes d'or! Qu'est-ce qu'elles sont gaies!» – Le grabataire depuis trente-huit ans : «Demain matin, je pourrai couper mon bois tout seul!»

Au-dessus du Thabor s'allume la première étoile. Le Shabbat est passé. Ce Shabbat créé pour refaire l'homme : les pauvres viennent d'entrer dans le repos de Dieu. Une semaine nouvelle s'ouvre. Une semaine ou une année, l'année de grâce, l'année du grand Shabbat? C'est déjà Dimanche.

Comment ne plus jamais quitter son métier?

Terminée sa première journée de travail! Il est mort de fatigue. Il se couche et aussitôt s'endort. Mais comment chômer longtemps? Pendant que les siens sont encore épuisés, il se

---

nent une maladie du Seigneur, alors qu'à l'inverse ses souffrances sont amplement soulignées : son corps a beau être vulnérable, il a l'intégrité de son âme. Par ailleurs, jamais on ne le voit refuser une guérison : il combat la maladie comme une atteinte à l'intégrité humaine. «La colère du Seigneur n'était pas dirigée contre le lépreux, mais contre sa maladie» (SAINT EPHREM, *In Diat.*, 12,23).

La traduction de *dynameis* (actes de puissance) par *miracles* est défectueuse car elle souligne l'aspect «extraordinaire» alors que pour Jésus il s'agit de la chose la plus naturelle et la plus normale. En Mc 6,5, guérir les infirmes est explicitement distingué de : faire des miracles.

lève, il sort, il remonte rejoindre son Père. Il est heureux : *Père, j'ai commencé l'œuvre que tu m'avais donné à faire!* (cf. Jn 17,4).

Le premier jour de la semaine, comme il faisait encore sombre, Myriam vient de bonne heure le chercher. Vide, la petite chambre creusée au flanc du roc! Il a dû sortir, mais où? mais quand? Elle court prévenir Simon-Pierre et un autre disciple. Tous deux ensemble s'élancent à sa poursuite. Ils le trouvent sur la colline parlant à quelqu'un. Ils ne savent pas que c'est avec le Père. *Tout le monde te cherche!* – Eh bien! pour que tout le monde me trouve, *allons ailleurs. C'est pour cela que je suis sorti d'Ailleurs.* Toutes les bourgades du monde n'ont-elles pas droit au lever du jour? (cf. Mc 1,37-39).

Dans le silence de la nuit, aurait-il entendu son Père : *Va, va! Je veux les guérir* (Jr 3,22)? Pas une minute à perdre. Le Père est toujours au travail, comment cesser de lui prêter ses mains pour recréer l'homme dans sa beauté première? N'est-ce pas pour cela qu'il lui donne l'Esprit sans mesure? *Et la puissance du Seigneur le poussait à opérer des guérisons* (Lc 5,17).

Active, sa compassion : s'il pleure sur la venue de Naïm, c'est pour lui dire : voici ton enfant. S'il est bouleversé par le lépreux, c'est pour lui rendre une chair de nouveau-né. S'il se retourne pour voir qui l'a touché, c'est pour dire : ta confiance t'a guérie. A ces œuvres-là, les hommes au cœur pauvre reconnaissent la Sagesse : heureuse de vivre avec les enfants des hommes (cf. Pr 8,31).

Et quand chaque bourg a ainsi été béni, une question habite encore son cœur : pour que tout homme se sache aimé du Père, comment poursuivre ma route jusqu'au bout du monde, jusqu'au bout du temps, jusqu'au bout de l'homme?

Un beau matin, sur la colline il appelle ses frères : *Je vous envoie proclamer le Royaume et rétablir les infirmes.* Et les voilà s'exerçant à leur nouveau métier. De village en village ils passent, *faisant partout des guérisons* et clamant : Voici votre Dieu! (Lc 9,1,6). Mais ils ne suffisent pas à la tâche. Trop nombreux les malades. C'est à tous les disciples qu'il faut faire appel : *En quelque ville que vous entriez, guérissez les malades. Dites-leur : le Royaume de Dieu est tout proche* (Lc 10,9).

Non, le Fils n'a pas retenu jalousement le rang qui l'égalait à Dieu. Il s'en est dépouillé (Ph 2,6-7), mais pour confier aux siens cette prérogative : restaurer la création abîmée en même temps qu'ils annoncent la Parole créatrice. Pourquoi dès lors s'étonner de leurs œuvres, plus grandes encore que les siennes? (cf. Jn 14,12).

Plus qu'une chose à faire alors, l'ultime : confier son propre corps aux mains de ses amis : les malades de toujours pourront le toucher, encore et encore. Sa dernière consigne? *Ceux qui auront cru imposeront les mains aux malades : ceux-ci seront guéris* [4]. C'est ainsi qu'Il continuera à *prendre sur Lui nos infirmités, à se charger de nos maladies* [5]. Ainsi qu'Il sera, encore et toujours, l'Agneau qui *enlève* le péché du monde.

« Et l'on célébrait la grandeur du Nom de Jésus »

Quand Hanne, le grand prêtre, demande à Pierre et Jean à quelle puissance ou à quel nom ils ont eu recours pour faire bondir l'infirme de la Belle Porte, fière est leur réponse : *On nous somme aujourd'hui, pour avoir fait du bien à un infirme, de dire par quel moyen cet homme se trouve guéri. Sachez-le donc, vous tous et tout le peuple d'Israël, c'est par le Nom de Jésus le Christ, le Nazôréen, crucifié par vous, ressuscité des morts par Dieu, c'est par son Nom et par nul autre que cet*

---

4. Mc 16,18. *Guéris* et non « ils s'en trouveront bien » comme le traduit platement le lectionnaire liturgique officiel.

5. Mt 8,16 ne reprend pas la traduction des LXX qui parle ici de péché. Sa traduction (infirmités, maladies) retrouve ainsi la pensée exacte d'Is 53,4 (Voir FEUILLET, *Gethsémani*, p. 36, 245).

homme se trouve là, devant vous, guéri. Il n'y a aucune gué-rison ailleurs qu'en lui, car il n'y a sous le ciel aucun autre Nom offert aux hommes qui soit nécessaire à notre salut (Ac 4,7).

Comment ne pas le célébrer, ce Nom béni, quand on en vient à sortir les malades dans les rues afin que Pierre au passage touche au moins l'un ou l'autre de son ombre, et que la multitude accourt portant des malades et des gens que tourmentaient des esprits impurs et que tous sont guéris (Ac 5,16 ; 8,8)? Quand il lui suffit de dire : *Enée, Jésus te guérit !* pour qu'il se lève et fasse lui-même son lit pour la première fois depuis huit ans (Ac 9,32)? Quand il suffit *d'appliquer aux malades des mouchoirs et des linges qui avaient touché la peau de Paul et les voilà débarrassés de leurs maladies, libé-rés des esprits mauvais* (Ac 19,11)[6]?

Que ce Nom leur soit baume !

Cette force du Nom, les saints de toujours viennent me la confirmer. J'aime entendre un *Jésus* frémir sur les lèvres de François, de Serge ou de Don Bosco, quand leurs mains, fur-tivement, se mettent à toucher des plaies purulentes, des fronts enfiévrés ou des yeux fermés. Pourvu qu'on ne les sur-prenne pas ainsi en flagrant délit d'amour! Pourvu qu'on comprenne qu'ils n'y sont pour rien, qu'ils ne sont que de

---

6. « Dans le Nouveau Testament, la maladie est comprise non pas comme un simple phénomène naturel, mais toujours dans sa relation au péché et aux puissances du mal. Jésus y voit une conséquence du péché et un signe de la domination de Satan » (X. LEON-DUFOUR, *DNT*, maladie). C'est pourquoi l'ordre de guérir est précédé d'une transmission d'autorité : « Il leur donna pouvoir sur les esprits impurs *de façon* à les chasser et à guérir toute maladie et toute langueur » (Mt 10,1). Voir chapitre précédent.

Raymond de Capoue précise à propos des miracles de Catherine : « La *délivrance* de ceux que tourmentaient les démons se rattache aux *guérisons* du corps » (11-8-27).

pauvres types! Pourvu que *Jésus,* et lui seul, en sorte un peu plus aimé!

Devant cette pauvre fille amenée de sa lointaine Tripolitaine, *Antoine* se récrie : «Misérable, je n'ai pas ce pouvoir de guérir. Guérir, c'est l'œuvre du Seigneur : Il fait miséricorde en tout lieu à ceux qui l'invoquent!» Combien de fois, dans la petite église de son enfance, n'avait-il pas dû entendre le diacre à la fin de l'Eucharistie : «Secours et guéris tous les malades, commande aux maladies, relève ceux qui languissent, donne gloire à ton Nom saint! Seigneur, Dieu des miséricordes, daigne étendre tes mains, selon ta grâce guéris tous les malades, selon ta grâce rends-les dignes de la santé, délivre-les des maladies présentes, au Nom de ton Fils unique, donne-leur la guérison. *Que ce Nom leur soit remède* pour la santé et le rétablissement [7].»

«Batioushka, guéris-moi!» – «Si tu crois, ma joie, tout est possible à celui qui croit!» *Seraphim* rentre dans sa cellule, en rapporte un peu d'huile de la lampe qui brûlait toujours devant l'icône de la *Théotokos.* Il en frictionne les pieds et les jambes de Michel Mantourov, immobilisé sur sa civière : «Par la grâce reçue de Dieu, je te guéris le premier [8].»

Mais ce don n'est pas réservé aux grands saints. Durant une Vigile pascale à Hippone, voici une jeune néophyte qui sort de la fontaine baptismale. Elle fait le signe de croix sur le sein cancéreux d'une femme présente : celle-ci est guérie. Témoin digne de foi : notre *Augustin* [9].

---

7. *Euchologe* de SERAPION, évêque de Tmuis (Égypte) vers 362.
8. Irina GORAINOFF, *Seraphim de Sarov,* p. 79. A la même époque le «saint homme de Tours» faisait sur les malades des onctions avec l'huile de la lampe qui brûlait devant la Sainte Face (LAURENTIN, *Pentecôtisme chez les catholiques,* p. 147). Détail qui évoque pour moi cette onction des malades à Paray où – rite improvisé – le Visage (du Suaire) fut présenté au baiser de chaque malade.
9. Et que n'obtient pas l'instante supplication de petits baptisés? Don Bosco est à l'agonie : «Je reçus le Viatique et l'Extrême-Onction. J'étais prêt à remettre mon âme à Dieu. Des enfants en sanglots arrivaient à chaque ins-

J'aime ce mot de *Grégoire le Grand,* après un récit de guérison : « Si quelqu'un demande comment ceci est arrivé, dis-lui simplement que le Seigneur *Jésus* était ici, faisant son travail. »

Les témoins sont là, parmi nous

Au long du pèlerinage des pauvres du Seigneur, il n'a cessé d'en être ainsi. Pourquoi plus aujourd'hui ? Les Apôtres auraient-ils par hasard affirmé que les charismes étaient réservés à l'Église de leur temps ?[10] L'Église a-t-elle cessé d'être apostolique, sinon par notre faute ? La source des dons s'est-elle tarie ? Le Cœur de Jésus s'est-il vacciné contre la souffrance ? Sa Mère et ses frères ne sont-ils plus parmi nous ? Nos maladies auraient-elles changé ?

Eh bien, non ! Hommes de Jéricho et de Bethesda, nous le sommes toujours. Et Jésus est toujours celui qui passe à Jéricho et à Bethesda. Ses compassions ne sont pas épuisées, ni périmées ses promesses. Sa tendresse n'est pas altérée, ni

---

tant pour s'enquérir de mes nouvelles... Sans qu'on le leur demandât, ils se mirent en prière, se privèrent de manger, assistèrent à plusieurs messes, communièrent. Ils se relayèrent même pour passer la nuit en prières. Toute la journée, ils étaient aux pieds de Marie, Consolatrice des affligés.

Le bon Dieu ne resta pas sourd à leurs supplications... Assez tard dans la nuit, je me mis à somnoler : lorsque je me réveillai, j'étais hors de danger (*Autobiographie,* trad. du P. AUFFRAY, p. 197).

10. Saint Augustin commença par le penser, mais dans ses *Rétractations* (1.13.7) il revient explicitement sur ce premier jugement. Il regrette son indifférence d'autrefois aux miracles. Il affirme : « Même maintenant des miracles se font au nom du Christ, soit par les sacrements, soit par les prières ou des reliques de ses saints » (*Cité de Dieu,* 22.8.1). Il a été témoin oculaire de trop de miracles soit en sa cathédrale soit au baptistère adjacent, soit sur les tombeaux des martyrs de la région. Il tient à les vérifier, à recueillir des témoignages de première main, à les consigner avec précision. Ce sont pour lui des signes que Jésus est vraiment vivant aujourd'hui, des preuves de sa résurrection. C'était pour lui une habitude de visiter les malades en leur imposant les mains.

dévaluée sa parole. Sa puissance n'est pas affaiblie, ni démentie sa fidélité. Son Nom? Le même que sur les lèvres de Dominique, de Seraphim ou d'un certain Curé d'Ars. L'Évangile, oui, c'est aujourd'hui. Les Actes : toujours en acte [11]. Le Père est *toujours avec Jésus, opérant par lui des miracles, des prodiges et des signes au milieu de nous* (Ac 10,38 ; 2,22), hommes et femmes de ce siècle à son déclin.

Et Jésus, lui, ne cesse *d'agir avec les siens, confirmant sa Parole par les signes* (Mc 16,20) qui ne peuvent en être détachés. Aujourd'hui comme hier. Nous en sommes témoins. Nous n'en avons pas honte.

Par dizaines ils étaient guéris. Nous les avons vus. Nous les avons entendus. On se croyait à Capharnaüm. Mais c'était à Lourdes, voici quelques semaines. Tout se passait de manière si calme, si simple, si douce aussi. Guérir semblait la chose la plus naturelle du monde. Oh! ce geste, passé presque inaperçu : une paralysée quittant sa charrette, pour remettre dans le vase quelques fleurs tombées sous l'autel : son premier mouvement autonome depuis des années! On était moins étonné qu'heureux. Simplement parce que Jésus en personne était là, circulant tranquillement dans nos rangs, passant de l'un à l'autre, posant sa main tantôt sur un corps délabré, tantôt sur un cœur blessé, souvent sur les deux. N'est-ce pas vrai, Maria de Souça Fernandez? Tu étais venue du Portugal, traî-

---

11. «Aujourd'hui» : on sait combien pour Luc ce mot (2,11 ; 4,21 ; 19,9) souligne la permanence et l'actualité de l'Évangile, y compris des miracles qui en accompagnent normalement l'annonce. D'où la continuité absolue à ses yeux entre ceux de son Évangile et ceux des Actes. Les fidèles de l'Église voient, entendent encore ce qu'ont vu et entendu ceux qui ont touché le Seigneur lui-même; le même Esprit opère en Jésus et dans les Apôtres au Nom de Jésus. «S'il pouvait opérer des miracles durant sa vie mortelle, combien plus peut-Il en réaliser aujourd'hui!» (NEWMAN, *Serm.* du 7 mai 1837).
«Notre époque connaît des miracles et tout particulièrement dans le Renouveau, le don d'opérer des guérisons. Ce qui se passe dans le Renouveau a un intérêt ecclésiologique, en sus de l'évident intérêt pneumatologique... Avec le Renouveau les guérisons redeviennent un trait de l'*ecclesia d'ici-bas,* et un trait normal, quotidien. On cherche même à éviter le sensationnel qui, facilement, le marquerait» (CONGAR, *Je crois en l'Esprit Saint,* II, p. 231).

nant ton hémiplégie infantile. Lorsque notre frère Aemiliano s'est mis à annoncer qu'une chaleur traversait ton corps, tu pensais que c'était pour une autre [12]. Et te voilà, le soir, courant sans fin dans les ruelles, pour la première fois de ta vie ! N'est-ce pas vrai, petite sœur Marie-Thérèse, rapatriée d'urgence du Maroc où tu n'espérais plus retourner ? Tu n'as plus à être opérée : ton ulcère évolutif de la cornée s'est résorbé durant la nuit. La beauté d'une assemblée de prière se reflète maintenant dans tes yeux clarifiés. N'est-ce pas vrai, Jacques mon frère, qui avais dû quitter ton travail à cause de tes vertèbres écrasées ? Et je te vois ces jours-ci, infatigable, toujours debout au stand-librairie, manipulant d'énormes cartons. Mais on n'en finirait pas... et ce ne sont que les prémices d'une multitude [13].

Simplement, on ne peut s'empêcher d'en témoigner. Parce qu'en témoigner c'est proclamer l'Amour sans limites de notre très grand Sauveur, et cela même est doux. On pourra dire tout ce qu'on veut, mais une guérison ne m'appartient pas. Elle m'est donnée pour éveiller la foi, susciter la confiance, provoquer la louange d'un peuple qui en devient le peuple des sauvés [14].

---

12. La presse a été intriguée par les annonces précises, faites par le Père Tardif, d'un certain nombre de guérisons. Il s'agit simplement de la « parole de science » que mentionne 1 Co 12, parmi les charismes, donnée parfois pour nous faire sentir à quel point chacun de nous est connu et aimé du Seigneur. Elle demande toujours à être confirmée par le témoignage de la guérison ainsi annoncée.
13. La plupart des guérisons de ce pèlerinage du Renouveau à Lourdes, en juillet 79, ont eu lieu pendant l'action de grâces après la communion. De même que beaucoup de guérisons de Lourdes sont liées à la procession du Corps du Christ. J'espère développer ce mystère de l'Eucharistie comme sacrement de guérison, dans *Le Corps de Dieu*, II.
14. Saint Augustin insistait beaucoup sur ce devoir des miraculés de témoigner sans tarder de leur guérison. Il ne comprenait pas, par exemple, que tous les habitants de telle petite ville puissent rester ignorants d'un miracle qui y fut donné. Dès le lendemain d'une guérison, il faisait lecture publique de son « procès-verbal » dûment établi. D'autres malades étaient parfois guéris, pendant l'explosion de louange (chant en langues compris) que déchaînaient ces témoignages. (Voir textes dans *Écoute les témoins*). Ce qui nous arrive parfois

Eh bien, oui! *Dieu a visité son peuple. Il a bien fait toute chose. Nous n'avions encore jamais rien vu de pareil!* [15] Pourquoi s'en étonner? Si c'est une Pentecôte neuve qu'Il nous donne de vivre, pourquoi l'Esprit ne se donnerait-Il plus à voir et à entendre (cf. Ac 2,33)? Plus le mal enchaîne, plus se déchaîne l'ouragan de l'Esprit [16].

Qui comptera jamais ceux qu'a frôlés son manteau? Ceux dont Il a doucement touché la tête en disant : Mais bien sûr que je le veux : sois guéri!

Enée, Tabitha-la-gazelle, le jeune Euthyque, la petite qui a entendu dans son sommeil : Talitha koum! Ils sont bel et bien là parmi nous. Si tu les appelais ce matin, c'est par centaines qu'ils se lèveraient de par le monde. Rejoignant leurs frères d'hier, ils te clameraient, unanimes : «Mais oui, ce Nom, il sauve! Il guérit! Il délivre! Il transfigure!»

Chacun à sa manière, te dirait comment il a été guéri à travers la prière de frères et sœurs. Et ceux-ci n'auraient qu'un mot aux lèvres : *C'est par le Nom de Jésus et par nul autre, que cet homme se présente devant vous, guéri!* (Ac 4,10).

---

aussi. En fait, le mieux est de témoigner sans tarder lorsqu'il s'agit d'une guérison physique immédiatement visible et irréfutable – attestée par un médecin – mais d'attendre les expertises médicales pour les maladies moins visibles. Il faut ajouter aussi que la plupart des guérisons sont *progressives,* s'échelonnant de quelques heures à quelques semaines. Un paralysé met souvent du temps à retrouver l'usage normal de ses membres ankylosés même si, dès sa guérison, il a pu faire sans tel ses premiers pas.

15. «*Es-tu celui qui doit venir?*» A la question que se posent comme jamais nos contemporains, le Christ n'a qu'une réponse : «Les aveugles voient, les boiteux marchent, les lépreux sont guéris, les sourds entendent, les morts ressuscitent.» Ces choses, qui *sont* la Bonne Nouvelle que les pauvres peuvent *voir* et *entendre,* clament d'eux-mêmes : «Tu ne dois pas en attendre un autre.» Et ces signes-là, précisément, font du Messie une pierre soit de chute, soit de relèvement (Lc 7,18-23).

16. «Toujours le Seigneur a découvert les trésors de sa Sagesse et de son Esprit aux mortels. Mais maintenant que la malice va découvrant sans cesse son visage, c'est davantage qu'il les découvre» (JEAN DE LA CROIX, *Avis et maximes*).

O Nom béni du Serviteur, combien de fois n'as-tu pas servi l'Amour dans nos pauvres prières de guérison et de délivrance ? Qui dira ta force et ta douceur ? Combien d'entre nous n'en sont-ils pas les partenaires émerveillés ?

Comment oublier ces prières où la puissance de l'Esprit agissait à travers la prière de *Jésus*. Une nuit où l'on priait sur un jeune drogué – très défoncé – en murmurant ensemble et durant une longue heure le *Seigneur Jésus, pitié pour moi pécheur,* j'ai vu son corps – en pleine crise de manque – peu à peu s'apaiser, son visage se décontracter, son regard éteint s'éclairer du dedans, comme si le Nom le pénétrait par tous les pores de la peau. Avec le Nom, il respirait un oxygène neuf qui venait refaire les cellules détruites. C'est en esquissant un sourire que ses lèvres crispées finirent par dire avec nous, pour la première fois depuis des années : *Jésus !* [17]

Comment dire aussi notre émotion lorsqu'un Camerounais, bègue de naissance, retrouva l'usage normal de la parole. Son premier mot sans tréchucher : *Jésus !* Le deuxième, dans sa langue natale : *Notre Père !* [18]

« Remplis tes serviteurs des pouvoirs de guérison »

Ces choses, je voudrais les clamer à chacun de mes frères prêtres. Ce sacrement de guérison qu'est celui des malades, tu en es le serviteur. Souviens-toi de ces rendez-vous du Jeudi

---

17. Étrangement, le prêtre à qui ce jeune avait fait appel quelques heures plus tôt, s'était mis spontanément à murmurer *la prière de Jésus* au téléphone, pour la première fois de sa vie.

18. Cet étudiant en médecine, vingt ans, bègue de naissance : « Un combat s'est livré en moi entre la foi et l'incrédulité de la même façon qu'en tout homme existe un combat entre l'amour et la haine de l'autre. Puis... c'était le 8 mai. Du beau speech que j'avais préparé, ne restait qu'un misérable : «Seigneur, prends pitié !» qui, du reste, a eu bien du mal à sortir ! Tandis que l'on priait pour moi, quelqu'un a dit devant les soixante-dix personnes présentes, avec une voix claire : «Au Nom de *Jésus*, tu es guéri !...» Après la réunion de prière, tout le monde était sidéré car j'étais guéri. Auparavant mon

saint qui vous rassemblent autour de votre père évêque [19]. Avant de la remettre en tes mains, il a consacré l'huile neuve – invisible et fulgurante Pentecôte : «Envoie ton Esprit Saint sur cette huile que tu fais produire aux oliviers, ces arbres vivants [20], afin qu'elle serve à la guérison de l'âme et du corps. Que ta sainte bénédiction en fasse un remède divin pour tous ceux qui en recevront l'onction, un remède qui protège l'âme et le corps. Qu'elle en chasse toute douleur, toute maladie, toute souffrance physique ou morale. Car c'est avec l'huile que tu as consacré prêtres, rois, prophètes et martyrs...» Oui, par tes mains, elle donnera à qui souffre d'exercer son sacerdoce baptismal : de vivre sa maladie en roi, d'en faire une prophétie et de lui-même un martyr, témoin de l'Agneau.

Mais avant de repartir vers ta communauté, ce trésor sur la poitrine, et pour qu'il ne soit pas dilapidé, tu as renouvelé tes promesses sacerdotales. Et quel Évangile fut-il alors proclamé? *L'Esprit du Seigneur repose sur moi. Il m'a consacré par l'onction... Il m'a envoyé panser les cœurs meurtris* (Is 61,1-2 ; Lc 4,18)... Tel est le ministère de notre Grand Prêtre toujours jeune, tel le tien. A ton tour, tu prendras la route *prêchant la repentance et faisant des onctions d'huile à de nombreux infirmes* (Lc 10,9) en vue de leur guérison. En même temps que l'huile sainte sur les pieds, les mains et les fronts, celle de ta compassion s'étendra sur les cœurs chavirés [21].

---

bégaiement m'empêchait de dire un seul mot à voix haute, et dès le lendemain j'ai pu crier en m'abandonnant à Jésus : «Garçon, un petit crème!» (*Cahiers du Renouveau*, nº 1).

19. Dans certains diocèses l'évêque tient à célébrer la consécration des huiles, le Jeudi saint, entouré de malades. Par ailleurs, le nouveau rituel précise que l'onction des malades devrait être célébrée dans un climat de fête.

20. Dans la très belle préface : «Au commencement du monde, Tu as ordonné à la terre de porter ces *oliviers* qui devaient nous donner une huile si onctueuse et dont le fruit servirait à la confection du saint chrême...» Et cela se chante le Jeudi saint : on retrouve Gethsémani, le Jardin du pressoir à huile...

21. Dans la première Alliance, le prêtre devait oindre l'oreille, la main, le pied, la tête du lépreux guéri avec le *sang de l'agneau,* puis avec *l'huile consacrée* (Lv 14,24-29).

Déjà là, le Royaume !

Étonnantes les paroles que l'Église a mises alors sur tes lèvres : «Manifeste en moi *la gloire de ton Nom très saint.* Que toute action du démon soit réduite à néant par l'imposition de notre main, (la tienne et la sienne, l'une dans l'autre). O notre Rédempteur, guéris, *par la grâce du Saint Esprit,* les infirmités de ce malade. Panse ses blessures, pardonne-lui ses péchés... Rends-lui pleinement la santé spirituelle et corporelle... Que ta main le relève [22]...»

Pas assez claire et pressante l'exhortation de l'évêque de Jérusalem ? *La prière de la foi sauvera le patient et le Seigneur le relèvera* (Jc 5,15) [23]. Tu seras étonné, mais tu le verras : les corps seront parfois guéris, en signe d'une guérison de l'âme. «La guérison du corps ne dérive pas toujours de ce sacrement, mais seulement quand elle est utile à la guérison spirituelle» (Thomas d'Aquin).

_____

22. Prière d'ordination des *Constitutions apostoliques* (vᵉ s.) : «Et maintenant, Seigneur, remplis-le des pouvoirs de guérison et des paroles d'enseignement...» Une lettre du pape Innocent 1ᵉʳ nous révèle qu'au moins jusqu'au vᵉ siècle les chrétiens avaient l'habitude de conserver chez eux l'huile qu'avait bénie l'évêque, et qu'ils s'en servaient chaque fois que quelqu'un était malade dans la maison. Sorte de sacrement permanent, deux formes d'onction étaient prévues : par le malade lui-même ou par ses proches ; par un prêtre, en lien avec le sacrement du pardon. Il en fut ainsi dans l'Église latine jusqu'à la réforme liturgique carolingienne. L'Église orthodoxe grecque, de son côté prévoyait même l'onction aux bien-portants, à titre préventif! A Saint-Serge (Paris), chaque année une le sacrement de l'onction est donné à tous les fidèles pendant la semaine sainte.
Par ailleurs, spontanément, des baptisés se sont servis d'huile, même non consacrée, lorsqu'ils recevaient un charisme de guérison. On vient de le voir pour saint Séraphim et le «saint homme de Tours». C'était pratique courante chez les Pères du désert.
23. Jacques reprend ici le terme technique employé dans les synoptiques à propos des guérisons. Plus que pour tout autre sacrement peut-être, celui des malades fait appel à la *foi des célébrants.* Le nouveau rituel mentionne comme un des trois éléments du «rite qui signifie et donne la grâce du sacrement», entre l'imposition des mains et l'onction : «ces gestes s'inscrivant dans *la prière inspirée par la foi*», ajoutant : «*L'onction sacramentelle est liée à la prière de la foi et exprime la foi.* Cette foi doit être avivée chez le ministre et chez tous les participants surtout chez celui qui reçoit le sacrement. En effet, le malade sera sauvé par sa foi et celle de l'Église... Par l'onction les malades reçoivent de l'Esprit Saint, un renouveau de confiance en Dieu.»

Paray 1976 : Jeannine est là dans sa petite voiture, paralysée des deux jambes (ou plus exactement, en jargon de la Faculté : spondylarthrite ankylosante évolutive) : « Je me décidai à recevoir le sacrement des malades pour la *guérison intérieure* de tout ce que j'avais souffert pendant vingt et un ans. Chaque fois qu'on me rejetait comme handicapée, je me repliais un peu plus sur moi-même et, bien sûr, j'en voulais à ceux qui m'avaient blessée. Après l'imposition des mains le prêtre a demandé que chacun s'exprime tout haut, qu'il demande sa guérison physique. Moi je pensais : "Ce que j'ai demandé au Seigneur, cette paix intérieure, il vient de me la donner. Non, je n'avais rien d'autre à demander." Quand a commencé l'onction, j'ai fini par dire : "Seigneur fais tout ce que tu veux, je suis d'accord." Le prêtre a eu du mal à me faire l'onction, tant ma main droite était bloquée. La nuit suivante je me réveille. Pour ne pas me rendormir je me mets à lire la Bible, à prier. Tout d'un coup, je suis ahurie... J'avais complètement levé mon bras gauche, ce qui m'était impossible. Dans les jours suivants la guérison du corps a continué. A un moment donné, j'ai été prise de panique : "Si ça continue, je vais me retrouver sans pension d'invalidité...!" Il m'a fallu deux semaines pour arriver à Lui dire vraiment : "Fais tout." Et un matin... j'ai réappris à marcher, comme les enfants, sans les béquilles. Et mon médecin stupéfait : "Il m'arrive là quelque chose qui ne doit pas arriver souvent à mes confrères... et qui ne m'arrivera sans doute plus jamais... Tout ce que je sais, c'est que ce n'est pas moi qui vous ai guérie." »

Chaque année, nous la revoyons aux sessions, se dévouant allégrement au service cuisine : oui, le Royaume est bel et bien parmi nous [24].

---

24. A Bombay, lors du rassemblement national de 1978, 20.000 personnes participent au service de guérison. Paulina, victime d'une collision ferroviaire six mois plus tôt : « Le Père Mac Nutt me fit un signe de croix avec le *saint Chrême* sur le front et la jambe. Un évêque et quatre prêtres *m'imposèrent les mains.* Je perdis conscience et vis, dans une lumière bleue, Notre Seigneur et Marie commencer à masser délicatement ma jambe, insensible depuis l'acci-

« *Quand tu es malade, purifie ton cœur* »

Pour la simple visite d'un malade, l'Église offrait naguère des prières qui en faisaient, en réalité, une visitation :

« Seigneur Jésus-Christ, que sur les pas de ton humble prêtre, une joie paisible, une santé qui dure toujours et ta miséricorde entrent dans cette maison. Que les démons avec toute leur malice, s'enfuient de cette demeure. Que les Anges de paix y montent la garde et qu'aucune méchanceté ne vienne y *diviser les cœurs*. Seigneur, *manifeste sur nous la puissance de ton Nom*. Au moment où ton serviteur entre dans cette chambre visite ton serviteur sur son lit de souffrance, comme tu as visité la belle-mère de Pierre, afin qu'il retrouve son ancienne santé et puisse venir dans ton église pour te dire merci. »

Il était alors demandé au prêtre *d'imposer les mains* [25]. S'il s'agissait d'un enfant, il disait : « Dieu qui essuies toute larme, étends ta main sur ton enfant. Relève du lit où il souffre ce petit malade, rends-le guéri à ton église et à ses parents. Donne-lui pour gardiens de sa vie sur terre, les Anges qui dans le ciel t'entourent et te servent. » Rien n'empêche de s'inspirer encore de telles prières.

Le corps est tellement partie prenante de l'âme, qu'un malade gagne toujours à se demander : est-ce la seule chose

---

dent. Je reviens à moi. Le Père me dit : "Lève-toi et marche !" Je me suis mise debout en riant et marchai sans mes appareils. J'ai mis mes chaussons en louant le Seigneur » (*Cahiers du Renouveau,* n° 23).

Le lendemain de leur sacre, les rois de France, en vertu de l'onction royale, imposaient les mains à certaines catégories de malades. Les documents ont consigné bon nombre de guérisons. Aujourd'hui encore, chaque Jeudi saint, dans la chapelle de Buckingham-Palace, le roi ou la reine d'Angleterre prient et imposent les mains sur les malades de la peau.

25. Le nouveau rituel (Rome 1972) le prévoit : « Toujours le prêtre pourra bénir le malade en lui imposant éventuellement les mains. »

Paradoxe : alors qu'il s'était figé en extrême-onction, l'ancien rituel soulignait l'aspect de guérison plus fortement que le nouveau qui, pourtant, retrouve son rôle de sacrement des malades.

qui va mal en moi ? Et un prêtre : n'y aurait-il pas un pardon non donné qui empêcherait la guérison ? Le Seigneur le savait qui pardonne d'abord, avant de faire marcher et pour pouvoir le faire. Combien de fois n'avait-il pas dû chanter un certain psaume : *Lui qui pardonne toutes tes offenses, te guérit de toute maladie* (Ps 102). Et déjà le vieux sage : *Quand tu es malade, ne te révolte pas mais... renonce à tes fautes, de tout péché purifie ton cœur* (Si 38,9).

Jacques, cousin du Seigneur, le savait, en écrivant aux douze tribus de la dispersion que nous sommes : *Si le malade a commis des péchés, ils lui seront remis. Confessez donc vos péchés les uns aux autres, et priez les uns sur les autres, afin que vous soyez guéris* (Jc 5,15-16).

Catherine de Sienne le savait qui, en tous ses voyages, se faisait accompagner de quelques frères prêtres, pour qu'une réconciliation avec Dieu vienne précéder ou sceller chacune de ses guérisons [26].

Je pense ici à cette religieuse atteinte d'un cancer et déjà opérée. Lors d'un rassemblement, des circonstances l'avaient empêchée de recevoir le sacrement des malades. Quelques jours plus tard, le Seigneur lui fit comprendre qu'elle était ravagée par un cancer bien plus meurtrier encore : infidèle à ses vœux, priant de moins en moins, désertant les sacrements, se passionnant d'astrologie, obsédée par une mort à se donner. La prière de guérison intérieure suivie du sacrement de réconciliation lui permit de tout mettre au clair, de rompre les multiples liens qui l'enchaînaient, en recevant le pardon de Dieu. Au cours de l'onction des malades qui put alors être

---

26. Prière d'ordination des canons d'Hippolyte : « Donne-lui un esprit de douceur et le *pouvoir de remettre les péchés* et de *délier* tous liens avec l'iniquité des démons, et de *guérir* toute maladie, et de projeter Satan sous ses pieds. »

« Avec le bruit du bois sec qu'on casse entre les mains, on entend craquer les vertèbres lorsque François fait le signe de croix sur le chanoine Gédéon, perclus sur sa civière : "Je suis sauvé !" Mais voilà qu'il retombe dans son péché : il lui arrivera pire encore » (Thomas de CELANO, II,41).

célébrée, la certitude fut donnée que la guérison physique suivrait celle du cœur. Elle fut effectivement constatée par les sommités de Curie : « Vous pouvez vous estimer comme définitivement guérie. » Début d'une vie nouvelle, rayonnante d'une joie oubliée depuis des années [27].

Ce qu'il a fait dans mon cœur, ça ne se paye pas !

Hélène – genoux broyés dans un accident de voiture – est invalide à 100 %. Le 8 juin 1974, durant le grand rassemblement de Pentecôte à Montréal, elle descend seule l'escalier de l'amphithéâtre : « J'ai crié : je marche ! Voulez-vous chercher ma chaise roulante là-haut ?... Ils me regardaient et me montraient ma chaise roulante là-haut et moi en bas... Oui, quand je suis arrivée, j'étais assise dedans, mais maintenant, elle me suit ! » Et son médecin : « Jésus a fait en un instant ce qu'en cinq ans et sept opérations je n'ai pas réussi à faire. » Mais que s'est-il passé au juste ?

Après des années de révolte allant jusqu'à profaner les Hosties pour se venger de Dieu, un prêtre lui suggère : « Tu ne crois pas que tu devrais lui demander pardon ? – Tu m'entends ? Jamais je ne lui demanderai pardon ! » Toute la semaine cette idée a cheminé, puis pendant les deux heures de la prière, je n'ai dit que ça : « Seigneur, s'il faut que je te demande pardon, donne-moi la grâce de pouvoir le faire. » En revenant du sacrement, ceux qui me rencontraient me disaient : « Que t'arrive-t-il, Hélène ? Tu as l'air bien épanouie ! » Et de conclure : « Le don le plus précieux que m'a

---

27. Au fond de la brousse du Zaïre, en février 1979, un enfant presque aveugle recouvre la vue quelques jours après que sa mère ait accepté Jésus comme son Seigneur, se *réconciliant* avec sa famille divisée.

Je pense aussi à ce jeune avocat devant être opéré d'une tumeur à l'estomac, qui disparut à la suite d'un pardon enfin accordé à un associé détesté dont la haine envenimait sa vie.

fait le Seigneur, c'est ça! Le miracle, ce n'est pas une guérison physique, c'est d'avoir été délivrée de cette haine sacrilège, de ce désespoir, de cet enfer intérieur dans lequel je vivais. Ce qu'il a fait *dans mon cœur,* ça ne se paye pas, ça ne s'achète pas!» [28]

---

28. Détail savoureux : Hélène est guérie à l'instant où le Père Tardif ne savait plus trop quoi répondre aux multiples arguments d'un médecin sceptique (Voir le témoignage complet dans les *Cahiers du Renouveau,* décembre 1975).

2. Une confiance qui ose tout attendre

> *Voyant leur foi*
> *Jésus dit au paralysé :*
> *Confiance!*

Mt 9,2

Par la foi en son Nom, ce Nom même a rendu la force à cet homme que vous voyez et connaissez, et c'est la foi qui vient de Lui qui, devant vous tous, l'a rétabli en pleine santé (Ac 3,16).

« Je ne puis entendre pareille attestation sans penser à ce gitan illettré, vendant des mouchoirs un matin de novembre 64, dans les rues de Roquefort-la-Bédoule. Passant devant une maison, il entend hurler. Malgré l'accueil glacial il insiste pour voir le malade. Georges était là, immobilisé dans un corset de fer depuis des années. Le lendemain il devait être opéré au bulbe rachidien, question de vie ou de mort. "Frère, je viens te guérir, parce que Dieu t'appelle à prêcher l'Évangile. – Jésus, j'en ai assez, tu perds ton temps." Mais lui, tranquillement cherche dans sa bible un passage bariolé de couleurs diverses et le fait lire : c'était la guérison de Bartimée. – "Mais tu ne comprends pas que je suis condamné par la médecine, qu'il n'y a plus rien à faire ! – Et toi, tu ne comprends pas que Jésus est vivant ! Quel dommage ! Si tu avais cru, tu aurais été guéri !" Il est reparti tout triste devant mon incrédulité. Mais toute la nuit cette phrase me revenait comme un harpon dans mon cœur. Il revint le lendemain et fit lire à ma femme : *Demandez tout ce que vous voudrez et cela vous sera accordé.* "Tu vois, dans ce *tout* il y a ta guérison. Tu m'as dit que tu as accepté Jésus-Christ, eh bien, si tu l'as fait, la promesse va se réaliser. Après la prière, tu vas te lever, tu vas marcher." Je me suis dit : mais non, ce n'est pas possible. Mais je le

301

voyais sûr de lui, vraiment sûr de lui : "Tu vois, je t'impose les mains puisque Jésus imposait les mains aux malades." Il termina sa prière : "Au Nom de Jésus, lève-toi et marche... eh bien, debout ! tu es guéri !" Je me suis retrouvé debout, je ne sais comment... C'est vraiment terrible ces moments-là. Je me suis effondré en larmes, ma femme pleurait, le frère gitan pleurait. Nous étions là... c'était indescriptible. Puis le gitan est parti, il continuait à vendre son linge [29]... »

Le voilà donc surpris en flagrant délit d'efficacité, ce *charisme de la foi* [30], minuscule graine de moutarde capable de dire au Mont Blanc : « Va te planter près des Açores », sûr que cela est déjà arrivé. En vérité, le Seigneur est bel et bien parti vers son Père, pour que ses œuvres deviennent ainsi celles du plus méprisé d'entre ses frères, pour peu qu'il consente à lui prêter et ses pieds et ses mains, et ses lèvres et ses yeux et, sans doute, son cœur.

---

29. Mais pareille guérison n'est pas prévue par les règlements en vigueur : ce furent les interminables enquêtes des commissions médicales où, comme pour l'aveugle-né, on refusait de croire que c'était bien lui. Le radiologue – athée – livide : « Je n'y comprends rien, vous avez une colonne vertébrale plus belle que la mienne... vous avez la main de Dieu sur vous... » (Témoignage diffusé par Radio-Luxembourg le 23 mars 1974).

30. Saint Paul le distingue de la foi théologale donnée à tout baptisé : foi en plénitude (1 Co 13,12) elle n'est donnée qu'à quelques-uns – souvent de manière ponctuelle – en vue d'un ministère précis comme celui de guérison, que saint Paul mentionne tout de suite après, comme si les deux charismes étaient liés (1 Co 12,8). « Motion spéciale de l'Esprit Saint qui donne la conviction intérieure que telle grâce, tel signe sont déjà donnés » (A. de Monléon). Ce *charisme de foi* implique celui de *discernement* : « Ce regard que donne l'Esprit Saint et qui voit, dans une personne ou une situation, l'appel à une intervention du Seigneur. » Un charisme n'est pas en soi signe de sainteté (Mt 7,22), mais il doit en être exigence et chemin. Pour Romanos le Mélode, même Judas guérissait : « En vain à sa parole fuyaient toutes les maladies, car déjà il avait en lui la maladie de l'athéisme. C'est en lui-même qu'était la plaie » (*Hymne* 23,13).

On en était sûres !

De savoir ces choses, ta prière n'en sera-t-elle pas renouve-lée, jubilante pour ces frères qu'Il associe à son ministère de vie ? Désormais tu sais qu'à tout instant ce Nom est capable d'opérer l'impossible [31]. Toujours en puissance, sa puissance ! Grenade déposée en tes mains, peu de chose suffit à en déclencher l'explosion : une once de foi supplémentaire. S'il l'attendait de toi ?

Qu'il ne soit jamais dit qu'à cause de l'anémie de notre foi, Jésus n'a pu faire ce qu'il rêvait pour un frère ! (cf. Mc 6,5). Que jamais, il ne promène sur nous un regard de colère, navré de l'endurcissement de notre cœur ! (cf. Mc 3,5). Qu'on ne puisse jamais lire sur son visage cette tristesse : où donc est-elle ta foi ? Fanée comme le mûrier aux racines desséchées ? (cf. Mt 17,20) [32].

Oses-tu vraiment croire que ta confiance peut suppléer à celle du frère que tu présentes au Seigneur, et qu'à cause d'elle il finira peut-être par lui dire un jour : *Lève-toi et annonce chez toi les miséricordes de ton Seigneur ?*

Tout ce que vous demanderez au Père en mon Nom, je le ferai pour que le Père trouve sa gloire dans le Fils ! Non, non, les promesses de la Vérité ne sont pas à validité limitée. As-tu déjà donné au Père cette joie-là ? Lui as-tu déjà demandé tout, dans le mouvement même où tu le bénis pour ce tout déjà donné ?

Ton : *Jésus guéris-le !* a-t-il signifié : *Loué sois-tu de l'avoir*

---

31. Non à la manière d'un mantra magique, bien sûr : il n'est efficace que si l'on vit de l'Esprit de Jésus. Preuve : Ac 19,13. Sinon, c'est comme un chèque sans provision.

32. « Tant que je ne suis pas capable d'extérioriser ma foi, de crier devant tout le monde : *Fils de David, prends pitié de moi !* tant que je ne crois pas que *Jésus* est capable de me guérir ici et maintenant, comme il le faisait en Galilée, non je n'ai pas encore la foi ! Et cette foi-là, c'est les petits qui la reçoivent ! » Raymond Halter, Carrefour Paray 1978.

guéri?[33]. C'est fou! Mais telle est la folie de notre foi. Et telle sa victoire sur toute sagesse de ce monde. Confiance folle des enfants qui se savent déjà exaucés : ils se savent aimés. Cela va de soi et cela leur suffit[34].

Une carmélite recommande à un groupe de fillettes de prier pour un grand malade qui part à Lourdes. Quelques jours plus tard, toute joyeuse, elle vient leur annoncer : «Vous savez, votre malade de Lourdes? On vient de m'écrire qu'il est guéri!... Vous ne paraissez pas étonnées? – Non, *on était sûres !* »[35]

Et voici l'assurance que nous avons en Lui : si nous lui demandons quelque chose selon sa volonté Il nous écoute. Et sachant qu'Il nous écoute, quoi que nous lui demandions, nous savons que nous possédons déjà ce que nous lui avons demandé (1 Jn 5,14).

Un humour où sourit l'amour

Je frapperai donc à la porte, opportunément et importunément. Pour moi comme pour mes frères, je demanderai les plus impossibles, mais aussi les plus anodines, des guérisons. Pour moins qu'une grippe on dérange sans scrupules le médecin, et je refuserais de faire appel au Seigneur? Saint Augustin, en proie à une rage de dents, n'a pas honte de demander à ses amis de prier sur lui. Il se retrouve un peu pantois, tout étonné d'en être si instantanément guéri[36].

Je ne dirai pas trop facilement : c'est la volonté de Dieu que

---

33. Mc 11,22. Mais le Seigneur ajoute immédiatement : «Si vous avez quelque chose contre quelqu'un, pardonnez-lui...» Non interpolation comme le voudraient certains exégètes, mais rigoureuse logique évangélique : comment oser tout attendre de Dieu, tant qu'un frère attend notre pardon?

34. Prier pour guérir, «c'est moins un test de foi qu'une réponse toute naturelle à l'amour généreux de Dieu» (MAC NUTT, *op. cit.,* p. 153).

35. Revue *Vives Flammes,* 1978-3.

36. *Conf.* IX, 4. Texte dans *Ecoute les témoins.*

je sois malade. Pas plus que le Seigneur dans l'Évangile, je ne me risquerai à le dire à un malade. Si la maladie était toujours explicitement voulue par Dieu, ce serait un péché de se soigner (même de prendre une aspirine, ajoutait Aemiliano !). Laissons donc les malades demander leur guérison. Il la veut. Mais à sa manière. Lui seul connaît les temps et les moments, et le meilleur pour chacun. Il est plein d'humour, même s'il déroute le nôtre [37].

Récemment frère Aemiliano partageait avec nous certaines de ces surprises du Seigneur. Parmi les habitants de sa paroisse de Nagua il connaissait deux personnes atteintes du cancer : une mère de sept enfants, pour laquelle dans de nombreux groupes de prière on demandait la guérison, et une prostituée de 21 ans qui avait été opérée deux fois. Un beau jour le Seigneur vint chercher la mère. Pour célébrer le centenaire de la paroisse, une retraite charismatique de trois jours avait été organisée. Vu le nombre des participants, l'église s'avérant trop petite, la retraite eut lieu en plein air avec des haut-parleurs dans les palmiers. Chaque jour après l'action de grâce de la messe on priait pour les malades. Le deuxième jour de la retraite, Aemiliano sent et annonce que le Seigneur est en train de guérir une jeune femme souffrant d'un cancer au ventre. Personne ce soir-là ne se présente pour témoigner, mais voici que le lendemain Myriam, la jeune prostituée bien connue, vient faire part à l'assemblée de sa guérison de la veille. N'osant se joindre à la foule, elle avait tout suivi, cachée derrière une palissade en planches qui longeait le terrain. Le Seigneur n'avait pas guéri celle pour qui on l'implorait, mais il était allé lui-même visiter celle à qui personne ne pensait, celle que beaucoup méprisaient. Le soir même elle reçut le sacrement de réconciliation et communia le lendemain. Le Bon Pasteur avait guéri la brebis la plus perdue, en son corps et en son âme. Et en beaucoup de cœurs le

37. Kathryn KUHLMAN qui avait aux U.S.A. un ministère de guérison aussi retentissant qu'authentique, ne cessait de répéter qu'elle ne savait jamais pourquoi certains étaient guéris et d'autres non (cf. *Je crois aux miracles*).

Une liberté libérée

Seigneur put célébrer la fête d'une autre Myriam, celle de Magdala [38].

Le 3 juin 1979, lors du Rassemblement charismatique de Montréal groupant quelque 55.000 participants – dont 1.000 prêtres – beaucoup de malades présents furent guéris. Mais voici qu'un garçonnet de 4 ans, atteint de leucémie, suivait la prière au petit écran. Il s'en approche pour mettre ses mains «dans» celles qu'il voyait levées vers Dieu : il fut guéri sur-le-champ, là-bas à l'autre bout du Canada !

Il fut aussi annoncé à l'assemblée qu'une dame de 74 ans, aveugle, écoutait sans rien voir, la messe à la Télé, et qu'elle était en train de guérir. Une semaine plus tard arrivait la confirmation : il en avait bien été ainsi. Alleluyah ! [39]

Malade, tu es médecin d'une humanité blessée

Si le Seigneur ne guérit pas toujours, c'est qu'Il peut donner au malade son propre charisme de rédemption. «Il en fait un *signe de sa présence divine blessée.* Il lui donne d'expier avec Lui le péché du monde. Il lui confie un ministère de guérison : en offrant sa souffrance, le malade permet une guérison intérieure de l'humanité», pour reprendre un mot étonnant

---

38. Voici trois ans que Myriam est parfaitement guérie. L'année suivante elle a aidé dans la paroisse à préparer une retraite pour les prostituées du village.

39. Durant le Rassemblement de Montréal – deux ans plus tôt – il n'y avait eu aucune guérison, à la grande déception des journalistes. Mais à la sortie de la messe de clôture, ceux-ci étant partis, les quelque 500 prêtres qui concélébraient eurent l'idée subite d'imposer les mains aux grabataires, le long du cortège : douze d'entre eux furent instantanément guéris. Une centaine de médecins présents purent en témoigner.

Plusieurs guérisons, médicalement attestées, ont eu lieu pour des personnes qui, n'ayant pu participer au Rassemblement de Lourdes en juin 79, s'y sont jointes spirituellement. Je pense en particulier à une religieuse de Nice, souffrant du dos, déclarée incurable par les médecins.

de Paul VI[40]. Sa maladie peut servir l'évangélisation (Ga 4,13).

Durant les prières de guérison à Lourdes ou Paray, le plus beau miracle n'était pas ceux qui se levaient de leur petite voiture pour marcher, mais ceux qui y restaient pour y chanter. Pendant que plusieurs guérisons étaient annoncées, j'étais entre deux paralysés. Ils n'étaient pas du nombre. Mais leur joie sans mélange pour la guérison de leurs frères était la plus contagieuse de toutes, la plus bouleversante. Je sais qu'ils ne demandaient rien, sinon la guérison des autres[41]...

«Je ne pensais pas être guérie. Je n'allais pas à Lourdes pour chercher ma guérison, parce que cela me semblait impossible, mais *pour avoir la foi*, pour pouvoir garder ma maladie... Je n'ai pas dit que je ne souhaitais pas ne pas guérir, mais je ne l'ai pas demandé[42]»... Ne regarde pas mes péchés mais la foi de ton Église!

Je ne douterai donc ni de sa volonté de guérir ni de sa puissance, mais comme je ne suis jamais certain qu'il le veuille pour ici et maintenant, j'ajouterai toujours : *« Comme tu sais et comme tu veux!»* Je lui laisserai la libre disposition de ma prière. Unanime et instante, je sais que jamais elle n'est perdue, jamais vaine. Je sais qu'il aime ainsi me garder pauvre devant un mystère de gratuité qui toujours me dépassera, mais aussi toujours m'étonnera. A travers mes déceptions humaines, j'apprendrai à respecter la totale liberté de l'Amour, c'est-à-dire à m'y fier[43].

---

40. PAUL VI, *Un regard prophétique,* Livre I, ch. 3 : «Un ministère de compassion».

41. Cette jeune polio à Lourdes : «Pries-tu pour ta guérison? – Non, mais pour celui qui est là-bas.»

42. Juliette Tamburini dont la guérison d'une ostéo-périostite fémorée fistulée, en 1959, a été officiellement reconnue par le Bureau médical en 1968.

43. S'il est important de distinguer *foi théologale* et *charisme de la foi,* c'est parce qu'une guérison n'est jamais le résultat automatique d'une intensité de la foi. La foi ici n'est qu'accueil et désir d'une grâce gratuitement donnée. Il est vrai que dans l'Évangile comme dans les Actes, les guérisons sont presque

Une liberté libérée

Les mains de *François* ne cessent de guérir, mais son corps n'est plus qu'une pauvre loque. Chaque jour le médecin vient soigner ses yeux. « Servez-lui un bon repas », dit-il aux frères de Rieti. Une nuit, le Seigneur le visite : « Ta maladie est assurance sur mon Royaume. » Il aurait pu ajouter : « Tes guérisons sont présence de mon Royaume ! » [44]

Un Seigneur qui aime l'incognito

Dans ces chemins de la médecine qu'Il emprunte pour guérir, je sais que c'est Lui qui est à l'œuvre. Sa main se trahit souvent dans une accélération inespérée des processus médicaux.

Honore le médecin, tu as besoin de lui. Le Seigneur fait usage de la science pour soigner et apaiser la douleur, et la santé vient de lui sur la surface de la terre : le Seigneur dépose la guérison entre ses mains (Si 38,1 ss).

Heureux est-il le médecin qui le sait : à son tour il se mettra en prière, et de ses soins fera déjà une louange [45]. Apprenant

---

toujours explicitement liées à la foi, soit du malade, soit de ceux qui le présentent. Mais insister sur elle comme unique condition de guérison, c'est risquer de culpabiliser gravement un malade, et surtout faire main-mise sur les insondables et imprévisibles desseins du Seigneur. D'une part, il arrive que des malades sans foi soient guéris : sans doute pour éveiller la leur ou celle des témoins. D'autre part, une multitude à la foi vive n'en sont pas guéris pour autant, c'est trop évident : la maladie leur est chemin de guérison intérieure (la leur ou celle des autres). Il reste que nous sommes moins sensibilisés à la prière de guérison qu'à une acceptation qui, trop souvent, est plus résignation passive qu'offrande d'amour.

44. Thomas de CELANO, II, 44 et 161. « Je prie tous mes frères malades de ne pas se troubler à cause de leurs souffrances, qu'ils rendent grâce de tout. Tous ceux que le Seigneur a prédestinés à la vie éternelle, Il les y prépare par l'aiguillon de la souffrance et de la maladie » (*Ibid.,* 175).

45. Ce mot d'un chirurgien devant son équipe médicale, après l'intervention qui a rendu la vue à notre frère Raymond Halter : « Il arrive parfois que Dieu tienne la main du chirurgien pour qu'il obtienne des résultats que lui-même n'osait pas escompter. » Et encore : « Quand un malade prie, il a une

à souffrir autant qu'à guérir, s'interrogeant sur le mal caché au cœur autant que se penchant sur les maux du corps, il sera devenu un être de compassion. La clé de sa médecine ? L'amour [46]. Si la charité couvre une multitude de péchés, il guérit une multitude de plaies. « Il nous a donné le grand cataplasme qui enserre tous les membres, guérissant toute maladie et toute langueur : la charité, celle qui est selon lui [47]. »

Sois béni, Seigneur, pour tant de médecins, d'infirmières, de soignants, que tu associes ainsi à ton ministère de guérison, même lorsqu'ils l'ignorent. Mais bonheur sur eux quand ils le savent et en vivent ! [48]

Si eux se taisent, les pierres crieront

Mais ces choses-là on ne les sait pas, on ne veut pas les savoir. C'est trop perturbant ! Un Seigneur qui guérit, le monde n'en veut pas : cela nous suppose malades et l'on ne veut pas être malade. Un Seigneur qui guérit, le monde en a peur : cela suppose un monde imprévu, et l'on ne veut pas que craque l'ordre établi. Cela ne fait l'affaire ni des médecins

---

telle disponibilité à la guérison qu'il guérit beaucoup plus vite qu'un autre. » Ce praticien communie chaque matin et prie une demi-heure avant d'entrer dans sa salle d'opération.

46. Voir Dr H., « L'amour médecin », in *Communio,* mai 1977. Sur la relation médecine et guérison divine, voir *Liminaire,* p. 00.

« En toi la science a deux côtés. Tu repousses les limites de l'amour (philantrôpia) en ne limitant pas au corps le bénéfice de ton art, mais en te consacrant également à la guérison des âmes » (BASILE DE CÉSARÉE à son médecin, *Ep.* 189,1).

47. BARSANUPHE DE GAZA, *Lettre* 61.

48. « Les initiatives de la science et de la technique au service de la vie, les efforts et la compétence déployés au bénéfice des malades, l'Église les considère comme une *certaine participation au ministère du Christ* soulageant les malades, que ces efforts soient, ou non, le fait de chrétiens » (*Nouveau rituel pour le sacrement des malades,* notes doctrinales et pastorales).

patentés, ni de l'industrie pharmaceutique, ni des mécanismes de la sécurité sociale.

A tout médecin on reconnaîtra le droit fondamental de guérir. Mais Lui, on ne cessera de le lui contester. Pour n'importe qui on brandira les droits de l'homme à la libre expression, mais ces « innocents » qui crient, palmes en main, il faut à tout prix les faire taire. Rien de nouveau sous le soleil : *Il y eut des aveugles et des boiteux qui se présentèrent à lui dans le Temple, et il les guérit.* Devant ces prodiges qu'il venait d'accomplir et ces enfants qui criaient dans le Temple : *Hosanna au Fils de David,* les grands prêtres et les scribes furent indignés et ils lui dirent : *Tu entends ce qu'ils disent ceux-là ?* (Mt 21,14). Comment s'il l'entend ! Et comment s'il l'attend, cette louange sur les lèvres des petits du Royaume !

Mais les mandarins sont de tous les temps, qui regardent de haut cette pitoyable religiosité populaire qui corrompt la pureté de la foi, n'est-ce pas ? Cela fait des années que la foi chrétienne est sensée se dépouiller des oripeaux de la religion, et voici la rentrée triomphale de celle-ci. Décidément, c'est à n'y plus rien comprendre à nos expertises comme à nos prospectives ! [49]

De telles guérisons, heureusement, ne laissent pas indifférent. On pourra leur trouver toutes les explications possibles et imaginables, tout ce que la science n'est pas encore parvenue à expliquer, n'est-ce pas ? On pourra tout ramener à la formule magique de psychose collective. On pourra taxer de médiums ou de charlatans, les frères très pauvres qui n'ont d'autre mérite que de prier et de laisser faire leur Seigneur [50].

---

49. En 1978, un communiqué de l'évêché d'Angers faisait part de la reconnaissance officielle par le Bureau médical de Lourdes – après 12 ans d'enquêtes serrées – d'une guérison ayant eu lieu pendant une célébration du sacrement des malades à Lourdes. Mais il était recommandé la plus grande discrétion à ce sujet : surtout qu'on en parle le moins possible. Certains auraient aimé étouffer l'affaire !

50. Le cartésianisme occidental, allergique à toute manifestation surnaturelle, ne serait-il pas responsable de la rareté des guérisons données chez

Mais en définitive, de telles guérisons acculent à un choix qu'il n'est plus possible d'éluder : pour ou contre un Dieu fait homme, vivant aujourd'hui comme hier, témoignant de la même tendresse et de la même puissance, pour atteindre l'homme tel qu'il est, pauvre et fragile comme jamais. Bien sûr, on n'osera pas se prononcer contre Lui directement. On biaisera, on se contentera de nier ses signes. Et voilà les humbles jalons de sa présence, pierres qui font tomber...

Le Seigneur le sait qui, s'amusant de notre sérieux, souriant de nos tabous, défiant nos pronostics, heurtant de front notre rationalisme, se plaît à multiplier ses guérisons [51]. Non pour le spectacle. Non par triomphalisme. Non d'abord pour confirmer la foi des croyants, ou susciter celle des païens. Pas même pour manifester sa vivante présence. Mais tout simplement parce que nous sommes malades et que des malades, il y en a décidément trop parmi nous. Et cela lui suffit pour en être bouleversé.

N'y a-t-il pas mieux à faire qu'à en rire ?
Les malades n'auraient-ils plus le droit de guérir ?
Jésus, plus le droit de nous aimer ?

---

nous ? Il crée un blocage spirituel par rapport à la réception de certains charismes, en ce qu'il exige pour toute intervention divine une explication rationnelle, ainsi que des preuves soi-disant scientifiques (au sens 1900 de ce mot, largement dépassé actuellement par les vrais scientifiques).

51. Il semble que ce soit dans les pays où la misère est la plus grande que le Seigneur multiplie ses guérisons. Serait-ce aussi que la foi y est plus spontanée et plus confiante ? Voir quelques témoignages : *Cahiers du Renouveau,* n° 16 : République Dominicaine ; n° 13 : Cameroun ; n° 23 : Indes, Madagascar, Iles Maurice et Zaïre.

3. La parole audacieuse, l'aimante communion

> *Afin de permettre à tes serviteurs*
> *d'annoncer ta parole en toute assurance,*
> *étends la main*
> *pour opérer guérisons, signes et prodiges*
> *par le Nom de ton saint serviteur*
> *Jésus.*
>
> Ac 4,29

Le Seigneur t'a-t-il souvent surpris à genoux, mêlé à tes frères de Jérusalem, cette prière faite tienne? Pierre et Jacques en auraient-ils revendiqué l'exclusivité? Que je sache, ils n'ont pas précisé : «Tous droits de reproduction, d'adaptation et de traduction réservés pour tous les pays, y compris l'URSS»?

La réponse du Père à une telle supplication? Une Pentecôte, encore une! La maison en est ébranlée : le monde le sera par l'annonce audacieuse de la Parole jointe à l'intense communion fraternelle [52], ces deux espaces où se manifeste *la folie du message* (1 Co 1,21).

Quand les signes de puissance
soutiennent l'appel de la Sagesse

Et d'abord l'*annonce du Royaume.* C'est pour elle, précisément, que les nôtres demandent et reçoivent les signes qui en réalisent la présence [53]. Et je me pose des questions :

---

52. Cf. Ac 4,31-32. Le sous-titre généralement intercalé entre ces deux versets empêche de bien percevoir leur étroite corrélation : « ...Ils se mirent à annoncer... la multitude des croyants n'avait qu'un cœur et qu'une âme. »

53. Guérir est la manière qu'ont les Apôtres de proclamer que le Royaume

Dans un monde où l'on n'a plus le droit de se payer de mots, où l'Évangile ne peut plus être présenté comme un simple discours, ne faut-il pas qu'*Il manifeste sa puissance par l'action surabondante de l'Esprit* (1 Th 1,5)?

Dans un monde grisé par les sagesses du vide, ne faut-il pas que l'appel de la Sagesse soit *démonstration faite par la puissance de l'Esprit, afin que notre foi ne soit pas fondée sur la sagesse des hommes, mais sur la puissance de Dieu* (1 Co 2,4)?

Dans un monde où les faux-prophètes sont capables de séduire même les justes, ne faut-il pas que Dieu appuie notre témoignage par *des signes, des prodiges, des miracles de toutes sortes, ces marques distinctives de l'Apôtre, ces dons de l'Esprit répartis selon sa volonté* (He 2,3 ; 2 Co 12,12)?

Eh bien! Il en sera ainsi : dès que notre assurance ne se fondera que sur lui, le Seigneur se mettra à *rendre témoignage à la Parole de sa grâce, en nous donnant d'opérer par nos mains des prodiges et des signes* (Ac 14,35 ; 5,12 ; 6,8).

Témoigner de notre Dieu, c'est lui permettre de témoigner de notre foi [54]. Cette foi qui dans sa proclamation même se décante et se fortifie. Énergie de l'Esprit en tes mains fragiles,

---

est déjà là. «Le ministère de guérison fait passer la rédemption du domaine abstrait dans la réalité concrète des existences humaines» (MAC NUTT, *op. cit.*, p. 39).

Saint *Augustin* est formel : le monde ne croit pas en raison des argumentations humaines, mais à cause de la puissance des signes. On s'étonne parfois du nombre de guérisons physiques effectivement opérées dans des groupements évangéliques non rattachés aux grandes Églises. Deux questions se posent alors : 1° N'y a-t-il pas là une miséricordieuse suppléance à l'absence des sacrements de guérison ? 2° Ne sont-elles pas données pour soutenir une évangélisation plus audacieuse, plus directe et plus fervente que celle généralement pratiquée par les Églises traditionnelles ? Le jour où la nôtre aura quelque chose de leur courage, le Seigneur ne la confirmera-t-il pas en multipliant parmi nous les guérisons ? N'éludons pas trop facilement la question.

54. Pour SAINT EPHREM quand Jésus peut être le témoin de notre *foi*, alors nous pouvons l'être de sa *divinité*, car alors, par nos plaies cachées et guéries, la divinité invisible du Fils se *manifeste* (*In Diat.*, VII,1).

le Nom sera artisan des œuvres de l'Amour : sa puissance révélera ta faiblesse (1 Co 1,25). Pour qu'éclate la gloire du Fils, il fera de toi une terre pauvre et calcinée. L'ouverture aux charismes est chemin de dépouillement. Rien, peut-être, ne décape autant.

Il est bon qu'il en soit ainsi. Car il faut être pauvre pour répandre les trésors de la Révélation : sans bourse ni besace on prend la route, mais l'Évangile d'une main, la croix de l'autre. Et pauvre encore pour guérir, Jésus aux lèvres, un certain feu au cœur. Qui peut donner de l'or et de l'argent, ne peut encore dire : *Lève-toi et marche !*

Quand les signes de l'amour confirment la Parole de l'Amour

Mais cette foi n'est vivace qu'opérant par l'amour, donnée par l'amour, pénétrée d'amour (Ga 5,6). Cette proclamation n'est vraie qu'enracinée dans une communauté, dont l'unité est le lieu de tous les signes, le miracle par excellence qui accompagne l'annonce du Royaume : déjà sa présence ! Un « Dieu t'aime » qui ne suscite pas : *Voyez comme ils s'aiment,* porte à faux, tombe dans le vide [55].

Celui qu'on annonce n'est pas un Dieu lointain et abstrait : Il s'est donné des frères. On l'y touche de nos mains. On l'y voit de nos yeux. Un *Jésus* sans Église, c'est une idéologie. On ne donne pas sa vie pour une idéologie.

C'est là que se trempe le courage évangélisateur, et donc là que se multiplient les guérisons de l'âme et du corps. Si la santé consiste à être capable d'aimer et de se laisser aimer, si le cœur de l'homme n'est pas créé pour autre chose, si le

---

55. D'où la nécessité de plus en plus perçue d'évangéliser en groupe de prière. Réflexion d'un prêtre dans la rue : « J'ai fini par comprendre que vous deviez être catholiques, votre joie n'était pas la joie artificielle d'une secte. » Lorsque, de surcroît, le groupe est œcuménique, ses fruits sont bénis.

corps de l'homme est affecté par tout manque d'amour, alors c'est *l'amour qui guérit* et rien d'autre. Et là où fleurit l'amour, là naît la communion.

Tant qu'un groupe n'est pas soudé par *l'Amour répandu dans les cœurs,* comment le Seigneur pourrait-il y guérir? Tant que les béatitudes n'y sont pas vécues, comment la douce miséricorde pourrait-elle librement agir? Si *beaucoup de prodiges et de signes s'accomplissent par les mains des Apôtres,* c'est bien parce que *tous les croyants ne faisaient qu'un cœur et qu'une âme* et qu'ainsi, *unanime était leur louange* [56] (Ac 4,32 ss).

Avant toute prière sur des malades, il faudrait se réconcilier, se donner la paix qui efface toute dissension. La force d'intercession est démultipliée par l'accord des voix; la puissance du Nom, par l'unanimité de la louange (Mt 18,19). Vous vous souvenez, frères du Bec Hellouin, de votre unanime intercession pour Daniel, écrasé par un camion, avec treize fractures du crâne? Vous lui avez fait l'onction de l'huile sainte, vous avez tout espéré. Après trois semaines de coma, il se retrouvait parmi vous partageant votre louange. Le Seigneur avait raison de vous dire: «Nul d'entre vous ne peut opérer en mon Nom des œuvres de miséricorde, s'il n'est enraciné dans la communion avec ses frères. Vous êtes mon Corps.»

Là où règne la communion fraternelle, la paix et la joie sont telles que la souffrance elle-même change de visage. Revenant de Lourdes, vous ne vous sentez peut-être pas mieux dans votre corps, mais la douleur est autre: une douceur inconnue la pénètre, on ne sait comment. Et ceux qui prient sur vous deviennent comme des icônes vivantes, moins

---

56. Si, comparées à d'autres pays, les guérisons physiques sont relativement rares en France, ne serait-ce pas dû, en partie, aux tensions qui marquent trop souvent les rapports entre tendances et entre communautés dont les saines différences représentent pourtant des charismes complémentaires? Sur ce point il semble que le récent pèlerinage de Lourdes ait marqué le seuil d'une communion retrouvée.

de la puissance de Dieu que de sa très tendre compassion. Aussi le charisme de guérison est-il moins donné à des personnes précises, qu'à des communautés qui n'ont d'autre base que le Seigneur *Jésus*. Et quand certains frères le reçoivent, c'est toujours en tant que membres d'un groupe, où prier n'est pas autre chose qu'aimer [57].

Un peuple de paumés qui se savent aimés

Le Seigneur n'aime pas parachuter ses dons : avant de les déposer en nos mains, Il les fait passer par celles de nos frères. Ils nous atteignent tout imbibés de leur amour. Comme une mère fait un cadeau à son aîné pour qu'il le donne au cadet : elle se multiplie, la joie d'offrir !

En guérissant à travers deux ou trois, rassemblés en son Nom, c'est son Église que *Jésus* aime construire : l'Esprit s'y manifeste, lui qui est communion. Une communion : rien ne la tisse autant que « l'humble attendrissement du très humble Esprit Saint » (Silouane).

Alors l'Église ne t'apparaîtra plus comme une élite de « supers », une secte de « purs », mais comme une immense famille de pauvres, dont la seule richesse est le Nom, je veux dire : Celui qui porte un tel Nom.

Un peuple de malades,
dont les maladies s'offrent à la Santé de l'Amour
dont les cœurs brisés s'ouvrent au Cœur percé
dont les passions deviennent Compassion
dont les détresses accueillent la Tendresse
dont les faiblesses laissent éclater la Force de l'Esprit
dont les larmes donnent à *Jésus* d'essuyer celles des frères.

---

57. « Il n'y a pas de vedettes de la guérison, mais des communautés chrétiennes qui portent leurs malades dans la prière. Nous ne cherchons pas des miracles, mais des guérisons. Jésus ne guérit pas des maladies, mais des personnes » (Raymond Halter).

Tout cela, les uns pour les autres, les uns par les autres. Ensemble.

Telle est la communion où tous ne font qu'un cœur, ce Cœur qu'est l'Esprit. Telle est notre Église. Et comme je l'aime, dans sa pauvreté offerte !

L'aube du huitième jour !

Un frère et ami, Gérard, avait été témoin de la stupéfiante guérison d'un mourant, au cœur d'un *healing meeting,* animé par Kathryn Kuhlman, à Pittsburg. A son retour des USA, il écrivait : « Pouvez-vous imaginer la résurrection de Lazare ? C'est exactement ce que nous avons vu. Tous en prière, les mains élevées et tendues vers cet homme qui était en train d'être régénéré. On sentait le tissu de la peau qui changeait, de livide elle devenait rose. Un sourire apparaissait sur ses lèvres ; ses yeux se sont ouverts, d'abord comme morts, puis illuminés par un éclair de vie. » Et il ajoutait ceci, qui en est la clef : « A ce moment-là, j'ai compris quelque chose d'extrêmement important pour nous. C'est que le ministère de guérison est lié à la Nouvelle Jérusalem et au Retour de Jésus. J'ai compris que la résurrection des corps est possible. A ce moment-là, en présence de ce miracle, j'ai vraiment dit : « Seigneur, viens ! Je sais que lorsque tu viendras, la guérison coulera de Toi sur chacun d'entre nous et ce sera vraiment la guérison de nos corps, de nos âmes, de nos esprits. Nous serons transformés à ton image ! » [58]

Eh bien ! Oui, le Shabbat est passé. Le premier jour de la semaine, pendant qu'il faisait encore sombre, Il s'est levé, Il

---

58. Il est remarquable que ce soit dans le dernier livre de la *Cité de Dieu* que saint Augustin témoigne de 25 guérisons miraculeuses. Preuve péremptoire à ses yeux que la résurrection des corps est possible. J'en cite une dans *Ecoute les témoins.*

« Les médecins ne te guériront pas, car tu mourras à la fin, mais c'est moi qui guéris et qui rends le corps immortel (PASCAL, *Le mystère de Jésus*).

est sorti du tombeau, Il est remonté vers cette Jérusalem – l'œuvre de ses mains, non des nôtres – pour prier, ne plus cesser de prier son Père pour nous. Les Simon et les Jean de tous les temps ne le cherchent plus ailleurs que sur le visage de leurs frères. Ils leur disent : « Ton corps de misère ressemblera à son Corps de Gloire [59]. Tu lui es donné par son Père : Il te ressuscitera au dernier jour. Mais auprès du Père, déjà Il t'a fait asseoir. *Lève-toi d'entre les morts et le Christ t'illuminera ! L'Agneau sera ta Lumière !*» (Ép 5,14 ; Ap 21,23).

Si la résurrection est à l'œuvre, c'est que la mort déjà n'existe plus. Et nous sommes trop habitués à la mort... On en a pris son parti. Mais Dieu est contre la mort. Il a gagné son pari.

Et quand la nuit vient envelopper de sa paix la petite cité mariale, voici que de partout s'élève une clameur. De l'esplanade et de la grotte, des basiliques et des salles d'hôpitaux, la même sur les lèvres des valides et des perclus, du jeune handicapé et des petites vieilles. Une clameur qui – tel le Gave de Pau depuis le cirque de Gavarnie – a cascadé le long des âges depuis Pierre et Jean et Paul. Une clameur qui ne cessera plus de résonner tant qu'un homme ne pourra ni voir ni entendre ni marcher ni dormir : *expecto resurrectionem mortuorum et vitam venturi saeculi !*

La réponse de Dieu ? Déjà Il fait toutes choses nouvelles. Imperceptiblement. Si les derniers temps sont les nôtres, pourquoi, à l'horizon, l'aube du huitième jour ne blanchirait-elle pas ? En notre nuit, faibles lueurs de l'Aurore qui nous attend, avant-goût du Monde Nouveau : ni cri, ni peine, ni pleurs, ni mort. L'ancien monde ? Il s'en va.

---

59. « Le Sauveur modèlera de nouveau l'humanité de notre *corps...* mais c'est à condition que notre *cœur* ait d'abord été remodelé lui-même à l'image de son *Cœur*» (BERNARD DE CLAIRVAUX, *In Ad.* 44).

« Au fond de ton *cœur*, garde mes paroles. Pour qui les recueille elles sont vie et *guérison pour tout son corps*. Ton *cœur*, garde-le en toute vigilance : de lui dépendent les *frontières de ta vie*» (Pr 4,22).

Chapitre IX

UNE VIE QU'EMBRASE LA LOUANGE

Où flambe le Sang

> *Je ferai aux peuples des lèvres pures*
> *pour qu'ils invoquent tous*
> *le Nom du Seigneur...*
> *Il exultera pour toi de joie,*
> *Il te renouvellera par son amour,*
> *Il dansera pour toi avec des cris*
> *d'allégresse*
> *Les privés de fête, je les rassemblerai*
> *je sauverai les éclopés,*
> *rallierai les égarés.*
> *Je leur attirerai louange par toute la*
> *terre,*
> *quand j'accomplirai*
> *leur restauration.*
>
> So 3,1 ss

1. Les blessures que rend claires l'amour

2. Des larmes qu'apaise l'Alleluyah

3. Ma guérison tournée en fête

1. Les blessures que rend claires l'amour

> *J'irai errant au long de mes années avec mon*
> *amertume.*
> *Mais non! Tu me guériras, tu me feras vivre*
> *et voici :*
> *mon amertume sera bien-être et paix.*
> *Tu auras jeté loin de toi tous mes péchés!...*
> *Je ferai résonner mes harpes tous les jours de*
> *ma vie!*
>
> Is 38,15

Ayant reçu l'Esprit de miséricorde et de supplication, consacré par l'huile de la compassion, revenons à leur Source. Pour y plonger encore un long regard.

Ce Corps, les coups reçus l'ont moins déchiqueté que rendu diaphane. On dirait qu'au-dedans c'est plein de lumière. Une lumière que seules manifestent les blessures, comme si elle en coulait. A ce Corps, n'est-ce pas le sang qui donne sa clarté? Un sang comme en train de flamber?[1]

> «Feu et lumière qui resplendit sur la Face du Christ
> Feu dont le silence est lumière!»

Ces plaies toutes fraîches encore, les voici resplendissantes de la Gloire. Jamais les stigmates de la vie et de la mort

---

1. Allusion encore au Suaire de Turin d'après son inversion photographique : les lignes tiennent leur netteté des seules taches claires laissées par les saignements et les contusions. Les scientifiques ne sont pas encore parvenus à élucider le processus exact d'impression. L'hypothèse a été émise du «flash de la Résurrection» : phénomène de radiation ou de cautère, le sang aurait brûlé le tissu.

n'auront eu une telle transparence : jamais reçus dans l'éclat d'un tel amour. Celui de l'Esprit en son maximum d'incandescence.

Il n'a pas voulu passer par nos chemins de sang, sans en garder la signature. Et pour toujours. Sa vie durant Il s'est dépouillé de tout, sauf de cela même qui l'a dépouillé de la vie : ces blessures au travers desquelles est passée notre mort. Il n'a pas voulu qu'elles se cicatrisent. Il n'a pas voulu d'un corps humainement intègre, mais d'un corps intégrant divinement les lésions que laisse toute vie. Il y tient plus qu'à la prunelle de ses yeux. Il en est fier, heureux. Aux yeux des Anges, aux yeux de ses frères, elles demeurent l'irrécusable signe qu'Il a marché jusqu'au bout des sentiers de l'Amour, la trace indélébile qu'il a traversé tout de ma vie. Elles ne sont qu'à Lui. Son bien propre entre tous (Jn 16,14). Ni le Père, ni l'Esprit, ni aucun ange ne possède pareil trésor. Dans un instant, Il va les montrer au Père : qu'Il soit le premier à s'en éblouir. C'est pourquoi à l'aube de Pâques Il dit à ses sœurs : *Ne me touchez pas.* Mais au soir tombant, à ses frères : *touchez mes mains, mes pieds, mon côté*[2]. Entre-temps, le Père a dû les baiser, ces blessures à moi, sur son corps.

Une texture brûlée de Gloire

Telle est la gloire dont rêvait Moïse, plus éclatante que les éclairs striant les rochers sombres de l'Horeb. Telle est la beauté neuve dont se pare le visage de ma vie. Mes blessures offertes, l'Esprit vient y flamber, les rendant de jour en jour plus glorieuses, resplendissantes des feux de l'Amour.

Mon propre visage m'était devenu étranger, ne laissant plus filtrer la lumière à force de regarder des miroirs déformants.

---

2. « Il me semble que Jésus-Christ ne laisse toucher que ses plaies, après sa Résurrection » (PASCAL, Brunsch, 354).

Et voici : Il s'est fait *le salut de ma Face* (Ps 41,6), le Sauveur de ma ressemblance divine ! [3]

Ce grand drap où s'est posée la Face, des femmes de Palestine, de leurs mains l'ont tissé. D'une seule pièce. Elles ont filé ce lin que leurs hommes avaient semé, puis récolté. Du pollen de cette époque, de cette région, s'y est déposé. Oui, toile marquée par un lieu, un temps, un labeur. Et le Visage de la Beauté, qui façonne de ses Mains et le cosmos et les siècles est venu s'y lover, sans qu'un seul de ses chevrons n'en soit altéré [4].

Ainsi, sur le tissu de ma vie, d'ici et de ce jour – nulle part ailleurs – le Visage, d'au-dedans de tout visage, vient s'imprimer. Il ne s'y superpose pas mais y habite. Pénétré, chaque fil boit sa goutte de sang : la texture de mon existence s'imbibe de cette sève vivante, qui saigne pour moi. Comment n'en brûle-t-elle pas ? [5]

Désormais, sur le Visage de Dieu *se croisent les fibres de ma vie* (Is 38,12). Je pourrai reconnaître et la trame et la chaîne : mes heures, mes jours, mes ans. Chacun marqué par la Beauté.

A l'orée de la plus douce des nuits, alors que crépite le feu pascal, le célébrant grave le millésime dans la cire du grand

---

3. Lorsque le roi Agbar d'Edesse reçoit le Mandylion (qu'on présume être le Saint Suaire), il voit une « insupportable lumière... comme ceux qui avaient vu sur le mont Thabor ce visage resplendir dans un flamboiement ». Paralysé depuis de longues années, il se lève de son lit et court au-devant. Sa lèpre en est immédiatement guérie ! (*Narratio de imagine edessena,* PG., 113,12).

4. On n'est pas encore parvenu à expliquer que le corps ait pu se soustraire au linceul sans qu'aucun fil ne se soit déchiré.

5. « Pourquoi trouve-t-on le feu dans le sang ? Parce que le sang a été répandu avec un ardent feu d'amour. O glorieux et précieux sang, tu as voulu être un bain pour nous et un *baume* pour nos plaies... Dans ce glorieux bain, tu trouves la chaleur de la divine charité qui a donné son sang par amour. Voilà pourquoi on trouve tant de joie, tant de soulagement, tant de consolation dans le sang. C'est dans le sang que se trouve le feu de la charité de Dieu. C'est un *onguent parfumé* qui chasse la puanteur de nos iniquités. Il est donc bien glorieux ce sang » (Catherine de Sienne, *Lettre* 73).

cierge : notre temps s'enveloppe d'éternité, quand il s'inscrit aux angles de la croix. Puis il enfonce les cinq clous faits d'encens : les plaies glorieuses ont exhalé un parfum de louange. Alors seulement il y transmet la flamme qui mêlera sa clarté à celle des étoiles :.« Que la lumière du Christ ressuscitant dans la gloire, dissipe les ténèbres de notre cœur et de notre esprit ! Deo gratias ! » La plus sombre des nuits peut tourner en lucernaire [6].

Ne guérir que pour s'ouvrir

Cette transfiguration, c'est l'œuvre de l'Esprit : Il se fait brûlure en celui que touche la Main du Père, touche qui n'est autre que la chair du Fils unique.

Et *Jean de la Croix* de poursuivre : « Si l'âme que la brûlure d'amour touche est déjà blessée par les plaies de *ses misères* et de *ses péchés,* elle la laisse aussitôt blessée d'amour. Et les plaies qui lui venaient d'une autre cause, deviennent des plaies d'amour... La guérison que produit l'amour consiste à ajouter toujours de nouvelles blessures d'amour aux premières, jusqu'à ce que l'âme soit tout entière une immense plaie d'amour : elle est pleine de *la santé de l'amour !* » [7]

Dieu n'est pas seulement ton médecin, pas seulement ton remède, mais ta santé même. Une santé qui rayonne. Une santé que l'on respire. Comme l'Amour que se respirent le Père et le Fils.

---

6. Tristesse de voir si souvent escamoté cet admirable rite.

7. *Vive Flamme,* Str. II. Est-ce trahir *Jean de la Croix* que d'appliquer ce qu'il dit de cette grâce qui consomme dans l'Amour, à la guérison de ce que lui-même appelle ici « les plaies de nos misères » ? Les blessures de notre vie ne sont-elles pas déjà des épreuves d'autant plus purifiantes que plus douloureuses ? Ne peut-on y voir une part de ces « souffrances, désolations, craintes, tribulations, ténèbres et tentations nombreuses qui nous viennent du monde », et les assumer comme telles ? A condition de les « accepter toutes comme venant de sa Main pour la guérison de notre âme ».

Cette santé de l'amour, mon être en sa totalité en est affecté. *L'intelligence,* souillée par les atteintes à la vérité, la voici clarifiée dans l'Esprit : doucement ma pensée rejoint celle de Dieu. *La volonté,* anémiée par les mille soupçons du doute, sait maintenant quoi vouloir : doucement, elle épouse celle du Fils. *Le cœur,* corrompu par les succédanés de l'amour, retrouve pour qui battre : doucement il laisse celui de *Jésus* y palpiter. *Le corps,* perturbé par une âme malade, reçoit une vigueur insoupçonnée : doucement il devient partenaire du Corps de son Créateur. *Vie du corps : un cœur paisible* (Pr 14,30).

Guéries par l'Amour, nos blessures n'en sont pas cicatrisées pour autant. L'Amour ne ferme jamais rien. L'Amour ne guérit que pour ouvrir. Nos faiblesses ne nous sont pas ôtées mais transformées, comme le sera cette mort qu'elles anticipent. Elles gardent parfois les mêmes apparences, pourtant elles sont devenues d'une nature autre. Offertes, les voilà orientées : de l'Orient, les irradie une lumière inconnue.

Je resterai un être paumé et sans doute jusqu'à la transhumance dernière, mais maintenant je le sais et je n'ai plus peur, et je n'ai plus honte, et je ne suis plus triste, et je ne suis plus seul. Bientôt je me verrai avec les yeux de l'Amour.

Jusque-là honnies, refoulées, camouflées surtout, mes failles je me mettrai à les aimer : mon Dieu ne s'est-il pas pris à les aimer ? Reçues maintenant de ses propres Mains, je m'en servirai pour l'aimer un peu moins mal. Confiées à ses Mains, Il s'en servira pour ceux qu'Il me donnera d'aimer davantage.

Là où j'ai été *manipulé, jouet* des hommes et des événements, je pourrai *jouer* ma vie en ses *Mains,* de plein gré : au gré de son Esprit [8]. J'aimerai être ce que je suis, non ce que trop longtemps j'aurais aimé être.

---

8. Le gréement se compose des objets qui servent à gréer un navire : voiles, poulies, cordages.

Du moment qu'une blessure d'amour l'a guéri, de notre cœur comme du Sien des fleuves couleront : cette compassion même qui traversera nos blessures pour atteindre celles de nos frères, mais du dedans.

Nous serons «compatients». Nous serons consolateurs. Nous serons donateurs de vie. Guéris, à notre tour nous guérirons.

Le cœur de l'homme modèle son visage (Si 13,25)

Et c'est ainsi que le visage de mon cœur peu à peu retrouvera celui de l'Enfance de Dieu. Ce Visage de Dieu que modèle son Cœur.

Oui, cette Face que nos peurs *voudraient rendre sévère* (Jr 3,12), est d'une sérénité telle qu'y surgit son enfance [9]. Il y a une sérénité réservée au seul visage d'un enfant ou d'un mourant. Le mourant rejoint l'enfant : tous deux désemparés, l'un devant la mort, l'autre devant la vie, ces deux dons qui s'accueillent de la même Main.

Pourquoi sur les visages déformés par la vie, devine-t-on si facilement l'enfance déjà lointaine et toujours là ? Serait-ce qu'ils évoquent la Face de Dieu ? Si Dieu s'est, à ce point, laissé dévisager, c'est qu'Il était vulnérable, comme seuls le sont les enfants.

Le visage de sa dernière nuit, tel que nous l'avons rendu à sa Mère, nous achemine vers celui de sa première nuit, tel que Marie l'a donné à ses frères. Intérieurs l'un à l'autre, ces deux visages : *le même.* Apparus tous deux au creux d'un rocher.

---

9. Matthieu et Luc ont d'abord consigné les récits de la Passion, puis ceux de l'enfance. *Thérèse* n'a trouvé le chemin de l'enfance de Jésus et de la sienne, qu'au travers du mystère de l'agonie.

Une liberté libérée

En vérité, *dans la lumière du Visage royal : la vie!*
(Pr 16,15).

Un vase aux fissures de lumière

Elle nous avait saisis, cette vision donnée lors d'un rassemblement de prière : le vase cassé a été recollé et voici que les jointures apparaissent de cristal. Les marques de la brisure, une secrète lumière les irradie, qui vient du dedans [10].

Qu'y a-t-il de plus beau qu'un cœur pur ? Un cœur purifié.

Notre passé s'investit en éternité : l'amour n'est-il pas de l'éternité en barre ? Les blessures accueillies, on en portera éternellement les stigmates. Elles étincelleront, comme celles de l'Agneau, dont la lumière s'est projetée sur les nôtres. Lumière qui les rend divines, lumière que la croix rend toujours matinale.

Les mains de *François,* ces mains marquées par *Jésus,* au contact de tant de pierres taillées, de tant de lépreux soignés, de tant d'enfants bénis, au contact de cette terre d'Assise remodelée pour être maternelle, ces mains, voici qu'elles «sont rayonnantes de tout l'éclat des perles précieuses» quand, à sa mort, on vient les baiser, «partagés entre la tristesse et la joie». On retrouvait en lui la Croix et la Passion de l'Agneau immaculé qui lava les crimes du monde ; on eût dit qu'il venait d'être détaché de la croix... Ils regardaient la chair, celle-ci, jadis foncée, rayonnait d'une blancheur éclatante. Son visage était pareil à celui d'un ange... Ces marques de son martyre ne provoquaient aucune horreur, elles lui conféraient splendeur et grâce, serties comme des pavés noirs dans un dallage blanc...

---

10. En ce même Paray-le-Monial, trois siècles plus tôt, MARGUERITE-MARIE voyait les saints Anges faisant toucher les cœurs de chacune de ses sœurs à la Plaie du Côté de Jésus, et ils en devenaient «beaux et luisants comme des étoiles» (Autobiographie).

On le prie alors : « Montre donc à Jésus-Christ ses stigmates sacrés que tu portes, exhibe le sceau de la croix de tes mains, tes pieds, ton côté, pour qu'Il daigne présenter lui aussi ses propres blessures au Père qui, les ayant contemplées, déversera sur nous sa miséricorde [11]. »

Et j'entends *Thérèse,* la petite, l'audacieuse : « Puisque vous avez daigné me donner en partage cette Croix si précieuse, j'espère au Ciel vous ressembler et voir briller sur *mon* corps glorifié les sacrés stigmates de *votre* Passion. » Votre Passion qui a fait de ma vie une compassion !

Une vie, aussi laide, aussi humiliante qu'elle soit, s'éclaire dès qu'elle est vue dans le rayon d'un certain regard, plus fulgurant que le soleil, encore que d'une douceur infinie.

Thérèse : « Toutes les créatures deviennent limpides, quand elles sont vues à travers la Face lumineuse [12]. » Tous les événements y trouvent leur transparence.

> *Celui que le Nom a guéri*
> *a d'immenses yeux d'or*
> *comme en ont les hiboux*
> *pour voir entre le hêtre et le buis*
> *la tunique du roi qui revient.*
>
> *Comme un évangéliaire est porté haut*
> *le Nom s'élève comme un flambeau*
> *des cœurs guéris*
> *torche vermeille*
> *aux yeux ravis des hommes*
> *des bêtes et des anges.*

---

11. Thomas de Celano, *Vita prima,* 112, 118. Je pense encore à la plaie purulente de cette enfant qu'on présente à François. Il en ôte les bandages, y trace la croix : dans la nuit elle devient comme une rose vermeille *(4ᵉ considération sur les stigmates).*

Un jour que saint Dominique apparaît à Catherine de Sienne, le Père lui dit : « Tu vois que son corps ressemble au corps sacré de mon divin Fils » (*Vita* II, 6.16).

12. N'avait-elle pas demandé au Père de ne plus la regarder ailleurs qu'à travers la Face de Jésus : que son divin Regard consume toutes ses imperfections, comme le feu qui transforme toute chose en lui-même *(Acte d'offrande).*

Une liberté libérée

> *L'Esprit mémoire de Dieu*
> *comme un sourcier fait jaillir*
> *la bouillonnante litanie*
> *la malesoif n'est plus*
> *mais là dans la coupe qui flambe*
> *débordement d'Eucharistie.*

Une mémoire que guérit la louange

Les blessures de ma vie, j'y pressens une gloire secrètement à l'œuvre. Ne louchant plus vers ce que j'aurais aimé être, «je puis m'appeler l'œuvre de son amour[13]». Je me surprends même à en bénir Dieu : par elles n'en ai-je pas été béni ?

«O l'heureuse plaie ! Elles est faite par celui qui ne sait que guérir. O plaie heureuse et mille fois heureuse ! Tu n'as été faite que pour recevoir des faveurs, et tes souffrances sont d'une telle qualité qu'elles deviennent joie pour l'âme blessée. Le feu de l'amour, qui est infini, te comble de joie d'après tes capacités et ta grandeur. O plaie d'autant plus profondément délicieuse que la blessure d'amour pénètre davantage dans le centre intime... en y embrasant tout ce qu'elle peut embraser[14].»

Passant par le val du baumier, la vallée où l'on pleure, en faire un lieu de sources[15]. Les brisures où suintait la rancune, les voici intarissables sources de louange.

«Merci pour les bras de papa... Merci pour la vie... Merci de m'avoir fait naître...» Ces enfants de quatre ans, qui les avait conduits à l'origine ? A certains d'entre nous, il faudra une vie entière pour que jaillisse la vérité de tels mots[16].

---

13. Thérèse de Lisieux, PN 53.
14. Jean de la Croix, *Ibid.*
15. Jeu de mots dans le texte original du Ps 83,7, entre baumier et pleureur.
16. Cité in revue *Tychique,* octobre 1978.

La souvenance des interventions de Dieu ouvre les portes de l'exultation. Se souvenir des merveilles mais pour s'émerveiller. Aimer comme on se souvient : chemin d'une guérison amorcée : « Je le guérirai en faisant naître un concert sur ses lèvres » (Is 57,18).

> *Ne vous souvenez plus des événements passés,*
> *Ne ressassez plus les faits d'autrefois*
> *Voici que moi je vais faire du neuf qui déjà bourgeonne*
> *– ne l'aperçois-tu pas ? –*
> *Je ne me souviendrai plus de tes fautes...*
> *Et le peuple que je me suis formé publiera mes louanges*[17].

A tous ceux qui grelottent parce que rien ne paraît bourgeonner encore, je voudrais crier ce mot d'un de mes ancêtres à ses frères : « Vous tous qui avez froid en ce moment, prenez donc un manteau : revêtez-vous du manteau de la louange[18]. »

Une mémoire libre pour bénir

Mes blessures mêmes, comment y penser encore sinon comme autant de sourires de l'amour ? Ces histoires qui m'écorchaient, les voici devenues histoires de ses compassions, chaque matin renouvelées. Leur mémoire, mémorial des gestes qui m'ont sauvé. La voilà sainte, ma petite histoire : consacrée par la Vérité.

Tout a fini par concourir à notre bien puisque maintenant nous pouvons aimer notre vie telle qu'elle a été. N'en a-t-Il

---

17. Isaïe 43, 19, 26, 21. Texte capital qui relie mémoire – la nôtre et celle de Dieu – pardon et louange. Voir Is 65,17.

18. GUERRIC D'IGNY, *Serm. 1 in Epiph.*

Et ce n'est pas figure de rhétorique lorsque Jacques Bénigne Bossuet s'exclame : « A vous la gloire, à vous la louange, à vous l'action de grâces de tous ceux qui souffrent ! »

pas fait le rendez-vous de ses miséricordes? Et cela ne suffit-il pas à la rendre belle, à nous rendre heureux?

> *Le passé, on ne s'en souviendra plus.*
> *Il ne remontera plus jusqu'au secret du cœur.*
> *Voici : je crée des cieux nouveaux, une terre nouvelle.*

Is 65,17

Mon passé? J'y verrai les signes avant-coureurs de cette terre nouvelle où j'entre chaque jour. *Ton Nom et ta mémoire : le désir de l'âme* (Is 26,8). Son Nom me devient mémoire des merveilles qui m'attendent, de ce qui n'a encore jamais été vu, jamais entendu, n'est encore jamais monté en mon cœur d'homme, mais déjà monté au cœur de mon Dieu [19].

Le Visage! le Sien et déjà le mien, tous masques arrachés. Arraché que je serai à ce dédoublement qui fissurait mon être, à ce moi préfabriqué dont j'étais le prisonnier, déchirante aliénation...

---

19. « Il faut dégager l'aspect ontologique de la mémoire qui nous permet de nous éveiller quant à notre identité véritable. C'est par le jeu de cette mémoire ontologique, que l'homme peut faire surgir des profondeurs de son être la réalité de ce qu'il est de fait : créature aimée de Dieu. Ce surgissement progressif et mû par la grâce est en lui-même extrêmement *thérapeutique* puisqu'une bonne partie de la pathologie psychique peut être attribué à un état d'isolement désespéré de l'homme » (Dr MADRE, *op. cit.,* p. 71).

2. Des larmes qu'apaise l'Alleluyah

> *Je le guérirai, je le conduirai*
> *Je lui prodiguerai réconfort*
> *à lui et à ceux qui sont dans le deuil*
> *faisant éclore sur leurs lèvres*
> *un fruit de louange.*
>
> Is 57,18

Louer le Seigneur, non pour le passé seulement, mais au fil des jours, pour notre vie telle qu'elle s'écoule sous nos yeux étonnés. Louer surtout pour l'incompréhensible. Se dire : Il sait et cela suffit. Lui faire cette confiance.

L'huile et le parfum mettent en joie le cœur : ils donnent la douceur de l'amitié (Pr 27,9). Rien ne rend Dieu si doucement proche qu'un cœur brisé libérant le baume d'une louange.

Je pense à toi, Sophie. Depuis l'âge de cinq ans tu n'as plus revu la lumière de notre terre, mais sur ton visage éclate celle de Dieu. Depuis que tu l'as rencontré, un matin tu as senti le soleil t'envelopper de sa chaleur. Il t'a donné de voir les visages du cœur. Si quelqu'un est troublé, triste ou heureux, tu le sais tout de suite, et pourquoi il l'est. Dans quelques jours tu seras baptisée. Tu vis avec Céline. En un quart d'heure elle a perdu la vue, ce qu'elle rectifie en souriant : «J'ai trouvé l'aube». Vous rayonnez d'une fraîcheur qui n'est pas celle de votre âge. Chez vous le Seigneur vient guérir les cécités de l'âme : on y reprend cœur dans la louange.

Je pense à toi, Jeannine qui, après la mort brutale de ta fille, oses écrire : «Nous avons pensé aux vingt années de bonheur que Christine avait eues et nous avons remercié. Quand il a fallu réaliser l'accident, alors, oui, j'en suis sûre,

331

et je l'ai senti tout de suite, le Seigneur nous a pris par la main. Il savait l'immense peine qui s'abattait sur nous et il nous a ouvert les bras. Presque à la minute le Seigneur avait voulu mettre un baume sur notre souffrance. Jamais nous n'avons eu une pensée de révolte. Dans mon cœur je lui parlais et lui disais : « Tu es heureuse, n'est-ce pas ? » Pour tout cela, oui, Seigneur, je te rends grâces ! » [20]

Et à toi encore, Élisabeth : « Je n'ai que mon corps déchiqueté pour laisser Jésus graver son amour en remerciement de tant de bienfaits. Dire merci pour une multitude qui oublie de dire merci. S'émerveiller pour une multitude qui ne sait pas s'émerveiller, qui ne sait pas qu'elle est aimée. »

« La louange jaillit du plus profond de mon cœur. Elle éclate la louange gratuite, la louange pour le Seigneur bien-aimé. Je ne dois plus être que louange, louange, louange ! Vivre dans l'action de grâces. Oh ! oui, Notre Seigneur très doux, qu'il soit magnifié ! Ça vaut le coup de Le suivre, même par un chemin aussi tordu. Je suis remplie de sa joie. Sa joie nous est donnée. Sa joie est plus forte que tout, elle est toujours là. Notre Agneau très doux est toujours là. Avec notre Église bien-aimée je dis : Marana tha ! Sois béni pour ta gloire éclatante en moi ! » [21]

Celui qui est capable de bénir ainsi pour les ratés de sa vie, pour ce dont il avait rêvé et qui jamais n'a pu être, pour ces choses arrivées et qu'on aimerait tant n'avoir jamais été, pour tant d'occasions manquées, qui plus jamais ne reviendront, pour tout cela, celui qui est capable de dire : Merci Seigneur ! celui-là a fait, des fêlures en ses bonheurs terrestres, les failles par où coule un bonheur qu'il n'aurait jamais osé attendre. Et que rien ne lui ôtera jamais.

Tant de frères vivent des choses terribles et sur leurs lèvres éclôt encore un Alleluyah, même s'il se voile de larmes.

---

20. *Bonne Nouvelle* (Revue du Renouveau en Belgique), décembre 1978.
21. Voir chapitre III, p. 137.

Elle m'a bouleversé Varia, cette jeune communiste qui, rencontrant Jésus en prison, déjà l'avait confessé : «Je lui ai demandé à travers les barreaux de fer : "Varia, ne regrettes-tu pas ton imprudence ? – Non, répondit-elle, et s'ils me libéraient, j'irais à eux de nouveau et je leur dirais l'immense amour du Christ. Ne pense pas que je souffre. Je suis très *heureuse* que le Christ m'aime autant et me donne le *bonheur de souffrir* pour son Nom".»

Du camp sibérien que son audace lui a valu, ses lettres ont le souffle d'un saint Paul : « Mon cœur loue Dieu et le remercie de m'avoir montré par toi le chemin du salut. Maintenant que je suis ce chemin, ma vie a un but, je sais où je vais et pour qui je souffre. Je sens le désir de parler et de témoigner devant tous de la joie du salut qui m'emplit le cœur. Qui pourra nous séparer de l'amour de Dieu dans le Christ ? Rien ni personne, ni prison, ni souffrance. Les souffrances que Dieu nous envoie ne font que fortifier de plus en plus notre foi en lui. Mon cœur est si plein de sa grâce qu'il déborde. A l'atelier, ils me tourmentent et me punissent, m'obligent à des travaux supplémentaires, parce que je ne peux pas me taire et que j'ai besoin de raconter ce que le Seigneur a fait pour moi. Il a fait de moi un être nouveau, une créature nouvelle, de moi qui courais à ma perte. Puis-je le taire ? Non, jamais. Tant que mes lèvres pourront parler, je porterai à tout le monde le témoignage de son immense amour pour moi [22]. »

Quand, après sept années, le petit Mikhaël Wurmbrand revoit son père que cache l'étroit guichet : «Maman n'a pu venir. Elle m'a chargé de te dire que même si tu meurs en prison, tu ne dois pas être triste, car nous nous retrouverons tous au ciel. » Elle aussi était passée par les camps. Quand l'enfant peut enfin la visiter quelques minutes sous une bise glaciale, il la reconnaît à peine, vieillie qu'elle est de dix ans. La seule parole qu'elle parvient à glisser entre les hurlements des gardiens : «Mikhaï, mon petit, aime Jésus !» [23]

---

22. R. Wurmbrand, *L'Église du silence torturée pour le Christ*, p. 181.
23. Mikhaël Wurmbrand, *Le fils du pasteur*, p. 97.

Une liberté libérée

De ces mots éternels qui font pleurer Dieu, lui qui peut être aimé jusque-là![24]

Cette louange-là, qu'on ne dise pas qu'elle enivre l'espace d'une heure. Qu'on ne dise pas qu'elle est facile et factice. Qu'on ne dise pas qu'elle désengage. Du sang de Dieu elle est signée. En un cœur labouré pour pareilles semailles, elle en est la plus fine des fleurs. L'adoration en est-elle si loin?[25]

Un cri à la merci de la louange

Nous avons vu la supplication à l'œuvre, mais celle-ci n'est filiale qu'en jaillissant de la louange. A moins d'être morbide ou païenne, aucune intercession dans l'Esprit ne peut naître hors de ce terreau qui la rend joyeuse et déjà glorieuse[26].

Si elle fut si forte dans le cœur du Fils, c'est qu'elle se mêlait à son action de grâces filiale. Veut-il demander quelque chose à son Père? Il commence par son plus beau sourire : merci! (Jn 11,41). Dès qu'un *délivre-moi de cette heure* ou un *éloigne de moi cette coupe* lui échappe, tout aussitôt : *Que soit glorifié ton Nom! Ce que tu veux, toi.* Et dire Oui, c'est dire : merci!

Aucun peuple ne l'a compris comme Israël, et pour cause : n'est-ce pas le sien?[27]

---

24. Un midrash dit que, voyant la fidélité de Noé, Dieu en pleura de bonheur.

25. Sainte Marguerite-Marie à 15 ans; persécutée, brimée par sa famille : «Si vous le vouliez, Seigneur, cela n'arriverait pas, mais je rends grâces de quoi vous le permettez pour me rendre conforme à vous» *(Autobiographie).*

26. Un des dons les plus gratuits du Renouveau : avoir retrouvé le sens de la louange joyeuse, spontanée, éclatante, encore qu'intériorisée, trop longtemps refoulée dans l'inconscient du peuple chrétien. Actuellement, on y redécouvre la supplication, mais comme au cœur de la louange.

27. Déjà vrai des psaumes où louanges et cris de détresse se tressent en une toile unique, ce l'est magnifiquement de ces liturgies de la Synagogue que dût connaître Jésus, avant d'être héritées par les siens. La demande n'y sonne si pure qu'étant modulée sur le ton de la bénédiction. La supplication s'y fait hymne au Dieu de toutes les miséricordes (voir les admirables *berakoth* de la *Shemoneh Esreh*).

La supplication n'achève la prière du cœur qu'après une acclamation qui sonne en louange : Béni sois-tu, toi *Jésus,* d'être et Seigneur et Fils du Dieu vivant! L'*eleison* en reçoit son élan eucharistique. Encore faudrait-il forger un même mot pour dire simultanément : fais miséricorde et sois béni! [28]

Ne serait-ce donc pas ce vieux mot de notre langue, redevenu neuf pour nous, où la «Merci-Dieu» de nos ancêtres rejoindrait nos «Dieu merci» de tous les jours? [29] Merci pour cette condition de pécheur qui provoque ta merci! Épanche ta merci sur ceux pour qui je te remercie et t'implore. Une certitude s'y exprime : la grâce demandée, elle est accordée, déjà.

Lorsque Dieu permet une épreuve, combien y sous-entendent ce mot de la Vierge à Bernadette : «Me feriez-vous la grâce...»? Rendre grâces pour une croix, n'est-ce pas la reconnaître comme grâce et la faire refluer vers Lui : baume sur la blessure qu'Il éprouve en me l'offrant.

Répondre, ainsi, au petit billet que m'envoie ce matin *Jean de Gaza :* «Maintiens de toutes tes forces l'action de grâces et le *Kyrie eleison* [30].»

Où nos chants jouent avec ses larmes

Cette merveilleuse fête des tentes, la première après le retour de l'exil, te souviens-tu? Le temple tant aimé, on est

---

28. «Quand le Liban chrétien a subi tous ces bombardements, je n'ai pas pu prier pour autre chose pendant quinze jours, mais je ne pouvais prier autrement que dans la louange. Je m'en culpabilisai presque jusqu'à ce que j'eus compris que je louais à la place de son peuple et que cette louange Lui permettait de sauver son peuple» (Lettre d'un ami).

29. Voir annexe I.

30. Le «prends pitié» du *Trisaghion* se clame après la proclamation de la Sainteté, de la Force et de l'Immortalité de Dieu. Certaines anaphores sont ponctuées de litanies d'intercession. Dans la liturgie latine des heures, la prière universelle ne se chante que dans le sillage du Magnificat et du Benedictus. Tout cela nous dit combien prière du cœur et liturgie – inséparables l'une de l'autre – s'appellent.

en train de le reconstruire – ô jours si longuement désirés! – truelles et cymbales en mains, labeur et louange entretissés. Les yeux de Dieu se posent sur les jeunes bâtisseurs... Et, tandis que s'édifient les fondations, nul ne pouvait distinguer la musique des chants de fête de la mélopée des lamentations. *Car le peuple poussait d'immenses clameurs dont l'éclat se faisait entendre très loin* (Esd 3,8 ; 5,5 ss). Très loin sur les collines de Judée. Très loin dans le Cœur de Dieu. Là où résonne la clameur de nos larmes qu'Il ne distingue plus de celles de nos rires. Semer, moissonner, larmes aux yeux, guitares en main : un seul mouvement.

Dans notre prière, larmes et chansons mêlent leurs eaux, comme la douleur et la joie dans l'Océan de la Béatitude. Dieu aussi chante et pleure en même temps.

Douleur de l'Amour qui n'a aucun nom de notre terre, tant qu'une larme reste à essuyer. Mais telle est la joie de l'Amour.

Pleurer avec qui pleure, c'est faire nôtre et faire naître cette joie secrète qui, quelque part en lui, commence à chanter. Compatir à Dieu, c'est concélébrer son bonheur : essuyer ces pleurs qu'Il est seul à connaître, seul à comprendre. La compassion entre en passion lorsque celle-ci se tourne en aube pascale.

La joie la plus profonde n'évacue pas la douleur, mais l'harmonise par une offrande, déjà consolatrice. A la ressemblance de l'Agneau [31].

C'est un Benoît de 11 ans qui me le disait devant le beau Christ médiéval de Lérins, qu'un sourire illumine : «Il est content parce qu'Il est en train de nous sauver.» Sans le savoir, il rejoignait ce mot du Seigneur à Catherine de Sienne : «J'étais dans ton cœur comme j'étais sur la croix : souffrant et cependant heureux.»

---

31. Les pères grecs ont un mot admirable pour désigner la joie et la douleur intérieures l'une à l'autre : *Harmolupè*.

N'est-ce pas ce qu'avait compris le petit *Taïssir,* griffonnant dans son cahier quelques jours avant de partir :

« Prière aux souffrants. Mes chers amis qui souffrez, Dieu veut que vous oubliiez vos souffrances et que vous riiez [32]. »

Venant de tout autre, ce serait intolérable. Mais lui, il savait ces choses que nous ne savons pas.

Car si *l'Ennemi a tout saccagé en toi* (Ps 73,3), *bénis le Roi des siècles, pour qu'il relève en toi le sanctuaire* (Tb 13,10).

Le Royaume où nous ne le pensons pas

Ils le savent, ces petits polios de Gatagara : jamais je n'ai vu des enfants aussi épanouis. Ils viennent de toutes les collines de notre Rwanda. Leur joie de vivre s'irradie d'un bonheur qui n'est ni d'Afrique ni de nulle part ici-bas. Chacun d'eux pourrait nous dire : *La joie m'est venue du Saint par la miséricorde qui, bientôt, vous arrivera* (Ba 4,22). Et chacun de nous pourrait se demander : « D'eux ou de moi, qui est malade ici ? » [33] Me retrouver parmi eux, c'était le repos de mes années africaines.

Quelque dix ans plus tard, de passage à Paris, j'étais invité de manière pressante à une petite réunion de prière dans la banlieue. Bousculant un programme déjà chargé, je n'y serais pas allé si quelques signes discrets n'avaient montré que le Seigneur m'y désirait ce dimanche-là. Comment soupçonner

---

32. M.D. POINSENET, *Taïssir Tatios,* op. cit.

33. D'une handicapée mentale ayant entendu à la radio une émission sur l'avortement, dont on devait profiter pour éliminer les futurs handicapés : « Nous, les pauvres filles, nous sommes malades de la tête, mais eux sont malades du cœur, ils tuent les tout-petits, les handicapés comme nous. Ils se pensent bien-portants ! Nous ne le ferions pas, nous ne tuerions pas, ils ont le cœur vraiment trop malade, c'est abominable d'être si méchant ! Ce que nous, les pauvres filles, nous ne ferions pas, eux, les malades du cœur le font ! Que Dieu leur pardonne leurs crimes ! » (*La Croix,* 10 août 1979).

que ce serait une des plus saisissantes prières de ma vie? Je m'y retrouvai donc, tout surpris, au milieu d'enfants mongoliens, débiles profonds ou légers. Je me croyais à Gatagara. Pendant deux heures nous avons vécu avec leurs mamans, cette chose folle : louer le Seigneur! Une douceur nous enveloppait, comme je l'ai rarement ressenti.

Il y avait là Maroun, un grand handicapé, blessé durant la guerre de Beyrouth et sortant de plusieurs opérations à Garches. Il avait tout perdu. Mais aussi tout pardonné. Un je ne sais quoi sur son visage douloureux me fit irrésistiblement penser à mon ami de toujours, *Charbel Makhlouf,* cet ermite qui avait guéri le petit Maroun de cinq ans. Maintenant, il semblait ne pas vouloir le guérir [34], mais il lui avait obtenu un cadeau, sans doute plus grand : cette inexprimable paix de qui a tout offert.

«Cherchez premièrement le Royaume et tout le reste vous sera donné par *surcroîx*» : merveilleuse faute d'orthographe de *Bernadette-la-pauvre.* Oui, le Royaume donné, mais sur la croix, mais au-delà de la croix [35].

Le petit couffin s'est déchiré

De six angoisses il te tirera, à la septième le mal ne t'atteindra plus sous ta tente : tu découvriras la paix (Jb 5,19).

L'envoi de Jésus après chaque guérison : va ton chemin dans la Paix! [36] La supplication tout imbibée d'action de grâ-

---

34. Alors que d'innombrables guérisons ont lieu autour de sa tombe à Annaya, grâce au liquide embaumé qui coule de son corps.

35. «Le Seigneur a permis cette seconde amputation pour que je fasse l'expérience de la maladie vécue avec Lui, après avoir connu la maladie sans Lui.» Entre les deux, cette amie avait vécu une guérison intérieure.

36. «La paix donnée par la bouche du Christ était une couronne pour la foi de cette femme (guérie d'un flux de sang), la couronne de sa victoire. La foi a été couronnée puisque la foi l'a rendue à la vie» (SAINT EPHREM, *In Diat.,* VII,6).

ces, fleurit en une paix qui garde dans la Miséricorde chaque pensée de notre cœur (cf. Ph 4,6). Le Nom serait-il baume si l'Olivier ne donnait ainsi son fruit de paix ? L'amour fidèle : un baume pour la vie (cf. Si 6,15).

Un matin d'Épiphanie, *Bernard* à ses frères de Clairvaux : «Voici que la paix n'est plus promise mais envoyée. Plus remise à plus tard, mais donnée. Plus prophétisée, mais proposée. Comme un couffin empli de sa miséricorde que le Père a envoyé sur la terre. Oui, 'dis-je, un couffin que *la Passion devra déchirer pour laisser se répandre ce qu'il contient : notre paix.* Un couffin, petit peut-être, mais débordant !... Pour moi, je suis comblé si j'ai ta paix !» [37]

Alors «les larmes deviennent sourires, les yeux voilés s'illuminent, la tristesse se fait pacifiante, et l'allégresse se met à pleurer» [38].

Oui, à la manière dont le Père retrouve ses enfants trop longuement attendus.

En vérité, «ceux dont le visage est lumineux, joyeux, ce sont les compatissants et les miséricordieux» [39].

> *Mon Nom*
> *rempart de braise alentour de ton cœur !*
> *Rien de souillé ne s'en approche*

---

37. *Sup. Cant.* 13,4. – «Un paysage tout neuf s'ouvrait à moi : la louange pour les petites choses comme pour les plus grandes m'était révélée. J'aurais jugé auparavant, comme une sorte d'infidélité de passer des heures à clamer la gloire de Dieu, au lieu d'y travailler. Et la prière s'essoufflait tout de suite en imploration pour les douleurs du monde. Plus l'imploration était angoissée, plus elle m'apparaissait vraie. Je me traînais ainsi au niveau de la tristesse ou, tout au moins, du devoir. Mais tout à coup, la prière de louange a ouvert à mon oraison un domaine sans limites. Et très vite, au lieu de la tension devant une responsabilité ou un apostolat, ont commencé à régner une confiance et une paix nouvelles» (*Trente jésuites découvrent le Renouveau,* p. 28).

38. Cette phrase fait allusion à différents textes des moines d'Orient qu'on retrouvera dans *Écoute les témoins.*

39. *Apophtegme copte,* 211.

Une liberté libérée

> *sans souffrir la brûlure*
> *ni rancune ni jalousie ni tristesse.*
> *Mon Nom*
>   *comme une épée flamboyante en garde l'entrée*
> *N'y entre que l'amour.*
> *De quoi aurais-tu peur*
>   *quand un soleil immense t'enserre?*
>   *que tu y dors lovée*
>   *au creux du flamboiement!*

3. Ma guérison tournée en fête

Oui, je te guérirai
Je t'aimerai avec tendresse
Tu reviendras t'asseoir à mon ombre
Je suis, moi, comme un cyprès toujours vert
C'est grâce à moi que tu portes du fruit.

Os 14,5

Saint Bernard commente la résurrection d'un enfant par Élisée : «O quelle bonté, quand je pense que le Seigneur est ainsi recroquevillé sur moi pour me donner la vie!... Et la louange germe dans mes os...»

Louange magnifique : fruit savoureux d'une guérison reçue. Mais fruit que l'on demeure toujours libre de cueillir ou de piétiner... Ces dix lépreux, ne disaient-ils pas tous la prière à Jésus? Pour un seul la grâce a fleuri en action de grâces. Le Seigneur attendait celle des autres, déjà il s'en réjouissait. Elle n'est jamais venue... Vois-tu cette déception dans ses yeux? Leur guérison ne s'est pas tournée en fête!

De ceux-là, combien de fois n'ai-je pas été? Veuille le Seigneur qu'il n'en soit plus ainsi, jamais, jamais...

Oh, baiser ta main!

«En recevant ses dons, baisez la main de Dieu : à son Nom faites l'accord de la louange... Louez-le une première fois. Louez-le une seconde fois : pour les fautes qu'Il te pardonne, d'abord. Ensuite pour les vertus que tu tiens de lui [40].»

---

40. Saint Bernard de Clairvaux, *Sup. Cant.*, 3. «La louange ne sied pas au pécheur puisqu'elle ne lui est pas accordée par le Seigneur» (Si 15,9).

Eh bien! Oui, je bénirai le Seigneur pour ce que je suis, pour ce que la vie fait de moi, pour ce que Dieu fait de ma vie, si pauvre et si belle. Si belle en sa pauvreté même!

Je bénirai pour chaque blessure. Je bénirai même pour mes péchés : offerts à son Pardon, Dieu les a oubliés à jamais. Et les traces en moi, j'y déchiffre sa miséricorde. Oui, j'oserai dire : heureuse faute! A mon cœur, elle a donné Jésus!

Je bénirai pour ce qui me demeure indéchiffré. Simplement pour pouvoir aujourd'hui bénir, je bénirai. Sans fin je bénirai [41]. Les jubilations de toujours, je les laisserai danser sur mes lèvres.

Celles du *Roi : Dans ta main tout grandit et s'affermit, et maintenant nous te rendons grâces!* (1 Ch 29,13).

Celles du *prophète : Tu effaces toute faute pour nous rendre le bonheur et pour que nous puissions t'offrir le fruit de nos lèvres. Toi, auprès de qui l'orphelin rencontre la compassion* (Os 14,4).

Celles des *Job* de tous les temps : *Nul ne peut me soustraire à tes Mains, elles m'ont façonné,* mais en ajoutant : elles m'ont guéri! (Jb 10,7).

Celles qui, au Temple, s'accompagnent à la lyre : *Seigneur, mon Dieu, j'ai crié vers toi, et toi tu m'as guéri. Tu as changé mon deuil en une danse, remplacé mon sac par des habits de fête. Pour que la gloire te chante et plus jamais ne se taise!* (Ps 29).

Celle, surtout, que Jésus lui-même a dû si souvent faire sienne à la Synagogue de Nazareth : «Béni sois-tu, Seigneur, toi qui guéris les malades de ton peuple Israël!» [42]

----

41. Il a librement choisi d'être faible pour donner la force à tous ceux qui lui crient : «Béni sois-tu!» (ROMANOS LE MÉLODE, *Hymne,* 32,2).
42. *Tefillah* des 18 bénédictions *(Shemoneh Esreh)* qui suit le *Sch'ma Israël* dans la liturgie synagogale.

Je m'écrierai, avec ces chrétiens inconnus du premier siècle : «O Toi, le seul médecin qui guérit gratuitement!» [43]

Et encore, avec ce vieux moine de Syrie : «Toi qui estimes
grande la tristesse d'un visage. Toi qui guéris les plaies invi-
sibles!» [44]

Avec ce vieux frère de *Jean de la Croix :*

«O Douce Main, ô touche délicate, tu ne donnes jamais la
mort que pour donner la vie! Tu ne blesses jamais que pour
guérir! Tu m'as blessé pour me guérir, ô divine Main! Tu as
détruit en moi ce qui me tenait dans la mort. J'étais alors
privé de cette vie en qui je me vois vivre maintenant... Tu
m'as fait sentir la touche de Celui qui est la splendeur de ta
gloire! Aussi ton Fils, ô Main miséricordieuse du Père, est lui-
même la touche délicate par laquelle tu as produit en moi,
avec force, la brûlure et la plaie (qui me guérit). O touche
souverainement délicate du Verbe, comment ta touche est-
elle si délicate et si douce!... Par la force de ta délicatesse tu
délivres!... C'est Lui la touche qui atteint l'âme... Comme tu
es d'une délicatesse infinie! Voilà pourquoi ta bouche est si
pleine d'amour, si profonde et si délicate [45].»

Avec tous ceux, frères et sœurs, sur qui cette Main s'est
posée, si forte, si douce :

> *Tout racorni ragué blessé*
> *mon cœur allait à la dérive*
> *Tu m'as donné la fièvre quarte*
> *Ne dis pas : Non*
> *C'était ta Main!*
>
> *Oh! d'huile vierge parfumée*
> *elle a si doucement pansé*
> *adouci l'amère blessure*
> *du plus Haut Mal j'ai échappé*

---

43. *Actes apocryphes de Jean.*
44. GRÉGOIRE DE NAREK, *Prières,* 21,3.
45. *Vive Flamme,* Str. II.

Une liberté libérée

> *Ne dis pas : Non*
> *C'était ta Main !*

> *Bénie la Main, jalouse Main*
>   *qui radoube en secret les vaisseaux en péril !*
> *Et demain je jetterai sur le monde*
>   *comme une pluie d'avoines dorées*
>   *des paroles de bénédiction.*
> *Demain*
>   *je danserai la danse des guéris !*

Je te dis que si tu crois tu verras la gloire de Dieu

Tu verras des morts ressusciter, des boiteux danser, des yeux vitreux s'ouvrir à la lumière. Des êtres jusque-là crispés, inhibés, s'éveiller à la vie ; des êtres au visage anxieux, au cœur emprisonné, rire et chanter. Des fils d'Adam enchaînés, enfin libres. Libres de se donner. Libres d'aimer, de se laisser aimer.

D'autres, rongés par un cancer destructeur de toute vie intérieure, tu les verras retrouver la joie explosive et contagieuse de la louange.

D'autres encore, incapables d'annoncer le Seigneur, dire aux passants : « Il est vivant, Celui pour qui je vis ! »

Tu verras des murailles s'écrouler, des chaînes se rompre, des frères ou des époux divisés se réconcilier.

Des cœurs s'ouvrir à l'Ouverture du Cœur, là où jamais ils n'auraient osé entrebâiller leur porte.

Tu verras, et tu trouveras cela beau !

Oui ! que c'est beau un frère qui – enfin, enfin – se voit en vérité, tel qu'il est aux yeux de Dieu, tel qu'il en est aimé ! Et qui s'ouvre à ses frères, et qui consent à être passionnément aimé, et qui se reçoit comme un tout-petit !

> *Ils sont tous là, aveugles et boiteux,*
>   *femmes enceintes et femmes en couches.*
> *Partis dans les larmes,*

dans les consolations je les ramène.
Je vais les conduire aux sources d'eau
par un chemin uni où ils ne tréchucheront pas.
Les rachetés y marcheront,
les libérés du Seigneur reviendront.
Un bonheur éternel transfigurera leurs visages.
Allégresse et joie les accompagneront.

Jr 31,8-9 ; Is 35,10

C'est cela – que tes yeux ont vu, que tes mains ont touché de la vie manifestée – que tu annonceras à ceux qui gisent encore dans l'ombre de la mort, pour que leur communion soit avec le Père, et leur joie la sienne en plénitude. *Et des foules nombreuses s'approchèrent de lui, ayant avec elles des boiteux, des estropiés, des aveugles, des muets et bien d'autres encore qu'ils déposèrent à ses pieds ; et il les guérit. Et les foules de s'émerveiller en voyant ces muets qui parlaient, ces estropiés qui redevenaient valides, ces boiteux qui marchaient et ces aveugles qui retrouvaient la vue ; et ils rendirent gloire au Dieu d'Israël* (Mt 15,30-31).

345

POINT D'ORGUE

Patmos

Tu n'auras plus à pleurer
il va te faire grâce
à cause du cri que tu pousses.
Dès qu'il l'entendra, il te dira :
Me voici !
Tes yeux verront Celui qui t'instruit
Alors la lumière du soleil
sera comme la lumière de sept jours
au jour où le Seigneur pansera
la blessure de son peuple
et guérira la trace laissée
par les coups reçus.

Is 30,19-26

Pour vous qui craignez mon Nom
le Soleil de Justice resplendira
la guérison en plein dans ses ailes !

Ml 3,20

*Un Dimanche aux aurores, seul sur l'île dorée, Yohânan se met à rêver. Oh! Le revoir, Lui, l'espace de quelques instants! Lui, tel que ses yeux l'ont contemplé voici près de cinquante ans. Pour tenir le coup jusqu'à la migration de fin d'hiver.

Et voilà le ciel de Patmos qui se fait transparent, transparent jusqu'à s'ouvrir: Il est là! Petit Agneau bien cabré sur la colline qui résonne de chants encore jamais composés. Oh! c'est bien Lui! Nul doute possible!

> Toujours aussi fort, toujours aussi vulnérable,
>   avec ses blessures, toujours les mêmes!
> Son trône: aux roues de feu ardent.
> Son travail: ouvrir le livre sept fois scellé.
> Sa gloire: présenter ses blessures aux yeux du Père.
> Sa joie: lui offrir les enfants de son sang.

> A cause de toi égorgé, pour toi debout, vers toi élancé
> Avant que toutes les races de la terre ne le pleurent
>   regarde-le encore toi qui, d'une lance, l'as transpercé
>   toi qu'il a transpercé, d'un regard.

*

> Oh! ses yeux! lampes ardentes en mission par toute la terre
>   ses yeux d'enfant étonné, à la douceur royale.
> On y voit à travers: jusqu'à son propre cœur.
> Nulle part ailleurs on ne se voit pécheur,
>   nulle part ailleurs on ne le reçoit Sauveur.

> La fille de Magdala aurait-elle arrosé ses pieds
>   si leurs larmes sur elle n'avaient coulé?
> Le jeune homme riche aurait-il goûté une telle tristesse
>   s'il n'avait été enveloppé de leur douceur?

---

* Ces dernières pages: poème récapitulant le livre.

Simon aurait-il sangloté
  s'il n'en avait été réchauffé ?
Le criminel aurait-il reçu un casier judiciaire vierge
  s'il n'y avait lavé sa pauvre vie ?
Judas se serait-il pendu
  si dans un tel océan il avait noyé sa détresse ?

Ce regard-là, toute l'amertume des hommes s'y purifie
  toutes leurs anxiétés s'y apaisent
  toute l'espérance du monde y demeure suspendue !
Baiser que rien ne viendra trahir
  Brasier que rien ne viendra éteindre.
Une parole y éclate qui ne peut brûler ailleurs :
  Tes péchés les voilà remis !

Regarde-le : plus de bois, plus de clous
  pour l'y attacher
  mais ses bras demeurent largement étendus
  maintenus par l'amour pour que l'Amour t'y appelle
  ta réponse en fera-t-elle une étreinte ?

Et que dit-il, l'Agneau tout en feu ?

Si tu n'as jamais rencontré un amour vrai dans ta vie
  si tu as toujours eu peur de te laisser aimer,
  alors pour toi me voici !
Dans un amour qui ne déçoit ni ne trahit,
  ne s'impose ni ne domine.
  Ne vois-tu pas mes mains vides ?
Si tu as passé ta vie à te blinder contre les autres
  par peur d'être révélé à toi-même
  alors pour toi me voici :
Sans défense et sans barrière, pour te révéler mon Père
  ne t'ai-je pas assez longtemps attendu ?

Yeshouah ! O mon Sauveur et mon Dieu,
  tu l'es pour moi et pour tout homme !

*

Et que dit-il encore, l'Agneau aux yeux de source?

Si la multitude des péchés t'accuse
    jusqu'à la désespérance
    alors pour toi me voici :
Comme neige mon sang les blanchira
    mon cœur n'est-il pas plus grand que le tien?
Si le mal te fait mal jusqu'à la révolte
    alors pour toi me voici :
Ne la regarde plus ailleurs qu'ici,
    en ce brasier n'est-il pas consumé?

Yeshouah! O mon Sauveur et mon Dieu
    tu l'es aux heures du jour et aux heures de la nuit.

*

Que dit-il encore, l'Agneau dont le regard tient lieu de flambeau?

Si toutes les mains, une à une, lâchent la tienne
    et que, seul au monde, tu te sentes prisonnier
    de toi-même
    alors pour toi me voici :
De la main du Père rien à jamais ne t'arrachera,
    ne t'y ai-je pas confié?
Si l'angoisse, la peur, l'agonie, la mort veulent
    t'en séparer
    alors pour toi me voici :
En tout cela, je serai vainqueur,
    en tout cela ne t'ai-je pas précédé?

Yeshouah! O mon Sauveur et mon Dieu,
    tu l'es quand bien même tout en moi voudrait trahir!

*

Que dit-il encore, l'Agneau dont les blessures sont de lumière?

Si tu m'offres les blessures de ta vie,
   celles d'hier et d'aujourd'hui et déjà de demain,
   les accueillant de ma propre main
   alors pour toi me voici :
Elles resplendiront comme les miennes sur ton corps
      glorifié,
   devenues d'amour ne livreront-elles pas
   l'Esprit d'amour?
Si tu laisses mes blessures s'appliquer sur les tiennes,
   alors pour toi me voici :
A travers tes plaies guéries ma splendide miséricorde
   coulera sur tes frères.
Un pardon reçu, donné, ne pourra-t-il guérir
   qui te blesse?

Yeshouah! O mon Sauveur et mon Dieu,
   tu l'es pour la vie et pour la mort
   et jusqu'au delà!

                              *

Que dit-il encore, l'Agneau dont les yeux sont de
source?

Si tu veux faire de mon Côté la maison où ta vie
   vient s'unifier, se simplifier, s'apaiser,
   alors pour toi me voici :
De ton cœur je ferai le jardin où j'aime reposer.
   Qui t'empêchera d'y venir boire aux sources?
Si tu veux faire de ton puits
   une source ouverte sur le Brasier
   alors pour toi me voici :
Va vers tes frères, dis-leur : la Demeure du Père
   vous attend!
   Qui en refermera jamais les portes?

Yeshouah! O mon Sauveur et mon Dieu,
   tu l'es quand bien même à ton amour
   je ne réponds pas.

                              *

Et que dit-il encore, l'Agneau où flambe l'Esprit?

Si tu es assez petit pour n'avoir pas peur de jouer avec
   le feu
   alors pour toi me voici :
En ton vase d'argile tu porteras ma flamme impatiente.
Les parois n'en deviendront-elles pas transparentes?
Si tu veux bien accueillir ces frères qui m'entourent,
   la grande famille des enfants de mon pardon,
   alors pour toi me voici :
De toi aussi, je ferai un serviteur pauvre
   de mes compassions.

Yeshouah! O mon Sauveur et mon Dieu,
   tu l'es quand bien même s'écrouleraient
   montagnes et collines!

                    *

Demain sera déchiré
   le linceul qui recouvrait le visage de la terre
   effacée toute l'iniquité du monde
   comme un nuage que dissipe le soleil levant.
Cette mer de cristal l'Agneau y aura jeté
   chaque péché de chaque homme.
Ses Noces, comme elles seront belles!

                    *

Aura-t-il un dernier mot, l'Agneau au Cœur de braise?

   De t'avoir aimé jusque là
   ...me pardonnes-tu?

Et maintenant, que reste-t-il sur mes lèvres tremblan-
tes?
   L'hymne qui magnifie, adore et supplie :
O Dieu Saint! O Dieu fort! O Dieu immortel!
   ta Merci sur nous!

Aghios o Thèos! Aghios Ischyros! Aghios Athanatos!
   eleison imas!

353

ANNEXES

QUELS MOTS POUR L'INEXPRIMABLE ?

En français courant les mots de *miséricorde* et de *compassion* sont dévalués, sinon piégés à force d'être confondus avec leurs bâtards : apitoiement, commisération, indulgence, qui n'en sont que les caricatures. Par ailleurs, on ne peut voir dans la miséricorde un simple synonyme de dilection, tendresse, affection, quoique les impliquant toutes. Faute de pouvoir forger de nouveaux mots, il est temps de revaloriser ces expressions. En commençant par les revitaliser au contact des termes bibliques originaux.

1. En hébreu :

Véritable arc-en-ciel dont toutes les nuances sont nécessaires pour en réfracter la lumière, la miséricorde est rendue par quatre expressions étroitement connectées. Dès l'Exode (34,6) elles sont associées et le demeureront pour essayer d'en cerner le mystère.

Il s'agit de : *hanun,* de *hén :* se pencher avec amour vers quelqu'un pour lui faire grâce. Puis *hèsèd* et *èmèt,* si souvent associés, et connotant à la fois : bonté, fidélité, vérité, intimité, gratuité ; impliquant préférence mais aussi réciprocité. Bref, une sorte de confiance mutuelle que rien ne peut rompre parce que faite de tendresse et de loyauté (Os 2,2).

Mais ces expressions ne font qu'expliciter un terme avec lequel aucune ne se confond : *rahûm,* de *rahamim :* les entrailles, le sein maternel (*rehem :* la matrice). Evoquant l'attitude de la mère face à son enfant dénué de tout, il exprime la tendresse maternelle de Dieu, celle-là même qu'éprouve la mère dont le fils est vivant et que Salomon propose de couper en deux (1 R 3,26). C'est la source même de la compassion, le Cœur de Dieu. Mais laissons ici un frère d'Israël nous en partager les résonances :

«*Rahamim,* c'est le clavier sur lequel se joue l'hymne quotidien de la prière juive : il n'est d'approche réciproque de l'homme et de Dieu que par la miséricorde... C'est la clef d'une portée sur laquelle s'inscrit la relation entre le Juif et Dieu. *Rahamim,* malgré ses affinités avec la miséricorde dépasse celle-ci dans sa signification profonde, lui arrachant en quelque sorte le secret de l'amour que *Rahamim* fait resplendir au grand jour... Coulée d'un seul bloc, se situant au-delà de la relation de l'objet au sujet, n'appelant aucun complément parce qu'elle porte en elle-même la plénitude de son être et de ses virtualités, l'expression *Rahamim* conduit au secret de *l'unité* qui est aussi le secret de l'amour.

Dans la matrice maternelle se fonde et se prolonge, se féconde et s'épanouit le mystère le plus caché, mais le plus évident aussi de la création, celui de l'éternité de l'Amour. Le cœur peut oublier, mais sous le dais éternellement nuptial de l'amour-matrice qu'évoque *Rahamim,* les êtres sont unis dans une co-présence indéchirable. *Rahamim* est le souvenir et l'avenir de l'amour par-delà la séparation et la mort [1].»

2. *En grec :*

Rahamim sera rendu par *splagkhna* (littéralement : entrailles maternelles). Ce sera l'expression que les évangélistes *réserveront exclusivement au Christ,* comme s'il s'agissait d'un sentiment qui lui est *absolument propre.* Et cela nous révèle qu'en soi la miséricorde est la manière d'aimer qui n'appartient qu'à Dieu seul. Elle transcrit son bouleversement [2] devant les foules (Mt 9,36 ; 14,14 ; 15,32), les malades (Mc 1,41 ; Mt 20,34), les endeuillés (Lc 7,13). C'est elle qui le provoque à guérir, à elle qu'on fait appel pour obtenir une *guérison* (Mc 9,22).

Les évangélistes ne font ainsi qu'appliquer à Jésus l'expression dont lui-même caractérise le bon Samaritain (Lc 10,33) et surtout le Père (Lc 15,20), évoquant l'émotion de Joseph retrouvant ses frères. Il faudrait partout traduire : *Il fut saisi aux entrailles.* Paul reprend

---

1. André Neher, « La Miséricorde dans la théologie juive », in : *l'Évangile de la Miséricorde.*

2. « C'est une émotion physique devant la douleur, la peine ou la misère des hommes et à laquelle Jésus ne résiste jamais. Luc introduit la miséricorde *(eleos)* comme un *élément constitutif de l'agapè.* Désormais il y aura de la tendresse dans l'agapè » (Spicq, *Agapè* I, p. 146, 154).

l'expression pour parler du Cœur du Christ (Ph 1,8) et pour définir l'attitude des chrétiens entre eux (Ep 4,32 ; voir aussi 1 Jn 3,17) Jésus lui-même l'ayant demandé ainsi (Lc 10,37).

Ailleurs, plus rarement, la miséricorde sera rendue par *oiktirmos :* une compassion qui se manifeste et se prouve (Rm 12,1 ; 2 Co 1,3).

Hén et *hèsèd* seront souvent traduits par *kharis,* la grâce (apparenté à *khara,* la joie) que Paul reprendra avec prédilection. Mais le plus souvent par *eleos* qui en vient à désigner l'aspect actif, le fait, la réalité, dont *splagkhna* (le sein maternel) est le sentiment-source. On pourrait dire : ce qui coule du Cœur de Dieu pour se déverser sur nous.

D'une intraduisible richesse, *eleos,* traditionnellement rattaché à *elaion :* l'huile, de *elaia :* l'olivier. Il évoque alors le rameau d'olivier signe de la paix après le déluge, mais surtout l'huile aux multiples usages : qui nourrit (Si 39,26 ; Ex 27,20), qui consacre les prêtres et les rois, qui adoucit, soulage, guérit les blessures (Lc 10,34) et dont il faut oindre les malades (Mc 6,13 ; Jc 5,14), qui donne la lumière (Mt 25,3 ; Ex 27,20), rend joyeux le visage (Mt 6,17) et gai le cœur (Ps 44,8), qui, parfumée, devient signe d'amour et d'accueil (Ps 22,5 ; Lc 7,46). Par-dessus tout, celle dont le Christ est oint et consacré (Is 61,1 ; He 1,9)[3].

Déjà chanté par Marie et Zacharie (Lc 1,50, 54, 72) ce mot revient sur les lèvres de ceux qui implorent une guérison : la Cananéenne (Mt 15,22), le père de l'enfant épileptique (Mt 17,15), les dix lépreux (Lc 18,38), les deux aveugles (Mt 9,27) ou Bar-Timéas de Jéricho (Mc 10,47). Partout le même cri : *Eléeson Kurye! Yesou, eléeson emas! Uiè David, eléeson me!*

La prière de *Jésus* est née! Le mot n'était-il pas déjà au centre des Béatitudes (Mt 5,7) et donné comme l'exigence la plus haute de celle-ci (Lc 6,36)?

Pour le publicain (Lc 18,13) l'évangéliste emploie un terme équivalent : *ilestheti* soulignant l'aspect de descente de Dieu vers nous : fais grâce! Les deux expressions seront reprises dans la formulation classique de la prière à Jésus :
– *Kirie imon Iisou Hriste Iié Théou tou sondos eleïson me ton amartolon* ou bien : *ilasthiti mi to amartolo.* On ajoute souvent : *Ké ton Kosmon sou* (et de tout ton monde). Les accents sont importants pour le rythme respiratoire.

---

3. Les Pères grecs ont savouré le jeu de mots entre *Chrestos* (doux) et Christos (oint).

3. En slavon :

Miséricorde se dit *milost'* (milosierdie), littéralement : le cœur qui prend dans sa compassion, qui pâtit avec. Ou bien *nomunyu, pomilouï :* fais-moi grâce, repris dans la formule classique de la prière à Jésus : *Gospodi Iissousé Khristé, Syne Bojyé, nomilouï mia grechnavo.*

Quand un condamné est gracié, on dit : *on pomilovan.* Quand un vassal apportait des dons à son suzerain, c'était pour le *oumilostivit',* le mettre dans des dispositions miséricordieuses, le prédisposer à la douceur.

Soloviev disait qu'il n'y a pas d'amour sans milost'. La tendresse, la «pitié» pour leur faiblesse, leur incapacité de se défendre entre toujours dans l'amour pour les enfants, les petits. Certaines icônes portent le titre de *Oumilenié,* littéralement : icônes de la tendresse.

4. En latin :

Misericordia, de *miseris,* le misérable, et de *cor,* le cœur. Le cœur s'ouvrant sur la misère.

5. En kynarwanda :

Dieu comme Père est désigné d'un mot très beau, sans aucun équivalent français : *umubyeyi,* de *kubyara,* enfanter. Ni masculin, ni féminin *(genitor, genitrix)* il s'applique aussi bien au père qu'à la mère et, par extension, au prêtre.

6. En français :

Devant une telle richesse on mesure la platitude de notre *pitié* habituel. Outre une euphonie peu élégante, ce mot draine une idée de «commisération facilement hautaine» (Petit Robert)[4]. Ainsi

---

4. «N'en déplaise aux faiseurs de dictionnaire, les deux mots *compassion* et *pitié* ne sont nullement des synonymes. D'ailleurs, dès que le cœur est concerné, il s'en trouve rarement : le cœur est plus subtil et plus exigeant que l'esprit. Celui qui souffre, lui, ne risque pas de confondre compassion et pitié.

coloré, il frise le contre-sens s'il s'agit de rendre *rahamim, eleos* ou *misericordia.* (L'emploierait-on à propos de la tendresse d'une mère se sacrifiant pour sauver la vie de son petit?) On ne peut que déplorer son adoption dans les traductions liturgiques officielles. Quel autre mot trouver, ne serait-ce qu'à l'usage de notre prière du cœur?

Compassion et miséricorde seraient sûrement plus exacts, qu'un emploi séculaire a chargés de sens et se sève. Mais, concrètement, si l'on veut garder à la formule habituelle de la prière de *Jésus* et le mot pécheur et sa brièveté, la tournure en deviendrait lourde : *A moi, pécheur, fais compassion!* En transcrivant à la Claudel le *miserere mei* on pourrait forger un terme actif : *miséricorde-moi pécheur,* mais ne sortirait-on pas du génie de la langue française?

Alors, pourquoi ne pas reprendre le vieux mot français de *merci* – Notre-Dame de la Merci – qui, avant de glisser vers le remerciement, signifiait précisément : grâce et compassion?[5] Il a l'avantage d'être au féminin, comme *Rahamim* qu'André Chouraki n'a pas hésité à traduire par *la merci matricielle.*

Seigneur Jésus-Christ, ta merci sur moi, pécheur! Pourquoi pas? Cela permettrait aussi le jeu de mot si profond : *merci pour moi, pécheur* (voir chapitre IX). Quoi qu'il en soit de cette suggestion, en ce qui concerne les célébrations liturgiques, il faudrait à tout prix (au moins de temps en temps) conserver ce *Kyrie eleison* que rien n'arrivera à traduire. Ne serait-ce que par geste œcuménique : qu'il sub-

---

La pitié est une disposition tout extérieure : elle se "penche" sur la douleur, elle en demeure séparée par un solide cordon sanitaire. La pitié, vertu laïque, officielle, est utile; plus efficace même parfois qu'une compassion, que sa propre vulnérabilité désarme, mais elle est d'un autre ordre. Le coupable, le pauvre, le malade "demandent pitié", parce que le juge, le riche ou le médecin ne sont pas de la même race qu'eux, pour l'instant du moins; l'un est du "bon côté du comptoir", pas l'autre. L'homme de compassion saute par-dessus le comptoir. Avoir quiconque à sa merci lui est insupportable... Il en arrive à partager avec (le plus pauvre) ce qu'il n'a pas, son manque, sa misère» (Gilbert CESBRON, *Huit Paroles pour l'éternité,* p. 87).

5. Sens qu'il garde toujours en anglais : *have mercy on us,* et en espagnol : *merced.* Un des mots-clefs de Thérèse d'Avila. Il a pour elle le sens de grâce royale (comme un roi fait grâce).

Il apparaît vers 880 du latin *merces* qui de «prix, récompense» en est venu à signifier : «faveur, grâce». Le sens de remerciement, sous forme masculine, n'apparaît qu'en 1553 (cf. Petit Robert).

Ce sens ne subsiste en français qu'avec des expressions négatives (sans merci = impitoyable) ou péjoratives, tenir quelqu'un à sa merci, être à la merci de...).

siste dans la liturgie romaine au moins un mot que nous puissions prononcer avec nos frères de l'orthodoxie grecque. Le seul fait de son insertion dans nos liturgies est revendication de l'unité, tout autant que son imploration.

Il est de ces mots-clefs qui, fidèlement transmis de génération en génération, font partie de notre patrimoine chrétien inaliénable : *Amen, Alleluyah, Marana' tha* et, par-dessus tout, bien sûr : *Abba.* A nous de les transmettre, en les éclairant, en les faisant nôtres, porteurs qu'ils sont d'un héritage que nous n'avons pas le droit de dilapider.

Bref, *miséricorde* est un mot inépuisable : « Il fut d'une nouveauté totale, incompréhensible, explosive au temps du Christ, mais il a été dévalué, usé. Il est, il contient non pas des idées mais la vie même, le cœur de Dieu. Il a été vécu jusqu'aux larmes par les partenaires du Christ. Nous le neutralisons, et pourtant il contient la seule réalité qui puisse nous aider, aujourd'hui plus que jamais, à aller jusqu'au bout de nous-même et jusqu'au bout du secret de Dieu [6]. »

---

6. Bernard BRO, *Le pouvoir du mal.*

DE CES TERRAINS PIÉGÉS
DONT LE CHRIST NOUS LIBÈRE

A. Le domaine naturel et son ambiguïté

Au chapitre VII, *Un gigantesque conflit* parle de l'équivoque fondamentale qui, depuis la chute, trouble nos rapports avec la création. Quelques précisions s'avèrent nécessaires, simples rappels de vérités élémentaires [1]. Détériorée, la création n'existe plus qu'en croissance de grâce ou en destruction de péché. Elle n'est plus terrain neutre [2].

Dominatrices du Monde, les *Principautés et les Puissances* (1 Co 2,6 ; Ep 6,12 ; Col 2,15) ont beau être vaincues (Ep 1,21 ; 1 P 3,22) et leurs jours comptés (Ap 12,12) jusqu'à la Victoire finale, elles n'en continuent pas moins à ravager notre monde de leur jeu perfide (1 Co 15,14).

Bien sûr, notre liberté fondamentale ne peut être aliénée (Rm 8,38), le cœur du cœur de l'homme leur demeurant invulnérable, du moins tant qu'il refuse de pactiser [3]. Mais leur influence

---

1. Le refus a priori de l'influence, comme de l'existence, de Satan, ne relève-t-il pas du « scepticisme de l'ignorance » ?

2. « Le monde que nous croyons *naturel* est en réalité pour une part, *contre-nature.* Nous l'avons soumis à la vanité au sens fort d'un vide qui le défigure et le rend spirituellement fossile. L'être de la création est un être malade » (Olivier CLÉMENT, *Le Christ, Terre des vivants,* p. 69). Et pourtant toujours en soif de sa libération (Rm 8,19).

3. « Sur les pécheurs, le diable n'exerce qu'une influence morale mesurée du reste à l'accueil que chacun consent à son inspiration car entre Satan et la conscience personnelle demeure toujours la distance spirituelle qui sépare son « mensonge » de l'acquiescement que nous pouvons lui donner ou lui refu-

s'étend à tous les domaines où se conditionne notre liberté, ces conditionnements leur étant connus, et facilement manipulés par eux.

Il est un terrain piégé entre tous : celui du *psychisme,* au sens paulinien [4]. Domaine où notre esprit s'enracine dans la matière et le cosmos, soubassement de notre liberté, il recouvre caractère, sensibilité, tempérament, hérédité ; bref, tout ce que nous qualifions habituellement de «naturel». L'homme psychique est celui qui vit au niveau de ses pulsions, tendances, opinions, comme de son imaginaire. Lorsque, pour les innocenter, nous disons de ces choses : «C'est naturel», nous devenons complices de leur récupération par les esprits du Mal. Nous méconnaissons le fait qu'elles sont perverties par le péché originel, et donc qu'elles ne peuvent s'épanouir sans être d'abord recréées, c'est-à-dire sans passer par une mort et une résurrection. Nous nous situons au plan d'une sagesse toute humaine, qui est celle des «princes de ce monde» et pour laquelle les exigences de la vie dans l'Esprit paraissent folie (1 Co 2,6).

Bien des choses entravent notre liberté par le biais de notre être psychique :

1. Le choix libre se situant toujours au niveau de la conscience personnelle, redoutable est le danger du *collectif,* de l'anonymat, de l'opinion publique et de sa force de frappe à travers les mass-média (voir l'exploitation en ce domaine des réactions de l'inconscient!). Les choses «normalisées» par la masse, finissent par paraître «naturelles» alors qu'elles peuvent être en flagrant divorce avec les Béatitudes et déjà avec une conscience droite [5]. Le pouvoir des *idéologies,* cérébrales ou pratiques, frise l'envoûtement. Aliénantes pour l'esprit, elles peuvent devenir sataniques (voir le nazisme!) [6].

---

ser» (Foi chrétienne et démonologie. Note de la Congrégation pour la doctrine de la Foi).

4. Je suis redevable, pour cette page, à un remarquable enseignement de Juan-Miguel Garrigues sur le combat spirituel.

5. Ceci est un des plus redoutables pièges de notre société occidentale.

6. Typique que dans les régimes totalitaires où l'idéologie est devenue une véritable religion : la personnalité est soit idolâtrée pour quelques individus au pouvoir, soit pour la masse systématiquement ravalée. Tout esprit d'initiative, de créativité, d'originalité écrasé, cela depuis la maternelle ; réprimée toute possibilité de contestation ou de saine critique personnelle. Annihilation de l'homme dans une passivité, une résignation, un «grégarisme», qui sont ceux du désespoir. (Cf. Nina KEHAYAN, *Rue du Prolétaire rouge,* Seuil 1978).

2. Un subtil paganisme se déguise derrière un *humanisme* qui flatte les tendances naturelles. Un certain culte de la nature, cherchant, hors du Christ, à restaurer un ordre naturel perturbé, peut nous rendre esclaves des « éléments du monde » (Ga 4,9. Col 2,8). Que de choses, bonnes en soi, deviennent facilement pente glissante à force d'être inconsciemment idolâtrées jusqu'à violer la liberté du cœur : la télé, la collection, l'étude, la culture, le travail et jusqu'au sport, dès qu'une frénésie s'en empare qui nous arrache à nous-même, et nous fait flirter avec le « dieu de ce monde » (2 Co 4,4).

3. Ce serait le danger de certaines techniques de concentration, de relaxation ou de relation se situant sur un plan exclusivement psychologique. Lorsqu'elles ne recherchent qu'un épanouissement de la personnalité, une prise de conscience du soi, en cultivant délibérément les « narcisses » du moi, elles risquent de nous enkyster sur notre être « psychique » [7].

B. Yoga, Zen, Méditation Transcendentale

A cause de leur commercialisation grandissante comme de leur séduction sur un nombre croissant de chrétiens, il faut mentionner en particulier ces différentes techniques de méditation d'importation extrême-orientale.

Devant l'ampleur de ce qu'on ne peut qu'appeler une *épidémie* (livres, brochures, sessions prônant ces techniques ne se comptent plus), on est effaré de constater une espèce de conspiration du silence. Pour éclairer les fidèles, pas une seule mise-en-garde de la hiérarchie. Pas même une brochure – à ma connaissance – n'existe en langue française, du moins du côté catholique [8].

Ne pouvant, dans le cadre précis de cette annexe, aborder la question pour elle-même, je signalerai simplement les points suivants :

---

7. A la limite la médecine (même traditionnelle) pourrait créer des entraves à la pleine liberté spirituelle, chez certains pour qui le processus médecin-médicament crée une véritable dépendance. On s'abandonne aux mains d'un praticien dans une sécurisante idolâtrie, seul recours contre la mort.

8. Seule exception : M.C. SADRIN, *Le Yoga à la lumière de la Foi* (Téqui 1977). Sinon tous les autres ouvrages de mises en garde sont d'auteurs Réformés, mais qui, pour un lecteur catholique, demanderaient à être nuancés. Il faut néanmoins saluer ici la lucidité de leur discernement autant que leur courage à protester. On le souhaiterait aux catholiques.

1. Ces techniques ne peuvent se réduire à de simples exercices de relaxation neutres et facilement christianisées. Elles ont une visée proprement spirituelle dont on ne peut méconnaître les objectifs. Elles se veulent facteur d'équilibre et d'harmonie, mais au-delà, sagesses offrant un nouvel état de conscience, une découverte du Moi immortel, jusqu'à une «immortalité» en ce monde[9]. Bref, elles se présentent comme un *salut* où l'on s'approprie le divin à travers l'auto-contrôle.

2. Une expérience spirituelle, visée et obtenue comme *produit d'une technique,* implique la recherche d'une autonomie spirituelle radicalement contraire à la Rédemption venue d'un autre, donnée avec amour, reçue humblement, et donc – en favorisant un volontarisme pélagien – contraire à l'attitude d'enfance évangélique.

3. *L'amalgame* de ces techniques avec la prière chrétienne, préconisé par beaucoup, risque de *falsifier celle-ci sous des apparences intactes.* Elle s'édulcore en «méditation religieuse». La relation personnelle et vivante avec Jésus s'évapore dans une fusion anonyme et cosmique avec la «Divinité»[10].

4. On ne peut déraciner ces techniques du terreau religieux où elles se sont formées[11], ni les extraire de leur contexte philosophi-

---

9. Il faudrait nuancer pour chacune des méthodes mentionnées, mais ce n'est pas le lieu de le faire.

10. Une *Thérèse d'Avila* s'opposait farouchement aux recherches de vide mental déjà en vogue à son époque. Elle y voit : 1° Une méconnaissance du psychisme humain qui n'accède au spirituel qu'à travers le sensible ; 2° Une négation de la gratuité des dons d'oraison qui, en aucun cas, ne peuvent être provoqués ; 3° Et surtout une évacuation de la relation personnelle au Verbe Incarné que même les plus hauts états mystiques ne peuvent méconnaître.
La *Prière de Jésus* n'a rien à voir avec le mantra dans la Méditation Transcendentale. «On s'offre à une liberté. On ne commande pas. Ce qui compte n'est pas la répétition du Nom, mais le Nom répété comme un appel, puis comme un chant d'amour» (Olivier CLÉMENT, *La Révolte de l'Esprit,* p. 324). Alors que le mantra se présente comme un secret de réussite spirituelle, une recette efficace. Déjà un moine russe du siècle dernier mettait en garde contre les postures classiques de l'hésychasme : «Elles constituent un danger pour les novices sans maître, car elles pourraient supplanter chez eux l'œuvre spirituelle elle-même, et créer un leurre en leur faisant prendre pour charismes des états naturels devenus inhabituels pour nous» (Théophane-le-reclus).

11. Artificiellement occidentalisées, elles font penser à de «faux tapis d'Orient tissés mécaniquement à Lyon. Ou vous avez besoin d'une œuvre

que [12]. Les asânâs (postures) ne sont jamais neutres. Les Yogins savent plus que quiconque leur influence déterminante sur l'esprit. Et comme ces asânâs véhiculent par elles-mêmes une séculaire tradition spirituelle, on devine à quel conditionnement est soumise l'âme d'une personne. (Les Yogins le savent, mais se gardent bien de le dire.) C'est ce qui explique les fléchissements dans la foi, après un certain nombre d'années, de personnes adonnées à ces différentes techniques. J'en ai signalé dans *Ton Nom de braise* (p. 42). On pourra s'y reporter. Je voudrais y ajouter les aspects suivants :

5. En semblant revaloriser *le corps,* elles *dévaluent l'incarnation :* non seulement la Personne du Verbe fait chair, mais toutes les médiations de l'Esprit : l'Église, les sacrements, la liturgie, le rôle des signes, symboles et icônes dans la prière. La recherche d'une vacuité intérieure exclut l'humble cheminement choisi par Dieu pour nous atteindre tels que nous sommes.

En prônant une sortie de soi – de son corps, de sa *propre histoire* – ces techniques nous détournent de leur transfiguration intérieure par le Seigneur Jésus. Il est paradoxal que ces religions orientales, essentiellement désincarnées, camouflent une idolâtrie du corps [13].

La personne en tant que personne se dissolvant purement et simplement, le corps n'étant plus le sacrement de l'âme, il perd ipso facto son caractère sacré. Notre corps comme celui de Jésus. Symptomatique sur ce point le nombre croissant de chrétiens qui «croient» à la *métempsychose.* Implacable logique : la Personne du Seigneur vidée de son contenu réel, la nôtre aussi. Son corps n'ayant plus aucune importance, le nôtre ne devient qu'une enveloppe interchangeable [14].

---

d'art et vous y mettez le prix, ou plus simplement d'une bonne moquette, mais alors reconnaissez-le» (A.M. de Monléon).

12. Pas plus qu'on ne peut honnêtement isoler le Hatha-Yoga de l'ensemble du Yoga, qui implique plus qu'un mode de vie : une manière d'être et toute une vision du monde.

13. Même sans aller jusqu'au Tantra-Yoga, le seul Hatha-Yoga, apparemment si innocent, est souvent pratiqué dans un climat érotique, ou pour le moins malsain.

14. Étrange inconséquence : les mêmes qui nient la *Résurrection* prônent le Samsâra (cycle des réincarnations), preuve, s'il en faut, qu'il s'agit d'un tout autre ordre : d'un côté la Réalité, de l'autre l'illusion. Les mêmes qui nient le *purgatoire* s'enchaînent dans l'implacable déterminisme du kharma (loi de rétribution des actes) dont l'automatisme évacue toute possibilité de miséri-

Du coup, voilà sapés et notre destinée éternelle, et la résurrection des corps, et le sens du temps, et notre liberté, et notre responsabilité. Tout se tient. Comme quoi une valorisation du corps non fondée sur le mystère de l'Incarnation et sur une saine théologie de la création aboutit, par logique interne, à un mépris et donc à une dégradation du corps. Dislocation corps-âme plus radicale que tout platonisme.

6. Autre paradoxe : pour fuir l'anonymat et la dépersonnalisation de notre société, on se précipite – phénomène de *vertige?* – dans un abîme du dedans où il ne reste même plus la possibilité d'une relation personnelle avec un Dieu qui soit quelqu'un. Que ce soit le Samadhi, le Nirvâna ou le Satôri, l'illumination se fait au prix de la «poupée de sel se dissolvant dans l'Océan». Et puisqu'il n'y a plus de différence, il n'y a plus d'amour possible. Et si la santé de l'homme consiste en la capacité d'aimer et de se laisser aimer, alors on ne s'étonne plus que de telles conceptions aboutissent à de véritables *délabrements psychiques*[15]. Frustré de toute relation avec un Dieu qui soit autre chose qu'une déité, l'homme perd la possibilité même d'une identité personnelle : il se *désintègre*. L'Être suprême étant sans parole et sans visage, l'homme y perd la parole et le visage : il n'a plus de nom, puisque plus personne ne peut encore l'appeler à être ce qu'il est. Il n'a plus de visage, puisqu'il ne reste plus personne dont il pourrait être l'image. Ne sachant plus qui il est, comment pourrait-il être guéri? Cycle infernal de désespérance!

Toute relation personnelle avec Dieu sapée, la relation avec autrui est par le fait même court-circuitée. «Sur les sculptures des temples les corps sont unis, mais les visages séparés, absorbés dans une méditation solitaire. L'Inde utilise le prochain, le traverse, passe au-delà des visages[16].» L'extinction du Moi implique le repli sur soi, et non le dépassement vers l'autre. Introspection destructrice de toute communion, parce que négatrice du Mystère même de la Communion trinitaire[17].

---

corde. Mes actes s'y propulsent d'existence en existence. Ma liberté s'y dissout, préprogrammé que je suis par des actes inconnus d'existences antérieures.

15. Un grand nombre d'adeptes de la Méditation Trancendentale, passé le seuil des 5-6 ans de pratique, se suicident ou se retrouvent en hôpital psychiatrique. Les témoignages de ceux qui en sont sortis font frémir. (Voir Dr Philippe MADRE, *Mais délivre-nous du Mal,* p. 103 ss).

16. Olivier CLÉMENT, *La révolte de l'Esprit,* p. 299.

17. Sur tout ceci, voir J.A. CUTTAT, *Expériences chrétiennes et spiritualité orientale* (Paris 1967).

7. Il faudrait encore signaler les *expériences de parapsychologie,* souvent recherchées et prônées par ces techniques. Une fois déclenchées, elles échappent au contrôle de la personne [18].

8. On peut enfin se demander «si les techniques de méditations orientales ne sont pas une forme plus subtile et plus dangereuse de la richesse, du pouvoir et de la possession que l'argent... Cette défection ne pourrait pas être autrement qualifiée que de trahison à l'égard de l'amour crucifié de Dieu, et puisqu'il s'agit de l'amour incarné, d'adultère» [19].

9. Il faut stigmatiser particulièrement *la Méditation Transcendentale,* la plus naïve mais aussi la plus pernicieuse de ces techniques. Ses apparences scientifiques dissimulent un caractère proprement religieux. Il ne faut pas hésiter ici, quitte à en heurter un grand nombre, à parler de liens contractés avec le monde démoniaque. Qu'il suffise de savoir ceci : le rite d'initiation, le Puja, comprend un véritable culte idolâtrique : offrande de fleurs et fruits à la photo du Guru Dev, avec lecture d'une formule de consécration en sanscrit. Le mantra donné à chacun est généralement le nom d'une divinité hindoue. Il doit rester secret sous peine des pires menaces. Cela seul devrait suffire à faire soupçonner ses ravages spirituels [20].

10. Pour terminer ce bref aperçu sur une question dont on méconnaît l'enjeu profond, je dirai qu'en matière de foi, le danger pour l'Occident n'est plus du côté d'une progressive marxisation – le marxisme entamant son agonie – mais du côté de ces philosophies du vide qui atteignent directement notre relation personnelle à Dieu,

---

18. « Au cours de ces exercices, je fis diverses expériences psychiques qui me parurent exaltantes. Le professeur m'expliqua qu'il s'agissait là de choses tout à fait souhaitables, et bien connues des yogins : ouverture des chakras, sortie en astral, etc... Aujourd'hui j'ai la conviction qu'elles sont de même nature que les extases procurées par les drogues (LSD) et qu'elles ne sont pas moins destructrices. » (Témoignage de Liliane Fleurian, dans revue *Tychique* n° 8).

19. H.U. Von Balthasar, *Une méditation... plutôt une trahison,* Source, (oct. 1978). Voir mise au point de Dom Massein, *Bulletin de l'AIM,* 1980, 27.

20. Zähner, professeur à Oxford, est un des spécialistes occidentaux les plus réputés en matière de religions orientales. Ayant «étudié de très près cette forme de bouddhisme Zen – que la plupart des bouddhistes sont les premiers à considérer comme une déformation magique et perverse de leur tradition – il était absolument persuadé que l'aboutissement normal de ce genre de «mystique» était ou bien la folie pure et simple, ou bien la possession démoniaque» (Louis Bouyer, *Le métier de théologien,* p. 116).

en corrompant la prière elle-même. Se situant au niveau de la mystique naturelle, avec toute son ambiguïté [21], elles peuvent être assimilées aux *philosophies selon une tradition toute humaine, dont le vain leurre est réduction en esclavage* (Col 2,8).

11. *Les religions* dont sont issues ces techniques (mais non celles-ci par elles-mêmes) doivent certes être respectées comme d'authentiques chemins vers Dieu pour les multitudes qui n'ont pas le bonheur de connaître ce Christ-Jésus – par qui, sans le savoir, ils seront sauvés – et qui «cherchent dans les ombres et sous des images, un Dieu qu'ils ignorent» *(Lumen Gentium)*. Mais pour un chrétien qui accède à la liberté des enfants de Dieu, elles équivalent à une régression, qui est reniement de ce Verbe en qui sont tous les trésors de la sagesse et de la science, et par Lequel s'illuminent les yeux de notre cœur [22].

C. Parapsychologie et occultisme

D'autres secteurs sont à signaler comme particulièrement dangereux et souvent nocifs :

1. *La parapsychologie :*

«Tout domaine touchant à l'inconnu est propice à une infiltration subtile du Malin. En fait, elle puise la plupart de ses sources dans le spiritisme» (Dr Ph. MADRE). Elle se présente comme une branche scientifique de l'occultisme et implique souvent une dissociation du subconscient. Or, «chaque fois que le subconscient est soumis à une action occulte, il en résulte des troubles psychiques» (KOCH, p. 98).

2. *L'astrologie :*

Nombre de chrétiens consultent l'horoscope, pensant avoir à faire à des influences purement naturelles. Une telle exploitation de la

---

21. A. de Monléon signale «qu'il s'agit d'un paganisme se nourrissant des aspirations religieuses de l'homme occidental et les canalisant vers un pseudo-mysticisme».

22. On cite souvent le texte de Vatican II sur les rayons de la vérité qui illumine tous les hommes *(Nostra Aetate)*, et beaucoup moins celui de *Lumen Gentium* : «Bien souvent malheureusement, les hommes trompés par le Malin se sont égarés dans leurs raisonnements, ils ont échangé la vérité de Dieu contre le mensonge».

crédulité populaire est un vrai fléau social. Le fatalisme y assassine l'Espérance, hypothéquant notre avenir dans un implacable déterminisme.

On ne peut nier l'existence de relations entre les astres et la terre ainsi que de certaines forces cosmiques pouvant influencer le comportement humain. Mais, précisément, le Christ est venu nous affranchir de la tyrannie des *esprits célestes qui régissent le cours des astres* (Ga 4,9 ; Col 2,16). Notre avenir est dans les seules mains d'un Dieu d'amour qui respecte jusqu'au bout la liberté qu'il nous a confiée[23].

3. *Les guérisseurs :*

Les guérisons relevant de la conjuration peuvent être effectivement réelles, mais le plus souvent au prix d'un *transfert de l'organique au psychique,* déclenchant un cycle de maladies plus graves encore[24]. Le camouflage religieux (invocation de Dieu, des saints) en ces cas n'est que miroir aux alouettes. En fait, on est souvent en présence de contrefaçons du charisme de guérison. Celui-ci n'implique ni fluide ni passe magnétique[25]. Il est donné comme et quand le Seigneur le veut, en réponse à la prière d'un chrétien ou d'une communauté. Il n'est jamais un *pouvoir,* mais un *don* (Ac 8,19).

4. *La chimiothérapie* a elle aussi des conséquences – souvent imprévisibles – sur le flux nerveux et le psychisme, allant jusqu'à modifier le comportement, mais aucune influence spirituelle n'y est explicitement inoculée[26]. Les notions de *science* et de *pouvoir*

---

23. L'astrologie très en vogue à l'époque fut combattue par Augustin sans relâche, sous toutes les formes où elle se manifestait. L'évêque la considérait, sur le plan moral, comme une épidémie meurtrière, comme une peste dévastatrice, parce qu'elle nie le libre arbitre, qu'elle affaisse le ressort de la volonté et qu'elle rend impossible toute responsabilité morale. « Les mœurs corrompues, voici qu'ils tentent de les imputer au ciel, en prétendant, pour se blanchir, qu'elles proviennent des astres » (Serm. 199,3). « Pour lui, cela revenait à recevoir des démons certaines informations et il considérait cela comme un adultère de l'âme, perpétré dans une maison *ennemie.* Quant aux livres des astrologues, il les faisait tout simplement jeter au feu » (VAN DER MEER, *Saint Augustin,* I, p. 119).

24. Ce mot échappé à un guérisseur : « Je puis guérir votre enfant, mais ce sera par le démon, et donc au prix de son âme ».

25. Si la radiesthésie, limitée à la géo-physique, peut être parfaitement scientifique, il n'en va sans doute pas de même dans le domaine médical. Ici encore les forces en cause ne sont pas forcément neutres.

26. Ce qui n'est pas toujours le cas de certaines méthodes d'anesthésie, tel-

peuvent aider à déterminer les frontières en un domaine aussi délicat. La science s'apprend et se transmet par l'intelligence, alors que le pouvoir suppose une certaine médiumnité qui n'est pas donnée à tout le monde. Contrairement au pouvoir, la science, de soi, n'est liée à aucun système philosophique ou religieux. Tout le domaine médico-para-psychologique demande encore à être scientifiquement exploré, en vue d'un meilleur service de l'homme.

Dans un registre plus grave encore, il nous faut tirer la sonnette d'alarme au sujet de :

5. *La magie* et *la sorcellerie,* toujours vivaces en Europe occidentale (divination, conjuration, fétichisme) et se déguisant souvent sous des symboles ou visages chrétiens.

6. *Du spiritisme* (nécromancie)
Si le Christ donne une communion avec l'invisible, toute recherche de communication avec les esprits, enchaînant au monde des démons, nous rend complices de leur révolte, jouets de leurs illusions.

7. Bref, toutes les formes *d'occultisme :* cryptesthésie – télépathie et voyance – carto et chiromancies, etc., ainsi que leurs différentes méthodes d'envoûtement (hypnose, magnétisme), devraient être dénoncées avec la plus extrême vigueur.

Il ne s'agit plus de domaines simplement ambigus, mais de terrains privilégiés des agissements du prince des ténèbres. Aussi les ravages en sont-ils effrayants :

a) Au niveau de la *santé mentale.* Une emprise occulte conduit souvent à une désintégration de la personnalité. Nombreux sont les cas pathologiques dus à des contacts, même furtifs, avec l'occultisme (hallucinations, délires, dépressions, schizophrénie, paranoïa, tendances au crime, etc.). Cela peut aller jusqu'à la psychose aiguë et l'aliénation mentale [27]. Le pourcentage des suicides est un fait

---

les que la *sofrologie.* Celle-ci cherche un dépassement de l'homme par une rupture d'équilibre entre le système cérébro-spinal et le neuro-végétatif; déconnexion s'opérant grâce à un sommeil provoqué (hypnose, rythme musical, répétition de phrases, etc.). Le praticien sofrologue peut alors agir sur l'inconscient, sans censure aucune, modifiant ainsi l'état psychologique de la personne. D'où ses dangers de manipulation de la personne.

27. « Dans les lignées d'occultistes actifs, on trouve régulièrement sur 3 ou 4 générations des séquelles dont la ténacité et la gravité ne le cèdent en rien

reconnu ainsi que la fréquence des agonies terrifiantes. Cette coïncidence – vérifiée sur des milliers de cas – entre troubles psychiques et atteintes dues à l'occultisme demeure, pour le moins, troublante.

b) Au niveau spirituel, les blocages sont universellement constatés. Incapacité de prier, dégoût de la Parole de Dieu, éloignement ou mépris des sacrements, allergie aux lieux consacrés, pensées blasphématoires, scrupules, angoisses et peurs. Le Visage d'amour de Dieu est défiguré, la confiance sapée, la foi anémiée.

*

Il serait inutile d'insister si l'on n'était effaré de la facilité avec laquelle tant de chrétiens se laissent fourvoyer par des doctrines et des pratiques ésotériques manifestement incompatibles avec leur foi, ou corruption de celle-ci. Leur «bonne foi» n'est, généralement, qu'une foi mal informée, due trop souvent à la démission de ceux qui ont charge de l'éclairer [28]. La Parole de Dieu, pourtant, ne peut être plus formelle sur ce qu'elle n'hésite pas à taxer d'abomination [29]. Les premiers chrétiens auraient préféré le martyre plutôt que de consentir à de telles formes d'idolâtrie.

Paradoxalement, l'homme de l'ère technologique demeure subjugué par les sciences occultes, comme s'il n'arrivait pas à refouler indéfiniment la réalité d'un monde invisible qu'il voudrait bien évacuer. Quelque chose en son intime lui dit qu'il en fait partie intégrante.

D. Une libération par le ministère de l'Église

Il était nécessaire d'évoquer ces choses pour stigmatiser les liens multiples ainsi créés, à des niveaux différents, avec le monde des

---

à celles de l'alcoolisme, des maladies vénériennes et des psychoses. La médiumnité est par ailleurs souvent héréditaire» (KOCH, p. 172).

28. Le drame atteint son comble lorsque des prêtres et des religieux se livrent à des pratiques occultes, horoscope compris, ou que des théologiens se permettent d'innocenter à la légère ce domaine. Cas, s'il en est, où «Satan se déguise en ange de lumière».

29. Pour le *spiritisme* voir : Mt 18,10-12 ; 1 S 28 ; Is 8,19.
Pour la *mancie* et la *magie :* Lv 19,31 ; 20,6,27 ; 1 Ch 10,13 ; Is 44,25 ; Jr 29,8-9 ; Ez 21,26 ; Os 4,12 ; Mi 3,6 ; Za 10,2 ; Ac 13,6 ss ; 16,16 ; 19,18.
Pour *l'astrologie :* Mt 17,2-5 ; 2 R 17,16 ; Is 47,9-14.
Et couronnant le tout : 2 Co 6,14-16.

anges déchus. Un *lien* peut être de coton, de nylon, d'acier ou de fonte : une emprise démoniaque va de la simple obsession à la possession. Celle-ci – caractérisée par le dédoublement de la personnalité, l'aliénation de la personne et la paralysie de la volonté – est relativement rare quoique plus fréquente qu'on ne le dit habituellement [30]. « L'infestation », elle, peut être comparée à une occupation partielle du cœur. Quelque chose par quoi le démon nous tient et qui nous empêche d'être totalement nous-même tel que Dieu nous veut.

Mais quelles que soient l'ampleur d'une emprise du démon et la solidité des liens contractés, le Seigneur *veut toujours nous en libérer* [31]. A travers son Église, il met à notre disposition tous les moyens nécessaires. Refuser d'y recourir, c'est rendre vaine sa rédemption.

1. *Les liens superficiels,* chacun, de par son baptême, a le pouvoir de les briser. Les armes classiques, qui n'ont cessé de faire leurs preuves, demeurent d'actualité : veilles et jeûnes, prière au Nom de Jésus, recours à Marie et aux Anges, formule d'exorcisme personnel vulgarisée par Léon XIII (au-delà des formulations quelque peu désuètes), usage des sacramentaux (non comme rite magique, mais à la mesure de notre confiance filiale), et, plus profondément, l'ouverture du cœur [32], la Réconciliation et l'Eucharistie (voir chapitre VII).

---

30. « La possession n'est ni une conception biblique dépassée, ni une invention de la théologie, mais une terrible réalité », affirme le Dr Lechler, illustre psychiatre allemand.

« Encore que l'esprit critique et scientifique ait ruiné de nombreux mythes, il n'en demeure pas moins que, dans notre monde moderne, le nombre des possédés démoniaques est considérable. Et je fonde cette affirmation sur une longue expérience personnelle » (Professeur Jean LHERMITTE, dans *Ecclesia,* oct. 1954).

31. Le cas de personnes qui se sont sanctifiées à travers une certaine « infestation » du Malin, permise par Dieu, est absolument exceptionnel.

32. Sur ce point, les Réformés eux-mêmes retrouvent la nécessité absolue de l'aveu. A la suite de sa longue expérience Kurt Koch peut écrire : « Pour la personne compromise dans l'occultisme, la confession est l'aveu de son appartenance à la puissance diabolique et de son désir de venir à la lumière. Fait remarquable, dans tous les cas d'atteinte occulte parvenus à ma connaissance, j'ai constaté que la confession était indispensable. Dans ces cas-là, tous ceux qui se refusent à faire une confession générale, non seulement de leurs agissements occultes, mais des autres aspects de leur vie, ne sont pas délivrés. Si la grâce de Dieu n'amène pas le cœur et les lèvres à un aveu de culpabilité, la cure d'âme ne produit aucune libération. » Et de citer Kôberle : « L'emprise du tentateur est toujours liée à cette conspiration du silence qui existe entre lui et nous. Tant qu'il y a dans notre vie des secrets inavouables, nous som-

2. *Les cas de possessions* proprement dites, relèvent normalement d'un rite liturgique solennel qui ne peut être célébré que par un prêtre dûment mandaté par l'évêque. Cela après un examen approfondi et un diagnostic précis de la situation [33].

3. Mais entre ces deux extrêmes, se situent les cas nombreux de personnes chez qui l'emprise du démon est plus ou moins profonde [34]. Dans le cadre d'un accueil spirituel suivi, elles devraient pouvoir bénéficier d'une prière dite de *délivrance* telle que la tradition l'a connue et dont l'usage commence à se retrouver dans le Renouveau, avec cette manière qu'il a de raviver la grâce baptismale.

a) La délivrance est une prière impliquant le service de frères en qui la communauté – et si possible l'évêque – a reconnu un charisme pour chasser les démons au Nom du Seigneur. Il ne devrait être exercé que par des baptisés ayant une longue expérience spirituelle,

---

mes à la merci de l'adversaire. Mais dès que ce secret est trahi, nous échappons à la puissance des ténèbres.» Et *Luther* lui-même : «Je ne me laisserai priver par personne de la confession secrète et je ne l'abandonnerai pas pour tout l'or du monde, sachant ce qu'elle m'a valu de force et de consolation. Il y a longtemps que j'aurais été vaincu et étranglé par le diable si elle ne m'avait préservé» (Sermon de 1523, *op. cit.,* p. 303).

33. «Le pouvoir d'exorciser fut regardé d'abord dans l'Église comme un *charisme personnel* dont tout chrétien pouvait être doué ; pourtant, l'exercice de ce charisme dut être assez vite soumis au contrôle de la hiérarchie, et constituer, au moins en Occident, une fonction officielle, puisque vers 251 on trouve des exorcistes mentionnés dans une lettre du pape saint Corneille à Fabien d'Antioche, mais on ne peut en conclure que l'exorcistat était tenu dès lors pour un ordre proprement dit» (VAGAGGINI, *Initiation théologique à la liturgie,* I, 278).

N'est-il pas paradoxal qu'en France, un certain nombre de diocèses ne semblent plus avoir d'exorcistes officiellement désignés, comme s'il s'agissait d'une vétusté archéologique ? Dans d'autres cas, il arrive que les exorcistes en question exercent leurs fonctions de manière tellement ritualiste, que les fruits en sont souvent compromis. Combien de fois n'a-t-on pas été dans l'impossibilité de faire appel à ce ministère d'Église, là où la chose s'avérait relever de sa compétence ?

34. Le plus souvent, un lien n'est pas la suite d'un péché formel. La plupart sont contractés en toute «innocence». Ils relèvent donc moins du pardon que d'une libération. Ceci est très important pour déculpabiliser certaines personnes liées. Par ailleurs, l'expérience montre qu'un lien crée un blocage par rapport à la vie sacramentelle. On se sent retenu malgré soi loin des sacrements. Une prière de délivrance, bien loin de «faire concurrence» à la Réconciliation, est précisément la grâce qui rend une liberté d'accès à l'Eucharistie comme à la confession.

ainsi que le charisme de discernement des esprits. Une certaine compétence au niveau des sciences psychologiques, sans être absolument nécessaire, n'est pas à négliger. (Voir ce qui en est dit dans les pages : «un ministère de délivrance».)

b) Elle est habituellement célébrée par plusieurs frères ayant des charismes complémentaires – discernement des esprits, intercession, compassion – manifestant ainsi le ministère de l'Église, participants qu'ils sont de son grand charisme de guérison de l'humanité. La présence d'un prêtre, ayant si possible l'accord de son évêque pour un exorcisme éventuel, est toujours souhaitable.

c) Elle se fait, non sans mûr examen préalable, pour des personnes simplement opprimées par les démons. Et dans les seuls cas où celles-ci peuvent ensuite être suivies par une communauté, ou tout au moins un groupe de prière, ainsi que par un père ou un accompagnateur spirituel; ceci, étant donné la «fragilité post-opératoire» [35].

d) La *tradition* est unanime à attester l'existence de ce don accordé aussi bien aux laïcs qu'aux prêtres [36].
«Aux prières, on peut voir le peuple prendre une large part. Pour les possédés, pour les pénitents, les prières sont communes aux prêtres et aux fidèles. Tous prononcent une seule prière, une prière pleine de compassion [37].»
Originellement, l'ordre mineur de l'exorcistat était conféré à des laïcs en vue précisément de libérer des personnes liées, alors que les cas graves étaient réservés aux prêtres. Lex orandi, lex credendi : l'autorité sur les démons relève de la grâce baptismale et non de l'ordination sacerdotale. *En mon Nom ils chasseront les démons,* est

---

35. Mais le Seigneur a aussi bien d'autres moyens d'affranchir une personne de la tyrannie des démons. Certains pèlerinages sont des lieux de grâce privilégiés.

36. Également à des femmes, comme Catherine de Sienne, et surtout aux moines, semble-t-il. Délivrer un frère était une pratique courante dans les milieux monastiques, en Orient plus spécialement.
Pour Cabasilas, les charismes de guérison et de délivrance sont un «effet à retardement de la confirmation».

37. S. Jean Chrysostome, *Hom. in II Co.* Pour Clément d'Alexandrie, le mal du péché consiste en son pouvoir d'esclavage, et la charité du gnostique (de l'homme docile à l'Esprit) se montre à ce qu'il devient non seulement un conseiller, mais un *médiateur* qui, par la puissance de l'Esprit Saint et à travers sa sainteté personnelle, peut délivrer le pécheur de l'emprise de Satan.

un signe accompagnant tous ceux qui croient (Mc 16,19), sans doute dans la mesure où ils proclament le royaume [38] et en vue de guérir les malades [39]. Le Christ ne mentionne jamais cette autorité sur les démons indépendamment de cette double injonction (Mt 10,1 ; Lc 9,1 ; Mc 6,13 ; 16,19).

e) Pourquoi des chrétiens en qui leur communauté aurait reconnu ce don, confirmé par l'expérience, ne pourraient-ils, après un temps de probation, être discernés par la hiérarchie comme aptes à en recevoir le ministère ? Dans un monde redevenu païen, et vu l'urgence des besoins, ne serait-il pas opportun de rétablir l'ordre mineur de l'exorcistat, paradoxalement supprimé en 1972 ? Le décret *Ministeria quaedam* précise d'ailleurs que les Conférences Épiscopales pourront le demander pour leur région. Certaines l'ont-elles déjà fait ? [40]

f) En attendant, c'est aux *prêtres* qu'il faut faire appel, et à ceux-ci de s'ouvrir à un charisme aujourd'hui si nécessaire. (Saint Paul ne recommande-t-il pas à tout chrétien de demander tous les charismes ? (1 Co 14,1).) En fait cela ne fait-il pas normalement partie de leur ministère sacerdotal ? [41] Qu'ils ne craignent pas de l'exercer dans le cadre du sacrement de réconciliation.

« Quand il s'agit d'une obsession, le prêtre prononce avec autorité une prière simple de délivrance. Il le fera après avoir demandé par une autre prière que la mort, la résurrection et le sang versé du

---

38. « L'un des charismes particulièrement attachés à *l'évangélisation* est celui du pouvoir sur les démons au Nom de *Jésus :* paroles qui délivrent des influences du Mauvais et rendent les hommes libres pour Dieu. Cette capacité de chasser les démons est clairement liée à la venue du Royaume (Mt 12,28). Aux charismes de délivrance sont associés d'ailleurs ceux de guérison car l'influence de l'Homicide est toujours destructrice de quelque chose dans l'homme et donc qui a besoin d'être guéri » (A.M. de MONLÉON o.p., « L'expérience des charismes », *Istina* 1976/4 et préface au livre du Dr Madre.
39. « Exorcisme et guérisons relèvent du même pouvoir. La maladie est un signe du règne de Satan et du péché ; guérir est signe de la victoire sur Satan » (Note de la TOB, Mt 10,1).
40. Récemment deux évêques conféraient le ministère d'évangéliste à un couple engagé dans l'évangélisation par les ondes. A fortiori la chose devrait-elle être possible pour un ministère toujours reconnu par la tradition.
41. Les théologiens byzantins furent conscients de ce que « le pécheur est avant tout un prisonnier de Satan et en tant que tel mortellement malade » (MEYENDORFF, *Initiation à la théologie byzantine,* p. 261).

Christ les gardent tous les deux, prêtre et pénitent, à l'abri du mal. La prière de délivrance pourrait être de ce genre : "Au nom de Jésus-Christ, Maître et Seigneur de cet enfant de Dieu, j'ordonne à tous les esprits mauvais de sortir de lui et d'être à jamais bannis de sa vie." Là encore, il est conseillé de prier dans l'Esprit pour que la prière de Dieu puisse affronter une situation qui dépasse l'intelligence qu'en a le prêtre. Ensuite le prêtre devrait ajouter une prière de guérison[42]. »

Par ailleurs, que les prêtres prennent au sérieux les exorcismes de la liturgie baptismale et sachent les expliquer aux fidèles[43].

«Donne-lui un esprit de douceur et le *pouvoir de remettre les péchés* et de *délier* tous liens avec l'iniquité des démons, et de *guérir* toute maladie, et de *projeter Satan* sous ses pieds[44]. »

Une prière de délivrance – parfois un exorcisme officiel – peut s'avérer nécessaire en complément à un traitement psychiatrique[45].

«Un trouble de l'homme dans son psychisme conduit toujours à une dégradation de l'intégrité de l'être. Aussi, sommes-nous conduits actuellement à envisager la possibilité d'une influence du Malin, soit comme phénomène surajouté, aggravant parfois une aliénation psychique déjà existante, soit comme cause d'une maladie psychiatrique patente (celle-ci n'en constituant que l'effet)... La dimension spirituelle de tout être humain a souvent des incidences psychologiques importantes, et il est compréhensible qu'un trouble, voire une alié-

---

42. Michael SCANLAN o.f.m., *Puissance de l'Esprit dans le sacrement de pénitence,* p. 48.
43. Si le nouveau rituel du baptême (1972) n'interpelle plus directement le démon il n'en demande pas moins à Dieu de nous en libérer. Par ailleurs, il a institué, avant les exorcismes dits majeurs, des exorcismes dits « mineurs», disposés sur toute l'étendue du catéchuménat et inconnus du passé. Le baptême des petits enfants, de son côté, conserve un exorcisme.
44. Canons d'Hippolyte, prière d'ordination.
45. «Je suis arrivé à la conviction que l'homme ne peut se délivrer de lui-même. Il est si profondément aliéné que la vraie délivrance et le retour ne sont possibles qu'au prix d'un humble abandon à Dieu... Ce changement décisif dans ma propre vie m'a permis d'apporter une tout autre forme de secours psychologique et spirituel. Parallèlement à la psychothérapie médicale, il y a une cure d'âme religieuse» (Dr MAEDER, neurologue de Zurich. Cité in K. KOCH, *Occultisme et cure d'âme,* p. 296).

nation spirituelle, aura un impact profond sur l'équilibre psychique de l'individu [46].»

*

Pourquoi avoir soulevé ici ces questions? Parce que chacun est responsable du sang de son frère (Ez 3,18).

4 août 1979
En la fête de
Saint Jean-Marie Vianney.

---

46. Dr Philippe MADRE, *op. cit.*, p. 92.

MINI-BIBLIOGRAPHIE
SUR LA PRIÈRE DE GUÉRISON

I. Davantage sur la guérison intérieure :

- Michael SCANLAN o.f.m., *La guérison intérieure*
  (trad. de l'anglais). Pneumathèque 1976.
- Barbara SCHLEMON, *Si vous aviez la foi*
  (trad. de l'anglais). Pneumathèque 1978.
- Revue *Communio,* mai 1977 : «Guérir et sauver».
- *Communautés et guérison* (polycopié) – Session de Chantilly, 27-30 novembre 1979.
- Revue *Tychique* (Lyon), janvier 1980.

II. Davantage sur la guérison physique :

D'un point de vue catholique :

- Francis MAC NUTT, *Le pouvoir de guérison* *
  (trad. de l'anglais). Cerf 1980.
- R. LAURENTIN, *Pentecôtisme chez les catholiques*
  Ch. V : La guérison. Beauchesne 1974.

D'un point de vue réformé :

- Agnès SANFORD, *La lumière qui guérit*
  (trad. de l'anglais). Delachaux et Niestlé 1955.
- B. MARTIN, *Le ministère de guérison dans l'Église*
  Labor et Fides 1952.
- Kathryn KUHLMAN, *Je crois aux miracles*
  (trad. de l'anglais).
- Kathryn KUHLMAN, *Avec Dieu rien d'impossible*
  (trad. de l'anglais). Gerber-Carrington 1962.

---

* Nous sommes nombreux à regretter vivement la parution de ce livre dans une collection jusqu'ici consacrée aux sagesses et techniques extrême-orientales. Équivoque accentuée par la traduction ambiguë de *power* par pouvoir. Dans ce cas, puissance eût été préférable.

D'un point de vue plus médical :

- Dr Bruno FABRE, *Réflexions médicales sur l'action thérapeutique de l'Église*
  Faculté de médecine de Marseille, 1977.

III. Davantage sur le ministère de délivrance :

D'un point de vue catholique :

- Dr Philippe MADRE, *Mais délivre-nous du Mal*
  Pneumathèque 1979.

D'un point de vue réformé :

- Kurt E. KOCH, *Occultisme et cure d'âme*
  (trad. française). Emmaüs 1972.
- Maurice RAY, *Échec à l'oppresseur*
  Ligue pour la lecture de la Bible. 1977.
- Maurice RAY, *L'occultisme à la lumière du Christ*

Plus globalement :

- *Note de la Congrégation pour la doctrine de la Foi*
  Doc. Cath. n° 1681 (1975).
- *Satan. Recueil des Études carmélitaines* (1948)
  (quoique inégal suivant les contributions)
  Réédité chez D.D.B. 1979.
- *Dictionnaire de Spiritualité.* Art. démon.
- Revue *Communio,* Juin 1979 : «Satan, mystère d'iniquité».
- Paul EVDOKIMOV, *Les âges de la vie spirituelle,* p. 73 ss.

LA FEMME
ET SON MINISTÈRE DE COMPASSION

L'onction de Béthanie ne peut-elle être vue comme une sorte de consécration d'un ministère féminin de prophétie et de compassion ? Marie y fait ce qu'elle seule pouvait faire, le propre de sa fonction en tant que femme (Mt 14,8) et cela doit être continué dans le monde entier, comme accompagnant la proclamation des Béatitudes par les Apôtres : mémorial de ce geste de compassion, comme l'Eucharistie est mémorial de l'Amour humilié lavant les pieds de ses disciples. Les deux lavements des pieds sont inséparables (Jn 12,3 ; 13,5), l'un prophétique, davantage laissé aux femmes, l'autre ministériel, davantage demandé aux apôtres. L'un avec le baume de la compassion, l'autre avec l'eau des sacrements. Au corps ils offriront le Sang répandu. Elles répandront sur le Corps l'Amour offert.

En Luc 10,41, le Seigneur approuve la même Marie de délaisser les multiples diaconies pour se consacrer au ministère essentiel de l'écoute de cette Parole, pour l'annonce de laquelle les Apôtres à leur tour délaisseront *le service des tables* (Ac 6,2).

En n'instituant aucune femme comme Apôtre, le Christ s'est démarqué des traditions religieuses de son temps qui, hors du judaïsme, avaient des prêtresses. Mais par ailleurs, il a délibérément rompu avec les habitudes juives en donnant aux femmes une place capitale dans la perception première du message (Lc 1,42 ; Jn 2,5 ; 11,27) comme dans sa transmission prophétique (Jn 4,42 ; 20,17). Marie de Magdala est «l'apôtre des Apôtres» et Marie «la bouche silencieuse des Apôtres», comme le chante la liturgie d'Orient. Le Christ a aussi souligné leur rôle de compassion à l'égard de sa personne (Lc 8,3 ; 23,49). Serait-ce «le service des femmes à l'entrée de la Tente du Rendez-vous» (Ex 38,8) ?

La femme et son ministère de compassion

N'est-ce donc pas à la femme que revient en priorité un charisme de compassion qui devrait être reconnu et exercé dans l'Église comme un véritable ministère? Dans la primitive Église les diaconesses (Rm 16,1; 1 Tm 3,11) assuraient avant tout un service de prière et de compassion envers pauvres et malades, ainsi qu'un rôle liturgique pour le baptême des femmes [1].

Le prêtre agit au Nom du Christ et donc du Père dont il devient le signe vivant. Dans un tout autre ordre, la femme tient la place de Marie dont elle devient comme une présence : toute relative à celle du Christ. De même que l'Esprit anime de l'intérieur l'institution fondée par le Christ et lui rend sans cesse témoignage, ainsi la femme a comme un rôle *d'inspiration* du ministère de la Parole et *d'intériorisation* du ministère sacerdotal. « La diaconesse, vous l'honorez comme l'image du Saint Esprit. Les prêtres vous représenteront les Apôtres [2]. » Faire accéder les femmes au sacerdoce ministériel serait autant une défiguration de celui-ci (portant atteinte à l'icône du Christ-Prêtre, et donc au visage du Père) qu'une négation du charisme propre de la femme, la déchoir de son rôle irremplaçable dans l'Église. A vouloir niveler les différences, on détruit la complémentarité même des ministères, on dilue la communion dans l'uniformité [3].

Marie – celle de Nazareth – demeure le signe humble et éternel de cette maternité dans l'Esprit, dont le parfum a embaumé toute la maison du Roi, telle une myrrhe de choix, tels les plants de roses (Si 24,14; Ct 1,12).

---

1. « Lorsque la baptisée sort de l'eau, la diaconesse la recevra et l'éduquera dans la pureté et la sainteté (lui montrant) que le sceau du baptême est infrangible. C'est à cause de cela que nous affirmons que le service d'une femme diaconesse est nécessaire et requis. Car *notre Seigneur et Sauveur, lui aussi, a été servi par des femmes diaconesses;* ce furent Marie de Magdala, Marie la mère de Jacques, la mère de José, la mère des fils de Zébédée, ainsi que d'autres femmes» (*Didascalie des Apôtres,* Syrie vers 220, ch. 16).

2. *Ibid.*

3. Voir L. BOUYER, *Mystère et ministères de la femme,* Aubier 1976. J. DANIELOU, « Le ministère des femmes dans l'Église primitive», *La Maison-Dieu,* n° 61. Ainsi qu'un ouvrage de Georgette BLAQUIÈRE, *La grâce d'être femme,* Ed. Saint-Paul 1981, et surtout, le remarquable ouvrage de Paul EVDOKIMOV, *La femme et le salut du monde,* D.D.B.

ANNEXE IV

DEUX TÉMOIGNAGES
DE GUÉRISON INTÉRIEURE

1. Pour le Seigneur, aucune situation n'est désespérée

Pour moi, j'ai toujours cru faire partie de ceux qui n'ont pas de choix. Déjà à l'âge de neuf ans je voulais mourir, je cherchais comment je pourrais mourir. Enfant triste, repliée sur moi-même, souffrant à l'école, souffrant à la maison, je reprochais à ma famille de m'avoir fait naître. Je ne m'accrochais à rien, parce qu'au cœur de la souffrance, on ne peut croire en celui qu'on appelle le Bon Dieu.

A neuf ans je savais que je pouvais donner la mort à d'autres aussi, à ceux qui me faisaient souffrir... Quand est arrivée l'adolescence, j'aurais voulu croire. J'enviais ceux qui croyaient, mais moi ? Pourquoi cette tristesse en moi ? moi qui ne pouvais pas croire en Dieu !

Devenue adoratrice d'Albert Camus, avec lui j'éprouvais cette pensée : «Je continue de croire que ce monde n'a pas de sens supérieur, mais je sais qu'en lui quelque chose a du sens et c'est l'homme, car c'est le seul être qui mérite d'en avoir.» Et au cœur de ma souffrance, j'ai pu m'ouvrir à la souffrance des autres, aller auprès de ceux qui souffraient et là j'ai trouvé une certaine compensation.

A l'âge de dix-huit ans, de nouveau je pensais à la mort, comment me donner la mort, et encore à ce moment-là j'ai compris qu'en moi il y avait aussi le pouvoir de donner la mort. Dès cet instant j'ai commencé à paniquer, à avoir peur de moi-même. je savais que je pouvais tout faire, que tout était en mon pouvoir. Et cela a continué de me faire tomber dans l'angoisse et la détresse. Étant malade depuis l'enfance, j'étais habituée aux médicaments et à partir de l'adolescence les médicaments sont devenus une sorte de source de bonheur :

barbituriques, somnifères, respiration de l'éther... Je cherchais tous les moyens pour aimer la déesse Isis.

Puis est venu le temps de la vie professionnelle et toujours dans mon cœur ce désir de «créer du bonheur pour riposter contre cet univers de malheur». J'ai commencé à m'occuper un peu de la liberté surveillée. Je m'intéressais beaucoup aux prisons et je disais : «Plus tard, je serai visiteuse de prison.»

Mais je suis tombée dans la dépression. J'ai dû suivre une psychothérapie pendant un mois. Alors là, de nouveau j'ai connu une très grande détresse, vraiment un enfer. Toutes les semaines pendant trois quarts d'heure je me trouvais dans le cabinet du psychiatre. Je devais dire tout ce qui me venait à l'esprit, et jamais lui ne me parlait. Je rentrais chez moi en pleurant et, de séance en séance, je sentais que c'était la dégringolade. Je me réfugiais de plus en plus dans l'éther et les barbituriques et plus d'issue...

J'ai alors décidé de mettre fin à ma vie. J'ai commencé à penser, à réfléchir de quelle manière je souffrirais le moins, quand – et voilà le Seigneur! – j'ai rencontré une fille extraordinaire, pleine de vie, pleine de joie. Je lui ai posé cette question : «Pourquoi certains naissent malheureux, n'ont pas de chance, et pourquoi toi tu es si heureuse? Pourquoi moi, je ne suis pas comme toi?» Et elle m'a parlé de Jésus. Je lui ai dit : «Moi aussi je voudrais croire.» Et alors, elle m'a parlé de Charles de Foucauld : «Tu vois, il ne croyait pas en Dieu, mais il faisait cette prière : "Mon Dieu si c'est vrai que tu existes, fais-le moi connaître." Et il s'est converti.»

Entre la vie et la mort, il fallait tout de suite prier... Pourquoi ne pas essayer de crier vers le Seigneur? Si c'est vrai, effectivement il répondra. Et voilà une espérance qui naît dans mon cœur. C'est une prière que je n'ai pas dite mais que j'ai *hurlée* devant le Seigneur. J'ai vraiment appelé le Seigneur à mon secours. Mais il y a un mystère : c'est le mystère de l'œuvre du Seigneur. J'ai dû crier pendant six mois, soutenue par mon amie, soutenue aussi par cet instinct de conservation que l'on porte en soi. On essaye de vivre... Et au bout de six mois je me trouvais vraiment dans un état désespéré et j'ai dit à cette amie : «C'est fini! ça n'a pas marché pour moi. En admettant que Dieu existe, il ne peut pas m'aimer. Les autres oui, mais pas moi. Au point où j'en suis ce n'est pas possible.» Et dans les yeux de cette amie, des yeux pleins de larmes et de compassion, devant ses paroles pleines de tendresse : «Le Seigneur est là. Il est auprès de toi. Il est venu sauver ce qui était perdu. Il est descendu au fond du gouffre où tu te trouves. Il est là qui te prend par la main. Fais confiance. Crie encore vers Lui. Je t'assure qu'Il est auprès de toi.» En cet instant ça a été *une lumière intérieure.* J'ai compris en une fraction de seconde que Dieu, c'était vrai, que Dieu était là, qu'il avait conduit toute ma vie en fonction de cette rencontre.

Et à ce moment-là j'ai vécu ce que plus tard le Renouveau m'a appris : cette prière en langues qui montait en moi. Cette paix que je ressentais en moi. Je ressentais aussi une sorte de brisement. Je sentais que mon corps ne pourrait pas contenir ce que je ressentais : une sorte de démantèlement, de craquement intérieur, mais dans une joie très très profonde. Dès cet instant j'ai donc cru que Dieu était vivant. J'ai senti que j'étais complètement guérie et j'ai pris la décision, sans même prévenir, de ne plus retourner voir le psychiatre. Et, effectivement, il y a plus de dix ans maintenant que cela s'est produit et je n'ai plus jamais eu besoin de psychiatre. J'ai été vraiment guérie en une fraction de seconde.

Il m'a conduite au désert avec Lui, à la campagne, et j'ai dû cheminer toute seule avec Lui. Plus tard, beaucoup plus tard *Il m'a donné des frères,* et là, dans mon souci de grandir dans la vérité, je me suis rendue compte peu à peu qu'il y avait en moi un malaise chaque fois que je récitais le *Notre Père...* «pardonne-nous nos offenses comme nous pardonnons aussi à ceux qui nous ont offensés...» Et ce malaise il a grandi de plus en plus jusqu'à devenir une impossibilité de prononcer ces mots. Les frères ont compris que le Seigneur voulait me parler. Ils ont prié sur moi et le Seigneur m'a fait comprendre qu'il y avait dans mon cœur encore beaucoup de haine, beaucoup d'amertume, beaucoup de rancune envers tous ceux qui m'avaient fait souffrir. Je sentais que je ne pouvais pas pardonner. Il a donc fallu prier pour que le Seigneur mette en moi ce désir de pardonner et puis qu'il laisse faire cette œuvre de pardon en moi. Ensuite j'ai pu réciter le Notre Père, mais au fond de moi.il y avait encore quelque chose qui restait.

Parallèlement à cela, physiquement je n'allais pas encore très bien. Depuis l'enfance je faisais de l'infection et je souffrais de l'estomac. Et le Seigneur m'a donné de comprendre que *le jour où j'aurai consenti à pardonner, alors physiquement je serai guérie.*

J'ai demandé la prière des frères, j'ai crié vers le Seigneur et huit mois après – c'est le mystère du temps du Seigneur... «en temps voulu j'agirai vite » (Is 60,22) – *j'ai pu vraiment pardonner* et j'ai pu vraiment découvrir *Dieu le Père* au fond d'une puissante *louange* l'année dernière au mois de juillet. Quatre jours de louange, cinq heures de temps de prière dans la journée. Et à la fin de ce temps de louange j'avais en mon cœur le désir de pardonner et j'ai découvert en même temps que Dieu était mon Père. Parce que jusqu'ici, j'aimais bien prier Jésus-Christ mais je ne voulais pas qu'il me conduise au Père. Je ne croyais pas tellement à la Trinité. Pour moi il y avait exclusion du Père. Le Père pour moi, c'était dommage.

Au cours de cette puissante louange, du même coup le Seigneur m'a donné de me *réconcilier* avec mon père et, physiquement, je peux dire que je n'ai plus d'infection et que maintenant ça va.

Je voudrais dire aussi ceci : le Seigneur exauce nos prières même si nous n'avons pas de communauté, pas de frères. Je donnerai un petit exemple : Un jour où j'étais vraiment dégoûtée de moi-même, les larmes aux yeux j'entre dans ma chambre. A genoux devant *l'icône de la Trinité* j'ai dit au Seigneur : « Seigneur toi qui es venu me chercher, toi qui m'as sauvée, tu vois ce que je suis. Je ne suis rien. Je n'ai rien. Mets tes deux mains (et mes deux mains je les posais sur ma tête pour signifier les Siennes), et je te demande au Nom de *Jésus* de venir me délivrer, me guérir. » Et là aussi, immédiatement, j'ai été guérie. La promesse du salut est vraiment pour tous et c'est aujourd'hui [1].

2. En ma racine, cette fêlure primitive...

...Je me trouvais compliqué, anxieux, encombré de moi-même, soupçonné, ni fils du Père ni frère de mes frères. Ma volonté de faire face – de tenir la façade –, mon volontarisme, s'étaient installés de longue date sur un terrain psychique originel mouvant et incertain. Depuis toujours, j'avais le sentiment obscur d'une *fêlure primitive,* d'un malheur d'être, d'un échec du « vivre », depuis ma naissance : sentiment toujours nié, sans cesse renaissant. Là-dessus, une cons-

---

1. Témoignage donné par Monique de Lubac au carrefour sur la guérison, lors du Rassemblement National du Renouveau à Lyon, Pentecôte 1977. Le style oral a été respecté.

truction psychologique de compensation, d'affirmation et de refus s'était mise en place de façon assez artificielle.

C'est dans ce contexte que mes vieilles difficultés personnelles m'apparaissent de plus en plus intolérables et que la soif d'en être délivré devient intense...

J'avais vraiment envie d'être envahi par l'Esprit et de vivre pour de bon ma vie apostolique aussi bien qu'humaine, comme Dieu la voulait. Alors, en mars 74, je demandai la prière des frères, pour recevoir l'effusion de l'Esprit. Ce fut très simple et assez sensible : un gonflement intérieur de paix et d'allégresse, une confiance en Dieu comme je n'en avais jamais connue, avec l'assurance bientôt donnée que ce n'était pas seulement pour quelques jours, mais pour toujours. Joie et reconnaissance. L'amour du Christ est puissant, vivant, vainqueur. En réalité ce n'était qu'un début, le déblocage de départ.

Dans les mois qui suivirent, je prenais conscience des blessures psychologiques profondes (qui remontaient au sein maternel : ma mère m'avait porté très péniblement et la suggestion de l'avortement lui avait même été faite par un médecin !...); je découvrais aussi des réactions qui m'habitaient et qui n'étaient pas de moi (bouffées de colère secrète, agressivités violentes, angoisses, etc.). Peu à peu des frères et des sœurs du Renouveau catholique, puis un pentecôtiste, me découvraient qu'il s'agissait de «liens» et qu'ils étaient sans doute dépendants de certaines complicités, vécues dans l'environnement familial, avec des forces et un esprit qui n'étaient pas de Dieu mais du Mauvais... C'était déconcertant, surprenant... Effectivement, il y avait eu des complicités, dont certaines peuvent paraître anodines pour le commun des mortels, d'autres étaient plus profondes et cachées...

J'étais en route et je voulais désormais ma guérison et ma libération totales. Au cours des trois années qui suivirent l'effusion de l'Esprit, je demandai à plusieurs reprises la prière fraternelle, dans un sentiment de ma pauvreté personnelle. Prière de délivrance, prière de guérison intérieure, prière d'intercession. Peu à peu mes peurs et mes colères étaient comme exorcisées et j'expérimentais l'amour du Seigneur, présent dans mes racines psychiques tordues. Je découvrais qu'il m'avait aimé depuis toujours – depuis le sein maternel –, qu'il avait accompagné et compati à mes peines, depuis qu'elles existaient, – sans lui, je ne les aurais pas supportées.

Il se fit alors une déconstruction des barrages intérieurs, des constructions humaines, trop humaines. Il me semble que se dégage peu à peu ce point très secret, ce *point-source où la vie de Dieu jaillit au plus intime du cœur,* où je puis entendre en vérité la parole du Père : «Moi, aujourd'hui, je te fais exister; en toi, je trouve ma joie!»

Le péché, et singulièrement le péché appelé originel, ne serait-il pas ce qui a enfoui, étouffé et quasiment obturé ce point qui est à la racine de l'être créé en Dieu, par Dieu, et pour Dieu[2] ?

---

2. Témoignage cité dans une brochure : *Trente Jésuites découvrent le Renouveau charismatique.*

TABLE DES MATIÈRES

Sur la couverture : l'Agneau, souffle et feu

Le mot hébreu pour *Agneau – Sè* – est formé de deux idéogrammes :
Shîn, le feu, et *Heï*, le souffle humain.
Le signe de la présence et le signe de la vie. Le *souffle* attise le *feu*
et le *feu* se livre au *souffle*. La force de ces deux caractères hébraïques
se concentre pour signifier cette union incandescente du souffle et du
feu : l'Esprit de Pentecôte (Ac 2,2), l'Esprit qui rend de feu le sang
de l'Agneau (Is 30,33).
Les sept *yod* (flammèches) évoquent la *Menorah* (chandelier d'or pur
aux sept branches, Ex 25,31) : les sept yeux de l'Agneau, en mission
par toute la terre (Za 4,2-10) sans cesser de brûler devant la face du
Père (Ap 4,5).
Jean-Baptiste a vu le *souffle* reposer sur lui : c'est donc lui l'*Agneau*
qui consumera le péché du monde en plongeant dans le *feu* de
l'Esprit (Jn 1,33).

Tirée sur les presses
de l'Imprimerie Saint-Paul
55001 Bar le Duc
cette deuxième édition de

Baume est ton nom

a été achevée d'imprimer
le 26 novembre 1981
Dép. lég. : 4ᵉ trim. 1981
Nᵒ 11-81-809

Imprimé en France